中国改革开放史料丛书

计划投资体制改革

郑新立　主编

中国工人出版社

“中国改革开放史料丛书”
编委会

总序

铭记改革开放历史
奋进新时代新征程

历史是一面镜子，也是一部教科书。重视历史，研究历史，借鉴历史，是中华几千年文明的一个优良传统。当代中国是历史中国的延续和发展，书写着中国人民和中华民族不懈奋斗的宏伟篇章。历史的无穷魅力在于包含了大量丰富的史料。史料是保存历史、记述历史、再现历史的基本素材和重要依据。重视历史的学习、研究和传承，必须重视史料的收集、整理、汇辑。

改革开放是中国人民和中华民族发展史上一次伟大革命，正是这场伟大革命推动了中国特色社会主义事业的伟大飞跃。1978 年底，中国共产党召开具有重大历史意义的十一届三中全会，开启了改革开放历史新时期。从那时以来，中国共产党带领全国人民以一往无前的进取精神和波澜壮阔的创新实践，谱写了壮丽史诗。改革开放 40 多年来，从农村到城市，从生产到投资、流通、分配、消费，从所有制结构到企业形式，从经济领域到生产关系和上层建筑的某些环节，都进行了系统和全面改革，成功实现了从高度集中的计划经济体制到充满活力的社会主义市场经济体制的伟大历史性转变；对外开放从建立经济特区到沿海、沿江、沿边，从东部到中西部地区，再到加入世界贸易组织，从大规模“引进来”到大踏步“走出去”，成功实现了从封闭半封闭到全方位开放的伟大历史性转变。我们在深化经济体制改革的同时，不断深化政治体制、文化体制、社会体制、生态文明体制改革和其他领域改革，不断推进国家治理体系和治理能力现代化。在改革开放推动下，我国经济和社会发展取得了举世瞩目的辉煌成就，实现了人民生活由温饱不足到小康宽裕的伟大历史性转变。事实雄辩地证明，改革开放是决定当代中国前途命运的关键一招，是当代中国发展进步的动力之源，是大踏步赶上时代前进步伐的重要法宝，为实现中华民族伟大复兴提供了充满新活力的体制保障和快速发展的物质条件，中华民族迎来了从站起来、富起来到强起来的伟大飞跃。

现在，我国在广袤大地上全面建成小康社会，正阔步迈向全面建设社会主义现代化国家的新征程。在庆祝中国共产党成立 100 周年大会上，习近平总书记强调，“以史为鉴，可以知兴替。我们要用历史映照现实、远观未来，从中国共产党的百年奋斗中看清楚过去我们为什么能够成功、弄明白未来我们怎样才能继续成功，从而在新的征程上更加坚定、更加自觉地牢记初心使命、开创美好未来”。改革开放以来的岁月将彪炳于中华民族发展的壮丽史册。40 多年来，中国共产党从理论到实践的伟大创造，探索和积累的宝贵经验是党和人民弥足珍贵的精神财富，对于新时代坚持和发展中国特色社会主义有着极为重要的指导意义，应当倍加珍惜。

2022 年，党的二十大召开。“中国改革开放史料丛书”的出版，为了铭记改革开放以来的光辉历史过程，收集、保存、传承 40 多年的宝贵历史资料，也为了以实际行动落实党中央关于加强改革开放史教育的部署要求，展示改革开放历史的史料价值。

这套丛书共有 20 卷。分别是:《中国特色社会主义市场经济体制形成与发展》《计划投资体制改革》《农业农村改革》《对外开放》《行政体制改革》《财政税收体制改革》《价格体制改革》《经济特区发展》《城市改革与发展》《国有企业改革》《金融体制改革》《教育体制改革》《收入分配改革》《科技体制改革》《外贸体制改革》《商品与要素市场改革》《就业体制改革》《社会保障体制改革》《民营经济发展》《改革开放大事记》，力求从不同领域、不同角度，全面、系统、客观记录我国改革开放 40 多年的历史进程，重点收录具有重要价值的史料，特别是历史文献、重要人物和事件、实物和口述史料，以期在服务全面深化改革开放事业、加强改革开放史研究和教育中提供参考、发挥作用。

这套丛书的各卷主编和参与者大多是相关领域知名的专家学者，也是我国改革开放的亲历者、见证者。丛书集结了他们长期亲历和研究我国改革开放的重要成果，凝聚了他们对改革开放伟大事业的深厚情怀和责任担当。中国工人出版社对这套丛书的出版给予了大力支持，集全社之力，不舍昼夜，为本书如期付梓出版不辞辛劳；中国（海南）改革发展研究院作为 30 多年如一日勇立改革开放潮头、以建言改革为己任的改革智库，为此书的策划、组织和出版作出了重要贡献，彰显出改革智库记录好、传播好改革开放历史的初心使命。我作为这套丛书的编委会主任，在此向为本套丛书付出艰辛努力的各位编委会成员、作者，对中国工人出版社的领导、编辑表示由衷的敬意和感谢！

这套丛书内容时间跨度大，涉及领域多，涵盖方面广，力图史料全面、翔实、准确，任务艰巨。由于时间较紧，难免有不足之处，恳请读者批评指正。

魏礼群

2024 年 3 月

前言

我国改革开放已经经历了40多年的光辉历程，创造了经济发展的奇迹。在经济体制改革中具有全局性、决定性意义的改革是计划投资体制改革。由于全面彻底地进行了这项改革，才使我国从传统计划体制转变到社会主义市场经济，从而极大地解放了生产力，铸造了经济的辉煌成就。

是搞计划经济，还是搞市场经济，围绕这一关系改革方向的重大问题，我国从理论和实践上进行了不懈的探索。从以计划经济为主、市场调节为辅，到有计划的商品经济，再到社会主义市场经济；从允许发展商品生产商品交换，到发挥市场对资源配置的基础性作用，再到发挥市场对资源配置的决定性作用和更好发挥政府作用。这一改革过程，真实记录了中国共产党为了中华民族伟大复兴而不断探寻正确发展道路的过程，反映了中国共产党实事求是、追求真理的唯物主义精神。

有人曾经把计划经济看作是社会主义制度的基本特征之一。在世界上第一个社会主义国家苏联，计划经济也曾经在一个时期内推动了经济，特别是重工业的快速增长，并以此为基础成功击败了法西斯的进攻，从而避免了社会主义灭亡的命运。

新中国成立之初，学习借鉴苏联的经验，建立计划经济体制，就成为我党一个必然的选择。然而，在经过 30 多年的实践检验之后，证明计划经济不是有利于而是阻碍了生产力的发展。按照生产关系必须适应生产力发展要求的历史唯物主义原理，改革计划经济体制，建立符合经济发展要求的新体制，落在中国共产党人的肩上。在解放思想，实事求是，一切从实际出发的思想路线指引下，一场伟大的改革吹响了号角。

商品经济是人类社会发展的一个不可逾越的历史阶段。中国从半封建半殖民地社会一跃变为社会主义社会，其特征是以小生产为主的自给自足的自然经济仍然占主体地位。在清醒地认识到我国仍处于社会主义初级阶段之后，中国共产党打破了对各种旧体制的盲目迷信，着手从旧体制中培育适应生产力发展的新体制。指令性计划让位于指导性、预测性计划，突出计划的宏观性、战略性、政策性；下放投资管理权限，让企业成为投资主体；逐步减少政府定价的范围，使越来越多的商品由市场定价；减少或取消政府分配调拨物资的品种和比例，交由市场配置；取消对企业财务统收统支、人员统一调配、工资统一标准等规定，使企业成为独立经营、自负盈亏的市场主体；打破单一公有制，放手发展多种所有制经济；打破“大锅饭”和“平均主义”，实行按要素贡献的多种分配方式。这些改革的实施，极大地调动了各方面积极性，释放出巨大发展潜力，推动了国民经济的腾飞。

改革的成功，还在于实行了正确的实施策略和推进方式。一是允许试，不争论，让实践来证明改革的对错。二是实行渐进式改革，不急于求成。三是制定改革的总体规划和单项规划，使各项改革同步配套推进。四是尊重基层群众的首创精神，把自下而上和自上而下的改革结合起来。五是研究、比较、借鉴各个国家的体制和发展经验，以开放促改革、促发展。六是保持改革、发展、稳定三者之间的统一和协调，通过改革促进发展和稳定，通过发展检验改革的成效，通过保持经济社会的稳定，为改革创造良好的环境。我们在破除传统计划体制的同时，吸收了其他国家宏观管理体制的经验，建立起计划、财税、金融相辅相成的具有中国特色的宏观调控体系，建立起年度计划、中长期计划和专项计划相结合的计划体系。中国共产党没有全盘否定过去，而是吸收过去的经验教训。我们没有搞激进式“休克疗法”，实现了从旧体制向新体制的平稳过渡。

在改革计划体制的同时，我国成功地进行了投资体制改革。改革之前，地方和企业没有投资权，投资权都集中在国家计划委员会。通过逐步下放投资权，企业渐渐成为投资主体，而且民间投资规模逐步扩大。在下放投资管理权限的同时，我国建立起适应新形势要求的投资管理体制，包括投资项目业主负责制、招标投标制、施工监理制、咨询评价制、监察审计制，对基础设施和公共服务类项目推行政府与企业合作制等。根据经济运行情况和结构调整的要求，对投资总规模和投资结构进行适时适度调控，使投资成为拉动经济增长和结构转换的强劲动力。

计划投资体制改革的顺利实施和不断完善，标志着中国特色社会主义市场经济体制已经基本确立起来，为实现两个百年发展目标提供了强有力的制度保障。

本书采用史论结合、以史料为主的方式，力求把40多年来计划投资体制改革的全部历程、理论突破、改革方案、实施经过、重大事项展示出来。由于整个改革是在党中央的领导下进行的，历次党的代表大会和中央全会的报告与决定引导改革步步深入、循序推进，所以在改革历程的回顾、改革史料的选择、重要改革参与者的文章、大事记和重要史料目录上，都以党的历次重要会议精神和改革文件为主线，彰显党对改革的领导作用，全方位还原计划投资体制改革的全貌。

接受本书编写任务后，由郑新立、徐伟、綦鲁明、戴桂英组成编写组，根据丛书编委会的意见，研究确定本书的编写提纲、写作重点、史料选取原则等事项，然后分头编写。郑新立负责总论撰写。第一部分，关于改革历程的回顾，由徐伟、綦鲁明负责撰写。第二部分，关于重要改革文件，由綦鲁明负责党的十一届三中全会到十二大期间、十二大到十三大期间、十三大到十四大期间、十四大到十五大期间的文件选取；由徐伟负责党的十五大到十六大期间、十六大到十七大期间、十七大到十八大期间、十八大到十九大期间和十九大以来的文件选取。关于重要改革参与者的文章、讲话，由綦鲁明和徐伟选取。关于计划投资体制改革重要史料目录索引，由徐伟、綦鲁明负责收集整理。关于计划投资体制改革大事记，由戴桂英、田青、史成斌负责编写。初稿形成后，由徐伟负责把全部内容汇集编排，由郑新立负责统一修改定稿。在编写中，我们尽最大努力尽可能全面完整地把本书主题反映出来，奉献给读者。但是由于我们所掌握的信息有限，加上知识和阅历不足，本书肯定有许多缺陷和不完美之处，敬请读者批评指正。

郑新立

2024 年 2 月 1 日

目录

第一部分
历程篇

第二部分
史料篇

第一部分

历程篇

总　论

市场经济的四根支柱

▼

从 20 世纪 70 年代末至今，在中国兴起了一场规模空前、组织缜密的以经济体制改革为中心的全面改革。这场改革不仅使 14 亿中国人民摆脱贫困、走向富裕，而且改变了社会主义的前途命运，影响了人类社会的历史进程。改革开放是从中国实际出发进行大胆探索的结果，是总结几十年计划体制经验教训得出的结论，并对社会主义经济理论做出重大贡献。

一、计划经济的主要特征

新中国成立不久，按照苏联的经验，中国共产党把计划经济视为社会主义制度的基本特征之一。在苏联专家的帮助下，我国建立起以高度集中管理为特征的计划经济体制。应当看到，计划体制的优点是能够集中力量办大事。在工业化初期，百废待兴，我们依靠计划体制，集全国之力成功进行了 156 项工业建设，比较齐全地涵盖了各个工业门类，奠定了我国工业化的基础。

计划体制的主要特征：一是投资权集中在中央，地方政府和企业没有扩大再生产的权力；二是财务上统收统支，企业利润全部上缴国家；三是干部职工全国统一调配，工资统一标准、统一提升；四是物资统一分配调拨，价格由国家统一制定。这种计划体制保证了国家重点建设的需要。但是，随着经济建设的深入推进，经济规模越来越大，计划体制逐渐显露出一些弊端，主要是不能充分调动企业发展经济的积极性；中央计划难以适应千变万化、越来越庞杂的供求关系，常常造成有些产品短缺而有些产品过剩；工资标准和晋级提升管得过死，违背了多劳多得原则，不利于调动劳动者的积极性；急于求成的指导思想导致投资和消费需求双膨胀，国民经济长期处于供给不足、商品匮乏局面。实行计划体制的 30 多年，虽然我国在经济建设上也取得了很大成就，但总体来讲，并没有达到预想的结果。由于过分追求速度，经济效益欠佳，使人均收入长期处于较低的水平，生活质量未能得到应有的提高。在总结计划经济体制的经验教训后，邓小平指出，“我们过去一直搞计划经济，但多年的实践证明，在某种意义上说，只搞计划经济会束缚生产力的发展”[①]。这一重要论断是对计划体制的正确总结，指明了对旧的、高度集中的计划体制实施改革的必要性。

二、正确认识和处理计划与市场的关系

如何认识和处理计划与市场的关系，关系到我国经济体制改革确定什么样的目标模式，是关系整个社会主义现代化建设全局的一个重大问题，也是经济体制改革的核心问题。传统观念认为，市场

① 邓小平:《社会主义和市场经济不存在根本矛盾》,《邓小平文选》(第三卷)，北京:人民出版社，1993 年版，第 148 页。

经济是资本主义特有的东西，计划经济才是社会主义经济的基本特征。改革开放以来，随着认识的不断深入，人们逐步摆脱了这种观念。党的十二大提出以计划经济为主，市场调节为辅；党的十二届三中全会指出商品经济是社会经济发展不可逾越的阶段，我国社会主义经济是公有制基础上的有计划商品经济；党的十三大提出社会主义有计划商品经济的体制应该是计划与市场内在统一的体制；党的十三届四中全会后，党中央提出建立适应有计划商品经济发展的计划经济与市场调节相结合的经济体制和运行机制。1992 年，邓小平在南方谈话中的精辟论断，从根本上解除了把计划经济和市场经济看作属于社会基本制度范畴的思想束缚，使全党在计划与市场关系问题上的认识有了新的重大突破。实践证明，市场作用发挥比较充分的地方，经济活力就比较强，经济发展就比较好。对计划与市场关系的认识过程，是唯物主义认识路线的集中表现，充分体现出中国共产党人实事求是，从我国实际出发探索真理的精神。

1993 年召开的党的十四届三中全会，全会通过了《中共中央关于建立社会主义市场经济体制若干问题的决定》，对如何建立社会主义市场经济体制做出了具体部署，提出了社会主义市场经济体制的基本框架，包括市场主体、市场体系、宏观调控体系和法律体系等，把党的十四大提出的社会主义市场经济体制的改革目标细化为具体蓝图。概括来讲，我国建立社会市场经济，需要依靠以下四根支柱：

建立独立经营的市场主体，是市场经济的第一根支柱。企业是市场主体。建立社会主义市场经济体制，要求企业，特别是国有企业要成为独立经营、自负盈亏的经营主体，必须建立适应市场经济要求，产权清晰、权责明确、政企分开、科学管理的现代企业制度。

统一、开放、竞争、有序的要素市场体系，是市场经济的第二根支柱。培育要素市场的重点是发展金融市场、劳动力市场、房地产市场、技术市场和信息市场等。我国逐步发展和完善以银行融资为主的金融市场，要让资本市场积极稳妥发展债券、股票融资，建立发债机构和债券信用评级制度，规范股票的发行和上市，并逐步扩大规模。货币市场放在规范的银行同业拆借和票据贴现，中央银行开展国债买卖。改革劳动制度，逐步形成劳动力市场。社会主义市场经济条件下的劳动者具有两重性：一方面，劳动者是国家的主人和全民所有制经济的所有者，这是政治属性；另一方面，劳动者作为重要的生产要素，又是劳动的出让者，是市场交换的重要内容之一。如果没有劳动或劳动力的参与，就不可能形成完整的市场体系和从事商品生产。

另外，规范和发展房地产市场也是建立市场经济的重要手段。改革之初，城镇人均住房面积只有 7 平方米，截至 2022 年达到 41 平方米，居住条件大为改善，房地产市场的贡献功不可没。技术市场从无到有，有力地推动了技术创新和技术进步。完善市场体系需要发展市场中介组织，发挥其服务、沟通、公正、监督作用。重点发展会计师、审计师和律师事务所，公证和仲裁机构，计量和质量检验认证机构，信息咨询机构，资产和资信评估机构等。我国充分发挥行业协会、商会等组织的作用，加强对市场的管理和监督，建立市场准入、市场竞争和市场交易秩序，保证公平交易，平等竞争，保护经营者和消费者的合法权益。

宏观调控体系是市场经济的第三根支柱。市场经济需要有健全的强有力的宏观调控体系。宏观调控的主要任务是保持经济总量的基本平衡，促进经济结构的优化，引导国民经济持续、快速、健康发展，推动社会全面进步。我国建立计划、金融、财政之间相互配合和制约的机制，加强对经济运行综合协调。其中，计划提出国民经济和社会发展的目标、任务，以及需要配套实施的经济政策；中央银行以稳定币值为首要目标，调节货币供应总量，并保持国际收支平衡；财政运用运算和税收手段，着重调节经济结构和社会分配。同时运用货币政策和财政政策，调节社会总需求与总供给的基本平衡，并与产业政策相配合，促进国民经济和社会的协调发展。把计划、金融、财政三大调控手段有机结合起来，组成协调、高效、灵活的宏观调控体系，这是我国宏观调控体系的重要特色。

经过多年不断改革计划体制，转变计划观念和计划职能，我国已建立起与市场经济相适应的较为完善的计划体制和投资体制。在计划体制方面，形成中长期规划、年度计划和专项计划组成的计划体系。中长期规划主要是五年规划和更长时间的前瞻；年度计划或年度预期目标主要是确定年度宏观调控的八大指标，包括经济增长速度、物价、就业、投资总额、财政收支、货币发行量、国际收支等；专项计划主要是针对经济社会发展中的重大任务制订的计划。计划由国务院协调各部门制订，经全国人大会议批准后由各部门分别实施，在执行过程中遇到新的矛盾和问题，可随机进行调整。改革开放 40 多年来，我国经济发展基本上是按照计划确定的目标、战略、方针、政策一路走过来的。

法律体系是市场经济的第四根支柱。社会主义市场经济体制的建立和完善需要有完备的法制进行规范和保障。法制建设的目标是遵循宪法规定的原则，加快经济立法，完善民商法律、刑事法律、有关国家机构和行政管理方面的法律等。我国坚持改革决策与立法决策紧密结合，立法体现改革精神，用法律引导改革。重点制订关于规范市场主体、维护市场秩序、加强宏观调控、完善社会保障、促进对外开放等方面的法律，加强和改善司法、行政执法和执法监督，维护社会稳定，保障经济发展和公民的合法权益。

社会主义市场经济体制的基本框架和运行机制把社会主义基本经济制度与市场经济很好地结合起来，既克服了僵化的计划体制的弊端，又坚持了社会主义方向，这是中国共产党人的伟大创造。实践证明，这种体制成为创造中国经济奇迹的根本条件。

第一章
改革高度集中的计划管理体制

▼

改革开放使我国的经济发展真正进入了腾飞时期。从党的十一届三中全会提出全面改革经济体制的任务，到最终确定经济体制改革的目标模式就是建立社会主义市场经济体制，我国曾经历了一个艰苦的从理论到实践的探索过程。改革开放后，我国指令性计划大幅度缩减，市场作用显著增强。中央直接计划决策范围明显减少，地方和企业决策权限相应扩大。行政性手段逐步削弱，经济手段、经济政策和经济法规的作用越来越重要。计划管理职能逐步转变，计划方法、制度也有所改进。随着简政放权和搞活经济的改革不断深入，我国高度集中的计划管理体制发生了根本性的变化。

第一节　“以计划经济为主、市场调节为辅”的初步探索

一、改革开放前高度集中的计划体制

新中国成立后，建设社会主义应当实行什么样的经济体制，这是中国共产党面临的一个重大问题。随着国民经济的恢复，以及对

生产资料私有制的社会主义改造的全面展开，我国逐步形成了高度集中的计划经济体制。选择这样的经济体制，是由新中国的特殊环境和内在逻辑，以及当时世界社会主义运动的普遍趋势决定的。

（一）工业化初期计划体制的作用

我国高度集中统一的计划管理体制，是在第一个五年计划时期建立起来的。从历史条件来看，这种传统的中央计划对我国经济发展起到了积极的推动作用。尤其是新中国成立初期，高度集中的计划对于有效地集中大量财力、人力、物力，构建国民经济体系，进行大规模建设，尤其是门类较为齐全的工业体系，发挥了重要作用。

在这一时期，国家投入7000多亿元资金，建设了3000多个大中型项目，使我国的机械、电力、钢铁、石油、煤炭、化工、轻纺等工业部门建立起来，技术水平不断提高。汽车、国防军工（特别是“两弹一星”）等许多新的工业部门从无到有、从小到大地发展起来。新中国成立前几乎没有什么工业，到1978年已经建起了一大批新的工业基地，工业企业达35万个，全民所有制企业固定资产达3200亿元，相当于旧中国近百年积累起来的工业固定资产的25倍，初步奠定了现代工业基础。

（二）高度集中的计划体制弊端

尽管新中国成立初期计划体制对建立重工业基础和工业体制发挥了不可磨灭的历史作用，但随着我国的经济发展，其弊端越来越凸显出来，严重地制约了资源的优化配置，束缚了生产力发展。传统计划经济体制的弊端主要有以下几个方面：

1．片面强调计划的作用，否定和排斥市场的作用

具体表现为：一是只强调有计划按比例发展规律，不强调价值规律的调节作用，甚至有时声称要消灭价值规律。二是生产、流通由计划调节，市场基本不起作用。企业生产任务的确定，是根据国家下达的指令性计划，而不是基于产品的市场供应状况。企业生产所需的基本原材料、能源动力、交通运力供应是国家计划调拨的，企业不必（也不能）去市场采购，用工指标和工资标准更是国家有关部门严格控制的。企业产品的销售通过订货会议等形式完成，也基本按计划进行，企业不必（也不能）直接去市场出卖。三是企业与上级主管部门发生纵向的领导与被领导的关系，企业与企业之间基本不存在横向竞争和优胜劣汰，否定利润是企业生产经营的主要目标。四是商品价格的形成主要是计划机制的作用，否定市场机制对商品价格形成的作用。价格是由国家各级物价部门有计划制定的，不允许市场上买卖双方根据供求情况和产品质量协商定价或生产厂家自行定价。几乎所有生产资料的价格和绝大部分消费品的价格首先表现为排斥和限制非国有经济的发展。

2．片面强调集中管理，微观经济丧失活力

高度集中的计划管理体制没有很好地反映集体经济的要求。“大锅饭”、“平均主义”普遍存在，脱离了我国当时的生产力水平。结果造成所有制的单一，阻碍了社会经济的发展，其他经济成分在发展经济和活跃市场方面的积极作用便无从发挥。各个国有企业要么归行政部门管，要么归地方政府管。由于政企职责不分，国家过多地干涉企业的生产经营活动，企业实际成了国家行政部门的附属物。企业的生产建设任务、物资劳力和资金的供应、产品的定价销售、利润的分配使用等，都是由国家计划指标规定的，企业几乎没有经营管理自主权，根本不可能做到“自主经营、自负盈亏”，很难在制定发展战略、调整生产结构、采用新技术、改进经营管理、提高产品质量和降低成本等方面发挥主动性和积极性。

3．过分突出重工业，农业和轻工业发展滞后

为了实现工业化的目标，宏观经济政策，特别是投资政策，过分向工业倾斜。农业的基础地位一直没有得到落实，以致不能满足人民生活的需要。发展工业主要是突出重工业，特别是钢铁工业，而对与人民生活密切相关的轻工业则重视不够。轻工业生产不适应人民生活提高的需要，一些重要轻工业产品如棉布等，不得不长期实行凭票定量供应的办法。其结果不仅导致轻工业发展缓慢，最终由于消费品供给短缺，也反过来制约了重工业的发展。

综上所述，新中国通过资源、资金的大量投入曾经取得了工业规模的快速发展，但高度集中的计划体制在运行过程中也暴露出越来越多的问题，经济发展呈现出粗放型的特征。这些问题的出现，迫使我国不得不对传统社会主义经济模式进行改革。

二、对传统计划体制认识的嬗变

1978年12月，党的十一届三中全会提出一系列新的方针政策，中心点是从阶级斗争为纲转到以经济建设为中心。会议恢复了党的唯物主义思想路线，指出改革的方向、原则和主要任务。党的十一届三中全会改变了传统计划经济体制，重视发挥市场机制的作用，突破对计划经济与商品经济关系的传统观念，进一步认识与评价商品经济与市场机制在社会主义经济中的地位和作用。自此，我国宏观管理体制的改革展开了认识和实践互相推进并不断取得突破的伟大历程。

（一）正确认识和处理计划与市场的关系

在很长的一段时间里，占主导地位的观点认为，计划经济与市场经济是相互对立、相互排斥的。随着经济体制改革的展开，人们逐渐认识到，由于我国存在着不同的所有制形式，并且在同一所有制内部也存在着物质利益的差别。因而，社会主义经济在一定范围内必然存在商品生产和商品交换关系。这种认识开始对传统观念产生冲击，对推动改革和发展起到了重要作用。

1979 年 3 月，陈云提出“以计划经济为主，市场调节为辅”的理论。他特别强调，“整个社会主义时期经济必须有两个部分：（1）计划经济部分（有计划按比例的部分）；（2）市场调节部分（即不作计划，让它根据市场需求的变化进行生产，即带有‘盲目’调节的部分）。第一部分是基本的主要的；第二部分是从属的次要的，但又是必需的”[①]。

1982 年 9 月，党的十二大报告更加明确地指出，“我国在公有制基础上实行计划经济。有计划的生产和流通，是我国国民经济的主体”[②]。同时，允许对于部分产品的生产和流通不通过计划，由市场来调节。也就是说，根据不同时期的具体情况，由国家统一计划出一定范围，由价值规律自发地起调节作用。这一部分是作为计划

① 陈云：《计划与市场问题》，载中共中央文献研究室编：《三中全会以来重要文献选编》（上），北京：人民出版社，1982 年版，第 69 页。

② 胡耀邦：《全面开创社会主义现代化建设的新局面——在中国共产党第十二次全国代表大会上的报告》，北京：人民出版社，1982 年版，第 18 页。

生产和流通的补充，是从属的、次要的，但又是必需的、有益的。

（二）改革计划体制的初步探索

1．逐步取消农业生产指令性计划

改革首先从农村开始。由于我国农村人多地少，基本上仍是手工劳动，农作物产量很大程度上取决于农民的生产积极性。因此，农村经济体制改革首先是改变土地经营权和生产计划过度集中的状况。废除人民公社体制，改变公社、大队、小队三级所有，实行土地家庭联产承包责任制，农民分户经营与集体统一经营相结合。将农业生产经营的权限下放到农户。在农村，过去被视为“资本主义尾巴”的商品生产和商品交换受到党的政策鼓励，土地的家庭联产承包责任制逐步推开，城镇集体经济、个体经济在商业、服务业、交通业和工业领域迅速发展，市场开始繁荣起来。

1979 年 9 月，党的十一届四中全会审议通过《中共中央关于加快农业发展若干问题的决定》（以下简称《决定》）。《决定》规定，“除某些副业生产的特殊需要和边远山区、交通不便的单家独户外，也不要包产到户”[①]。1980 年 9 月，《中共中央印发〈关于进一步加强和完善农业生产责任制的几个问题〉的通知》，从理论上指出应支持没有生产生活自理能力的边远、贫困落后地区实行包产、包干到户。[②] 1982 年，中共中央批转《全国农村工作会议纪

① 《中共中央关于加快农业发展若干问题的决定》，载中共中央文献研究室：《三中全会以来重要文献选编》（上），北京：人民出版社，1982 年版，第 185 页。
② 《中共中央印发〈关于进一步加强和完善农业生产责任制的几个问题〉的通知》，新华网，2007 年 6 月 13 日。

要》，肯定了当时农村地区实行的各种联产、不联产的责任制形式，均属于社会主义集体经济和农业经济的重要组成部分。[①]把家庭经营为特征的古老耕作方式当作社会主义集体经济内部的一种管理经营模式，标志着大包干的家庭承包经营制度正式确立。

1979年之前，国家对25种主要农产品产量下达指令性计划，并对这25种产品的播种面积、总产量计划下达分地区的计划指标。党的十二届三中全会以后，人们普遍对市场经济与计划经济对立的观念提出质疑，对以计划经济为主，市场调节为辅的提法展开争论。特别是随着农村商品经济的发展，粮食等农副产品产量打破了多年徘徊的局面，乡镇企业迅速崛起，轻纺工业产品放开价格之后，生产连年大幅度增长，满足了市场的需要。"票证供应"的短缺现象逐步结束，市场对于经济的发展显示出了神奇的效力。人们开始认识到，商品经济是社会经济发展不可逾越的历史阶段，逐渐接受"有计划的商品经济"的提法，并倾向于强调市场机制的作用。国家经过一系列改革，农业生产指令性计划基本取消，主要农产品产量分别实行指导性计划和市场调节。

2．实行以"放权让利"为中心的国有企业改革

党的十一届三中全会公报指出，"现在我国经济管理体制的一个严重缺点是权力过于集中，应该有领导地大胆下放，让地方和工农业企业在国家统一计划的指导下有更多的经营管理自主权"[②]。1978年后，企业改革成为整个经济体制改革的中心环节。为了激

① 《全国农村工作会议纪要》，《中华人民共和国国务院公报》，1982年08期。
② 《中国共产党第十一届中央委员会第三次全体会议公报》，北京：人民出版社，1978年版，第7页。

励生产企业积极性，提高生产效率，政府逐步放松对企业的计划管理，让渡一部分过去由政府掌握的控制权，并给予企业对新增收益的部分所有权的措施。1979 年 7 月，国务院先后出台了《关于扩大国营企业经营管理自主权的若干规定》《全民所有制工业企业法》等文件，开启了“放权让利”的改革先河。与此同时，在国有企业中普遍推行了以提高经济效益为目的，把“责、权、利”紧密结合起来的内部管理体制，极大地提高了企业劳动生产率，使国家、企业和个人三者利益关系在根本利益一致的基础上更加协调。1980 年末，扩权改革开始转向企业承包制，即按照承包经营合同规定，企业向国家上缴固定数额的收益，超过上缴基数的收益归企业支配，或按一定比例在国家和企业之间进行分配。1983 年，在“包字进城，一包就灵”的口号下，短短两三个月内，全国国有企业普遍实行了承包制。但很快导致了经济秩序的混乱和物价的上涨，中央不得不暂停推行企业承包制。

这一期间，企业改革是在其恢复性整顿和建设性整顿的基础上，从调整和改革国家与企业之间的分配关系入手，实行了多种形式的利润留成和盈亏包干，进而扩大企业的经营管理自主权，开始实行各种形式的生产责任制。

三、分税制的早起探索

1979 年 4 月，中央工作会议提出“调整、改革、整顿、提高”的经济方针，是当时经济形势的应对措施。这条“八字方针”的一个重要内容，就是要求以财政管理体制为突破口，全面改革经济体制。

1980 年 2 月，国务院颁发了《关于实行“划分收支、分级包干”的财政管理体制的暂行规定》，从1980年起实行财政管理体制改革。“划分收支、分级包干”虽然扩大了企业自主权，但没有实现国家财政收入的稳定增长，不利于国家对宏观经济的控制和重点建设的发展。鉴于此，国家决定实行利改税改革。

1983年4月，财政部发布《关于对国营企业征收所得税的暂行规定》，自当年6月1日起，国营企业普遍推行利改税制度。这是利改税的第一步。紧接着，国家开始进行第二步利改税。1984年9月，国务院发出通知，同意财政部报送的《关于在国营企业推行利改税第二步的报告》和《国营企业第二步利改税试行办法》，其内容是将国营企业上缴国家财政收入分别按照11个税种向国家缴税，由“利税并存”过渡到完全的“以税代利”，税后利润留给企业使用。两步利改税不同于1980年国家实行的按不同隶属关系参与国营企业利润分配的体制。利改税的成功施行，从理论上和实践上突破国营企业只能向国家缴纳利润，国家不能向国营企业征收所得税的禁区。这是国家与国营企业分配关系改革的一个历史性转变。

第二节　宏观经济体制改革开始起步的全面探索

一、在计划与市场关系问题上取得的新认识

（一）公有制基础上的有计划商品经济

早在1979年，邓小平就明确提出，“说市场经济只存在于资本主义社会，只有资本主义的市场经济，这肯定是不正确的。社会主

义为什么不可以搞市场经济，这个不能说是资本主义。我们是计划经济为主，也结合市场经济，但这是社会主义的市场经济”①。这是邓小平对社会主义也可以搞市场经济的最早论述。虽然这是从“以计划经济为主，市场调节为辅”的角度来阐述的，但也明确了恢复市场交换关系的发展方向。

1. “有计划的商品经济”理论的提出

1984年10月，党的十二届三中全会通过的《中共中央关于经济体制改革的决定》(以下简称《决定》)，首次阐述了社会主义有计划商品经济的理论。《决定》指出，“只有充分发展商品经济，才能把经济真正搞活，促使各个企业提高效率，灵活经营，灵敏地适应复杂多变的社会需求，而这是单纯依靠行政手段和指令性计划所不能做到的”②。在当时的历史条件下，这一认识突破了把计划经济同商品经济对立起来的传统观点，为我国全面改革经济体制奠定了科学的理论基础。

2. “有计划的商品经济”是客观经济规律的要求

党的十二届三中全会做出的《决定》还强调，“在商品经济和价值规律问题上，社会主义经济同资本主义经济的区别不在于商品经济是否存在和价值规律是否发挥作用，而在于所有制不同，在于剥削阶级是否存在，在于劳动人民是否当家作主，在于为什么样的生产目的服务，在于能否在全社会的规模上自觉地运用价值规律，

---

① 邓小平:《社会主义也可以搞市场经济》,《邓小平文选》(第二卷)，1994年版，第236页。

②《中共中央关于经济体制改革的决定》，北京：人民出版社，1984年版，第17页。

还在于商品关系的范围不同”[①]。这一时期，我国所坚持的计划经济已经不是产品型的计划经济，而是有计划的商品经济。所有的国营企业、集体企业和个体劳动者，都是商品生产经营者，所有的生产资料和消费资料都是商品。国家通过立法、政策等行政手段和经济手段，进行控制和调节。

综上所述，我国在改革中创造的多种经济形式、多层次的按劳分配和有计划的商品经济，既从本质上坚持了公有制、按劳分配和计划经济，同时又从实际出发采取了灵活多样的形式。这种建立在生产资料公有制基础上的有计划的商品经济，最大的优势则在于通过统一的计划，合理地、节约地使用人力、物力、财力资源，平衡国民经济的各个系统和生产要素，做到人尽其能、物尽其用、财尽其力，以获得最大的宏观经济效益。

（二）国家调节市场，市场引导企业

1987 年 10 月，党的十三大报告对社会主义市场机制问题作出新的阐述。报告进一步提出，逐步建立起有计划商品经济新体制的基本框架，社会主义有计划商品经济体制，应该是计划与市场内在统一的体制。在这个问题上，明确了几个基本观念：第一，社会主义商品经济同资本主义商品经济的本质区别，在于所有制基础不同；第二，必须把计划工作建立在商品交换和价值规律的基础上，国家对企业的管理应逐步转向以间接管理为主；第三，计划和市场的作用范围都是覆盖全社会的，新的经济运行机制，总体上来

① 《中共中央关于经济体制改革的决定》，北京：人民出版社，1984 年版，第 17–18 页。

说是“国家调节市场，市场引导企业”[①]。报告还强调，社会主义的市场体系，不仅包括消费品和生产资料等商品市场，而且应当包括资金、劳务、技术、信息和房地产等生产要素市场。[②] 1990 年 12 月，党的十三届七中全会指出，“按照发展社会主义有计划商品经济的要求，建立计划经济与市场调节相结合的经济运行机制，是深化经济改革的基本方向”[③]。

这一思想是对计划商品经济理论的继承和发展。在“国家调节市场，市场引导企业”的体制中，强调计划与市场非“板块”式结合而是有机结合，计划和市场都是覆盖全社会的，计划应建立在市场机制基础上。改革的方式是放调结合，以放为主，加大市场在价格形成中的基础作用，价格变动更为灵活。这样，市场的地位大大提高，我国逐步健全以间接管理为主的宏观经济调节体系。

二、全面探索阶段的具体改革措施

（一）扩大企业自主权，增强企业活力

在以扩大企业自主权为国有企业改革的思想指导下，1984 年 5 月，国务院出台《关于进一步扩大国营工业企业自主权的暂行规定》，决定给予企业 10 项自主权。同年 10 月，党的十二届三中全

---

① 《沿着有中国特色的社会主义道路前进——在中国共产党第十三次全国代表大会上的报告》,《人民日报》，1987 年 11 月 4 日。
② 《沿着有中国特色的社会主义道路前进——在中国共产党第十三次全国代表大会上的报告》,《人民日报》，1987 年 11 月 4 日。
③ 《中共中央关于制定国民经济和社会发展十年规划和“八五”计划的建议》，北京：人民出版社，1991 年版，第 38 页。

会通过的《中共中央关于经济体制改革的决定》明确指出，“增强企业活力是经济体制改革的中心环节”[①]。具体来讲，就是要根据所有权与经营权适当分开的原则，“在服从国家计划和管理的前提下，企业有权选择灵活多样的经营方式，有权安排自己的产供销活动，有权拥有和支配自留资金，有权依照规定自行任免、聘用和选举本企业的工作人员，有权在国家允许的范围内确定本企业产品的价格，等等。总之，要使企业真正成为相对独立的经济实体，成为自主经营、自负盈亏的社会主义商品生产者和经营者，具有自我改造和自我发展的能力，成为具有一定权利和义务的法人”[②]。这一决定进一步确定了我国国有企业改革的基本思路，即国有企业的改革，采取所有权与经营权“两权分离”的模式，而绝不搞私有化或各种形式的“企业所有制”。党的十二届三中全会以后，以扩大国有企业经营自主权为中心，在宏观经济领域进行了计划、物资、劳动工资、金融、商贸、物价、财税等多方面的改革。这些改革对于改变旧体制管理权限过分集中的状况迈出了重要步伐。到 1984 年末，我国国有企业改革步入加速发展的新时期，实现两权分离进一步成为改革的指导思想。1985 年 9 月，国家经委、国家体改委出台《关于增强大中型国营企业活力若干问题的暂行规定》，要求继续扩大企业自主权。

从 1984 年党的十二届三中全会到 1986 年底，党中央、国务院先后颁发了关于扩大企业自主权，增强企业活力的十几个文件，实行简政放权，开展两步利改税，把国营企业上交利润改为按统一税

① 《中共中央关于经济体制改革的决定》，北京：人民出版社，1984 年版，第 11 页。
② 《中共中央关于经济体制改革的决定》，北京：人民出版社，1984 年版，第 13 页。

率上交税款，让企业站在同一起跑线，实行优胜劣汰的竞争机制，改变了国家和企业之间的分配关系。1987 年，党的十三大报告在国有企业改革方面，强调“围绕转变企业经营机制这个中心环节，分阶段地进行计划、投资、物资、财政、金融、外贸等方面体制的配套改革，逐步建立起有计划商品经济新体制的基本框架”[①]。截至 1987 年末，全国预算内公有制企业的承包比例已占 78%，大中型企业占 80%。1990 年，在第一轮承包期结束的预算内公有制工业企业有 3.3 万多户，为承包企业总数的 90%。

1987—1991 年，国家主要根据所有权和经营权分离的原则，根据不同行业和不同企业的特点，确定不同的经营方式。其中多数大中型企业实行了承包经营责任制，小型企业以实行租赁经营责任制为主，还有少数企业试行了股份制和资产经营责任制。这些经营方式，运用法律手段，以签订合同或契约的办法，使包括定价权、投资权、分配权、用工权等在内的企业经营自主权进一步扩大。与此同时，政府机关把权限下放之后，又为转变政府管理职能提供了条件。

（二）在利改税基础上，实行财政包干制

根据党的十二届三中全会关于“进一步完善税收制度，改革财政体制和金融体制”的要求，1985 年在全国范围内实行“划分税种，核定收支，分级包干”的财政管理体制。这一政策有助于合理解决中央与地方的经济关系，为我国过渡到实行划分税种的财政体

---

① 《沿着有中国特色的社会主义道路前进——在中国共产党第十三次全国代表大会上的报告》，《人民日报》，1987 年 11 月 4 日。

制创造了基本条件。

1988 年，国家实行财政大包干，其基本特点是将全国 37 个省、自治区和计划单列市都纳入包干体系。这是我国财税体制改革的一种过渡措施，起到了促进各级地方政府增产增收的作用，有利于提高财政执行的透明度，调动地方积极性。

综上所述，20 世纪 80 年代，我国所坚持的计划经济已不是产品型的计划经济，而是有计划的商品经济，即商品型的计划经济。所有的国营企业、集体企业和个体劳动者都是商品生产经营者，所有的生产资料和消费资料都是商品。国家通过立法、政策等手段依据国民经济计划进行间接的或直接的控制和调节，实现经济的按比例发展。这种建立在生产资料公有制基础上有计划的商品经济，其最大的优越性在于通过统一的计划，集约地使用人力、物力、财力资源对国民经济的各个分系统和各种生产要素进行综合平衡，保持合理的比例关系，做到人尽其能、物尽其用、财尽其力，以求最大的宏观经济效益。

第二章

巩固改革成果与制度创新

▼

在确立社会主义市场经济体制的目标之后，人们在实践探索中对计划的认识不断深化。我国指令性计划范围大幅度缩小，指导性计划已成为计划的主要形式，并且在广泛领域和较大程度上发挥了市场的作用。1992 年初，邓小平南方谈话使改革回到正确航向。1993 年之后的改革主要围绕建立社会主义市场经济体制展开。国有企业建立产权清晰、权责明确、政企分开、科学管理的现代企业制度。政府职能和计划手段也随之围绕建立现代企业制度进行转变。

第一节　改革的全面展开

一、确定“建立社会主义市场经济体制”为改革目标

（一）邓小平南方谈话

1992 年 1 月 18 日至 2 月 21 日，邓小平在武昌、深圳、珠海、上海等地考察途中，针对当时国内关心的一系列重大问题阐明了多年深入思考的看法、观点、立场。一经公布，长期困扰在改革思想

认识领域的疑问得到了解决。邓小平在南方谈话中指出，“计划多一点还是市场多一点，不是社会主义与资本主义的本质区别。计划经济不等于社会主义，资本主义也有计划；市场经济不等于资本主义，社会主义也有市场。计划和市场都是经济手段。社会主义的本质，是解放生产力，发展生产力，消灭剥削，消除两极分化，最终达到共同富裕”①。邓小平南方谈话的发表，从根本上解除了把计划经济和市场经济归属于社会基本制度范畴的思想束缚。厘清了资本主义与市场经济的关系，提出了社会主义与市场经济相结合的伟大构想，改革确立了清晰、明确的目标模式。中国改革进入以确立社会主义市场经济为重点，以科学界定政府职能、强调依法治国重大理念的新阶段。

（二）明确提出我国经济体制改革的目标模式

1992 年 10 月，党的十四大提出建立社会主义市场经济体制是我国经济体制改革的目标，并要求围绕建立社会主义市场经济体制的目标加快推进经济改革步伐。党的十四大报告指出，社会主义市场经济的建设思路从四个方面入手：一是转换国有企业特别是大中型企业的经营机制，把企业推向市场，增强它们的活力，提高它们的素质；二是加快市场体系的培育；三是深化分配制度和社会保障制度的改革；四是加快政府职能的转变。②

---

① 邓小平：《在武昌、深圳、珠海、上海等地的谈话要点》，《邓小平文选》（第三卷），北京：人民出版社，1993 年版，第 373 页。

② 江泽民：《加快改革开放和现代化建设步伐　夺取有中国特色社会主义事业的更大胜利——在中国共产党第十四次全国代表大会上的报告》，北京：人民出版社，1992 年版，第 25–26 页。

1993 年 11 月，党的十四届三中全会通过《关于建立社会主义市场经济体制若干问题的决定》（以下简称《决定》），《决定》要求“加快计划体制改革，进一步转变计划管理职能。国家计划要以市场为基础，总体上应当是指导性的计划”[①]。按照这一指导思想，相应地明确规定了“计划工作的任务，是合理确定国民经济和社会发展的战略、宏观调控目标和产业政策，搞好经济预测，规划重大经济结构、生产力布局、国土整治和重点建设”[②]。

统一、开放、竞争、有序的市场体系，是市场经济运行的基础。《决定》强调重点是发展生产要素市场，包括资本市场、货币市场、劳动力市场、房地产市场、技术市场和信息市场等。劳动力是人的劳动能力，用于市场交换的是人的劳动能力的交换。《决定》对如何建立社会主义市场经济体制做出了具体部署，提出了社会主义市场经济体制的基本框架，包括市场主体、市场体系、宏观调控体系和法律体系等，把党的十四大提出的社会主义市场经济体制的改革目标细化为具体蓝图。

纵观历史，从改革初期提出大力发展商品经济，到党的十二大提出以计划经济为主、市场调节为辅，党的十二届三中全会提出有计划商品经济，党的十四大提出社会主义市场经济，反映了思想认识不断深化和发展的过程。党的十四届三中全会做出的《决定》，在社会主义经济体制改革的历史上树起新的里程碑。

---

① 《中共中央关于建立社会主义市场经济体制若干问题的决定》，北京：人民出版社，1993 年版，第 18 页。

② 《中共中央关于建立社会主义市场经济体制若干问题的决定》，北京：人民出版社，1993 年版，第 18 页。

二、实现经济运行规则转型的制度创新

（一）建立现代企业制度

党的十四届三中全会的《决定》正式将现代企业制度作为国企改革的基本方向。《决定》提出，“进一步转换国有企业经营机制，建立适应市场经济要求，产权清晰、权责明确、政企分开、管理科学的现代企业制度”[①]。其中，产权清晰即明确企业中的国有资产所有权属于国家，企业拥有包括国家在内的出资者投资形成全部法人财产权，成为享有民事权利、承担民事责任的法人实体。权责明确即企业以其全部法人财产，依法自主经营，自负盈亏，照章纳税，对出资者承担保值增值责任；出资者按投入企业的资本额享有所有者权益，包括资产收益、重大决策和选择管理者的权利。企业破产时，出资者只以出资额对企业债务承担有限责任。政企分开即企业按照市场需求组织生产经营，以提高劳动生产率和经济效益为目的，政府不直接干预企业的生产经营活动。企业在市场竞争中优胜劣汰，长期亏损、资不抵债的应依法破产。管理科学即建立科学的企业领导体制和组织管理制度，调节所有者、经营者和职工之间的关系，形成激励与约束相结合的经营机制。这标志着我国国企改革的重点从以放权让利为主要内容的政策性调整转变为以理顺产权关系为主要内容的制度创新。

从 1994 年开始，国有企业改革进入关键期。《中华人民共和国

① 《中共中央关于建立社会主义市场经济体制若干问题的决定》，北京：人民出版社，1993 年版，第 38 页。

公司法》(以下简称《公司法》)的颁布施行，预示着国企改革步入确立现代企业制度的新阶段。1995 年，全国选择 100 家试点企业按《公司法》进行制度创新。通过试点，初步建立起现代企业制度的基本框架，变国家对企业的无限责任为有限责任，形成了企业法人治理结构。经过三年多的探索和实践，1997 年 11 月 21 日，“全国现代企业制度试点工作座谈会”在兰州召开。会上，这 100 家试点企业进行了总结汇报。结果表明，百户试点企业深化了企业内部改革，国有资产经营状况明显改善，其中 60%的试点企业经济效益明显好转，国有资产增值率取得显著效果。2006 年 12 月，国家首次明确了国有经济发挥控制力、影响力和带动力的具体行业和领域。根据部署，到 2008 年扭亏无望的国企基本退出，到 2010 年中央企业调整重组范围为 80 户到 100 户，其中 30 户至 50 户发展成为具有国际竞争力的大公司、大企业。

（二）股份制改革

截至 1997 年 8 月，全国由国有企业改造成为股份公司的为 9000 家左右。1997 年 9 月，党的十五大在北京召开。党的十五大报告指出，“国有经济起主导作用，主要体现在控制力上。要从战略上调整国有经济布局。对关系国民经济命脉的重要行业和关键领域，国有经济必须占支配地位。在其他领域，可以通过资产重组和结构调整，以加强重点，提高国有资产的整体质量。只要坚持公有制为主体，国家控制国民经济命脉，国有经济的控制力和竞争力得到增强，在这个前提下，国有经济比重减少一些，不会影响我国的社会主义性质”[1]。经过多年努力探索，改革目标终于指向了所有制结构这一关键问题。

（三）分税制及财政管理体制的配套改革

*“两个比重”即财政收入占GDP的比重和中央财政收入占全国财政收入的比重。

从20世纪80年代末到90年代初，全国“两个比重”*不断下降。为了扭转局面，党的十四届三中全会确定税制改革的基本原则和主要内容。1993年12月，国务院发布《关于实行分税制财政管理体制的决定》，要求从1994年1月1日起改革现行地方财政包干体制，对各省、自治区、直辖市以及计划单列市实行分税制财政管理体制。[2] 1994年，国家财政收入5182亿元，比上年增长19.2%；财政支出5820亿元，同比增长25.4%；收支相抵后的差额为638亿元，低于预算控制目标。[3]这次税制改革，是新中国成立以来规模最大、范围最广泛的一次税制改革，初步构建起社会主义市场经济的税制总体框架。分税制改革是我国改革开放进程中具有里程碑意义的一项重大改革，为规范中央与地方的分配关系开拓了新路径。

在进行分税制改革的同时，政府还进行了一系列财政管理体制的配套改革。一是进行税种的改革。把过去按所有制划分的税率不一的各种所得税，统一为按33%的税率征收企业所得税，并合并

---

① 江泽民：《高举邓小平理论伟大旗帜 把建设有中国特色社会主义事业全面推向二十一世纪——在中国共产党第十五次全国代表大会上的报告》，北京：人民出版社，1997年版，第23页。

② 《国务院关于实行分税制财政管理体制的决定》，《中华人民共和国国务院公报》，1993年30期。

③ 《1994年—2011年中央与地方财政收入比重情况》，《地方财政研究》，2013年02期。

了一些税种。建立了以增值税为主体，消费税和营业税为补充，以公平、中性、透明和普遍征收为特征的现代流转税制度。二是对税务机构进行了改革，分设国家税务局和地方税务局。前者主要负责征收中央税和中央与地方共享税，后者主要负责征收地方税。三是进行预算体制改革。实行和改善复式预算，复式预算把国家预算分为经常性预算和建设性预算*两部分。

从 1995 年开始，我国对政府间财政转移支付制度进行了改革，我国逐步建立起较为规范的政府间财政转移支付体系。1998 年，我国实行"费改税"，对预算外收入项目进行清理和整顿。到世纪之交，清理规范预算外收入的工作取得了明显的成效。2001 年，财政部对各预算单位进行"收支两条线"管理改革。这项改革的核心内容是：收支脱钩、收缴分离，逐步淡化和取消预算外资金，全部纳入预算管理。加之 2002 年的所得税收入分配改革，我国基本上建立起了适应社会主义市场经济要求的财政体制框架。

* 经常性预算，是国家以社会管理者身份取得的各种税收和其他收入，并以此履行其相应的社会管理者职能的收支。建设性预算，是国家以国有资产所有者身份取得的收入，并以此履行这种所有者职能而进行的建设支出。

（四）投资体制改革与金融外汇体制完成"汇率并轨"

1．与市场经济相适应的投资体制改革

1979 年 8 月，国务院批准《关于基本建设投资试行贷款办法的报告》，我国投资体制改革进入探索阶段，一系列投资体制改革措施陆续出台。计划体制改革方案的推行，促进了简政放权，较大幅度地缩小了指令性计划，扩大了地方尤其是企业的自主权，进一步发挥了市场机制的作用，有力地推动了经济体制的全面改革。

从 20 世纪 80 年代起，我国投资宏观调控改革不断弱化对企业和投资项目的直接行政干预，更加注重综合运用经济和法律的手段。同时，国家也加强了政府投资监管体系的建设。

为了适应社会主义市场经济的发展，针对投资领域存在的问题，我国20世纪90年代投资体制改革的任务和重点涉及以下几个方面：建立能够对资源配置起基础性作用的市场竞争机制；建立法人投资和银行信贷的风险责任；建立能够有效融通资金、保证国家重点建设的政策性投融资体系；建立能够保持合理的投资规模和投资结构的宏观调控体系。进入21世纪，我国基本确立以“四制”*为核心的相对完善的投资管理体制。

*“四制”即项目法人责任制、招标投标制、建设监理制和合同管理制。

2．金融体制的改革

我国金融市场从无到有稳步发展，逐步建立了功能相互补充、交易场所多层次、交易产品多样化、种类丰富的金融市场体系。

（1）设立专业银行与政策性银行，建立中央银行制度

党的十四届三中全会通过的《决定》提出，“建立政策性银行，实行政策性业务与商业性业务分离”[1]。1993年12月，国务院发布《国务院关于金融体制改革的决定》等若干重要文件，强调从四大行中剥离出政策性业务，组建了专门承担政策性业务的专业银行，也就是政策性银行**。从此，工农中建四大行由专业银行转型为国有商业银行，不再承担政策性金融业务。

**政策性银行主要是指由政府创立或担保，以贯彻国家产业政策和区域发展政策为目的，具有特殊的融资原则，不以营利为目标的金融机构。

（2）设立资产管理公司

受1997年亚洲金融危机的冲击，我国银行业积累了大量不良贷款。1999年，国家通过发行特别国债，设立四大金融资产管理公司***，并规定存续期为10年，专门负责收购、管理、处置中国工商银行、中国农业银行、中国银行、中国建设银行和政策性银行

***四大金融资产管理公司，即中国华融资产管理公司、中国长城资产管理公司、中国东方资产管理公司、中国信达资产管理公司。

---

①《中共中央关于建立社会主义市场经济体制若干问题的决定》，北京：人民出版社，1993年版，第16页。

剥离出来的不良资产。

（3）实行汇率并轨的外汇管理体制改革

1993 年，国家实施“以市场换技术”的外国直接投资政策，从 1994 年开始实行汇率并轨。1995 年，八届全国人大三次会议通过《中国人民银行法》，明确从 1996 年 12 月 1 日起，我国实现人民币在经常项目下的可兑换。从 1997 年 10 月起，中国人民银行进行管理体制改革，改革的主要内容是：撤销 31 个省、直辖市、自治区分行，建立 9 个跨省区分行。建立全国统一的证券期货监管体系。建立多元化银行体系，正确引导非银行金融机构稳健发展。1997 年亚洲金融危机后，亚洲国家的货币竞相贬值，金融形势动荡。针对当时的国际、国内形势，我国作出人民币不贬值的决定。随后，我国采取一系列稳定汇率的金融措施，使得汇率浮动一直不大。

（五）建立以间接手段为主的宏观经济调控体系

宏观调控目标是在一定时期内国家在宏观经济管理方面所要达到的国民经济运行状态的预期。我国宏观调控目标的确定是制定年度计划以至五年计划的主要任务。国家制定一定时期内的宏观调控目标，一方面是向企业公开展示重要的宏观经济信息，对企业的自主决策发挥引导作用；另一方面又是政府各经济管理部门制定政策措施的重要依据。

转变政府管理职能，建立以间接手段为主的宏观经济调控体系，是社会主义市场经济体制的重要内容之一。党的十五大报告提出，“宏观调控的主要任务，是保持经济总量平衡，抑制通货膨胀，促进重大经济结构优化，实现经济稳定增长。宏观调控主要运用经济手段和法律手段。要深化金融、财政、计划体制改革，完善宏观调控手段和协调机制。实施适度从紧的财政政策和货币政策，注意掌握调控力度”[①]。

社会主义市场经济条件下的国家发展计划仍然是国家宏观经济管理的重要手段之一。国家发展计划的重点不再是安排各个层次，特别是企业的生产经营活动，而是合理确定宏观调控目标和产业政策、搞好宏观经济预测、制定国民经济和社会发展战略、规划重大经济结构和生产力布局、保障国家重点建设，促进国民经济持续、快速、健康发展和社会全面进步。随着改革的深入，我国计划工作越来越重视产业政策的制定与实施。1989年，由国家计委起草并由国务院颁布《国务院关于当前产业政策要点的决定》，国务院有关部委和地方政府还出台了产业政策实施细则，这是我国历史上第一次以产业政策的名义出台产业政策。根据改革与发展的新形势，1994年国务院又颁布了《90年代国家产业政策纲要》《国家汽车工业产业政策》等专项产业政策。1996年国家公布的“九五”计划强调，要通过市场机制和国家宏观调控的作用，重点加强农业、水利、能源、交通、通信。同时，还要振兴支柱产业，发展高技术产业，调整提高轻纺工业，积极发展第三产业，促进国民经济全面发展。

我国制定的产业结构调整政策逐渐从选择型转变为功能型。长期以来，我国在制定产业政策时往往对需要优先发展的产业实施一系列优惠政策。这种选择型政策的好处是，有利于少数产业的非均衡发展，但是其弊端也很明显，往往造成顾此失彼，带来新的结构

① 江泽民：《高举邓小平理论伟大旗帜 把建设有中国特色社会主义事业全面推向二十一世纪——在中国共产党第十五次全国代表大会上的报告》，北京：人民出版社，1997年版，第27–28页。

失衡。为了避免选择型产业政策带来的弊端，代之以功能型政策，以更好地发挥国家功能型结构调整政策的作用。也就是说，只要产业满足经济转型升级的要求，国家都给予财政支持；而对不符合转型升级方向的经济活动，一律采取惩罚性政策。国家制定功能型产业政策，比之选择型政策，对于推动转型升级发挥了更大成效。

这一时期，我国的政府职能改革主要是为了适应社会主义市场经济发展需要。相关改革把政企分开作为改革的中心任务。

三、确定国有经济管理体制改革总体方案

党的十五大提出我国今后社会经济发展的整体构想，指明经济体制改革特别是国有经济改革的总体方案。党的十五大报告对社会主义公有制理论作出精辟的论述，主要包括：（1）坚持公有制为主体、多种所有制经济共同发展的基本经济制度，一切符合“三个有利于”的所有制形式都可以而且应该用来为社会主义服务。（2）要全面认识公有制的含义和主体地位，公有制占优势，要有量的优势，更要重视质的提高。国有经济的主导作用，主要体现在控制力上。（3）公有制实现形式可以而且应当多样化，一切反映社会化大生产规律的经营方式和资本组织形式都可以大胆利用。股份制是现代企业的一种资本组织形式，“不能笼统地说股份制是公有还是私有，关键看控股权掌握在谁的手中”，要积极提倡劳动者的劳动和资本联合为主的股份合作制。（4）建立现代企业制度是国有企业改革的方向，要对国有大中型企业实行规范的公司制改革。培育和发展多元化投资主体，推动政企分开和企业转换的经营机制。（5）把国有企业改革同改组、改造、加强管理结合起来，“抓大放小”，

对国有企业实行战略性改组。以资本为纽带，通过市场形成有较强竞争力的大型企业集团。（6）积极推进各项配套改革，建立有效的国有资产管理、监督和营运机制，保证国有资产的保值增值，防止国有资产流失。[①]

党的十五大后，中国共产党确立社会主义初级阶段的基本经济制度，并根据国有经济的地位重新调整国有经济的战略布局。1999年9月，党的十五届四中全会通过的《关于国有企业改革和发展若干重大问题的决定》明确提出，"要同产业结构的优化升级和所有制结构的调整完善结合起来，坚持有进有退，有所为有所不为"[②]。

四、1998年后公共财政体制改革

在传统体制下，政府包揽了许多应该由市场调节的事务。1998年后，财政、税收、金融、外汇、计划和投融资体制改革继续向前推进，形成了以分税制为核心的新的财政税收体制框架，确立了以增值税为主体的流转税体系。国家加强中央银行对货币供应的调控能力和对金融机构的监管职能，使政策性金融与商业性金融开始分离；明确以市场供求为基础，单一的、有管理的浮动汇率制度，实现了人民币在经常项目下可兑换。国家计划管理从总体上的指令性计划向总体上的指导性计划转变，推行项目法人制、资本金制度和

① 江泽民：《高举邓小平理论伟大旗帜 把建设有中国特色社会主义事业全面推向二十一世纪——在中国共产党第十五次全国代表大会上的报告》，北京：人民出版社，1997年版，第22–24页。

②《中共中央关于国有企业改革和发展若干重大问题的决定》，北京：人民出版社，1999年版，第7页。

招投标制度，加强投资风险约束。市场流通领域的改革向纵深发展。商品市场进一步发展，要素市场逐步形成；取消了生产资料价格双轨制，进一步放开了竞争性商品和服务的价格；在健全市场规则、整顿市场秩序方面取得新的进展。

（一）公共财政政策逐渐明确

我国公共财政政策作为新时期财政体制的新框架是随着市场化的推进而逐渐明确的。1998 年底，全国财政工作会议提出实施构建公共财政基本框架的设想。2000 年 10 月，党的十五届五中全会《中共中央关于制定国民经济和社会发展第十个五年计划的建议》，明确将建立公共财政初步框架作为“十五”时期财政改革的重要目标。所谓“建立公共财政的初步框架”的首要任务是“进一步调整和优化财政收支结构，逐步减少营利性、经营性领域投资，大力压缩行政事业经费，把经营性事业单位推向市场，将财力主要用于社会公共需要和社会保障方面”[①]。为此，国家财政计划进一步顺应政府职能转变的需要，调整和优化支出结构，规范公共财政收支范围，逐步退出一般竞争性领域，逐步减少对企业的经营性发展项目、应用性研究项目的资助。

（二）公共财政体制改革的核心内容

为了与优化财政收支相配合，我国还在扩大推行政府采购制度等方面进行了一系列改革。伴随公共财政认识的加深、公共支出规

① 《中共中央关于制定国民经济和社会发展第十个五年计划的建议》，《人民日报》，2000 年 10 月 19 日。

模扩大和对成熟市场经济国家相关理论与实践的借鉴，我国提出的公共财政改革目标，进一步推进了部门预算、“收支两条线”管理、国库管理制度、政府采购制度四项改革措施，这四项改革措施相辅相成，成为公共财政体制改革的核心内容。

1．推行部门预算改革

2000 年以后，国家财政部着手实施中央部门预算体制改革，即每个部门均有自己的独立预算，由基层单位自行编制预算构成各部门的预算，既有一般预算，也有基金预算，完成预算后逐级上报，一直到各部门将本部门的预算汇总后，由财政部给予最后审核。接着，由财政部汇总各部门的预算后上报给国务院审定，再经全国人大审议批准。人大经过表决批准后，这一预算才具有法律效力。在经财政部批复预算的基础上，各部门方可执行该预算，财政部履行监督的职责。通过这三方面改革，我国建立完善、透明、开放的公共财政管理体制。

2．深化“收支两条线”改革

2001 年，国务院办公厅转发财政部《〈关于深化“收支两条线改革”进一步加强财政管理意见〉的通知》，以综合预算编制为出发点，以预算外资金管理为重点，强调收支脱钩为中心，以国库管理制度改革为保障，明确进一步深化“收支两条线”改革的步骤和措施。2002 年，财政部进一步加大和深化“收支两条线”的管理工作。针对中央部门的不同情况，分别采取将预算外资金纳入预算管理和实施收支脱钩管理等办法。

3．全面实施政府采购

政府采购制度是以公开招标、投标为主要方式选择供货商（厂商），从国内外市场为政府部门或所属团体购买商品和劳务的一种制度。它具有公开性、公正性、竞争性的特征，公开竞争是政府采购制度的基石。这种制度能使政府有效地利用商业竞争机制，从市场上买到最佳性能和低廉价格的商品和劳务，节省费用，防止腐败，使税收和财政支出产生更大的效益。

我国实施政府采购制度的历史可以追溯到1996年。当时，我国开始在部分地区试点政府采购制度，这一阶段的政府采购主要侧重于财政支出管理，旨在降低成本和提高资金使用效益。1998年，中央和地方财政部门开始建立专门的政府采购机构，履行政府采购管理职责，标志着我国政府采购制度进入制度初创期。2002年，我国颁布《中华人民共和国政府采购法》，标志着我国政府采购制度改革进入法治化快车道。在此之后，我国政府采购制度进入了全新的发展阶段，政府采购规模逐步扩大，政府采购范围从单纯的货物类采购扩展到工程类和服务类采购。

在政府采购制度的确立和不断改革的过程中，我国政府采购法律制度体系也日益健全。自政府采购法颁布实施以来，政府采购制度建设稳步向前，各项部门规章和规范性文件陆续发布，构建了以政府采购法为统领，以实施条例和部门规章为依托的较为完整的政府采购法律制度体系。同时，我国的政府采购体制机制也在持续优化。政府采购机构不断健全，监督和处罚机制逐步完善，公平、公正、公开和诚实信用的原则在政府采购过程中得到确立和贯彻，有效规范了政府支出行为和政府采购市场交易秩序。

总之，我国实施政府采购制度的历史可以概括为从无到有、从点到面、从小到大，经过几十年的改革发展，政府采购制度已经成为现代国家治理的重要基础性制度，并在规范财政支出管理、促进反腐倡廉、完善社会主义市场经济体制等方面发挥了重要作用。

4．进行国库管理制度改革

2001 年 2 月，国务院总理办公会议同意财政部会同中国人民银行报送的《财政国库管理制度改革试点方案》，确立了我国财政国库管理制度改革的目标、指导思想、原则以及各种配套措施的实施步骤。我国财政国库管理制度改革是建立以国库单一账户体系为基础、资金缴拨以国库集中支付为主要形式的财政国库管理制度。其主要内容是：建立国库单一账户体系基础上的国库集中收付运行机制，收入收缴的资金及时进入国库单一账户或财政专户，取消层层汇缴的中间环节，直接支付按照用款计划和规范程序，直接支付到供货商最终用款单位，取消层层支付的中间环节，使财政资金在未支付到收款人之前一直保存在国库。通过这样的改革，资金由中转变为直达，从根本上改变了传统的财政资金运行机制，并且资金的运行过程可通过电子化的监控程序实时监控，有效提高了预算执行的透明度，有效防止了财政资金筹集运用过程中“跑、冒、滴、漏”的现象。①

第二节　完善社会主义市场经济体制

2002 年 11 月，党的十六大报告指出，“继续调整国有经济的布局和结构，改革国有资产管理体制，是深化经济体制改革的重大任务……继续探索有效的国有资产管理法律法规，坚持政企分开，

---

① 《财政部、中国人民银行关于印发〈财政国库管理制度改革试点方案〉的通知》，《中国财经审计法规公报》，2001 年 06 期。

实行所有权和经营权分离，使企业自主经营、自负盈亏，实现国有资产保值增值”[1]。2003 年 10 月，党的十六届三中全会通过《中共中央关于完善社会主义市场经济体制若干问题的决定》（以下简称《决定》），继续强调要在更大程度上发挥市场在资源配置中的基础性作用。《决定》全面部署了深化经济体制改革的指导思想、战略目标、重点任务和先后次序，对形成完善的社会主义市场经济体制提出了全面的要求。以此为标志，改革围绕完善社会主义市场经济体制的核心任务展开。

2007 年 10 月，党的十七大报告对深化经济体制改革做出重要部署，提出要在完善社会主义市场经济体制方面取得重大进展，“要深化对社会主义市场经济规律的认识，从制度上更好发挥市场在资源配置中的基础性作用，形成有利于科学发展的宏观调控体系”[2]。随着改革的不断深化，市场对资源配置发挥着越来越重要的作用。

一、各领域改革协同迈进

（一）推进农业现代化投资发展

农业现代化、工业化、城镇化同步推进，是“十二五”时期我国投资发展面临的一个关键问题。当时我国农业还是一个弱势产

① 江泽民：《全面建设小康社会　开创中国特色社会主义事业新局面——在中国共产党第十六次全国代表大会上的报告》，北京：人民出版社，2002 年版，第 25–26 页。
② 江泽民：《高举中国特色社会主义伟大旗帜　为夺取全面建设小康社会新胜利而奋斗——在中国共产党第十七次全国代表大会上的报告》，北京：人民出版社，2007 年版，第 26 页。

业，只有通过加大技术设备投资提高农业集约化水平，在农村搞种植业和养殖业能取得比外出打工更高的收入，才能把高素质的劳动力留在农村。

1．重视新农村建设

建设社会主义新农村是为了扩大内需，是党执政为民和代表最大多数人利益的集中体现。一方面将通过扩大农村基础设施和公共服务建设，拉动投资需求；另一方面能够通过提高农村居民收入，扩大农村的市场需求，有助于消化这几年形成的过剩产能。党的十六届五中全会建议提出“生产发展、生活宽裕、乡风文明、村容整洁、管理民主”新农村建设的内容。[①] 为此，党中央及各地方也采取了不少政策措施，推动社会主义新农村投资建设。

（1）投资投向现代农业

一是投向农业科技创新和转化。建设国家创新基地和区域性农业科研中心，建设农业科技园区。实施现代农业高技术产业化项目，实施现代农业高技术示范工程。国家实施种子工程，实施农业科技入户工程，提高农业科技在国家科技投入中的比重，扩大重大农业技术推广项目专项补贴规模，安排农业科技成果转化资金和国外先进农业技术引进资金。鼓励企业建立农业科技研发中心，国家在财税、金融和技术改造等方面给予扶持。允许各类农业企业和民营农业科技组织申请使用国家有关农业科技的研发、引进和推广等资金。探索农业科技推广体系实行公益性职能与经营性服务分类管理的办法，对农技推广项目实行招投标制度。二是投向农村现代流

① 《中共中央第十六届五中全会公报》，人民网，2015 年 10 月 14 日。

通体系建设。推进农产品批发市场升级改造，实施“万村千乡市场工程”*，建设连锁化“农家店”。鼓励邮政系统在农村发展现代流通业。中央和地方安排专门资金，支持农民专业合作组织开展信息、技术、培训、质量标准与认证、市场营销等服务。各省、自治区、直辖市开通整车运输鲜活农产品的绿色通道，降低或免交车辆通行费，实现省际互通。对农产品仓储设施建设用地按工业用地对待。进一步完善促进我国优势农产品出口的政策措施，外贸发展基金要向促进农产品出口倾斜，主要用于支持企业研发新产品新技术、开拓国际市场、参与国际认证等，扶持出口生产基地。三是投向推进农业产业化经营。各级财政安排支持农业产业化发展的专项资金。对符合条件的龙头企业的技改贷款，可给予财政贴息，对龙头企业为农户提供培训、营销服务，以及研发引进新品种新技术、开展基地建设和污染治理等，可给予财政补助。完善农产品加工的增值税政策，对农民专业合作组织及其所办加工、流通实体适当减免有关税费。加快立法进程，建立农民合作组织发展的信贷、财税和登记等制度。培育龙头企业和企业集群示范基地。

* “万村千乡市场工程”由商务部于2005年2月启动，其主要内容是以补助或贴息的方式，引导城市连锁店和超市等流通企业向农村延伸发展“农家店”，力争用三年时间，孕育出25万家连锁经营的农家店，构建以城区店为龙头、乡镇店为骨干、村级店为基础的农村现代流通网络，使标准化农家店覆盖全国50%的行政村和70%的乡镇。

（2）投资投向扶贫开发

国家安排必要的财政资金，鼓励、支持贫困农户投工投劳，开展农田、水利、公路等方面的基础设施建设。安排优惠的扶贫专款贴息贷款和制定优惠政策，重点帮助贫困地区、贫困农户以市场为导向，发展种植业、养殖业以及相应的加工业项目。开展农业先进实用技术培训，提高贫困农户的科技文化素质，增加自我发展能力。扶贫开发与水土保持、环境保护、生态建设相结合，实施可持续发展战略，增加贫困地区、贫困农户的发展后劲。创新扶贫方式，整村推进扶贫开发，支持易地扶贫、龙头企业带动扶贫、联手扶贫和劳动力转移扶贫。推进西部地区开发，改善投资环境，增加资金投入，发展科技教育等。

（3）投资投向新农村物质条件改善

国家大力加强农田水利、基本农田和生态建设，重点抓好小型灌区节水改造，雨水集蓄利用等小型农田水利工程建设和管理，提高农业综合生产能力。加大投资改善农村人畜饮水困难，优先解决高度缺水、饮用污染水村寨的人畜饮水问题。全力打造良好生活环境。按照村容整洁的要求，采取不同的新建、扩建、改建措施，保护有历史文化价值的古村落和古民宅。

（4）投资投向农村公用事业

一是发展农村义务教育。完善“两免一补”*，巩固“两基”**，建设农村中小学现代远程教育工程，建立健全农村义务教育经费保障机制，加大城镇教师支援农村教育的力度。二是发展农村卫生事业。通过提高补助标准，在全国农村基本普及新型农村合作医疗制度，加强乡镇卫生院建设，建立乡村医生补助制度，增加农村卫生人才培养的经费预算。三是发展农村文化事业。加强县文化馆、图书馆和乡镇文化站、村文化室等公共文化设施建设，建设广播电视“村村通”、农村电影放映工程、文化信息资源共享工程农村基层服务点和农民体育健身工程。

* “两免一补”是指国家向农村义务教育阶段（小学和初中）的贫困家庭学生免费提供教科书、免除杂费，并给寄宿生补助一定生活费的一项资助政策。

** “两基”即基本实施九年义务教育和基本扫除青壮年文盲。

2．统筹城乡发展

（1）构建新型工农、城乡关系

从党的十六大报告提出“统筹城乡经济社会发展”，到党的十七大提出“统筹城乡发展，推进社会主义新农村建设”，反映出国家对城乡发展体制认识的不断深化和对实现乡村振兴的高度重视，为深化投资体制改革，动员更多资金投入乡村振兴提供了政策支持。党的十七届三中全会通过的《中共中央关于推进农村改革发展若干重大问题的决定》，要求“必须统筹城乡经济社会发展，始终把着力构建新型工农、城乡关系作为加快推进现代化的重大战略。统筹工业化、城镇化、农业现代化建设，加快建立健全以工促农、以城带乡长效机制”[①]。《中共中央关于制定国民经济和社会发展第十二个五年规划的建议》进一步要求，“统筹城乡发展，积极稳妥推进城镇化，加快推进社会主义新农村建设，促进区域良性互动、协调发展”[②]。

（2）实现城乡公共服务均等化

城乡公共服务的差距是城乡差距的重要体现。我国养老、教育、医疗、交通、供水、供电、环境等方面，农村都明显落后于城市。改变中西部农村公共服务落后状况，党中央及各地方把农村作为公共服务投入的重点，通过城乡人均公共财政支出的均等化实现城乡基本公共服务的均等化，尽快弥补农村公共服务投入的欠账，把教育、医疗、交通、环保、养老作为农村公共服务发展的重点。

这一时期，我国开始探索运用政府和社会资本合作模式来发展农村服务业。以农村宅基地、承包地为质押，撬动银行贷款，吸引社会资金投入农村建设。以村庄土地为基础整理节约的住宅建设用地的商业开发，吸引社会资金投入，鼓励城市资本下乡、市民资本下乡。

---

① 《中共中央关于推进农村改革发展若干重大问题的决定》，北京：人民出版社，2008年版，第10页。

② 《中共中央关于制定国民经济和社会发展第十二个五年规划的建议》，北京：人民出版社，2010年版，第6页。

（二）财税、汇率、金融改革稳步推进

1. 财税制度改革

2003 年 10 月，党的十六届三中全会通过的《中共中央关于完善社会主义市场经济体制若干问题的决定》强调，“分步实施税收制度改革。按照简税制、宽税基、低税率、严征管的原则，稳步推进税收改革”[①]。这是指导新阶段我国税制改革的标志性文件。

（1）全面取消农业税

2003 年 3 月，国务院发布《关于全面推进农村税费改革试点工作的意见》，在全国范围内拉开农村税费改革的序幕。2005 年 12 月，第十届全国人大常委会十九次会议通过关于废止《中华人民共和国农业税条例》的决定；2006 年，我国正式取消农业税。正是由于全面取消农业税，全国农民比农村税费改革前共减轻负担 1265 亿元，这就为全面推进农村综合改革提供了一定的物质基础。使农村税费改革发展到巩固税费改革成果，进一步深化以乡镇机构、农村义务教育和县乡财政体制等综合配套改革的关键阶段，“三农”工作开创崭新局面。

（2）增值税全面转型

2008 年 11 月，国务院公布《中华人民共和国增值税暂行条例》，规定自 2009 年 1 月 1 日起实行，允许企业抵扣外购机器设备增值税进项税额，并取消进口设备增值税免税政策，降低小规模

① 《中共中央关于完善社会主义市场经济体制若干问题的决定》，北京：人民出版社，2003 年版，第 22 页。

纳税人征收率。[1]增值税全面转型以来，全国范围已经累计减少税收5000多亿元。自2012年1月起，上海率先实施了“营业税改增值税”的试点，全国多个省市陆续跟进。

（3）健全公共财政体制

2002年11月，党的十六大报告强调完善预算决策和管理制度，加强对于支出的监督。2003年10月，在党的十六届三中全会通过的《中共中央关于完善社会主义市场经济体制若干问题的决定》中进一步提出健全公共财政体制的改革目标，建立适应社会主义市场经济要求的公共财政框架。

2．人民币汇率形成机制

2003年10月，党的十六届三中全会通过的《中共中央关于建立社会主义市场经济体制若干问题的决定》（以下简称《决定》），提出人民币汇率改革的总体目标是“完善人民币汇率形成机制，保持人民币汇率在合理、均衡水平上的基本稳定”[2]。就是在这样的背景下，2005年7月，经国务院批准，中国人民银行发布《关于完善人民币汇率形成机制改革的公告》，宣布实行以市场供求为基础、参考一篮子货币*进行调节、有管理的浮动汇率制度。[3]这次改革改变了先前单一盯住美元的做法，选择若干种主要货币，赋予相应的权重，组成一个货币篮子，再从市场供求出发，参考一篮子货币，计算人民币多边汇率指数的变化，确保了人民币汇率的动态均

* 一篮子货币指作为设定汇率参考的一个外币组合，某一外币在组合中所占比重通常以该外币在本国国际贸易中的重要性为基准，是由多种货币分别按一定比重构成的一组货币。

---

① 《中华人民共和国增值税暂行条例》，《中华人民共和国国务院公报》，2008年33期。
② 《中共中央关于完善社会主义市场经济体制若干问题的决定》，北京：人民出版社，2003年版，第24页。
③ 《中国人民银行关于完善人民币汇率形成机制改革的公告》，《金融时报》，2005年7月22日。

衡，是继 1994 年汇率并轨以来最大规模的汇率制度改革。此后，央行相继出台了一系列配套措施，不断完善有管理的浮动汇率制度，包括大力推进外汇市场建设、建立人民币汇率间接调控体系、拓宽对外投资渠道等，为外汇市场总体运行平稳、供求趋于平衡奠定了坚实基础。

3．金融制度改革

（1）利率市场化改革

利率机制是国家金融制度的重要组成部分，反映并决定一个社会的整体供求关系与资源配置效率。2002 年 11 月，党的十六大报告指出，“稳步推进利率市场化改革，优化金融资源配置，加强金融监管，防范和化解金融风险，使金融更好地为经济社会发展服务”[①]。2003 年 10 月，党的十六届三中全会通过的《决定》进一步提出“稳步推进利率市场化，建立健全由市场供求决定的利率形成机制，中央银行通过运用货币政策工具引导市场利率”[②]。我国正式确定了利率市场化的改革目标，突出了市场在利率形成过程中的决定性作用，规定了央行采用间接调控工具和手段，厘清了央行的定位。根据党的十六届三中全会精神，利率市场化的总体思路是先放开货币市场利率和债券市场利率，再逐步推进存贷款利率市场化。利率市场化改革稳步推进，存贷款利率的浮动区间进一步扩大，中央银行利率体系建设逐步深化，已经初步建立了中央银行通过运用

① 江泽民：《全面建设小康社会 开创中国特色社会主义事业新局面——在中国共产党第十六次全国代表大会上的报告》，北京：人民出版社，2002 年版，第 28 页。
② 《中共中央关于完善社会主义市场经济体制若干问题的决定》，北京：人民出版社，2003 年版，第 24 页。

货币政策工具引导市场利率，市场利率引导金融机构利率定价，进而影响企业与居民行为的利率结构和传统框架，利率市场化改革迈出重大步伐。

（2）商业银行改制与政策性银行启动商业化改革

2002 年 2 月，第二次全国金融工作会议明确提出对国有大型商业银行进行股份制改造，条件成熟的可以上市。2003 年 12 月，《中国银行、中国建设银行股份制改革实施总体方案》经国务院原则通过，国有商业银行股份制改革正式付诸实施。2007 年底，政策性银行启动了一轮商业化改革。2008 年 12 月，国家开发银行先行一步，改制为国家开发银行股份有限公司，成为商业性银行，其主要通过开展中长期信贷与投资等金融业务，为国民经济重大中长期发展战略服务。

二、产业发展政策的制定

这一时期，国家研究制定一系列产业政策，首先明确提出未来一定时期国家产业政策的主要目标。其次，提出重点产业如基础产业和支柱产业的具体政策，最后制定与产业目标和重点相配套的财税、金融、贸易、技术、布局等政策措施。在制订计划过程中，国家把产业政策实施的配套政策统一纳入计划，对投融资的规模、结构和使用方向以及相配套的建设项目，作为一揽子计划进行安排。

（一）对关系国计民生重要产业的政策

长期以来，国家把扩大公共服务作为改善民生的战略重点。我国把扩大消费的战略重点放在发展社会事业、增加公共服务上，把改善民生、发展社会事业作为扩大内需、调整经济结构的重点，坚定不移地加以推进。同时，按照城乡经济社会发展一体化的要求，把社会事业和公共服务发展的重点放在农村，使城乡居民逐步享受到大体均等的基本公共服务。

为了充分调动和发挥民间投资者的积极性，支持民间投资健康发展，2001 年 12 月，国家计委发布《关于印发促进和引导民间投资的若干意见的通知》，强调“充分调动和发挥民间投资者的积极性，支持民间投资健康发展”①。2003 年 10 月，党的十六届三中全会通过的《决定》指出，“深化投资体制改革。进一步确立企业的投资主体地位，实行谁投资、谁决策、谁收益、谁承担风险”②。

2004 年 7 月，《国务院关于投资体制改革的决定》颁布实施，对我国投资领域需要改革的各方面都给予明确规定，对加强和改善宏观调控具有重要意义。投资领域的改革创新，完善了投资运行的内在机制和体制政策环境，调动了各类投资主体的积极性，发挥了市场在资源配置中的基础性作用，有力地推动了投资的快速增长和经济社会的持续稳定发展。国家鼓励和引导民间资本进入民生领域。

2010 年 5 月，国务院发布《关于鼓励和引导民间投资健康发展的若干意见》(以下简称《意见》)，鼓励和引导民间资本进入基础产业和基础设施、市政公用事业和政策性住房建设、社会事业、

① 《国家计委关于印发促进和引导民间投资的若干意见的通知》，《中华人民共和国国务院公报》，2002 年 26 期。

② 《中共中央关于完善社会主义市场经济体制若干问题的决定》，北京：人民出版社，2003 年版，第 22 页。

金融服务等领域。鼓励和引导民间资本进入法律法规未明确禁止准入的行业和领域。《意见》还明确提出，规范设置投资准入门槛，创造公平竞争、平等准入的市场环境。市场准入标准和优惠扶持政策要公开透明，对各类投资主体同等对待，不得单对民间资本设置附加条件。鼓励和引导民间资本进入基础产业和基础设施、市政公用事业和政策性住房建设、社会事业、金融服务、商贸流通、国防科技工业领域，鼓励和引导民间资本重组联合和参与国有企业改革、积极参与国际竞争，推动民营企业加强自主创新*和转型升级。[①]

* 自主创新有三个方面的含义：一是原始创新，二是集成创新，三是在消化吸收国外先进技术的基础上再创新。自主创新是把原始创新、集成创新和引进消化吸收再创新结合起来，在积极跟踪、关注和参与原始创新、集成创新的同时，高度重视对引进技术的消化吸收再创新。

另外，国家运用政策性金融扩大政府和社会资本合作项目投资规模，在基础设施、公用事业等领域积极推广这一模式。对一些社会急需而政府又缺乏建设资金的基础设施和公共服务项目，如铁路、公路、供水、供电、医院、学校、养老院、幼儿园、停车场、充电桩等，采取特许经营权的办法，由政府制定政策，使投资能得到合理回报，并通过招投标，选择有资质的企业承担投资建设任务。用这一办法替代政府融资平台和土地财政，为民间资本找到大量新的投资机会，有力地调动社会投资的积极性。

（二）对战略性新兴产业发展的扶持政策

以自主创新带动产业升级，加快发展战略性新兴产业。政府通过优先提供贷款、优先发行企业债券和在股票市场上市等措施，鼓励资金向战略性新兴产业的骨干企业集聚，形成新的投资热点和经

① 《国务院关于鼓励和引导民间投资健康发展的若干意见》，《人民日报》，2010 年 5 月 15 日。

济增长点。

1．培育和发展战略性新兴产业的目标

2010年9月，国务院常务会议审议并原则通过《关于加快培育和发展战略性新兴产业的决定》（以下简称《决定》），确定战略性新兴产业发展的重点方向、主要任务和扶持政策，从我国国情和科技、产业基础出发，选择了节能环保、新一代信息技术、生物技术、高端装备制造、新能源、新材料和新能源汽车七个产业，在重点领域集中力量，加快推进。会议强调，要加强组织领导和统筹协调，编制国家战略性新兴产业发展规划，制定产业发展指导目录，优化区域布局，形成各具特色、优势互补、结构合理的战略性新兴产业协调发展格局。为支持战略性新兴产业发展，《决定》提出要建立健全创新药物、新能源、资源性产品价格形成机制和税费调节机制。实施新能源配额制，落实新能源发电全额保障性收购制度。加快建立生产者责任延伸制度，建立和完善主要污染物和碳排放交易制度。建立促进三网融合高效有序开展的政策和机制，深化电力体制改革，加快推进空域管理体制改革。[1]根据《决定》精神，我国组织编制国家战略性新兴产业发展规划和相关专项规划，制定战略性新兴产业发展指导目录，开展战略性新兴产业统计监测调查，加强与相关规划和政策的衔接，成立由国家发展和改革委员会牵头的战略性新兴产业发展部际协调机制。

2．把资金引向战略性新兴产业

这一时期，国家加大财税支持力度，发挥财政资金引导和调动

---

① 《国务院关于加快培育和发展战略性新兴产业的决定（全文）》，《中国科技产业》，2010年10期。

社会投资积极性的作用，鼓励银行和企业把资金投向战略性新兴产业。2015 年 3 月，国务院批复国家开发银行股份有限公司深化改革方案及相关政策支持和制度安排，明确其定位为开发性金融机构，同时在批复中还明确了政策性金融机构的业务边界。中国进出口银行和中国农业发展银行定位为政策性金融机构，实行政策性业务和商业性业务两种业务并存，二者的改革核心是强化政策性功能定位，改善此前过度商业化的倾向。2017 年 4 月，国家开发银行股份有限公司名称变更为国家开发银行，组织形式由股份有限公司变更为有限责任公司，主要从事开发性业务，如新型城镇化、保障性安居工程、“两基一支”*、支持“走出去”、科技、文化和人文交流等。作为政策性银行的国家开发银行在应对全球金融危机、城镇化建设、棚户区改造、大学生贷款、战略性新兴产业、民营企业发展、投资境外资源项目等领域，给予了重要支持。国家开发银行体制改革的实践证明，政策性银行在进行产业结构调整，执行国家产业政策，落实国家发展战略等方面发挥了举足轻重的作用。

*“两基”即基础设施、基础产业，“一支”即支柱产业。

我国还设立战略性新兴产业发展专项基金，集中支持重大产业创新发展工程、重大应用示范工程。完善和落实国家鼓励技术创新的各项政策，鼓励企业把更多的资金投入科研开发，掌握自主知识产权和形成自主品牌。扩大中小企业集合债券发行规模，允许战略性新兴产业的骨干企业发行企业债券。同时推动信贷方式创新，开展知识产权质押融资、产业链融资等。通过制定各种优惠政策，鼓励企业把更多的资金投入科研开发，形成自主知识产权和自主品牌。大力发展风险投资公司和股权投资基金，支持技术成果的工程化、产业化。建立政府创业投资引导基金，扶持发展创业投资。优先为战略性新兴产业的企业提供贷款支持。发展贷款担保公司，继续开展贷款证券化试点，扩大银行融资功能。通过优先提供贷款、优先发行企业债券和在股票市场上市等措施，鼓励资金向战略性新兴产业的骨干企业集聚，形成新的投资热点和经济增长点。

3．进口结构围绕战略性新兴产业进行调整

国家鼓励进口先进装备和技术，促进新一代信息技术、节能环保、新能源、生物技术、高端装备制造、新材料、新能源汽车等战略性新兴产业发展。通过把进口技术装备同扩大企业并购结合起来，充分利用国际市场的科技资源。

4．加快发展战略性新兴产业

国际竞争的实践证明，谁掌握了知识产权，谁就掌握了利润的分配权。为增强国际经济竞争力，抢占科技和产业发展制高点，我国加快发展战略性新兴产业。许多地方把发展战略性新兴产业作为经济和科技发展的重点。政府部门和行业组织围绕新兴产业发展的关键技术和共性技术，组织产业联盟，在财政资金的支持下，由相关制造和应用企业、研究机构和大学共同组织攻关，实行协同创新，形成新的投资热点和经济增长点。

三、提高自主创新能力

（一）提高自主创新能力是国家发展战略的核心

当今世界，新科技革命迅猛发展，科技作为第一生产力的地位和作用越来越突出。正是基于这样的现实，2005年底，党的十六届五中全会提出自主创新的重大发展战略。科技创新投入随之大幅度增加，自主创新成果涌现。我国的研发投入占GDP的比重由2002年的1.07%上升到2006年的1.42%，专利申请授权数同期由 13 万件上升到近 27 万件。2007 年 10 月，党的十七大报告提出“提高自主创新能力，建设创新型国家。这是国家发展战略的核心，是提高综合国力的关键”①。

（二）努力推动企业成为创新主体

从经济实践活动来看，企业是市场主体，也是创新投资主体之一。2006 年，全国科学技术大会明确要求使企业真正成为研究开发投入的主体、技术创新活动的主体和创新成果应用的主体，全面提高企业的自主创新能力。我国相应采取的具体措施有：

第一，创新投资以企业为主体，实行产学研结合。特别是发挥国有企业在自主创新中的带动和骨干作用。2006 年我国企业研发投入占比 60%左右，在国际专利申请量当中，民营企业占 70%左右。

第二，从考核指标等方面建立对企业创新投资的激励机制。国家对企业业绩进行考核，不仅注重实现利润和资产保值增值，也注重其技术储备等长期发展能力。在考核企业资产价值时，不仅注重其有形资产，也注重其无形资产。

第三，多方创造有利于创新投资活动的企业文化。创新投资需要良好的环境、活跃的氛围，激发人的积极性。国家促使企业抛弃僵化和保守的观念，推崇生动、活泼的创新文化，在创新投资中寻求和把握发展机遇。

第四，落实企业主体作用的关键是企业家。创新是与企业家精

① 江泽民：《高举中国特色社会主义伟大旗帜 为夺取全面建设小康社会新胜利而奋斗——在中国共产党第十七次全国代表大会上的报告》，北京：人民出版社，2007 年版，第 22 页。

神紧密联系在一起的，企业家在企业自主创新的活动中起着核心作用，国家引导企业创新依靠企业决策者的创新理念、创新精神，动员内部的各种资源进行创新活动，带领企业积极与外部合作。

第五，支持企业获得研发资金，加大对企业研发资金的投入支持和引导力度。引导科技服务机构支持企业加大研发投入，抢占产业发展制高点，不断增强核心竞争力。设立企业主导技术创新基金，通过科技服务机构的专业独立评估，加大科技型中小企业技术创新基金和产业投资基金，加大对企业主导的重点高新技术项目和产品的支持力度，降低企业主导技术创新的风险和成本。同时设立创新型企业科技成果转化风险补偿资金，围绕战略性新兴产业和本市优先发展产业，通过科技服务机构的专业独立评估，重点支持技术创新性强、拥有自主知识产权和经济社会效益前景明显的创新型企业，合理配置创新型企业由实验室到产业化各环节所需的启动资金，引导企业增加对应用科技研究的资金投入，促进企业技术创新资金来源的内循环。引导科技服务机构牵头组织企业吸引外资和社会闲散资金，积极帮助企业筹措技术创新资金和科技成果转化与推广资金，形成多渠道、多方位、多层次的企业技术创新资金投入体系和科技成果产业化投入体系。

（三）鼓励自主创新的政策和社会环境

2006 年，国务院颁布《国家中长期科学和技术发展规划纲要（2006—2020 年）》，强调到 2020 年科技发展的目标、任务和战略重点，对推动各部门鼓励自主创新，进一步完善鼓励自主创新的政策和社会环境，完善高新技术产业化的风险投资机制发挥了重要作用。[①] 为了充分发挥地方政府在组织经济建设方面的作用，更好地利用各地的条件，在全国统一计划和政策的指导下，发展优势和特色经济，是改革的一项重要内容。随着改革的推进，地方政府管理经济的权限逐步扩大。由此，地方政府开始探索运用自己的财力，建立对高新技术企业的投资鼓励和贷款风险担保贴息制度。

2009 年，创业板的推出为高新技术企业的发展提供了一条新的融资渠道。我国的创业板市场学习借鉴纳斯达克的经验，在优选和支持高新技术企业发展中发挥助推器的作用。在实践中，一些地方政府在鼓励自主创业、以创业带动就业方面出台了一系列政策，对于企业市场主体地位的强化发挥了显著成效。

（四）充分利用国际市场科技资源

科学技术不仅是产业结构升级和经济发展的根本动力，也是决定国际竞争能力的关键因素和国家安全保障的核心要素。随着经济全球化的发展，技术资源的市场化、国际化也呈不断发展之势，特别是在传统制造业领域，一些发达国家的企业由于市场和管理等原因，使其技术人才和技术成果在国际范围流动。这一时期，我国通过以下途径广泛利用国际市场科技资源：一是引进消化吸收再创新；二是利用系统集成实现重大装备和产品国产化；三是依托重点工程，通过国际招标、技贸结合，提升国内企业的技术创新能力；四是通过国际并购获取国外技术资源；五是通过国际合作进行技术研发；六是通过委托国外开发拥有知识产权；七是自主研发设计，

---

① 《国家中长期科学和技术发展规划纲要（2006—2020 年）》，《中华人民共和国国务院公报》，2006 年 09 期。

由国外制造或进口关键零部件；八是扩大加工贸易高技术产品进口零部件在国内研制配套的比例，促进加工贸易转型升级。

同时，为了更好地利用国际市场的科技资源，我国鼓励企业到海外设立研发机构，吸引当地人才，了解科学技术的最新进展。驻外机构和各类智库不断为企业海外并购提供信息支持和咨询服务，以减少投资失误。此外，鼓励跨国公司把研发机构设在我国，利用外资企业的技术溢出效应，带动国内企业的自主创新。

第三章
改革的全面深化

▼

党的十八大吹响全面深化改革的号角。党的十八届三中全会通过《中共中央关于全面深化改革若干重大问题的决定》，描绘了全面深化改革的路线图。进入新时代，我国坚持以供给侧结构性改革为主线，用改革的办法推进结构调整，矫正要素配置扭曲，积极应对内部外部环境变化，不断深化投资体制改革。与此同时，坚持同步推进投资审批规范化、标准化，让投资环境更为优越。

第一节　新时代投资体制改革的不断深化

一、优化调整投资方向和领域

（一）聚焦“建设现代化经济体系”的目标

党的十八大以来，我国经济进入新发展阶段。创新、协调、绿色、开放、共享的新发展理念深入人心，推动高质量发展成为经济社会发展的主题。为适应新的发展形势和任务，我国的投资工作聚焦“建设现代化经济体系”的目标，不断优化调整投资方向和领域，把投资重点放在提升经济发展质量和效益上，为加快构建新发展格局提供重要支撑。

具体来讲，一是扎实推进新型基础设施建设，夯实经济发展的信息基础。二是积极扩大制造业有效投资，加快发展先进制造业集群，完善现代物流体系。三是不断完善消费促进政策，释放国内消费潜力，引导资金投入公益性、基础性、战略性的补短板项目。四是持续深化投融资体制改革，加强与各类金融市场对接，用好社会资本这一“源头活水”，保持投资稳定增长。

（二）发挥市场配置资源决定性作用的改革部署

2013 年 11 月，党的十八届三中全会召开，审议通过《中共中央关于全面深化改革若干重大问题的决定》（以下简称《决定》），《决定》对发挥市场配置资源的决定性作用所需配套体制条件做出了改革部署。具体来讲，国家实行统一的市场准入制度，在制定负面清单基础上，各类市场主体可依法平等进入清单之外领域。《决定》总结，20 世纪进入第一个十年，我国经济运行的主要矛盾和最大风险是产能过剩。然而，这种产能过剩是体制机制的缺陷扭曲企业投资行为的产物。由于土地、自然资源、生态环境等生产要素的定价非市场化，以及政府的投资补贴、金融干预、减税免税等各种政策租金所传递出错误扭曲、变异的市场信号，造成企业新上项目不重市场供求只重政策蛋糕大小，从“赚利润”变为“赚政府优惠”，从而形成大量体制性的产能过剩。与此同时，GDP、就业、前期投入成本等诸多原因，造成退出机制不畅，优胜劣汰难以实现，过剩产能不断累积。《决定》的审议通过，表明党中央下决心根治在社会主义市场经济建设过程中资源配置的症结。

（三）政府的职能转变

在市场经济条件下，政府在经济领域的主要职能是宏观调控。党的十八届二中全会通过的《国务院机构改革和转变职能方案》，突出强调政府的职能转变。这释放出一个强烈信号：按照社会主义市场经济体制的要求，政府主要把管理职能放在宏观调控、提供公共产品和服务、制定政策和法规，以及对市场秩序进行监管以保证公平竞争、有序的市场环境等方面。

党的十八届三中全会审议通过的《决定》提出“切实转变政府职能，深化行政体制改革，创新行政管理方式，增强政府公信力和执行力，建设法治政府和服务型政府”的改革总目标。[①] 所谓“更好发挥政府作用”，就是要着力解决市场体系不完善、政府干部过多和监管不到位问题。正如习近平总书记指出的，“转变政府职能，关键是要明确往哪里转、怎么转。在总结经验的基础上，我们提出了现在转变政府职能的总方向，这就是党的十八大确定的创造良好发展环境、提供优质公共服务、维护社会公平正义”[②]。

二、把以人民为中心的理念贯穿投资工作中

随着我国经济发展进入新常态，国际国内环境、条件、任务、要求在发生新的变化。我国正处在从中等收入国家向高收入国家迈

---

① 《中共中央关于全面深化改革若干重大问题的决定》，北京：人民出版社，2013 年版，第 16 页。

② 中共中央文献研究室编：《习近平关于全面深化改革论述摘编》，北京：中央文献出版社，2014 年，第 53 页。

进的历史进程中，必然面对经济体制、发展模式、增长动力、产业结构、社会结构等一系列的转型升级问题。其中，一些深层次的矛盾和问题较为突出，这既是发展的难题和瓶颈，也关系到人民群众的切身利益、根本利益和长远利益，受到老百姓和全社会的极大关注，集聚着人民群众的所思所盼、所急所需。

正是从这样的实际出发，“十三五”时期，我国需要通过投资，在优化结构、增强动力、化解矛盾、补齐短板上取得突破性进展。

党的十九大报告指出，“坚持以人民为中心”[①]，“保障和改善民生要抓住人民最关心最直接最现实的利益问题，既尽力而为，又量力而行，一件事情接着一件事情办，一年接着一年干”[②]。

体现了以人民为中心的思想，表明中国共产党不忘初心，增进民生福祉，让现代化建设成果更多更公平地惠及全体人民。

（一）投资坚持推动大众创业、万众创新

推进大众创业、万众创新，是发展的动力之源，也是富民之道、公平之计、强国之策，对于推动我国经济结构调整、打造发展新引擎、增强发展新动力、走创新驱动发展道路具有重要意义，也是稳增长、扩就业、激发亿万群众智慧和创造力，促进社会纵向流动、公平正义的重大举措。在新的历史时期，以投资推动大众创业、万众创新，主要是发挥市场在资源配置中的决定性作用和更好

---

① 习近平：《决胜全面建成小康社会 夺取新时代中国特色社会主义伟大胜利——在中国共产党第十九次全国代表大会上的报告》，北京：人民出版社，2017 年版，第 21 页。
② 习近平：《决胜全面建成小康社会 夺取新时代中国特色社会主义伟大胜利——在中国共产党第十九次全国代表大会上的报告》，北京：人民出版社，2017 年版，第 45 页。

发挥政府作用，建立和完善创业投资引导机制。具体包括不断扩大社会资本参与新兴产业创投计划参股基金规模，做大直接融资平台；不断完善新兴产业创业投资政策体系、制度体系、融资体系、监管和预警体系，加快建立考核评价体系；加快设立国家新兴产业创业投资引导基金和国家中小企业发展基金，逐步建立支持创业创新和新兴产业发展的市场化长效运行机制；发展联合投资等新模式，探索建立风险补偿机制；鼓励建立和完善创业投资引导基金；加强创业投资立法，完善促进天使投资的政策法规；促进国家新兴产业创业投资引导基金、科技型中小企业创业投资引导基金、国家科技成果转化引导基金、国家中小企业发展基金等协同联动；推进创业投资行业协会建设，加强行业自律。此外，采取一系列措施，拓宽创业投资资金供给渠道，发展国有资本创业投资，推动创业投资“引进来”与“走出去”。

（二）投资坚持绿色富国、绿色惠民

党的十八届五中全会站在全面建成小康社会的新高度，对绿色发展的发展规律、发展道路、发展方向和长远目标进行了全面阐释，提出要坚持绿色富国、绿色惠民，为人民提供更多优质生态产品。实现这一目标，关键是要发挥投资的作用，推动形成绿色发展方式和生活方式。从投资内容看，主要有：一是加强对自然资源和自然资产的投入，形成自然资本进而促进可持续发展。通过土壤、淡水、草场、森林、湿地、海洋等在内的生物多样性和生态系统等领域和产业的投入，增加自然价值和自然资本，最终提升国家的总体实力。二是加强对环境基础设施建设和其他公共基础设施建设的投资。污水处理厂、垃圾焚烧厂、危险废物处理厂、园林绿化等环

境基础设施建设以及水利建设，防灾减灾基础设施建设、供水、供电、供热、交通等公共基础设施建设，属于社会的公共产品，兼具生态价值、经济价值和社会价值。三是加强对绿色产业尤其是节能环保产业的投资。

（三）投资坚持共享发展，着力增进人民福祉

共享发展，着力增进人民福祉，为投资提出了新的要求和实施空间。具体来讲，第一，投资加大公共产品和服务的供给。增加公共产品和服务的供给，只有满足国民对公共品的需求，才能真正实现发展为了人民。第二，投资重点解决扶贫问题。实施精准扶贫，分类扶持贫困家庭，积极发挥投资作用。

二、全面小康决胜阶段的任务

2015 年 10 月，党的十八届五中全会首次提出“实现‘十三五’时期发展目标，破解发展难题，厚植发展优势，必须牢固树立并切实贯彻创新、协调、绿色、开放、共享的发展理念”① 。到 2020 年全面建成小康社会，是党的十八大明确提出的战略目标。“十三五”是全面建成小康社会的决胜阶段。2017 年 10 月，党的十九大明确提出把“坚持新发展理念”作为新时代坚持和发展中国

① 《中共中央关于制定国民经济和社会发展第十三个五年规划的建议》，北京：人民出版社，2015 年版，第 8 页。

特色社会主义的基本方略之一。[①]

1．把发展作为第一要务

发展是解决问题的根本之道，投资是发展的重要途径。“十三五”时期，随着我国经济发展进入新阶段，面临着许多新的矛盾和问题，诸如城乡发展差距拉大、经济下行压力增加、产业结构调整升级缓慢、资源环境压力难以承受等。面对新的形势和问题，投资和发展必须采取新思路、新办法。新发展理念的提出，意味着国家运用新思路新办法释放发展的新需求新动力，提高经济发展的协调性、包容性、可持续性。这为全面建成小康社会提供了根本遵循。

坚持创新发展，包括技术创新和体制创新，以体制机制创新推动技术创新和经济社会发展。国家改革并完善科技、教育体制，鼓励企业增加技术研发投入，激发广大科技人员钻研技术的积极性，鼓励万众创新、大众创业，努力用自主知识产权的技术带动产业升级，推动产业结构由以资源和劳动密集型为主向以技术和知识密集型为主转变。坚持协调发展，重点是促进城乡之间、区域之间协调发展，加快农村发展和中西部发展。从全国来看，沿海地区工业化、城镇化已经进入中后期阶段或后工业化阶段，而中西部广大地区仍处于工业化、城镇化的中期或初期阶段。要素投入和发展的重点应转入中西部地区。通过释放中西部地区的巨大发展潜力，支撑全国经济的持续发展；通过改革生态环境管理体制，加快生态文明建设。坚持开放发展，利用巨额外汇储备，通过扩大海外投资，建设“一带一路”，创造出口需求，获取更多的海外科技资源、自然

① 习近平：《决胜全面建成小康社会 夺取新时代中国特色社会主义伟大胜利》，北京：人民出版社，2017 年版，第 21 页。

资源，推动经济转型升级，增强可持续发展能力。坚持共享发展，通过改革收入分配制度，让广大居民共享发展成果，共享小康生活水平。这些具体措施为落实新发展理念，全面建成小康社会，进行有效投资提供了机会。

2．加快城乡一体化进程

城乡发展差距大，是国民经济结构中的一个突出矛盾。我国造成城乡居民收入差距大的根本原因，是农业劳动生产率过低，远远低于全社会平均劳动生产率。提高农业劳动生产率是一项系统工程，必须继续推动农业劳动力向第二、三产业转移，农村人口向城镇转移，建立城乡一体化新制度，引导资本、技术和高素质劳动力流向农村。解决城乡发展差距问题，不仅关系到全面建成小康社会，更关系到我国经济长远持续发展。党的十八届三中全会《决定》提出，“赋予农民对集体资产股份占有、收益、有偿退出及抵押、担保、继承权。保障农户宅基地用益物权，改革完善农村宅基地制度，选择若干试点，慎重稳妥推进农民住房财产权抵押、担保、转让，探索农民增加财产性收入渠道”[①]。同时强调，“在符合规划和用途管制前提下，允许农村集体经营性建设用地出让、租赁、入股，实行与国有土地同等入市、同权同价”[②]。这几项改革是对农村土地公有制实现方式的重大突破，是对农民住宅制度改革的重大突破，第一次赋予农村土地和农民住宅以商品属性，为发挥市

① 《中共中央关于全面深化改革若干重大问题的决定》，北京：人民出版社，2013 年版，第 23 页。
② 《中共中央关于全面深化改革若干重大问题的决定》，北京：人民出版社，2013 年版，第 13 页。

场对农村土地资源配置的决定性作用，促进土地资源的节约集约利用，提供了前提条件。

促进城乡要素配置合理化，是实现城乡协调发展客观要求，其关键是允许各类生产要素在城乡之间双向自由流动，发挥市场对资源配置的决定性作用。实现城乡协调发展，首先要建立和完善农村要素的市场体系，实现要素在城乡市场之间双向自由流动。土地是一种重要的生产要素，也应发挥市场对土地配置的决定性作用。为此，2015 年 11 月，中共中央办公厅、国务院办公厅印发《深化农村改革综合性实施方案》，指出“完善和拓展城乡建设用地占补平衡和‘地票’试点”[①]。

2016 年 4 月 30 日，习近平总书记在中央政治局第二十二次集体学习时，发表关于加快推进城乡一体化发展的重要讲话，提出要加快实现城乡居民基本权益平等化，城乡居民公共服务均等化，城乡居民收入均衡化，城乡要素配置合理化，以及城乡产业发展融合化。[②] 这为加快城乡一体化改革发展指明方向。习近平总书记的讲话为建立城乡一体化的市场，扫除城乡市场之间要素自由流动的各类障碍提供了强大思想利器。因此，城乡一体化是一个巨大的投资领域。

党的十九届五中全会指出，“坚持把解决好‘三农’问题作为全党工作的重中之重，走中国特色社会主义乡村振兴道路，全面实施乡村振兴战略，强化以工补农、以城带乡，推动形成工农互促、

① 《深化农村改革综合性实施方案》，《人民日报》，2015 年 11 月 3 日。

② 《习近平在中共中央政治局第二十二次集体学习时强调 健全城乡发展一体化体制机制 让广大农民共享改革发展成果》，人民网，2015 年 5 月 4 日。

城乡互补、协调发展、共同繁荣的新型工农城乡关系，加快农业农村现代化”[①]。在随后召开的中央农村工作会议上，习近平总书记强调，今后15年是破除城乡二元结构、健全城乡融合发展体制机制的窗口期。全面推进乡村振兴战略，本质上是对工农关系、城乡关系的重塑，必须跳出“三农”抓“三农”，站位全局谋振兴。[②]以城乡融合带动乡村振兴，创造大量投资机会，吸引大批社会资金投入乡村建设，从而释放出经济增长的最大新动能，为2035年基本实现社会主义现代化做出重大贡献。

3．着重扩大公共服务投资

全面建成小康社会，国家加大公共服务的投入力度，并通过各地区和城乡之间人均公共财政支出的大体均等，实现公共服务的均等化。通过改革公共服务投资体制，推行政府与企业合作模式。通过建设—经营—转让、建设—转让等模式，赋予投资者一定的权利，使之能按期收回投资，并获得合理回报，调动投资者的积极性，把巨量社会资金引入公共设施和公共服务建设领域，迅速改变公共服务投资不足和供给短缺的局面。

4．大力改善生态环境投资

全面建成小康社会，内容包括为人们提供清洁、优美、舒适、宜居的环境，有益于人的身心健康。实现绿色发展，破除增加环保投入必然影响发展的糊涂认识，把改善生态环境作为发展的题中应有之义。党的十八届三中全会的《决定》对建立生态文明体制已经

---

① 《中共中央关于制定国民经济和社会发展第十四个五年规划和二〇三五年远景目标的建议》，北京：人民出版社，2020年版，第20–21页。

② 《习近平出席中央农村工作会议并发表重要讲话》，中国政府网，2020年12月29日。

做出部署，要求实行谁污染、谁付费，推行第三方治理的制度。按照这一要求，由政府或委托有资质的机构进行招标，选择有能力的企业统一对污染物进行治理，保证采用最先进的治理设备和技术，保证污染治理设施正常运转。这就形成有效机制，吸引企业扩大环保产业投资。同时，国内所有企业都执行统一的排放标准，公平竞争，有助于通过强化内部管理和技术进步消化污染治理的成本。

第二节　区域经济协调发展的宏观调控机制

这一时期，我国扎实推进区域发展总体战略，采取一系列重要政策措施，有力地促进了区域协调发展和地区经济的合理布局。党的十八大以来，以习近平同志为核心的党中央进一步丰富发展了区域协调发展的理论和实践，提出并实施“一带一路”倡议、京津冀协同发展和长江经济带建设等新的战略构想和重大举措，为我国区域协调发展掀开了新的篇章。《中共中央关于制定国民经济和社会发展第十三个五年规划的建议》指出，“深入实施西部大开发，支持西部地区改善基础设施，发展特色优势产业，强化生态环境保护。推动东北地区等老工业基地振兴，促进中部地区崛起，加大国家支持力度，加快市场取向改革。支持东部地区率先发展，更好辐射带动其他地区”[①]。2016 年 8 月，国家发展改革委印发《贯彻落实区域发展战略促进区域协调发展的指导意见的通知》，又提出完善

① 《中共中央关于制定国民经济和社会发展第十三个五年规划的建议》，北京：人民出版社，2015 年版，第 19 页。

创新区域政策和健全区域协调发展机制：加强区域政策顶层设计、提高区域政策的精准性、发挥区域规划指导约束作用、优化规划政策实施与评价机制、建立健全区际利益平衡机制、支持发挥平台创新示范作用、推动区域治理法治化。[①]《中共中央关于制定国民经济和社会发展第十四个五年规划和二〇三五年远景目标的建议》强调，“坚持实施区域重大战略、区域协调发展战略、主体功能区战略，健全区域协调发展体制机制”[②]。促进区域协调发展，是在实践中不断完善的正确的发展战略。经过多年努力探索，我国初步形成了各有侧重的区域发展战略，即西部大开发，振兴东北地区等老工业基地，促进中部地区崛起，鼓励东部地区率先发展，实现相互促进、共同发展。这是对多年来中国共产党在区域发展战略上的不懈探索所做出的科学总结。

一、促进区域协调发展的体制和政策

（一）中部地区崛起

1．中部地区经济腾飞以工业化为突破口

中部崛起问题酝酿已久，2004 年 9 月，党的十六届四中全会通过《中共中央关于加强党的执政能力建设的决定》，明确提出促进中部地区崛起。国家支持中部地区发挥承东启西和产业发展优势，

① 《发展改革委关于印发贯彻落实区域发展战略促进区域协调发展的指导意见的通知》，《中华人民共和国国务院公报》，2017 年 14 期。
② 《中共中央关于制定国民经济和社会发展第十四个五年规划和二〇三五年远景目标的建议》，北京：人民出版社，2020 年版，第 23 页。

抓好粮食主产区建设，发展能源和制造业，加强基础设施建设，加快建立现代市场体系。[①] 2012 年 8 月，《国务院关于大力实施促进中部地区崛起战略的若干意见》（以下简称《意见》）正式出台。《意见》指出，要坚持以科学发展为主题，以加快转变发展方式为主线，以扩大内需为战略基点，以深化改革开放为动力，更加注重转型发展，加快经济结构优化升级，提高发展质量和水平。[②] 2016 年 12 月，国务院批复《促进中部地区崛起“十三五”规划》（以下简称《规划》），《规划》提出，把中部地区打造成先进制造业走廊。支持在长江沿线和京广铁路沿线地区率先打造形成具有全球影响力的先进制造业走廊，大力推进武汉城市圈、长株潭城市群、中原城市群等重点区域战略性新兴产业发展，研究建立泛长株潭等工业制造重点示范基地。同时，确定了一批重点新兴产业集群培育工程。结合中部六省都是农业大省，农村劳动力占整个劳动力的绝大部分的省情出发，发展经济必须把推进农村工业化，加快农村劳动力从第一产业向第二、三产业转移作为根本任务。[③] 这是党中央、国务院进一步加快中部地区崛起步伐，实现全面建成小康社会的重大战略部署。可以说，“十三五”时期是中部地区实现加速崛起、全面崛起的关键时期。“十四五”时期，我国着力打造重要先进制造业基地、提高关键领域自主创新能力、建设内陆地区开放高地、巩固生态绿色发展格局，推动中部地区加快崛起，开创中部地区崛起新局面。

---

① 《中共中央关于加强党的执政能力建设的决定》，《人民日报》，2004 年 9 月 27 日。
② 《国务院关于大力实施促进中部地区崛起战略的若干意见》，《中华人民共和国国务院公报》，2012 年 25 期。
③ 《国务院关于促进中部地区崛起“十三五”规划的批复》，《中华人民共和国国务院公报》，2017 年 02 期。

2. 加快城市群建设发展

国务院批复的《促进中部地区崛起“十三五”规划》(以下简称《规划》)提出，要发展壮大中原城市群、长江中游城市群、皖江城市带、山西中部城市群，健全功能完备、布局合理的城镇体系，形成经济充满活力、生活品质优良、生态环境优美的新型城市群。同时，将推动城市群内城际铁路建设，鼓励在有条件的情况下充分利用既有铁路线路开行城际或市域（郊）列车，建立中心城市1小时通勤圈。《规划》明确了“城市群壮大计划”，具体内容包括以下几个方面。

（1）长江中游城市群：推动武汉城市圈、长株潭城市群、环鄱阳湖城市群大力实施创新驱动发展战略，加快建立现代产业体系，提升城市群综合实力和竞争力，建设具有全球影响力的现代产业基地和全国重要创新基地，打造生态文明和绿色城镇化样板。

（2）中原城市群：立足区位交通等优势，建设全国重要的先进制造业、现代服务业基地和现代综合交通枢纽，打造新亚欧大陆桥经济走廊极具发展活力的核心地带。

（3）皖江城市带：加快融入长三角城市群，进一步承接产业转移，建设产业实力雄厚、资源利用集约、生态环境优美、人民生活富裕、全面协调可持续发展的示范区。

（4）山西中部城市群：强化太原城市功能，推进太原—晋中同城化发展，加快传统产业转型升级，建设全国资源型经济转型示范区和重要的制造业、文化旅游业基地。①

---

① 《国务院关于促进中部地区崛起“十三五”规划的批复》，《中华人民共和国国务院公报》，2017年02期。

（二）加大对中西部地区支持，对接“一带一路”

为了促进区域协调发展，国家在经济政策、资金投入和产业发展等方面，加大对中西部地区的支持，以增强欠发达地区自我发展的能力。一是逐步缩小地区间基本公共服务的差距。按照公共服务均等化原则，中央财政转移支付资金重点用于中西部地区，尽快使中西部基础设施和公共服务落后的状况得以改变。二是加大对欠发达地区和困难地区的扶持。坚持开发式扶贫方针，继续努力减少贫困人口。对资源枯竭型城市经济转型，国家重点予以扶持。建立衰退产业援助机制，搞好棚户区改造和采煤沉陷区治理。通过建立资源开发补偿机制，实现产业和就业结构的平稳转换。三是加快革命老区、民族地区和边疆地区的发展。加大财政转移支付力度和财政性投资力度，支持革命老区、民族地区和边疆地区的发展。改善基础设施条件，保护好自然生态。积极普及义务教育，建设少数民族民间传统文化社区，大力培养少数民族人才。支持发展民族特色产业、民族特需产品和民族医药产业，优先解决少数民族贫困问题。继续实行支持西藏、新疆发展的各项政策。

区域发展上的差距，除历史原因外，主要在于行政区划阻碍了生产要素的自由流动。国家充分发挥市场对资源配置的决定性作用，同时运用行之有效的帮扶机制、合作机制。突出抓好“一带一路”、京津冀一体化和长江经济带的发展，带动区域经济协调发展。“一带一路”倡议是我国主动应对全球形势深刻变化、统筹国际国内两个大局做出的重大战略部署，为西部地区跨越式发展提供了契机。与“一带一路”沿线国家加强产业合作，西部地区与沿线国家结合各自的特点，积极寻找合作的契合点，在煤炭、油气、金属矿产等传统能源资源勘探开发合作，在水电、核电、风电、太阳能等清洁、可再生能源合作方面加大力度，形成能源资源合作上下游一体化产业链。在经贸合作方面，在新一代信息技术、新能源、新材料、生物技术等新兴产业领域，双向投资不断扩大，投资领域不断拓展。

（三）振兴东北地区老工业基地

东北地区多年来积累的体制机制问题尚未得到有效破解，产业与经济结构单一的问题仍较为突出，东北老工业基地发展面临新的困难和挑战。东北地区发展的新旧动力转换尚未完成，接续产业对经济发展还不能形成有效支撑，从而一系列结构性矛盾不断显现出来。

1．振兴东北的政策支持

为了应对东北经济不断加大的下行压力，推动东北老工业基地发展方式由主要依靠要素驱动向更多依靠创新驱动转变，健全区域创新体系，优化创新创业环境。2015 年 6 月，国家发展改革委、科技部、人社部、中科院等四部委（院）联合印发的《关于促进东北老工业基地创新创业发展打造竞争新优势的实施意见》，提出六大方面 24 条具体实施意见，明确指出通过改革，推动调整国有资本的布局，完善企业治理模式和经营机制，真正确立企业市场主体地位，提升国有企业创新效率，增强国有企业内在活力、市场竞争力、发展引领力，使国有企业成为东北老工业基地振兴的重要支撑力量，同时支持民营企业提高创新能力，使民营企业成为推动创新创业的重要力量。[①]

① 《发展改革委 科技部 人力资源社会保障部 中科院关于促进东北老工业基地创新创业发展打造竞争新优势的实施意见》，《中华人民共和国国务院公报》，2015 年 27 期。

为让东北再振兴，2016 年 4 月，《中共中央 国务院关于全面振兴东北地区等老工业基地的若干意见》（以下简称《意见》）对外发布。《意见》提出，到 2020 年，东北地区在重要领域和关键环节改革上取得重大成果，在此基础上再用 10 年左右时间，实现全面振兴。《意见》还强调，党中央、国务院于 2003 年做出实施东北地区等老工业基地振兴战略的重大决策。根据《意见》，到 2030 年，东北地区要成为全国重要的经济支撑带，具有国际竞争力的先进装备制造业基地和重大技术装备战略基地，国家新型原材料基地、现代农业生产基地和重要技术创新与研发基地。[①] 2016 年 8 月，国家发展改革委印发《推进东北地区等老工业基地振兴三年滚动实施方案（2016—2018 年）》，按照统筹推进、突出重点、远近结合、滚动实施的原则，就有关部门、有关地方做好 2016—2018 年东北地区等老工业基地振兴工作做出具体部署，并明确各项任务的责任主体和完成时间。[②] 同年 12 月，经国务院批准，《东北振兴“十三五”规划》印发，针对制约东北老工业基地存在的体制机制性问题，按照问题导向，有针对性地提出了“十三五”时期东北老工业基地振兴的总体思路、重要任务等。“十四五”规划提出，要推动东北振兴取得新突破，深化国有企业改革攻坚，着力优化营商环境，大力发展民营经济，加快发展现代农业，加大生态资源保护力度。在支持政策密集出台的同时，东北等老工业基地自身的升级改造也在加速进行。

---

① 《中共中央 国务院关于全面振兴东北地区等老工业基地的若干意见》，《中华人民共和国国务院公报》，2016 年 13 期。
② 《发展改革委印发〈推进东北地区等老工业基地振兴三年滚动实施方案（2016—2018 年）〉》，国家发改委网站，2016 年 8 月 22 日。

2．转变经济发展方式和结构性改革是东北振兴的关键

《中共中央 国务院关于全面振兴东北地区等老工业基地的若干意见》要求，到2020年，东北地区在重要领域和关键环节改革上取得重大成果，转变经济发展方式和结构性改革取得重大进展。这表明东北振兴需要解决的是活力、结构、体制机制创新和可持续发展问题，只有通过供给侧结构性改革实现解决产业结构单一、产能过剩、企业负债率高等问题，提高经济发展质量和效益，在国家发展改革全局中，东北振兴的战略地位被提升到了前所未有的新高度。在新一轮振兴发展过程中，东北地区还要靠实体经济。重点抓好产业转型升级，形成具有持续竞争力和支撑力的工业体系，推动形成战略性新兴产业和传统制造业并驾齐驱、现代服务业和传统服务业相互促进、信息化和工业化深度融合、军民融合发展的结构新格局。大力发展技术装备、优质钢材、石化、汽车、船舶和农副产品加工业，发展高技术产业。努力建设现代农业，建成优质粮食基地，推动东北地区在改革开放中实现振兴。①

3．创新驱动促进转型升级

为了使东北地区走出经济困局，东北振兴从新思路、新模式、新机制上谋划对策，把基点放在创新上。因地制宜地构建起新型的现代产业体系，加快产业层次向中高端迈进。首先，把智能制造作为制高点、突破口和主攻方向，实施创新驱动。加快推进信息化与制造技术深度融合，与“互联网+”和“双创”紧密结合，推进“数控一代”和“智能一代”产品创新工程，使科技创新成为转型升级

① 《中共中央 国务院关于全面振兴东北地区等老工业基地的若干意见》，《中华人民共和国国务院公报》，2016年13期。

的主要驱动力。积极推动产业结构调整升级，优先发展信息技术、生物医药等战略性新兴产业。抓住国家新一轮支持东北振兴发展的政策机遇，将东北地区传统产业和先进装备制造、光电信息、生物医药等战略性新兴产业结合起来，重点发展先进制造业，把高档数控机床、智能装备与机器人等装备制造业做大做强，将优势产业链条向高端延伸，抢占工业发展制高点，同时加快生产性服务业创新发展，加快形成结构合理、方式优化的新格局。在继续做大已有大企业的同时，培育发展一大批中小型创新企业。其次，完善产学研一体化机制，深化科技体制改革，形成以市场为导向、企业为主体的激励机制，重视科技与人才的运用与培养，鼓励和吸引国内外科技人才参与到东北振兴中来。

4．扩大开放拓展合作空间

东北经济困局除了结构和体制原因外，对外开放程度低也是一个主要原因。党的十八大提出使经济发展更多依赖内需推动、着力培育开放型经济发展新优势，党的十九大提出主动参与和推动经济全球化进程，发展更高层次的开放型经济。这都进一步为东北地区转变经济发展方式、推动经济一体化、提升区域开放水平指明了方向。

二、加强供给侧结构性改革，不断完善宏观调控体系

（一）扩大内需已成为我国宏观经济政策最重要的抉择

从“十五”规划到“十四五”规划，扩大内需始终是我国经济发展中宏观政策的重要选择。“十五”规划指出，要坚持把发展作为主题，继续实行扩大内需的方针。“十一五”规划进一步指出，

立足扩大国内需求推动发展，把扩大国内需求特别是消费需求作为基本立足点，促使经济增长由主要依靠投资和出口拉动向消费与投资、内需与外需协调拉动转变。“十二五”规划进一步明确坚持把经济结构战略性调整作为加快转变经济发展方式的主攻方向。构建扩大内需长效机制，促进经济增长向依靠消费、投资、出口协调拉动转变。

“十三五”时期既是全面建成小康社会的决胜阶段，也是我国基本公共服务体系建成的关键时期。基本公共服务供给不但要提高人民的生活水平，而且要服务于我国五大发展理念和国家重要发展战略，成为发展经济的重要引擎。党中央从解决人民最关心的利益问题入手，解决人民反映强烈的公共服务，在经济发达地区，充分发挥市场作用，引导社会资本开发医疗、养老、文化、体育等非公共基本服务和公共产品供给，满足人们的个性化和高端化需求。

（二）加快推进供给侧结构性改革

自 2010 年以来，我国经济增速呈波动下行趋势，经济运行呈现出不同以往的态势和特点。其中，供给和需求不平衡、不协调的矛盾和问题日益凸显，突出表现为供给侧对需求侧变化的适应性调整明显滞后。这就需要在适度扩大总需求的同时加快推进供给侧结构性改革，用改革的办法，实现更高水平的供需平衡。

为缓解我国经济供需结构矛盾，2015 年 11 月 10 日，中共中央总书记习近平在中央财经领导小组第十一次会议上发表重要讲话，首次提及供给侧结构性改革。2016 年 1 月，中央财经领导小组第十二次会议研究供给侧结构性改革方案。习近平总书记发表重要讲话强调，供给侧结构性改革的根本目的是提高社会生产力水平，落实好以人民为中心的发展思想。要在适度扩大总需求的同时加强“三去一降一补”*，从生产领域加强优质供给，减少无效供给，扩大有效供给，提高供给结构适应性和灵活性，提高全要素生产率，使供给体系更好适应需求结构变化。[①] 2016 年 5 月，中央财经领导小组第十三次会议召开，研究落实供给侧结构性改革等内容。在实施扩大内需战略过程中，以四个领域为抓手，一是抓紧新基础设施建设；二是以城乡融合促进乡村振兴，加快农业现代化、新农村建设、农民工的市民化、特色小镇建设，激发中国经济发展的最大新动能；三是扩大国内消费市场，建立一个以内循环为主体，国内国外循环相互促进的新的发展格局；四是把环保产业打造为支柱产业，建立健全环保产业发展的市场机制。从这四个方面扩大内需，可为经济持续健康高质量发展提供强有力的支撑。2021 年是中国共产党建党 100 周年，是“十四五”规划第一年，在“构建以国内大循环为主体、国内国际‘双循环’相互促进的新发展格局”战略布局下，“十四五”规划强调，“坚持扩大内需这个战略基点，加快培育完整内需体系，把实施扩大内需战略同深化供给侧结构性改革有机结合起来，以创新驱动、高质量供给引领和创造新需求”[②]。

*“三去一降一补”即去产能、去库存、去杠杆、降成本、补短板。

聚焦投资体制改革，扩大公共产品供给。在供给结构中，生产资料和消费资料都已处于产能过剩状态，但环境、交通、市政、医疗、教育、社会保障、文化、信息等公共产品供给不足，公共产品

① 《习近平主持召开中央财经领导小组第十二次会议》，新华网，2016 年 1 月 26 日。
② 《中共中央关于制定国民经济和社会发展第十四个五年规划和二〇三五年远景目标的建议》，北京：人民出版社，2020 年版，第 15 页。

供给不足的原因主要是体制不合理，缺乏公共产品的价值补偿机制。过去，公共产品主要靠财政投资，财力不足限制了公共产品供给能力的提高。改革投资体制，采用政府与社会资本合作的方式即PPP模式，来解决这一问题。一方面，使投资这些项目的企业对国有企业和民营企业一视同仁，通过招标确定项目投资企业。另一方面，通过扩大实施PPP项目，发挥财政资金对银行贷款的引导作用，推动公共产品投资增长。

供给侧结构性改革的核心是提高自主创新能力。针对提高自主创新能力中对研发的重视程度和投入很不平衡的问题，加大力度增加技术和人才供给，发挥企业作为研发投入和提供创新成果的主体作用。2013 年 1 月，科技部起草《关于强化企业技术创新主体地位全面提升企业创新能力的意见》。同时，在这一基础上成立由科技部牵头，发改委、财政部、工信部等 15 个部门参加的国家技术创新工程部际协调小组，主要任务是推动以企业为主体的技术创新体系建设，加强跨部门的沟通协调和政策协同。2017 年 4 月，科技部联合相关部门发布《“十三五”国家技术创新工程规划》，明确各部门协同推动企业技术创新的主要任务，在政策引导、平台建设、项目支持等方面采取一系列的措施，来支持企业科技创新。

（三）对经济结构进行战略性调整

对经济结构进行战略性调整，是保持物价稳定和实现经济长期较快增长的根本途径，是转变经济发展方式的重要举措。党的十七大提出要加快转变经济发展方式，正是从长远出发做出的重大战略决策。按照加快转变经济发展方式的要求，全力实现多种转变：一要大力调整需求结构，实现经济增长主要由投资、出口拉动向消费、投资、出口协调拉动转变，增强消费对经济增长的拉动作用；二要调整供给结构，实现经济增长主要由第二产业拉动向第一、第二、第三产业协调拉动转变，着力发展第三产业；三要调整要素结构，实现经济增长由主要依靠物质资源消耗向主要依靠技术进步、改善管理和提高劳动者素质的方向转变，以自主创新带动产业升级；四要调整经济与社会发展结构，改变社会发展严重滞后于经济增长的局面，大力发展社会事业；五要调整城乡结构，改变城乡差距不断拉大的趋势，建立城乡一体化发展新格局；六要调整内外经济结构，实现由以“引进来”为主向“引进来”与“走出去”并重的方向转变。[①] 2014 年 3 月，国务院出台《关于推进文化创意和设计服务与相关产业融合发展的若干意见》，其中对健全和发展创意服务设计体系的措施有以下几个方面：

（1）落实相关经济政策

加快推进文化创意和设计服务企业认定标准制定和认定试点工作，确定企业创意设计费用税前扣除范围和标准。推动落实文化创意和设计服务出口营业税免税政策和营业税改增值税试点有关政策在文化创意和设计服务领域落实。支持以划拨方式取得土地的单位利用存量房产、原有土地兴办文化创意和设计服务，并享受相关政策。推动落实文化创意和设计服务企业用水、用电、用气、用热与工业同价。推动落实对非物质文化遗产项目经营实行税收优惠政策。用好各类文化产业发展专项资金、投资基金，发挥财政资金杠杆作用，吸引社会资本广泛参与，促进文化创意和设计服务蓬勃发

① 《国务院关于推进文化创意和设计服务与相关产业融合发展的若干意见》，《中国文化报》，2014 年 3 月 17 日。

展。将文化创意和设计服务与相关产业融合纳入文化部文化金融合作工作框架、文化产业投融资服务体系的重点支持与服务范围。推动建立完善文化创意和设计服务企业无形资产评估体系，提高文化保险产品开发力度和服务水平。

（2）营造创意创新环境

加强文化类知识产权运用和保护，促进知识产权转化和合理有效流通，加大对侵权行为的打击力度，健全创新创意激励保障机制。营造鼓励创新、宽容失败的文化创造环境，支持企业和个人加强产品研发和内容原创，推动文化内容、形式、手段创新。提高政府公共文化服务水平，发挥各类公共文化机构功能，培育公众文化创新创造意识。搭建各类文化交流平台，为文艺创作者、创意设计人才深入生活提供条件。积极推动创意社区建设。

（3）加大人才培养力度

发挥高校院所、文化企业、园区基地、创业创意孵化器等各自优势，推进产学研用合作培养人才。实施重点文化设施经营管理人才培养计划，有效提升剧院、图书馆、博物馆、文化产业园区基地等各类文化设施经营管理水平。办好国家数字文化产业高级研修班、国家原创动漫高级研修班、西部文化产业经营管理人才培训班、文化产业投融资实务系列研修班，组织全国演艺企业经营管理人才进行分批次系统化轮训。鼓励依托工作室、文化名人、艺术大师，培养具有较强创意创新能力和国际视野的文化创意和设计服务人才。推动将非物质文化遗产传承人培养纳入职业教育体系，推动将学艺者纳入免费中等职业教育范畴，并提供资金补助、免费培训等扶持。规范和鼓励举办国际化、专业化的创意和设计竞赛活动，促进创意和设计人才创新成果展示交易。

（4）扩大市场需求

加强全民文化艺术教育，提高人文素养，提升文化消费水平。积极推进与相关部门对文化消费现状和发展规律研究，发布文化消费指数，引导文化消费。鼓励实施文化消费补贴制度，开展文化惠民活动，培育文化消费需求，扩大文化消费规模。结合公共文化服务体系建设，继续扩大各类文化产品和服务的政府采购。支持有条件的地区建设有特色、专业化的文化创意产品和设计服务的交易市场。鼓励文化创意和设计服务企业利用电子商务平台开展网络销售。

（5）加强公共服务

加强对文化创意和设计服务与相关产业融合发展的支撑，提高公共技术、资源信息、投资融资、交易展示、人才培养、交流合作等服务能力。完善创意创业服务体系，支持各类创意创业孵化器发展，促进创意成果转化和创业团队孵化。建设一批布局合理、功能完善、运营高效的文化产业技术服务平台。引导各类文化产业展会转型升级，提升其市场化、专业化、国际化水平。

（6）鼓励开拓境外市场

综合运用多种政策手段，对文化服务出口、境外投资、营销渠道建设、市场开拓、公共服务平台建设、文化贸易人才培养等方面给予支持。减少对文化出口的行政审批事项，简化手续，缩短时限。支持有条件的企业通过海外并购、联合经营、设立分支机构等方式开拓境外市场。加强对外文化贸易公共信息服务，及时发布国际文化市场动态和国际文化产业政策信息。在重点出口地区建立和完善创意设计产品出口服务平台，推动中国原创设计产品走入国际市场。支持文化创意和设计服务企业参加国际知名展会和文化活动。鼓励发展设计服务外包。鼓励文化创意和设计服务企业通过文化交流、项目合作等方式，积极参与国际交流合作。

（四）综合运用财政政策和货币政策

为了在经济结构调整上取得突破，我国综合运用财政政策和货币政策，正确引导社会资金投向。财政投资用作诱导性资金，通过贷款贴息、税收减免、奖励创新、扶持创业就业、资本金注入等措施，把包括银行信贷在内的社会资金引导到结构调整所需要的方向上来。货币政策在保持稳健的同时实行有松有紧的差异化政策，特别是对增加食品、住房中短缺品种的供给积极给予信贷支持。通过把财政资金运用到对银行信贷等社会资金投向的引导上，发挥四两拨千斤的作用，形成结构调整的强大合力。同时，正确引导社会资金投向，把社会资金吸引到需要大量投资的地方，例如资本市场、战略性新兴产业、基础设施和公共服务、第三产业和农业现代化等领域，在消化银行过剩的流动性的同时，减轻通胀压力。

第四章
对计划体制认识与实践上的经验总结

▼

改革开放 40 多年的历史是一部波澜壮阔的奋斗史。我国从传统计划体制转变到社会主义市场经济，从而极大地解放和发展了生产力。中国改革是完善和发展中国特色社会主义的过程，中国共产党对宏观调控以及计划与市场的理解与西方资本主义有根本区别。我国已确立的社会主义市场经济体制和丰富的改革理论，经实践检验后，可以运用到今后改革过程中实现中国特色社会主义永续发展。

第一节　逐步完善我国社会主义特色宏观调控体系

一、我国宏观调控政策与制度的历史回顾

党的十二届三中全会以来，我国改革从农村实行家庭联产承包责任制率先突破，逐步转向城市经济体制改革并全面铺开，确立社会主义市场经济的改革方向，更大程度更广范围发挥市场在资源配置中的基础性作用，坚持和完善基本经济制度。“党坚决推进经济

体制改革，同时进行政治、文化、社会等各领域体制改革，推进党的建设制度改革，不断形成和发展符合当代中国国情、充满生机活力的体制机制。党把对外开放确立为基本国策，从兴办深圳等经济特区、开发开放浦东、推动沿海沿边沿江沿线和内陆中心城市对外开放到加入世界贸易组织，从‘引进来’到‘走出去’，充分利用国际国内两个市场、两种资源。经过持续推进改革开放，我国实现了从高度集中的计划经济体制到充满活力的社会主义市场经济体制、从封闭半封闭到全方位开放的历史性转变”①。党的十八大提出加快完善社会主义市场经济体制，重要任务之一就是完善宏观调控体系。完善社会主义市场经济体制，核心问题是处理好政府与市场、宏观调控与市场调节的关系，既要更加尊重市场规律，使市场在资源配置中起决定性作用，又要更好发挥政府宏观调控作用，有效弥补市场失灵。

（一）完成“三步走”战略部署对宏观调控的要求

改革开放之后，党对我国社会主义现代化建设做出战略安排，提出“三步走”战略目标。解决人民温饱问题、人民生活总体上达到小康水平这两个目标已提前实现。

1．“三步走”战略的提出和主要内容

党的十一届三中全会召开以后，中国共产党把工作重点转移到了经济建设方面。党中央提出了社会主义现代化建设“三步走”战略。1982 年 9 月召开的党的十二大提出，从 1981 年到 20 世纪末

---

①《中共中央关于党的百年奋斗重大成就和历史经验的决议》，北京：人民出版社，2021 年版，第 18–19 页。

的20年，我国经济建设总的奋斗目标是，在不断提高经济效益的前提下，力争使全国工农业总产值翻两番，即由1980年的7100亿元增加到2000年的2.8万亿元左右，人民的物质文化生活达到小康水平。1987年，党的十三大又进一步明确我国现代化建设分“三步走”的“百年战略”。即第一步实现国民生产总值比1980年翻一番，解决人民温饱问题；第二步，到20世纪末使国民生产总值再增长一倍，人民生活达到小康水平；第三步，到21世纪中叶，人均国民生产总值达到中等发达国家水平，人民生活比较富裕，基本实现现代化，然后在这个基础上继续前进。这就是我国现代化建设“温饱—小康—比较富裕”、“三步走”的发展战略。在党的十四大报告中，又对“三步走”战略作为建设中国特色社会主义理论的重要组成部分加以强调。在党的十五大报告中，对第三步战略目标进行了进一步的描述。党的十五大指出，21世纪我们的目标是，第一个十年实现国民生产总值比2000年翻一番，使人民的小康生活更加宽裕，形成比较完善的社会主义市场经济体制；再经过10年的努力，到建党100年时，使国民经济更加发展，各项制度更加完善；到21世纪中叶新中国成立百年时，基本实现现代化，建成富强民主文明的社会主义国家。这实际上是我们党在新世纪提出的一个新的“三步走”发展战略。新的“三步走”发展战略是对党的十三大制定的“三步走”发展战略的进一步展开，是原“三步走”发展战略中的第三步发展战略的具体化。党的十六大重申，根据党的十五大提出的到2010年、建党100年和新中国成立100年的发展目标，我们要在20世纪头20年，集中力量，全面建设惠及十几亿人口的更高水平的小康社会。到21世纪中叶基本实现现代化，把我国建成富强民主文明的社会主义国家。至此，“三步走”

战略得以完整的阐述。"三步走"战略提出的是长远的发展目标，是新中国成立以来展望时间最长的发展规划，为全国人民指明了长期奋斗的目标，是编制中长期计划的重要指导。

2．"三步走"的战略目标实现情况

"三步走"战略突出了经济发展计划要注意可行性，体现了发展计划目标必须切合实际的思想。"三步走"战略提出于1986年，而1978—1987年我国国内生产总值（可比价）年均增长率为9.92%。按照这样的标准，从1980年算起，到2016年即可实现"三步走"的战略目标。但邓小平充分考虑到使我国从贫困落后国家转变为中等发达国家这一过程的艰难，把时间整整延长了一倍。这不仅强调了中国经济赶超发展的长期性，也强调了完成这一任务的艰巨性。

3．我国国民经济发展取得的成就

"三步走"的战略，已证明是深得人心的发展战略，是已经大见成效的发展战略。我国社会生产力、综合国力和人民生活水平都有了大幅度提高，社会经济面貌发生了历史性的巨大变化。2010年我国GDP总量为6.09万亿美元，排名世界第二，2020年我国GDP总量突破百万亿大关，2021年我国经济增长8.1%，两年平均增长5.1%，GDP达到18.23万亿美元。中国GDP连续十二年排名世界第二。党的十八大以来，中国特色社会主义进入新时代，坚持和加强党的全面领导，统筹推进"五位一体"总体布局、协调推进"四个全面"战略布局，坚持和完善中国特色社会主义制度、推进国家治理体系和治理能力现代化，坚持依规治党，形成比较完善的党内法规体系，战胜一系列重大风险挑战，实现第一个百年奋斗目标，明确实现第二个百年奋斗目标的战略安排，党和国家事业取得历史性成就、发生历史性变革，为实现中华民族伟大复兴提供了更为完善的制度保证、更为坚实的物质基础、更为主动的精神力量。

（二）深化宏观经济管理体制改革需考虑的因素

党的十八届三中全会通过的《中共中央关于全面深化改革若干重大问题的决定》(以下简称《决定》)，是在新的历史起点上，继续把改革开放伟大事业推向前进的行动纲领，是对中国特色社会主义的完善和发展。《决定》涉及的改革300多项，其中经济体制改革是全面深化改革的重点。党的十九大强调着力构建市场机制有效、微观主体有活力、宏观调控有度的经济体制，不断增强我国经济创新力和竞争力。创新和完善宏观调控，发挥国家发展规划的战略导向作用，健全财政、货币、产业、区域等经济政策协调机制。

1．发挥市场对资源配置的决定性作用

1992年，党的十四大提出建立社会主义市场经济体制，并提出使市场在宏观政策调控下对配置资源起基础性作用。这在当时已经成为全党的共识。把基础性作用改为决定性作用，这是重大转变，体现了我们党对市场经济规律认识的深化。如果说提出基础性作用是党对市场经济规律认识的第一次飞跃，那么，提出决定性作用就是党对市场经济规律认识的第二次飞跃。我国经济发展中面临的很多难题，都可以从市场决定资源配置上找到解决的钥匙。

发挥市场配置资源的决定性作用，有三个前提条件：一是要培育具有独立经营能力的市场主体，包括国有企业、民营企业等；二是要有完善的市场体系，有些要素市场发育程度比较低，特别是土地市场、资本市场，影响到市场对资源配置的决定性作用；三是要有良好的市场竞争秩序，使企业能够平等竞争，站在同一起跑线

上。发挥市场决定性作用，要求政府转变职能，重点搞好宏观调控、市场监督、社会管理以及公共产品的供应。

2．坚持和完善基本经济制度

一是对国有企业要从管资产为主向管资本为主转变。改革初期，西方一些经济学家认为，中国搞市场经济是不可能的，除非实行全盘私有化，因为市场经济是建立在私有制基础上的。党的十五大探索公有制的实现形式，提出国有企业要实现所有权和经营权分离，建立现代企业制度。经过多年实践，党的十八届三中全会指明了深化改革的方向，从管资产为主转向管资本为主。二是积极发展混合所有制经济。党的十八届三中全会的《决定》指出，国有资本、集体资本、非公有资本等交叉持股、相互融合的混合所有制经济，是基本经济制度的重要实现形式，而且还提出允许混合所有制经济实行企业员工持股，这些都是非常重要的改革。总结改革开放40多年的经验，混合所有制比单一所有制有更强的适应力，更利于建立科学的治理结构。特别是员工持股，使企业更有向心力、凝聚力。员工持股本质上是劳动者的劳动联合和资本联合相结合的合作制，这种合作制经济是集体所有制的一种实现形式，集体所有制又是社会主义公有制的一种形式，员工持股是适应社会主义初级阶段的要求的。

3．深化财税体制改革

财税体制改革涉及的领域包括预算管理制度，强调预算要进一步透明、要全覆盖，包括社保预算、国有资本的预算都要纳入预算体系中。完善税收制度，逐步使税收向直接税为主过渡，逐步建立综合与分类相结合的个人所得税制。加快房地产税立法并适时推进改革，加快资源税改革，推动环境保护费改税。

4．完善金融市场

完善金融市场包括三个方面：一是放宽准入。允许具备条件的民间资本依法发起设立中小型银行等金融机构，如贷款公司、消费信贷公司等。由于经营规模大，资金主要投向国家重点项目、大企业、大城市等，小企业、农户、民营经济获得贷款受到很大限制。为了更好地适应经济发展的需要，我国开始探索小型金融机构经营模式，相应成立地方性的金融监管机构，健全地方监管。二是建立存款保险制度，由市场机制化解风险。与放宽准入相应的改革是建立地方性金融监管机构和建立存款保险制度。三是健全多层次资本市场体系，推进股票发行注册制改革。由市场来决定哪些企业能够发行，哪些企业不能发行。2019 年，科创板在上交所开市，注册制试点正式落地。2020 年，深交所创业板开启注册制试点。2021 年 12 月 8 日至 10 日召开的中央经济工作会议要求，改革开放政策要激活发展动力，要抓好要素市场化配置综合改革试点，全面实行股票发行注册制。这表明股票发行注册制改革再迎里程碑。另外，会议还提出发展多层次的资本市场，鼓励发展股票市场、债券市场、基金、风险投资。加快实现人民币资本项目可兑换，完善人民币汇率市场化形成机制。

5．构建开放型经济新体制

开放型经济新体制涉及三方面内容：一是放宽投资准入，对内资、外资投资的准入都应当放宽。从历史来看，我国的开放政策步子比较稳健：先开放第二产业，然后再有序地开放金融业和其他服务业。二是加快自贸区建设。2013 年 9 月 29 日，中国（上海）自由贸易试验区正式挂牌成立。2018 年 4 月 13 日，习近平总书记在庆祝海南建省办经济特区 30 周年大会上发表重要讲话，向全世界宣布，党中央决定支持海南全岛建设自由贸易试验区，逐步探索、稳步推进中国特色自由贸易港建设。随后，《中共中央国务院关于支持海南全面深化改革开放的指导意见》发布，这标志着我国正在形成更高层次改革开放新格局。发展自贸区是对外开放新阶段的需要。通过形成一个自由贸易的环境，可以吸引全世界的生产要素在自贸区集聚，形成中国市场和中国价格，增强我们对大宗进口物品定价的发言权，进而为建立贸易中心、金融中心提供支持，为人民币国际化探索出一条路。这是我们办自贸区最大的好处。搞自贸区不是让渡主权，而是形成一个区域，吸引全世界的资源都往这里集中，甚至人才、科研都往这里集中。所以，办好自贸区，以开放促改革、促发展，对下一步的产业升级、发展方式转变都会产生重要带动作用。三是鼓励走出去。在人口红利逐步减弱的情况下，更大的红利就是人民币国际化，使人民币成为国际储备货币，进行海外投资。

（三）完善中国特色宏观调控体系的主要任务

我国建立社会主义市场经济条件下的宏观调控体系，但与发展的要求相比还存在一定的差距。在宏观调控目标方面，宏观目标与微观指标界限及关系不够清晰；在宏观调控的手段上，市场化工具不完善，行政手段使用仍然较多；在决策支撑方面，统计指标不完善，政策研究不够系统；在宏观调控机制方面，决策机制、实施机制有待加强。有效解决这些问题，需要使市场在资源配置中起决定性作用，加强和改善宏观调控。

1．健全宏观调控体系

党的十四届三中全会通过的《中共中央关于建立社会主义市场

经济体制若干问题的决定》(《以下简称《决定》)，确立适应社会主义市场经济体制的新的宏观调控体系，进一步明确了计划在宏观调控中的地位、作用、范围和职能，为深入进行计划体制改革指明了方向。《决定》指出，要建立计划、金融、财政之间相互配合和制约的机制，加强对经济运行的综合协调。计划提出国民经济和社会发展的目标、任务，以及需要配套实施的经济政策。

党的十六届三中全会及时做出了关于完善社会主义市场经济体制的改革的决定，提出了完善社会主义市场经济体制的目标、任务和指导思想，特别是提出要按照“五个统筹”*的指导思想来深化改革，在更大程度上发挥市场在资源配置中的基础性作用，增强企业活力和竞争力，健全国家宏观调控体系，完善政府社会管理和公共服务职能，为全面建设小康社会提供强有力的体制保障。

*“五个统筹”即统筹城乡发展、统筹区域发展、统筹经济社会发展、统筹人与自然和谐发展、统筹国内发展和对外开放。

党的十八大提出加快完善社会主义市场经济体制，要求更大程度、更广范围发挥市场配置资源的基础性作用，完善宏观调控体系。党的十八届三中全会通过的《中共中央关于全面深化改革若干重大问题的决定》，对转变政府职能、健全宏观调控体系提出了一系列改革举措。根据《决定》的要求，完善宏观调控体系要完善发展成果考核评价体系，纠正单纯以经济增长速度评定政绩的偏向；进一步简政放权，市场机制能有效调节的经济活动；政府要加强发展战略、规划、政策、标准等制定和实施，加强市场监管，加强各类公共服务的提供。《决定》从市场的作用、基本经济制度、收入分配制度、政府宏观调控等方面所做出的改革部署，很好地坚持了社会主义市场经济改革方向。

党的十九大提出要加快完善社会主义市场经济体制，创新和完善宏观调控，发挥国家发展规划的战略导向作用。党的十九届三中全会通过的《中共中央关于深化党和国家机构改革的决定》进一步强调了要完善宏观调控体系，创新调控方式，构建发展规划、财政、金融等政策协调和工作协同机制，增强宏观调控前瞻性、针对性、协同性。2021 年 11 月，十九届六中全会通过《中共中央关于党的百年奋斗重大成就和历史经验的决议》，强调党加强对经济工作的战略谋划和统一领导，完善党领导经济工作体制机制。

2．处理好政府和市场的关系

坚持社会主义市场经济改革方向，核心问题是处理好政府和市场的关系，使市场在资源配置中起决定性作用和更好发挥政府作用。这是我们党在理论和实践上的又一重大推进。党的十四大以来，对政府和市场关系，党中央一直在根据实践拓展和认识深化寻找新的科学定位。

（1）围绕使市场在资源配置中起决定性作用深化经济体制改革

经过多年改革，我国在发挥市场配置资源的作用方面取得了历史性进步。但是，由于生产要素的市场化程度和市场发育程度相对较低，市场对资源配置的作用远远没有发挥出来。根据《中共中央关于全面深化改革若干重大问题的决定》的要求，深化经济体制改革朝着扩大市场配置资源作用的方向来进行。

（2）更好发挥政府在经济领域的主要职能

在市场经济条件下，政府在经济领域的主要职能之一是宏观调控。为此，健全以国家发展战略和规划为导向、以财政政策和货币政策为主要手段的宏观调控体系。中国政府把挑战变为机遇，以提升科技自立自强能力和构建新发展格局实现经济的持续高质量发展，必须强化宏观调控能力，激发企业和市场活力。继续推进政府“放管服”改革，把政府职能集中到宏观调控、公共服务、市场监管、环境保护上，简化行政审批等环节，加大对企业减税让利等支持力度，重点扶持中小企业发展。

（3）从多方面进行宏观调控的完善和改革

在加强和改善宏观调控方面，我国从宏观调控目标体系、实施手段、运行机制、建立政策研究系统等多个方面进行完善和改革。

第一，按照宏观调控的主要任务，完善宏观调控目标体系。根据保持经济总量平衡、促进重大经济结构协调和生产力布局优化，减缓经济周期波动影响，防范区域性、系统性风险，稳定市场预期，达到经济持续健康发展的要求，健全涵盖关键领域、重点突出、相互衔接、导向明确的宏观调控目标体系。

第二，健全以国家发展战略和规划为导向、以财政政策和货币政策为主要手段的宏观调控体系。发挥财政政策在促进经济增长、优化结构、调节收入方面的重要功能，发挥货币政策在保持币值稳定和总量平衡方面的重要功能。运用政策性金融和财政收支，支持新的经济增长点的形成，加大结构调整的力度。加强财政政策、货币政策与产业、价格等政策手段协调配合。同时，发挥投资、消费、外资外贸、市场准入、土地、区域、节能环保等政策工具的支撑作用。

第三，推进宏观调控目标制定和政策手段运用机制化。包括建立健全宏观经济形势分析研判机制和监测预测预警信息会商机制，完善现代化的经济信息系统和经济监测、预测体系，建立以政策引导、信息发布等间接调控手段为主的投资宏观调控体系，建立和完善信息网络组织；建立健全重大问题研究和政策储备工作机制；建立健全社会听证、信息公开、公众参与、专家咨询等民主决策机制；建立健全政策评估和调整机制，提高相机抉择水平；推进宏观调控政策统筹协调机制建设，增强宏观政策调控前瞻性、针对性、协同性。

第四，形成参与国际宏观经济政策协调的机制，推动国际经济治理结构完善。密切跟踪国际经济形势和主要经济体宏观经济政策变化，主动加强与主要经济体的政策协调和沟通，更加积极参与双边多边国际经济合作。协调各国宏观经济政策、支持多边贸易体制和反对贸易保护主义、加强经济技术合作等，促进国家和地区加强合作、互利共赢。提升国际话语权，促进国际经济秩序更加公正合理，营造有利于国内发展的制度环境，加快构建开放型经济新体制。

第五，建立强有力的发展战略和政策研究系统。在社会主义市场经济条件下，发展战略体系包括国民经济和社会发展的总体战略、产业结构优化和升级战略、区域经济协调发展战略、科教兴国战略、可持续发展战略、国际经济合作与竞争战略等。政府通过制定发展战略和政策，引导经济运行，是社会主义市场经济条件下，加强宏观管理的一个重要手段。在国民经济市场化和国际化程度不断提高的情况下，战略和政策的制定必须建立在科学研究和理性分析的基础之上。我国通过不断加强现有战略和政策研究队伍建设，提高政治素质和业务水平。

（四）开启全面建设社会主义现代化国家新征程

1．中国特色社会主义进入新时代

党的十八大以来，中国特色社会主义进入新时代。党面临的主要任务是，实现第一个百年奋斗目标，开启实现第二个百年奋斗目标新征程，朝着实现中华民族伟大复兴的宏伟目标继续前进。

党的十九大提出，“到建党一百年时建成经济更加发展、民主更加健全、科教更加进步、文化更加繁荣、社会更加和谐、人民生活更加殷实的小康社会，然后再奋斗三十年，到新中国成立一百年时，基本实现现代化，把我国建成社会主义现代化国家”[①]。从 2020 年到本世纪中叶可以分两个阶段来安排。第一个阶段，从 2020 年到 2035 年，在全面建成小康社会的基础上，再奋斗十五年，基本实现社会主义现代化。第二个阶段，从 2035 年到本世纪中叶，在基本实现现代化的基础上，再奋斗十五年，把我国建成富强民主文明和谐美丽的社会主义现代化强国。[②]

2．贯彻新发展理念，建设现代化经济体系

党的十一届三中全会具有划时代意义，开启了改革开放和社会主义现代化建设新时期。党的十二大、十三大、十四大、十五大、十六大、十七大，根据国际国内形势发展变化，从我国发展新要求出发，一以贯之对推进改革开放和社会主义现代化建设做出全面部署，并召开多次中央全会专题研究部署改革发展稳定重大工作。党的十八届三中全会实现改革由局部探索、破冰突围到系统集成、全面深化的转变，开创了我国改革开放新局面。党的十八届五中全会、十九大、十九届五中全会和历次中央经济工作会议集中对我国发展做出部署，做出坚持以高质量发展为主题、以供给侧结构性改革为主线、建设现代化经济体系、把握扩大内需战略基点，打好防

① 习近平：《决胜全面建成小康社会 夺取新时代中国特色社会主义伟大胜利——在中国共产党第十九次全国代表大会上的报告》，北京：人民出版社，2017 年版，第 27 页。
② 习近平：《决胜全面建成小康社会 夺取新时代中国特色社会主义伟大胜利——在中国共产党第十九次全国代表大会上的报告》，北京：人民出版社，2017 年版，第 28–29 页。

范化解重大风险、精准脱贫、污染防治三大攻坚战等重大决策。我国经济发展进入新常态，已由高速增长阶段转向高质量发展阶段，贯彻新发展理念是关系我国发展全局的一场深刻变革。经过持续推进改革开放，我国实现了从高度集中的计划经济体制到充满活力的社会主义市场经济体制、从封闭半封闭到全方位开放的历史性转变。

二、完善我国特色宏观调控体系的历史经验总结

在社会主义市场经济条件下，国家有必要采取措施，使国民经济和社会发展沿着预先安排的轨道合理、健康、协调地运行，这种措施或行动就是宏观调控。宏观调控主要是宏观经济调控，即政府根据国民经济协调发展和均衡增长的要求，在市场经济运行的基础上，综合运用计划的、经济的、法律的和行政的政策手段，对国民经济总量运行进行调控，使总供给与总需求趋于基本平衡，同时运用经济杠杆引导资金投向，不断优化供给结构，确保国家实现近期和长远发展目标。

（一）在抑制通胀和扩大内需中完善宏观调控体系

我国在发展过程中并非一帆风顺，也遇到一些矛盾问题和外部冲击，但是通过实施正确的适时适度的宏观调控，不利因素都成功地得以化解，从而始终保持了经济的持续稳定健康发展。例如，20世纪90年代初期，我们遇到的主要问题是由于“三乱两热”* 带来的通货膨胀，因此，宏观调控的主要任务是抑制通胀。1997年，我国实现“软着陆”以后，紧接着1998年又遇到亚洲金融危机的冲击，我国做出的应对体现在宏观调控上主要是针对通货紧缩、需

* 这里的“三乱”指乱集资、乱拆借、乱设金融机构；“两热”指开发区热、房地产热。

求不足而实施扩大内需的政策。从抑制通胀到扩大内需，宏观调控及时调转了方向。这说明改革的思想认识和调控手段必须适应变化的形势，凭借旧有的经验解决不了新的问题。只有坚持实事求是的精神，具体问题具体分析，才能在国民经济发展遇到障碍时找到有效对策。

1．在抑制通胀中实现“软着陆”

在社会主义市场经济体制建立之初，我国就遇到了通货膨胀的严峻考验。由于长期计划体制下的价格扭曲，加上1992年、1993年投资膨胀和经济过热，1994年，居民消费价格上涨幅度达到24.1%的历史最高水平。尽管党中央在1994年采取了限制物价上涨的严厉措施，但需求大于供给必然导致通货膨胀作为客观经济规律是不以人的意志为转移的。尽快把过高的通货膨胀降下来，成为当时宏观调控的首要任务。从1993年下半年到1996年，我国实施了以治理通货膨胀为首要任务的宏观调控。在中央的统一领导下，采取了综合性对策，实施了适度从紧的货币政策和财政政策，有效控制了总需求膨胀的局面。同时，针对价格上涨幅度最大的几类商品，积极增加有效供给。为了抑制食品价格上涨，提出“菜篮子”市长负责制和“米袋子”省长负责制；在城市郊区扩大了蔬菜种植面积，鼓励肉类和水产品生产；通过提高粮食收购价格，鼓励农民种粮的积极性。在投资政策上，制定鼓励增加短缺产品供给的政策。在对外贸易政策上，通过进出口商品结构的调节，增加国内市场短缺商品的供给。经过3年艰苦努力，宏观调控取得显著成效，1995年居民消费价格上涨幅度降为17.1%，1996年降为8.3%，1997年降为2.8%，表明我们已成功地把过高的物价降到了正常水平，实现了“软着陆”。与此同时，在抑制通胀过程中，由于把控制总需求与增加短缺商品供给有机结合起来，综合施策，没有牺牲经济增长速度，相反保持了较高的经济增长速度。从1995年到1997年的三年，GDP的增长速度分别为11.0%、9.9%、9.2%，实现了从高增长、高通胀到高增长、低通胀的转变，避免了经济大起大落，从而维护了就业和社会的稳定。宏观调控体系在抑制通胀的实践中经受住了考验，得到了不断完善。

2．实施扩大内需战略

计划经济的主要特征是短缺，防止通货膨胀特别是恶性通胀成为改革初期宏观经济管理的主要任务。在市场经济条件下，居民收入和投资增长的约束机制已经建立起来，经济发展充满活力，部分商品价格上涨为企业提供了投资信息，随着投资和供给的增加，过高的价格会得到抑制。因此，我国在建立起社会主义市场经济体制之后，宏观管理的主要任务应当是保持总供求的大体平衡，保持币值稳定和经济稳定。这就需要国家通过对货币发行总量的调控，保持总需求的合理增长，从而为经济增长提供持续均衡的拉动力。改革的经验证明，在工业化、城市化快速推进的经济快速增长期，M2*的增长速度保持在GDP增速的2倍左右是合理的，长期超过2倍，必然导致通货膨胀，长期低于2倍，必然出现通货紧缩。

* M2即广义货币供应量，指流通于银行体系之外的现金加之企业存款、居民储蓄存款以及其他存款，它包括一切可能成为现实购买力的货币形式，通常反映社会总需求变化和未来通胀的压力状态。

我国40多年的改革发展经验证明，必须坚定不移地把扩大内需作为经济发展的长期战略方针，形成以内循环为主体、国内国际双循环相互促进的新发展格局，这是保持经济高质量发展的根本之策。

（二）计划、财税、金融三大调控杠杆要形成合力

改革开放以来，我国经济能够长期保持较快发展，还取决于拥

有一个平衡机制。这个平衡机制就是在社会主义市场经济实践中逐步建立起的计划、财税、金融相互协调的宏观调控体系。

1．建立计划、财政、金融三大部门协调制度

我国涉及宏观经济调控的部门既有偏重综合调控的部门，也有偏重某一方面调控的部门，其中主要有财政、税务、银行、物价、国有资产管理、土地及资源管理、劳动、内外贸、工商行政管理等。在涉及宏观经济调控的各个部门中，最重要的综合调控部门是计划、财政和金融三大部门，即综合调控三大支柱。这三大部门主管的业务对国民经济来说覆盖面最大，影响最广，调控手段的使用最经常。其中，计划确定年度宏观经济调控目标，包括经济增长、物价、投资、消费、财政预算、货币发行、就业、国际收支等，作为宏观调控的依据；财税政策运用预算和税收杠杆，促进结构的优化；金融政策利用货币杠杆，保持总需求与总供给的大体平衡。

2．三大调控杠杆相互协调

计划、财税、金融三大调控杠杆相互协调的宏观调控体系是我国社会主义市场经济体制的重要组成部分，也是保持经济持续健康发展的需要。

计划、财税、金融三大调控杠杆，是宏观调控的基本手段。计划提出宏观调控的方向和要求，财政政策注重经济结构的调控优化，货币政策注重保持供求总量的平衡，通过综合运用各类调控杠杆，保证国民经济朝着中长期发展目标，持续、健康、有序运行。面对转型升级的任务，计划部门制定转型升级的目标、重点、要求；财税部门运用减税、贴息、资本金补助等措施，引导信贷和社会资金投向；金融部门运用定向宽松的货币政策，包括重点建设债券等措施，引导信贷资金投向规划和财税政策引导的方向。三大调控手段既相互制衡，又相互配套，形成调控合力，从而达到熨平波动、优化结构、稳定发展的目的。

3．三大部门在宏观调控方面坚持统一性要求

在实现三大部门宏观调控统一性要求方面，在三个方面不断加强互补和配合。一是功能上的互补。三大手段各有特点，各有重点，不能互相替代，但可以互相补充，互相支持。针对不同的调控问题，采用不同的调控手段组合，以取得最佳效果。二是时间上的配合。各种调控手段都有一定的“时滞”，但其表现特点则各不相同。在市场经济国家，货币政策的外部时滞一般在半年到一年半。一般来说，计划偏重较长时期的调控，金融和财政手段对短期调控作用较强。三是力度上的配合。力度配合方面的要求主要为了使各种手段在“松”、“紧”程度上互相协调，防止国民经济震动过大。

4．积极探索计划、金融、财税相互配合的机制

我国逐步完善宏观调控体系，逐步实现调控目标与政策手段的机制化。建立计划、财税、金融相互配合、相互制衡的宏观经济调控体系，是优化经济结构、实现经济稳定的需要。完善包括中长期计划、年度计划和专项计划在内的计划体系，提高计划的科学性、预见性、可行性，使之成为宏观调控的依据。加快改革财税体制，健全中央和地方财力与事权相匹配的体制，完善促进基本公共服务均等化和主体功能区建设的公共财政体系，形成有利于结构优化、社会公平的税收制度。深化金融体制改革，建立货币市场、资本市场、保险市场协调发展的现代金融体系，努力保持总供求的大体平衡，促进宏观经济稳定，支持实体经济发展。在宏观调控中，常常出现目标与手段脱节问题。

（三）宏观调控注意适时适度

宏观调控是实现经济稳定发展的内在要求。针对经济运行情况，进行适时适度的宏观调控，是我国改革 40 多年来的成功经验。

1．宏观调控体系积累的宝贵经验

在应对国际金融危机、抑制通胀和扩大内需的实践过程中，我国宏观调控体系不断完善，调控水平不断提高，积累了一些宝贵经验。一是宏观调控必须从实际出发，坚持不断创新。由于我国经济处于快速发展中，经济体制也处于改革中，经济情况随时都在变化，因而宏观调控随时面临着新的矛盾和问题，必须用新的理念、新的办法去解决。二是宏观调控必须审时度势，善于化挑战为机遇。随着我国经济与国际经济的联系日益紧密，国际经济波动必然影响到国内。党中央着眼于国际国内两个大局，进行适时适度调控。面对不利局面，要善于趋利避害，化危为机。三是充分发挥我国的政治优势，形成调控合力。搞好宏观调控，关键在于统一认识，统一步调。围绕落实党中央的决策，各个部门、各级政府协同动作，政府、企业与居民团结一致，就能取得事半功倍的效果。

2．实施适时适度的宏观调控

我国在改革实践中，逐步摸索出宏观调控的八大指标，即经济增长速度、物价、就业、居民收入、投资、财政支出、银行信贷、国际收支。党中央每年年初提出调控的八大目标作为预期指标，各个部门根据职能分工，运用多种调节杠杆，确保这些目标的实现，从而使经济保持平稳较快增长的局面。

3．搞好计划实施过程中的即期调控

宏观调控必须审时度势，既解决即期宏观经济运行中的突出矛

盾，又改革经济体制深层次问题。调控的重点是，有关经济综合部门和行业主管部门密切合作，在计划确定的宏观调控目标指导下，合理调节社会资金的流量和流向，保证重点建设资金按计划及时到位。做好敏感商品的市场供应的动态平衡，及时处理生产、建设、运输、内贸、外经贸等方面需要计划部门综合协调的问题。

（四）宏观调控着眼于激发微观经济活力

通过创新宏观调控方式，加强区间调控、定向调控和相机调控，为经济发展营造良好环境，培育和创造“活而有序”的市场体系，营造市场化、法治化、国际化营商环境，培育壮大市场主体，激发市场活力和社会创造力。

1．通过改革激发经济活力

通过宏观经济调控，我国保持了经济总量的大体平衡，实现经济的稳定增长。其中，重点是通过调整收入分配结构，增加中低收入者的购买力，实行鼓励消费的政策，进一步活跃市场，使消费保持旺盛增长，从而拉动投资的增长。

消费是最终需求，既是生产的最终目的和动力，也是人民对美好生活的向往。20 世纪 90 年代，我国居民消费已积蓄起结构升级的一定势能，在消费领域，居民的吃穿用、住房、汽车、旅游 4 个消费领域成为经济发展的引擎，使我国经济在世纪之交保持高速、持续增长态势。进入 21 世纪，增强消费对经济增长的拉动作用得到进一步强化。从党中央到各地都相继出台一系列旨在促进消费的政策，使我国消费领域发生历史性巨变，市场化改革成效显著，我国需求结构继续改善，并推动经济结构调整优化，发展质量效益提升，市场在资源配置中的决定性作用逐步显现。

通过深化改革，不断解放生产力。我国深化供给侧结构性改革，引导企业以市场需求为导向推动供给创新，推动供需平衡。按照现代企业制度的要求，进一步深化国有企业改革，建立规范的公司制。调整国有经济布局，坚持以公有制为主体，各种所有制经济共同发展。尤其注意为中小企业的发展提供良好的政策环境。深化金融体制改革和投资体制改革，发展和完善资本市场，开辟多种投融资渠道，鼓励社会投资迅速增长。为了更好地挖掘社会领域投资潜力、保持投资稳定增长、培育经济发展新动能、促进经济转型升级、实现经济社会协调发展，我国坚持以供给侧结构性改革为主线，坚持社会效益和经济效益相统一，坚持“放管服”改革方向，注重调动社会力量，降低制度性交易成本，吸引各类投资进入社会领域，更好满足多层次多样化需求，以改革开放的有力举措有效激发市场主体活力。

2．发挥市场对资源配置的决定性作用

改革的理论和实践证明，市场配置资源是最有效率的形式。通过发挥市场机制的作用，在各个部门之间，通过价值规律作用，按照社会需求比例在各个部门间分配社会劳动，从而实现各部门供求的大体平衡。在一个部门内部，通过价值规律作用，把资源配置到最具发展潜力的企业，实现企业间的优胜劣汰。政府充当规则制定者和监督者，不要干预企业经营决策。在实施经济转型、产业升级战略中，政府制定明确的导向政策，包括鼓励类、限制类政策。在市场准入政策上，制定负面清单，实行非禁即入原则。以利润为导向引导生产要素流向，以竞争为手段决定商品价格，以价格为杠杆调节供求关系，使社会总供给和总需求达到总体平衡，生产要素的价格、生产要素的投向、产品消费、利润实现、利益分配主要依靠市场交换来完成，实现市场对资源配置的决定性作用。

3．适时选定并实施带动能力强的国家重大工程

带动经济、科技发展，是政府的一项重要职能。面临经济转型升级任务，选择和实施对全局具有带动意义的重大工程，如大规模集成电路工程、生物基因工程、新能源工程、根治淮河工程、长江经济带发展等，举全国之力攻克技术难关，对提升自主创新能力、增强经济竞争力和持续发展能力，必将产生强大带动作用。

第二节　国家计划在宏观调控体系中的功能

由于发展计划具有宏观性的显著特点，国家发展计划是以宏观经济为对象的一种总量计划，它对经济和社会的发展在综合平衡的基础上做出总体安排，并且具有特殊的综合协调功能，能协调各地区、各部门、各利益主体、各再生产环节、社会总供求和各种经济调节手段之间的关系，客观上要求国家发展计划工作责无旁贷地承担起合理确定国民经济和社会发展战略的主要任务。

一、国家计划与宏观经济调控的关系

（一）国家计划是宏观经济调控的重要依据

国家制定和确立宏观经济调控目标是进行宏观经济调控的首要环节。在社会主义市场经济条件下，宏观经济调控的目标，总体是为了通过运用各类宏观经济调控手段，保证国民经济和社会发展所需要的均衡条件。我国年度宏观调控的主要目标有：经济增长率、

全社会固定资产投资增长率、全国商品零售价格和居民消费价格涨幅、财政收支差额、货币发行量、外贸进出口总额、人口自然增长率、城镇登记失业率。这八个宏观经济年度调控目标，从 1999 年起改为经济和社会发展的主要预期目标。尤其是经济增长，这一目标是一个预期性指标，在国内外经济情况发生变化时可以进行调整，其他指标也可以根据情况的变化，按法定程序适时适度地进行调整。

（二）国家计划是宏观经济调控的重要手段

宏观经济调控有多种手段，其中计划、财政、金融这三种手段是三大支柱手段。如 1993—1996 年，为了制止整个经济状况的恶化，保持国民经济快速发展的好势头，中央采取了加强和改善宏观调控的 16 条措施，其中 14 条靠的是经济手段，通过几年年度计划逐步实施，取得了良好效果，创造了社会主义市场经济条件下宏观调控的新鲜经验。其中，抓住影响宏观经济稳定的重要问题和主要矛盾是短时间内扭转局面的关键，即以治理“三乱两热”为主要矛盾，有针对性地采取措施，包括严格控制需求，特别是控制固定资产投资需求过快增长，使宏观环境及时得到改善。与此同时，国家努力增加供给，重视结构优化，正确把握和灵活调整宏观调控的力度，从体制和机制上为实现宏观调控目标创造条件。

（三）充分发挥国家计划在宏观调控中的作用

在社会主义市场经济体制中，计划、财政、金融是国家宏观调控的三大手段。国家计划按照社会总供给和总需求基本平衡的原则，对经济增长率、通货膨胀率、投资率、信贷货币、国际收支等经济指标进行衔接协调，明确提出宏观调控的目标、任务和重点，为具体制定各方面宏观经济政策和宏观调控措施提供依据，同时，还综合协调各项经济政策和经济杠杆的运用。实践证明，这是发挥国家计划的总体指导作用，使各种宏观调控手段形成合力，体现政府政策导向，增强宏观调控统一性、有效性的重要保证。

二、年度计划、五年规划与长期发展目标战略

（一）年度计划的内容与改革措施

年度计划主要内容有：根据中央经济工作会议的精神，提出年度经济工作的总体要求，在此基础上提出计划年度的经济和社会发展的主要预测目标。这些预测目标主要包括年度经济增长率（可比价的国内生产总值）、全社会固定资产投资增长率、全国零售商品价格指数和居民消费价格指数、进出口总额增长率和贸易差额、财政收支规模和财政赤字、货币发行量、城镇登记失业率、人口自然增长率等。围绕预测目标，进一步提出国民经济和社会发展的主要任务。经济体制改革以来，随着高度集中的计划体制的改变，年度计划内容的变化也十分显著。在计划直接组织社会生产的时期，年度计划包括大部分产品的产量、产销衔接、材料供应，投资规模和项目安排，财政收支规模和结构安排，银行信贷、现金规模和结构的安排，外贸进出口规模、品种、数量安排，招工指标和工资总额安排，学校招生和毕业生分配安排等。内容非常庞杂，安排非常具体，大多数指标是指令性的。改革开放以来，年度计划已经转变为指导性和预测性为主的计划，重点是提出年度调控目标和相应的调控政策。

年度计划的主要任务是根据中长期计划和专项规划的要求，搞好短期社会总供求的大体平衡，保证经济的健康运行。改革的方向是进一步加强年度计划的宏观性、预测性、政策性和导向性。改革年度计划从以下几个方面入手：一是根据改革开放和经济建设需要，继续减少计划指标，强化经济预测、信息传递，重视综合计划报告、专项计划报告的作用。二是改进年度计划指标体系，根据进一步发挥市场作用和改善宏观调控的需要，进一步减少乃至最终取消那些直接下达给企业的计划任务指标，对需要保留的反映经济、科技、社会发展状况的指标加以改造，同时增加少量必需的宏观经济总量指标。

1．改革年度计划的功能和内容

根据中长期计划确定的经济社会发展战略和目标以及重大结构与生产力布局规划，结合年度宏观经济环境和市场运行的具体情况，确定年度经济、科技和社会发展的基本任务和宏观调控目标，以及若干重要经济社会活动的预期指标。确定实现年度经济、社会发展任务和宏观调控目标的基本宏观经济政策及相应的经济调节措施。重点是搞好需求管理，保证社会总供求的大体平衡，为市场运行创造良好的宏观环境；组织实施国家重点建设及重大科技项目，把充分发挥市场对资源配置的决定性作用与国家宏观经济调控结合起来，促进经济结构不断优化。运用国家直接掌握的物质条件，引导全社会资金和资源的流向，对市场运行进行近期调节。

2．改革年度计划的基本形式

一是完善年度计划宏观调控目标体系。根据我国的具体情况并借鉴发达市场经济国家的经验，年度宏观调控目标主要包括经济增长率、货币供应量、全社会信贷总规模、有价证券发行总规模和货币发行量、全社会固定资产投资总规模、政府收支总规模、进出口总额、当年新增中长期外债总规模、通货膨胀率、城镇待业率、人口自然增长率等。政府职能部门主要通过间接宏观调控，力求实现这些目标。同时，逐步建立以预期指标为主体的年度重要经济活动的计划指标体系。二是强化年度计划报告，包括综合性的经济社会发展报告和专题报告，以及在计划实施过程中为及时调控经济运行而制定的经济政策报告。三是制定国家资金和资源的动员运用计划。这虽然在一定程度上具有国家直接配置资源的性质，但不同于投资、物资等指令性计划形式。它更多地采用计划合同、政府投融资、国家订货、招投标等与市场运作相容的方式来实现。

3．改革年度计划编制和管理方法

改革年度计划编制和管理方法，在年度计划编制过程中体现在，一是提高社会参与程度，开门制订计划，不仅认真听取和吸收各部门和各地区的意见，还采取多种方式组织社会力量，特别是有关专家学者和企业界参与计划编制工作，以达成共识，增强计划的宏观指导作用。二是强化年度计划综合协调宏观经济政策和经济杠杆运用的功能，把计划编制和实施的重点放在综合协调各项宏观经济政策和经济杠杆的运用上，特别是使计划、财政、金融这三个最重要的宏观调控手段形成合力，发挥综合调控作用。三是加强经济运行的监测、预测和监督，建立健全宏观经济跟踪、预测和预警制度，改进和完善监测预测指标体系和方法。

（二）五年规划的编制和作用

1．作为中期计划的特点

中期计划一般为五年计划，以长期计划为指导，确定国民经济

和社会发展的主要目标、战略重点、指导方针、重大项目和主要政策措施。中期计划的主要任务是根据长期规划的要求，对计划期经济、科技和社会发展的目标以及实现目标的客观条件进行测算，确定国民经济、科技、社会发展的总任务和主要目标，以及若干重要领域、重要行业、经济区域的发展目标，并提出重大资源平衡的政策措施。中期规划是解决国民经济和社会发展中的中长期性、战略性问题，根据党和国家在一定时期的发展战略部署、国内外经济环境变化的要求，适时调整或制定。

2．五年计划及其主要内容

五年计划是中长期发展计划的基本形式，也是年度计划的重要指导。总体来看，改革开放前的 30 年，除第一个五年计划外，其他几个五年计划都受到许多社会因素的冲击。改革开放以来，我国先后制订并完成了第六到第十四个五年计划，取得了巨大成功，综合国力迅速增强，人民生活水平明显提高。与年度计划比较，五年计划主要突出经济发展的战略性选择、经济发展的基本方针、主要政策等，在此基础上，提出中期经济发展的主要目标，但基本是指导性的。

（三）长期发展目标战略

长期计划是战略性的远期预测计划，主要是提出国民经济和社会发展的远景设想。其主要任务是提出远景设想，包括确定经济和社会发展的战略目标、战略重点、战略步骤、经济发展速度和重大比例关系、教育和科学技术发展方向、重大建设和技术改造项目、生产力布局、重大经济技术政策等。长期规划是中期计划的重要依据。

（四）重要发展任务的专项规划

专项规划是为了解决经济和社会发展中某些薄弱环节、突出矛盾和重点任务而制定的规划。它可以是某些产业的规划、某些区域的发展规划，也可以是解决经济、科技、社会发展中的某一重大课题的规划，具有较强的针对性和灵活性。制定专项规划必须有明确的任务、目标和相应的政策措施、组织体系。专项规划的实现，对于改变经济和社会某些方面的面貌，带动整个国民经济的发展，具有重要作用。

1．专项计划在改革开放以来快速发展

专项计划是政府指导和组织经济社会发展的重要工具，是针对经济社会生活中的专门问题编制的。专项计划主要涉及两个方面的内容：一是解决经济社会发展中对全局有重大影响的重要领域和关键问题；二是解决制约经济和社会发展的薄弱环节与突出矛盾。一方面实行社会主义市场经济，国家发展计划大大减少了对具体经济事务的干预，但对影响全局发展的、市场难以解决的突出问题反而需要国家集中力量解决。另一方面，国家计划加强了对非经济领域发展的管理，主要是科技和社会发展的管理。

由于科技发展的特殊性，科技专项规划中指令性计划还占有相当的比重。指令性计划主要应用于对国民经济和社会发展有战略影响，短期经济效益不明显，投资需要量又比较大的国家重点研究开发项目。其经费主要来自政府拨款。对那些针对市场需要提出的、近期经济效益此较明显的科研项目，则一般采用指导性计划。其经费来源可以是贷款、自筹，或者几种形式相结合，有时政府也提供较少数量拨款。国家主要以优惠政策，或提供多种服务作为激励手段。

2．专项规划的特点

首先，专项规划针对性强，重点突出，目标明确，任务具体。例如，1989 年国家正式启动的《温饱工程》专项规划，其主要任务是解决贫困地区的吃饭问题，其主要措施是推广地膜玉米种植技术，其实施单位是全国农业技术推广中心，其实施范围是全国 16 个省区的人均占有粮食少于 300 公斤的地区。国家在良种、化肥、资金方面提供帮助。“八五”期间共实施面积 5440 万亩，增产粮食 91 亿公斤，解决了 6460 万人次的缺粮问题。“九五”时期该项规划继续实施。

其次，专项规划编制灵活，突出重点，机动性强。我国常规国家计划包括年度计划、五年计划和 10~15 年长期规划，形式是比较固定的。专项规划由于以突出问题为中心，在时间安排上比较灵活，往往与常规的国家计划不一致。有些涉及环境和自然生态保护方面的规划，时间跨度较大。例如，号称世界之最的植树造林规划《“三北”防护林工程》于 1978 年启动，到 2050 年完成。

最后，专项计划措施具体，政策有力，操作性强，效果显著。例如，农业部为了保证我国城乡居民的副食品供应，于 1987 年制定了《菜篮子工程（1987—1992 年）》，由于规划效果明显，后来成为滚动计划连续实施。1997 年，我国人均占有肉类 43.3 公斤，占有禽蛋 17 公斤，占有水产品 29 公斤，占有蔬菜 253 公斤，均已超过世界平均水平，并提前达到《菜篮子工程“九五”计划》的目标要求。

（五）各类发展规划的衔接

1．长、中、短期规划前后衔接

年度计划、五年计划、十年以上计划相互之间密切联系。在计划的执行中，国家根据客观经济发展环境和社会环境、国际环境的变化，适时进行调整。国家在制订计划时留有充分余地，努力增强计划的可执行程度，真正使计划起到指导经济发展的作用。

2．综合发展计划与专项规划的衔接

由于重点问题本身的特点和规律性，专项规划在时间的安排上，在实施涉及的部门和地区范围上，经常与综合发展计划不一致。在编制综合发展计划时，编制部门充分考虑到专项规划的跨部门、跨地区、跨常规计划时限的特点，在相应计划中预先做好安排，以保证专项规划得到各方面的支持与协作，顺利实施。由于专项规划涉及的问题往往具有带动整个经济和社会发展的重要意义，故国家在资金、技术、人才、信息和相关政策上，特别是利用国家直接掌握的资源给予支持。

3．进一步改进中长期计划方法

一是加强对中长期发展战略的研究。加强对中长期市场运行环境、世界经济发展趋势、科技进步等方面的预测，贯彻可持续发展战略，促进经济增长方式由粗放型向集约型转化。二是全面规划、突出重点。抓住对全局有重大影响的重点领域和重大问题，进行深入研究和重点规划。重视体现政府职能关于社会事业的发展规划，特别对教育、卫生、人口、科技、环保、城市公用事业、扶贫以及社会保障等事业的计划编制。三是做好主要宏观经济指标的平衡测算和衔接协调。在制订中长期计划中，不断探索促使计划与市场有机结合的新路子。做好中长期计划与产业政策和国土整治规划、中长期计划与年度计划、综合计划与各种专项规划和政策的衔接，从而形成国家中长期战略和计划实施体系。

第三节　转变经济增长方式的实践总结

转变经济增长方式的总体要求就是把我国的经济增长模式由原来的粗放型模式转变为集约型经济增长模式，不断提高全要素生产率。具体来说就是不断通过科技进步，提高经济整体的科技含量。通过提高劳动者素质，优化劳动力资源的配置，提高劳动生产率。通过加强管理，获取管理效益。通过产业间不断向高层次演进、区域间形成合理的分工与协作的关系，达到经济整体素质不断提升的目的。

一、转变经济增长方式的迫切性与可能性

（一）转变经济增长方式的迫切性

1．改革开放后经济增长方式的变化

改革开放后，党和政府逐步意识到转变经济增长方式的重要性。党的十一届三中全会确定党和国家的工作要以经济建设为中心，各项经济活动必须讲求效益。经过 40 多年的改革发展，党和国家在对于转变经济增长方式的指导思想和要求是十分明确的。

2．国内经济环境变化的要求

发展市场经济要求经济增长方式转变，原来的经济增长方式难以为继。进入 20 世纪 90 年代中期以后，我国市场由买方市场逐步转变为卖方市场，但是相当一部分产品核心部件仍然依赖国外某些厂家。许多行业生产能力过剩，企业开工不足，但是大部分亏损企业并没有退出市场，存在很强的退出壁垒。从经济质量看，我国经济增长因素中全要素增长率的贡献度还比较小，主要依靠要素投入

的增加。从地区经济看，我国各地区之间，产业趋同化现象严重，各地区之间未能通过市场竞争形成合理的分工、发挥各自的比较优势。另外，我国经济的一个明显特点是低效率，无论是从单位GDP能耗，还是从规模经济、产品的品牌质量、企业的组织结构、融资便利程度，都表现出经济领域的效率低下。这些现象说明，当时我国传统的粗放型、外延式的增长方式尚未发生根本性的变化。

3．保持经济平稳快速增长的要求

粗放型增长方式反映在外贸上，是加工贸易比重不断上升。我国加工贸易占整个外贸的比例超过50%，技术密集型产品、附加值高的产品主要依赖进口，这种分工格局使我们在国际竞争中处于很不利地位。

粗放型增长方式产生的客观原因主要是受需求的拉动，直接原因就是缺乏技术。许多好的项目虽然我国有市场、资金、劳动力、土地，但就是因为没有技术而无法进行。所以，如何通过转变经济增长方式来消除经济增长中的不稳定因素，实现经济的长期平稳快速增长，就成为我国宏观调控面临的最突出课题。

4．经济体制与运行机制的制约和障碍

改革开放以来，市场化程度大大提高，市场已经在配置资源中发挥着越来越明显的基础性作用，但由于种种利益关系的制约，条块分割现象仍然比较严重，人为破坏了全国统一大市场的形成，资源和资金在地区、部门之间流动不畅，难以有效集中起来形成集约经营的优势，一旦市场供求形势好转，低水平重复建设现象便重新抬头。

从历史上看，我国经济发展长期处于粗放经营状态的深层次原因，是经济体制的制约和障碍。主要表现在：一是由于国有企业改革远未到位，政企不分现象还比较严重，微观经济主体缺乏应有的追求集约化经营的内在动力和外部压力；二是行业垄断和地区分割严重，市场经济秩序还不规范，影响了市场功能的正常发挥，使得资金和资源难以按集约经营的要求顺畅流动和积聚。

（二）转变增长方式的可能性

（1）经济发展进入新阶段

改革开放以来，我国经济实现了快速增长，1981—2000 年，年均增长率高达 9.7%。进入 21 世纪，我国经济面临新的发展机遇，主要表现在新技术革命、居民消费需求升级、城镇化、经济国际化等方面，为经济增长方式转变提供了有利条件。

（2）良好的技术基础

转变经济增长方式的一个重要内容就是提高经济增长中的技术贡献度。我国已具备经济增长方式转变的技术基础，这主要表现在技术、体制、人员等方面。首先，我国每年产生大量的科学技术成果，能够形成支撑经济增长方式转变的技术供给。其次，我国科技进步体制正在发生重大转变，以企业为研究与开发主体、鼓励创新的体制正在形成。最后，我国已形成雄厚的科技人员队伍，能够为增长方式的转变做出应有的支持。国家大幅度扩大了高等教育的招生工作，培育出更多的高科技人才，为科技创新提供更充足的人力资源供给。

（3）经济体制的转变

自 20 世纪 90 年代以来，我国的经济体制发生了重大转变，社会主义市场经济体制已深深根植于经济生活的各个方面，市场机制的广度和深度得到扩展。2001 年，中国加入世界贸易组织，有助于中国经济体制改革向深层次推进。这些变化为经济增长方式的转变提供了内在的体制基础。

（4）信息化的机遇

21世纪之初，我国面临着良好的跨越式发展机遇。作为后发国家，我国以低成本引进、吸收、利用世界先进科技，提升国民经济的科技含量，利用高新技术改造传统产业。世界范围内发生着深刻的新技术革命，信息技术、生物技术、纳米技术等发展日新月异，有利于我国抓住机遇实现跨越式发展。

二、转变增长方式需要政府推动与市场机制有效结合

20世纪80年代，我国经济的发展主要依靠农业、轻纺工业和建材工业的迅速增长。20世纪90年代经济再上新台阶，要适应工业化和现代化的发展阶段的需要，就必须寻找新的增长点。1992年10月，党的十四大报告在科学分析我国经济发展现状和规律的基础上，提出20世纪90年代要振兴电子机械、石油化工、汽车制造和建筑业，使它们成为国民经济的支柱产业。这是在经济发展阶段转换时期提出的重大战略任务，抓住了新的国民经济发展阶段的关键，反映了我国经济发展的客观趋势和要求。20世纪90年代，我国在转变经济增长方式上取得了重大进展，电子机械、石油化工、汽车制造和建筑业四大支柱产业产值在国内生产总值中的比重由不足8%提高至25%以上，作为国民经济四大支柱产业的地位确立起来。四大支柱产业的崛起，标志着我国工业化进程由发展轻纺工业为主转向以重化工业为主的新阶段。四大支柱产业的振兴，带

动了产业结构的转换、升级和整个国民经济的高速增长，并引起我国城乡结构、经济结构和社会面貌的深刻变化。通过宏观调控和政策引导，我国充分利用市场机制对资源配置的基础性作用，振兴了四大支柱产业，实现了第二次经济结构大转换。

（一）从转变增长方式到转变发展方式

1995 年 9 月，党的十四届五中全会提出转变经济增长方式的要求，强调要改变粗放型增长模式，走集约型发展道路。

转变发展方式促进了我国节能降耗减排约束性指标的实现，提高了可持续发展能力。国家“十一五”规划提出的单位GDP能源消耗降低 20%、主要污染物排放得到有效控制的目标，通过依靠科技进步和提高管理水平，淘汰落后生产能力。2007 年，我国节能减排指标完成情况出现了拐点，单位GDP能耗改变了前几年连续上升的趋势，二氧化硫、化学需氧量排放也出现了下降。国家“十二五”规划在把单位GDP能耗降低作为约束性指标的同时，提出合理控制能源消费总量的要求。2014 年国务院办公厅印发《2014—2015 年节能减排低碳发展行动方案》，将 2014—2015 年能耗增量（增速）控制目标分解到各地区。2006—2015 年，我国单位GDP能耗累计降低 34%，节约能源达 15.7 亿吨标准煤，相当于少排放二氧化碳 35.8 亿吨。“十三五”规划明确要求到 2020 年单位GDP能耗比 2015 年降低 15%，能源消费总量控制在 50 亿吨标准煤以内。“十三五”期间，我国深入实施能源消耗总量和强度双控行动，单位GDP能源消耗降低指标进展顺利。2020 年，我国单位GDP能耗降幅收窄，但仍保持了下降趋势。“十四五”规划将“单位GDP能源消耗降低 13.5%”作为经济社会发展主要约束性指标之一。改革实践的结果表明，降低能耗强度，控制能耗总量，有利于扭转我国工业化、城镇化加快发展阶段对能源消耗大幅度增加的势头，缓解我国经济增长对能源消耗增长的依赖程度，对减轻我国资源环境瓶颈约束，提高经济发展质量发挥了重要作用。

（二）向依靠消费、投资、出口协调拉动转变

我国在改革实践过程中，基本上实施的是稳健的财政政策，国家始终努力优化财政支出结构，严格控制货币信贷总量，控制价格总水平过快上涨。提高城乡居民收入在国民收入中的比重，通过增加中低收入者收入，扩大中等收入者比重，增强居民消费能力，适度提高居民消费率。通过调整预算支出结构、建立国有资本预算等途径，增加用于健全社会保障体系的支出，以消除居民消费的后顾之忧。

我国继续实施有保有压的政策，优化投资结构，适当降低投资率。严把信贷、土地两个闸门，提高投资项目进入的环保、资源消耗两个门槛，提高限制发展行业的项目资本金比例，以抑制高消耗、高污染行业和项目的投资增长。鼓励企业增加技术研发投入和节能降耗设备更新投资，鼓励资金投向那些能够带动产业结构升级的行业和项目。

调整优化进出口结构，鼓励技术、知识密集型产品出口，控制能源、资源密集型产品出口。鼓励技术引进和进口国内不能制造的设备以及短缺的能源、资源。从严控制短期投机资金流入，鼓励海外投资，建立稳定的海外资源供应渠道，鼓励藏汇于民，促进国际收支平衡。

（三）经济增长要由主要依靠第二产业带动向依靠第一、第二、第三产业协同带动转变

改革开放以来，我国第一、第二、第三产业都有了显著发展，但第一产业基础脆弱、第二产业素质不高、第三产业发展滞后的问题长期存在。我国经济增长主要靠包括工业和建筑业在内的第二产业带动。2006年，我国第二产业对经济增长的贡献率达到55.5%，占GDP比重达48.7%。这是我国正处于工业化加速阶段的重要特征，也是国外产业转移的结果。但是，这种以扩大工业规模为主的增长模式，已经越来越多地受到资源、环境约束。当时我国经济对钢材、铝材、水泥、能源、淡水的年消耗量已分别占全球的40%、25%、45%、16%、15%以上，各类污染物排放的增加已威胁到人的生存环境。

面对资源、环境约束，我国及时进行产业结构调整，努力建设现代产业体系，提高第二产业的层次和水平，发展高新技术产业群，振兴装备制造业。抓住产能过剩行业结构调整的有利时机，加快淘汰钢铁、有色、化工、建材、电力等高耗能行业的落后生产能力，促进工业由大变强。加快发展服务业，特别是重点发展为生产服务的新兴服务业，包括研发、金融、物流、电子商务、法律、咨询、会计、服务外包等，发展医疗卫生、社区服务、教育培训、文化休闲等公共服务和消费性服务业，分离企业、事业单位和政府的服务性业务，提高服务业的社会化、市场化水平。加快建设现代综合运输体系，铁路、水运相对于公路运输能耗低、占地少、效率高，并重点予以发展。大力发展现代农业，巩固、完善、加强各项支农、惠农政策，提高农业水利化、机械化和信息化水平。加大统筹城乡发展力度，推动城乡之间在发展规划、产业发展、基础设

施、公共服务、就业市场和社会管理等方面形成一体化新格局。建立和规范土地承包经营权流转市场，促进土地经营权依法自愿有偿转让，发展适度规模经营，把种田能手吸引和留在农村，使更多的劳动力从土地上解放出来，加快向第二、第三产业转移。积极探索农村集体经济有效实现形式，抓紧落实和完善优惠政策，扶持发展农民专业合作社。

（四）由主要依靠增加物质资源消耗向主要依靠科技进步、劳动者素质提高、管理创新转变

提高自主创新能力，建设创新型国家，是我国发展战略的核心，也是转变经济发展方式的关键。我国经济增长速度的加快，在一定程度上是以物质资源消耗的大幅增长为支撑的，这样的增长格局难以长期保持下去。把增强自主创新能力贯彻到现代化建设的各个方面，落实好国家中长期科技发展规划纲要，着力突破制约经济社会发展的关键技术。具体体现在：加快建立以企业为主体、产学研结合的技术创新体系，引导创新要素向企业集聚。发挥国有企业在自主创新中的重要作用，完善国有企业绩效考核机制，引导国有企业特别是中央企业带头增加研发投入，在集聚人才、技术研发、创立自主品牌方面走在前列。增强中小企业特别是科技型中小企业的创新活力。充分利用国际市场的科技资源，实行开放式创新，是提高自主创新能力的捷径。积极实施人才战略，培养造就世界一流科学家和科技领军人才。鼓励管理创新，通过改进和加强管理，节约资源，降低成本，提高质量和效益。

（五）通过完善社会主义市场经济体制推动经济发展方式转变

转变经济发展方式是我国经济发展新阶段面临的重大战略任务。实现经济发展方式的转变，必须完善社会主义市场经济体制，建立健全能够有效促进经济发展方式转变的体制机制。

为此，国家努力调整需求结构，完善宏观调控体系，综合运用计划、财政、金融等手段。完善计划的政策导向功能，围绕提高居民消费率等目标，通过中长期发展规划与年度计划，制定国民收入分配政策、投资与消费政策、国际收支平衡政策等。加强税收和预算在初次分配和再分配中的调节功能，合理调整信贷结构，鼓励增加消费信贷，运用关税等手段调节进出口贸易，引导外资投向。更多地采用经济手段和法律手段，辅之以必要的行政手段，各类调控杠杆围绕宏观调控目标协同运作，不断提高调控的预见性、针对性和有效性。调整产业结构，把产业政策与行业规划、财税、金融、环保、土地、价格等手段结合起来，以提高政策效果。发展第三产业，通过放宽政策，鼓励群众创业。通过创业者的创造性劳动，满足各方面对服务的需求，并创造新的需求。在解决“三农”问题方面，以深化农村改革来促进农村经济发展。创新“三农”工作思路，继续推进农村综合改革。加大农村金融体制改革力度，扩大农村金融机构准入政策试点范围，加快推进农村政策性保险试点。稳定和完善农村基本经营制度，改善集体林权制度。提高生产要素质量，优化要素结构，通过市场竞争机制，充分发挥市场在配置资源中的基础性作用。为此，完善技术、资本、劳动力、土地等全要素市场，建立健全统一开放竞争有序的市场体系，进一步整顿和规范市场秩序。完善资本市场，提高直接融资比重，发挥资本市场对企业的优选功能和对企业利润的分配功能，使优秀企业获得充足的资金支持，做大做强；使更多的人增加投资性收入，扩大中等收入者比重。鼓励企业增加研发投入，改进经营管理。通过转变经济发展方式，我国经济不断迈上新台阶，平稳快速发展的良好势头得以保持。

（六）着力在转变发展方式上取得实质性进展

2007 年 10 月，党的十七大提出转变发展方式的三项任务，这是我国经济发展的重大战略任务，是落实科学发展观的根本举措。在发展方式转变上突出重点，提出具有针对性的政策措施，在发展方式转变上取得突破。

（1）在“双提高”上取得突破

在提高居民收入在国民收入中的比重方面，着力提高中低收入者的收入，特别是农民的收入。在初次分配中适当提高劳动报酬的比重，在再分配中适当降低国家和企业所得比重，提高居民收入的比重。通过收入分配结构的调整增强广大居民消费的支付能力。与此同时，提高居民消费率。实现这两个提高，使整个财富的分配向居民倾斜，从而实现福利性的经济回升。

（2）大力发展服务业

20 世纪 90 年代中期，我国提出重视发展第三产业的战略，到 2000 年我国第三产业增加值占GDP的比重仍为 39.8%，第三产业从业人员占全社会从业人员的比重只有 27.5%。第三产业发展滞后的根本原因，一是税收负担较重，税负高于工业；二是各种行政性收费制约了第三产业的发展；三是服务短缺。对此，我国采取了有效政策鼓励物流、金融、保险、咨询、会计、审计、法律、技术等现代服务业的发展。

（3）建立国有企业自主创新的激励机制

提高国有企业自主创新能力，加快建设创新型国家。加强落实中长期科技规划纲要配套的各项政策，以鼓励国有企业尽可能多地增加研发投入。

（七）把改革目标定位于推动发展方式转变

围绕如何能够在更大程度、更广范围发挥市场配置资源的基础性作用进行改革，我国在四个方面进行重点推动。第一，深化金融体制改革释放资本潜力。金融体制改革是深化改革的突破口。党的十八大报告中提出民营经济进入金融领域，就是积极发展民营金融机构，这是改革的一个重要突破口。第二，加快建立城乡一体化发展制度的改革。鼓励民间资金进入农业现代化领域，鼓励乡镇企业、民营企业去搞农业的规模经营、养殖业的规模经营，通过土地经营权有偿转让集中起来，发展新型的农业经营主体。第三，科技体制改革。民营企业已成为创新的主力军，民营企业申请的专利，占整个专利申请量的近70%。同时把国有企业和大学这两个领域的潜力发挥出来。第四，加快税制改革，为第三产业发展创造良好的政策环境。围绕建立有利于转变发展方式的体制机制，作为改革的重点突破，赢得共识。

第四节　把握经济工作中的若干辩证关系

一、改革实践中要妥善处理的重要关系

（一）供给与需求的辩证关系

改革开放40多年来，我国投资率不断攀升，从历史来看，投资与消费的结构有所改善，但失衡的局面仍未根本改变。有支付能力的消费需求的增长滞后于生产能力的增长，是造成产能过剩的一个重要原因。投资与消费的比例，是国民经济最基本的比例关系，这一结构失衡必然影响经济全局，使经济的持续发展受阻。对此，我国坚持以推进供给侧结构性改革为主线，与此同时，适度扩大总需求，特别是扩大有支付能力的消费需求。在内需与外需的关系上，坚持以扩大内需为主，这是我国在经济工作中正确把握供给与需求之间辩证关系的重要体现。

（二）短期与长期的辩证关系

我国在宏观调控的实践中，始终坚持把长期与短期有机结合。通过制定中长期发展规划、年度计划和专项计划，提出不同阶段的发展目标、战略、方针、政策，为运用财政、货币等手段调控经济提供依据，保持计划、财政、金融三大调控杠杆的协调配合。

党中央强调的发展方式转变和经济结构转型是一个中长期发展目标，特别是实现产业结构由资源密集型、劳动密集型为主向技术密集型、知识密集型为主的转变，不是三四年或一个五年计划就能完成的。产业结构与经济发展阶段紧密相关，调整产业结构必须按照经济成长的客观规律，不懈努力、循序渐进地推进。因此，在宏

观调控中，国家按照转变发展方式的要求引导资金投向，既满足即期增长的需要，又促进结构的优化。

（三）城市与农村的辩证关系

城乡发展差距拉大是我国国民经济中的一个主要矛盾。推进城乡发展一体化，正是针对我国经济发展的主要矛盾提出的重大改革举措。按照党的十八届三中全会《中共中央关于全面深化改革若干重大问题的决定》（以下简称《决定》）部署，推进城乡发展一体化改革有五个重点：一是落实农户对土地的法人财产权；二是建立全国城乡统一的建设用地市场；三是打开城乡资本市场之间的“堰塞湖”；四是为进城落户农民提供与市民同等的公共服务，使农民进城后可享受市民养老、医疗、住房、子女入托入学等公共服务；五是把特色小镇作为城乡发展一体化的突破口。

（四）实体经济与虚拟经济的辩证关系

借鉴国际经验，在实体经济与虚拟经济发展中，我国高度重视两个潜在问题：一是企业债务率明显偏高，偿债付息压力过大。主要原因是我国金融体制以间接融资为主，企业融资主要依靠银行贷款。解决的办法是加快发展资本市场，通过扩大股权融资来降低企业债务率，以规避债务风险。二是少数中心城市房价过高。对此，我国坚持“房子是用来住的，不是用来炒的”这一定位，综合运用金融、土地、财税、投资、立法等手段，加快研究建立符合国情、适应市场规律的基础性制度和长效机制。

（五）政府与市场的辩证关系

使市场在资源配置中起决定性作用和更好发挥政府作用，是党中央对政府与市场关系认识上的重大突破，着重进行了以下几个方面工作。一是完善城乡统一的全要素市场体系。加快建立全国统一的全要素市场体系，特别是抓紧建立城乡之间双向自由流动的全要素市场，激活农村资源，充分发挥市场机制对促进农村发展的强大作用。打破区域之间的行政壁垒，加快生产要素从沿海向中西部、从中心城市向周边地区流动。完善生态环境保护体制，建立环境价值补偿机制，形成促进环保产业发展的市场机制。二是两手并用推动经济转型升级。实现经济转型升级，在需求结构上推动经济增长由主要依靠投资和出口拉动向主要依靠消费拉动转变；在产业结构上由主要依靠第二产业向第一、第二、第三产业协调发展转变，加快发展第三产业；在要素结构上，实现经济增长由主要依靠增加物质资源消耗向主要依靠技术进步、改善管理和提高劳动者素质转变。三是调整收入分配结构以实现共享发展。处理好效率和公平的关系，始终是政府面临的重大课题。党的十八届五中全会提出新发展理念，把共享发展作为重要内容，是针对居民收入差距拉大的问题提出来的，目的在于通过强化共享发展，缩小收入差距。

二、正确处理稳增长与调结构的关系

推动经济增长由主要依靠增加物质消耗向主要依靠技术进步、改善管理和提高劳动者素质转变，促进产业结构优化升级，是我国经济发展新阶段必须实现的历史任务，也是保持经济持续健康发展的根本途径。

（一）稳增长是经济工作第一位的任务

经过 40 多年的改革发展，我国经济增长机理发生的最大变化之一就是由供给约束转变为需求约束。我国正处于由中等收入国家向高收入国家跨越的艰难爬坡阶段。把稳增长作为经济工作第一位的任务，是实现我国经济持续健康发展的需要。努力保持经济稳定增长是我国经济工作的重要内容，积极实施扩大内需战略。

（二）调结构是经济发展新阶段必须落实的重大战略

我国经济增长的主要潜力来自结构转换。在不同的发展阶段，我国经济结构调整面临着不同的任务。“十四五”时期，我国通过以下几个重点领域加快结构调整。

（1）加快城乡结构调整

我国通过推进农业现代化、规模化，把农业劳动生产率提高到社会平均水平，消除城乡收入差距，激发城乡建设和消费的巨大潜力。

（2）加快产业结构调整

国家加大创新驱动战略的实施力度，以自主创新带动产业升级，加快战略性新兴产业发展，使以资源密集型、劳动密集型产品为主转变为以技术密集型、知识密集型为主，降低单位GDP的能源原材料消耗，提高产品的附加值和技术含量。

（3）加快区域结构调整

我国区域发展上的差距，除历史原因外，主要在于行政区划阻碍了生产要素的自由流动。为此，我国充分发挥市场对资源配置的决定性作用，同时运用行之有效的帮扶机制、合作机制。突出“一带一路”倡议、京津冀一体化和长江经济带的建设，带动区域经济协调发展。

（4）加快经济社会发展结构调整

社会事业发展滞后于经济发展，是我国结构失衡的重要表现之一。对此，我国加大财政转移支付力度，以人均公共财政支出的均等化推动实现人均基本公共服务均等化。通过建立“谁污染、谁付费”和第三方治理制度，形成吸引社会资金投资环保产业的市场机制，使环保产业发展成为新的经济增长点。

（三）把稳增长与调结构有机结合起来的关键

把稳增长与调结构有机结合起来，必须进行以下领域的改革。一是重新聚焦农村改革。党的十八届三中全会通过的《决定》在农村土地制度改革上有三大突破，包括允许农户对土地的承包权抵押、担保、转让；允许农户对宅基地的使用权抵押、担保、转让；允许集体经营性建设用地与国有土地同权同价，建设城乡一体化的建设用地市场。这三大改革第一次赋予农村土地以商品属性，农户凭借其法人财产权即用益物权，可以取得财产性收入，从而像城里人一样，分享到城市化进程中土地增值的收益。二是改革行政审批制度。实践证明，行政审批过多，阻碍了生产力发展。2014 年 4 月，国务院发布《国务院关于清理国务院部门非行政许可审批事项的通知》，要求各部门对现有非行政许可审批事项进行清理。政府把职能转变和简政放权作为全面深化改革的突破口之一，进一步激发了市场活力，释放了改革利好。三是改革税收制度。我国第三产业发展滞后，主要原因在于第三产业的税负过重。通过实行“营改增”的税制改革试点，加上简化新办企业登记手续，第三产业出现迅猛发展势头。四是改革投资体制。推行政府与社会合作模式，赋予企业以特许经营权，把社会资金引入基础设施和公共服务建设项目上，促进稳增长和调结构实现。

第五节　投资体制改革及其影响

一、改革开放以来投资体制改革的历史回顾

改革开放以来，随着我国社会主义市场经济体制的建立和完善，投资体制也发生了重大变革。

（一）下放投资审批权的改革效应

针对计划投资集中过多，管得过死，指令性计划比重过大等突出问题，党中央连续出台了一系列改革计划投资体制的文件，缩小固定资产投资的指令性计划的范围，扩大指导性计划和市场调节的范围，下放固定资产投资项目的审批权限，简化项目审批程序。中央财政预算内基建拨款实行“拨改贷”，借入国际金融组织和外国政府贷款，使建设资金渠道迅速拓展，有偿使用的范围不断扩大。

1．企业向投资主体转变

从 1978 年开始，经过一系列改革，企业逐渐从政府的指令性管控中脱离出来成为投资主体。例如，通过恢复企业基金制，建立50%的折旧基金留成制、利润留成制度，建立自主权较大的专业总公司，推行投资包干责任制等改革，企业自主权不断增大，自有资金不断增加，投资决策权不断扩大。“拨改贷”政策实施后，一方

面，企业享有一定的投资决策权，并相应地承担一定的投资风险；另一方面，政府以贷款而不是划拨的方式投入企业，政府不再将企业视为自己的一部分，而是通过资金的有偿使用，建立起对企业微观主体投资的约束机制。此外，我国通过设立经济特区，对外资实行开放政策，制定外资法规，外资企业被允许在我国国内投资，使投资主体更加多元化。

2．政府的角色开始转变

投资体制改革要求政府职能和作用发生实质性转变。随着我国投资体制的改革和投资主体的多元化，政府直接控制的投资逐渐减少。自 1981 年起，我国开始编制包括多渠道资金在内的综合基本建设计划；1982 年，我国又把全民所有制基本建设投资和更新改造投资统一纳入固定资产投资计划。这意味着政府不再是投资的唯一全能主体，而是向投资活动管理者乃至宏观调控者转变。

（二）多元化的投资主体

20 世纪 80 年代初到 90 年代末，我国的投资体制改革从根本上改变了投资的结构催生出多元化的投资主体。

1．国有企业成为投资主体

1985 年，随着《国家预算内基本建设投资全部由拨款改为贷款暂行规定》的出台，国家预算安排的基本建设投资全部由财政拨款改为银行贷款，“拨改贷”全面推开。同年，金融体制改革进一步深化，使企业能获得更多投资资金。党的十三大以后，国有企业股份制试点范围进一步扩大。1987 年的《全民所有制工业企业转换经营机制条例》规定，财政部把原确定为企业预算外资金部分规定由企业自主支配使用，包括可以用作投资。此外，一些专业银行特别是建设银行系统的信托投资公司利用自有资金和吸收的信托资金，直接进行投资。这些投资体制改革举措，为国有企业成为投融资主体创造了直接的有利条件。

2．民间投资异军突起

我国1978年以来的农村经济体制改革，大大提高了农业劳动生产率水平，农村剩余劳动力的增加和消费剩余产品增多，为农民投资创办企业提供了必要条件。1984年，党中央出台文件，允许农民从事非农业生产经营活动，允许农民个人或集体投资办厂。由此，乡镇企业如雨后春笋般在广大农村地区成长起来，进而造就了一大批民营投资主体。与此同时，以城市个体工商户为主体的城市民营投资主体也发展起来。随着非国有投资主体的投资活动在整个社会经济活动中的范围和影响日益增大，计划经济投资体制起作用的范围也逐渐萎缩。这对我国投资体制由计划模式向市场模式演变起到了积极的推动作用。民间投资高速扩张，占全社会固定资产投资的比重稳步上升，并于2002年首次超越国有经济投资，成为拉动投资增长的主导力量。

（三）建立招标投标制

从20世纪80年代开始，我国逐步推行招标投标制。先后在利用国外贷款、机电设备进口、建设工程发包等领域实施，并逐步规范化，并上升为法律形式。1999年8月30日，第九届全国人大常委会审议通过《招标投标法》，并于2017年12月27日进行修订，在固定资产投资领域推行招标、投标制度，对于我国创造公平竞争的市场环境，提高投资的经济效益，保证工程质量，发挥了重要作用。我国招标投标制的历史沿革大体分为以下阶段：

1．**起步阶段**（1980—1989年）

1980年10月，国务院制定《关于开展和保护社会主义竞争的暂行规定》，首次规定对一些适于承包的生产建设项目和经营项目，可以试行招标投标的办法。1983年6月，国家城乡建设环境保护部颁布《建筑工程招标投标试行办法》，规定建筑安装工程通过招标择优选定施工单位，施工单位可通过投标承揽工程任务。1984年9月，国务院颁布《关于改革建筑业和基本建设管理体制若干问题的暂行规定》，要求改变单纯用行政手段分配建设任务的老办法，大力推行工程招标投标制，开始全面推行招标投标制度。同年11月，国家计委和城乡建设环境保护部联合制定《建设工程招标投标暂行规定》。此后，各地相继制定了招标管理办法，开始探索我国的招标投标管理和操作程序。

2．**发展阶段**（1990—1999年）

1991年2月，为加强国家重点建设项目的管理，国家计委下发《关于加强国家重点建设项目及大型建设项目招标投标管理的通知》，要求建设项目的设计、设备采购、施工除有特殊原因不宜招标外，都要创造条件实行招标投标。1992年11月，国家计委制定《关于建设项目实行项目业主责任制的暂行规定》，明确由项目业主负责组织工程设计、监理、设备采购和施工招标工作，自主确定投标、中标单位。同年12月，国家建设部发布《工程建设施工招标投标管理办法》，对招标投标各个环节作出了明确规定，进一步规范招标投标制度。

1998年3月，《建筑法》的施行确立了建筑工程发包与承包招投标活动的法律地位。同年8月，国家建设部印发《关于进一步加强工程招标投标管理的规定》，要求凡未建立有形建筑市场的地级以上城市，在年内要建立起有形建筑市场（即建设工程交易中心）。由此，我国初步形成建筑市场监督管理新模式。

3．法制化阶段（2000年之后）

2000年1月1日，《招标投标法》正式生效，我国招标投标活动步入法制化、制度化和规范化的管理轨道，有力促进了我国市场经济的健康发展，成为我国招标投标事业发展的重要里程碑。

如果说第一阶段是我国招标投标制度的尝试探索、缓慢推进阶段，第二阶段则是招标投标事业迅速发展、遍地开花阶段，交易活动已由无形转为有形、隐蔽转为公开，招标投标管理体系基本形成。在第三阶段中，随着《招标投标法》的实施，全社会依法招标投标意识显著增强，我国招标投标体制创新、机制创新和科技创新深入发展，招标投标行为日趋规范，市场诚信体系建设进一步完善，招投标市场朝着统一开放、竞争有序方向继续前进。

（四）建立施工监理制

为了确保工程建设质量、提高投资效益，从1996年起，我国在固定资产投资建设领域全面推行工程建设监理制。由国家计委和建设部共同负责推进建设监理事业的发展。

1．施工监理制的提出

党的十三大以后，随着有计划商品经济发展和基本建设投资、设计与施工管理体制改革，迫切需要建立一套能够有效控制投资，严格实施国家建设计划和工程合同的新格局，抑制和避免建设工作的随意性。

为了开拓国际建筑市场，也需要采用国际通行管理办法与其相衔接。1988年7月，建设部颁发《关于开展建设监理工作的通知》；

同年11月，建设部印发《关于开展建设监理试点工作的若干意见》，明确指出试点指导思想是改革建设项目管理体制，提高投资效益和建设水平，确立建设领域社会主义商品经济新秩序，建立具有中国特色的建设监理制度。

2．施工监理制的建立与发展

1988年，我国明确北京、上海、天津、南京、宁波、沈阳、哈尔滨、深圳八个城市和能源、交通两部的水电和公路系统18家企业为全国开展建设监理工作试点。并就监理单位建立和管理、监理业务的取得和内容、监理取费、监理与建设和承建单位的关系等给出了明确的指导意见和办法。在开展建设监理试点工作同时，开展人员培训，为推行建设监理做组织上的准备。通过试点，1989年7月，建设部颁布了建设监理工作的第一个规范性文件《建设监理试行规定》；1992年8月颁发了《工程建设监理单位资质管理试行办法》和《监理工程师资格考试及注册试行办法》；1992年9月国家物价局、建设部联合发布了《关于发布工程建设监理费有关规定的通知》等文件，都是试点工作的有益成果。

1995年1月，建设部、国家工商行政管理局印发了《工程建设监理合同》示范文本，同年12月，建设部、国家计委印发了《工程建设监理的规定》。在此阶段，北京、上海、河北、浙江、湖南等省市政府或人大常委会分别发布了地方监理法规。在全国第六次监理工作会议上，建设部决定按原定计划，从1996年开始在全国推行建设工程监理制度。1997年11月1日第八届全国人大常委会第二十八次会议通过的《中华人民共和国建筑法》以立法的形式确立了我国建筑领域实行工程建设监理制度。1998年，国家确定建立具有中国特色的建设监理制度。

从工程建设监理的范围和内容看，工程建设监理的范围包括大、中型工程项目；市政、公用工程项目；政府投资兴建和开发建设的办公设施、社会发展事业项目和住宅工程项目；外资、中外合资、国外贷款、赠款、捐款建设的工程项目。工程建设监理的主要内容是控制工程建设的投资、建设工期和工程质量；进行工程建设合同管理，协调各有关单位间的工作关系。从工程建设监理合同与监理程序看，工程监理合同由监理单位与项目法人签订，合同的主要内容有监理的范围和内容、监理单位与项目法人双方的权利与义务、监理费的计取与支付、违约责任、双方约定的其他事项。工程建设监理的一般程序包括编制工程建设监理规划；按工程建设进度分专业编制工程建设监理细则；按照建设监理细则进行建设监理；参与工程竣工预验收，签署建设监理意见；建设监理业务完成后，向项目法人提交工程建设监理档案资料。

（五）建立政府和社会资本合作投资模式

进入新的历史时期，特别是党的十八届三中全会以来，我国发挥市场对资源配置的决定性作用，转变政府职能，更好发挥政府作用，需要投资体制改革有新的抓手。从中央各部委到地方政府到企业都在转变观念，不断探索和调整思路，建立和改革相关投资制度，以政府和社会资本合作为代表的公共产品投资体制改革，得到了各级政府和社会响应。

1．公共产品供给不足是当前的突出矛盾

我国消费领域产能过剩，需求不足，产品价格下降。但在公共产品和公共服务领域，我国处于严重的供给不足的状态。我国水利工程设施、高速铁路建设、机场建设、地铁投资、城市地下管网建

设和教育、医疗及文化领域公共服务供给投资缺口巨大，仅靠财政投入难以满足投资需求。与此同时，我国贫困人口规模较大、贫困区域分布较广、贫困程度较深，影响我国实现全面小康战略。为实现消灭贫困人口目标，“十三五”时期每年平均需减贫 1115 万人，同时需要与之相匹配的大量医疗教育等公共服务投入。

“十三五”时期既是全面建成小康社会的决胜阶段，也是我国基本公共服务体系建成的关键时期。基本公共服务供给服务于我国五大发展理念和国家重要发展战略，成为发展经济的重要引擎。

2．PPP 模式是增加公共产品供给的重要途径

改革开放之初，PPP模式在我国已有实践。从 20 世纪 80 年代迄今，PPP在我国大致经历了探索、试点、推广、波折、新发展五个阶段。

第一阶段：探索阶段（1984—1993 年）。改革开放初期，外资较大规模进入我国。为了充分有效发挥外资作用，我国地方政府与外资签订协议，合作进行基础设施建设，这种合作就是PPP模式的初级形态。

第二阶段：试点阶段（1994—2002 年）。1992 年邓小平南方谈话以及党的十四大确立建立社会主义市场经济体制的目标，为基础设施市场化投融资改革创造了条件。该阶段试点工作由国家计委有组织地推进，也掀起了国内第一波PPP高潮。

第三阶段：推广阶段（2003—2008 年）。党的十六大提出在更大程度上发挥市场在资源配置中的基础性作用，为PPP推广提供了理论基础，掀起我国第二波发展高潮。

第四阶段：波折阶段（2009—2012 年）。2008 年国际金融危机爆发，我国随之推出了四万亿经济刺激计划。这一阶段地方政府基础设施建设投资高速增长，城镇化程度快速提高，国企特别是央企拿到大量银行授信，开始与地方政府对接，成为推动城镇化进程的重要角色。同时央企对私人资本的不规范竞争改变了PPP规则，PPP发展进入短暂的波折性发展阶段。

第五阶段：发展新阶段（2013 年迄今）。党的十八大提出“让市场在资源配置中发挥决定性作用”。随着国家各主要职能部门提高重视，PPP项目范围及模式、工作机制、管理规范、政策保障等有了详细规定和说明，社会资本与政府共享利益、共担风险，PPP项目进入了新的发展阶段。

在中央层面，2014 年 5 月，财政部正式成立PPP工作领导小组，统一部署国内PPP机构设立、职责分工等工作。在地方层面，多地省级财政部门正在谋划成立PPP项目统一管理机构，为未来PPP模式在我国快速发展奠定了良好基础。

二、建立激励与约束相结合的投资管理体制

我国的改革实践证明，解决计划体制下投资的权责脱节和资金供应上实行“大锅饭”的难题，必须依靠市场经济机制下建立投资的激励机制和风险约束机制。

（一）落实企业投资自主权

使企业拥有投资自主权是构建社会主义市场经济体制，发挥市场配置资源决定性作用的关键所在。在落实让企业拥有投资自主权过程中，我国采取了建立现代企业制度，实行项目法人责任制，强化国有单位投资风险约束机制的措施。项目法人责任制的核心是把

投资者的所有权同项目法人的财产权分开，投资者仅以其出资额对项目投资经营承担有限责任，经理由投资者组成的股东大会或董事会聘任，项目经营者则承担职业风险。

在具体实践中，改、扩建项目，企业是项目法人；合资建设的项目，成立董事会，董事会是项目法人。改、扩建项目应先有投资责任主体，后定建设内容，即先有项目法人后定项目。项目建议书改由项目法人提出。建设项目经批准立项后，有关资金筹措、招标定标、建设实施、生产经营、人事任免等，由项目法人按照国家有关规定的权限自主决定。项目建设与生产所需的外部条件，由项目法人与有关企业签订合同。外部条件需要国家统筹安排的，按规定报批。

因决策失误或管理不善造成项目法人无偿还债务能力的，依法破产，银行有权依法取得抵押财产，或由担保人负责偿还债务。在强化投资者的风险责任的同时，我国还建立了银行贷款的风险机制。凡是需要向银行申请贷款的，应具有企业资产和资产状况的审计报告。银行必须严格审核企业的资信度，评估企业的还贷能力。企业使用银行贷款，必须用现有资产作为抵押。同一资产只许在一家银行抵押一次。如企业没有足够的自有资产作抵押，必须委托有足够偿债能力的法人作担保人，政府及有关部门不能担保，当借款企业无力按期偿还贷款时，担保人承担偿还责任。

我国实行建设项目资本金制度，规范企业的融资行为。根据项目总投资的一定比例（不同行业不同比例）予以注册登记，注册资金必须使用企业自有资金，不能使用借入资金。为保证项目开工后的续建资金，还规定应有相应的金融机构对后续投资的贷款、筹资作出担保。

我国还进一步建立科学和严格的投资决策责任制，规定各类投资项目都必须严格执行固定资产投资的科学论证和决策程序。所有投资项目经过有资格的咨询公司评估，听取专家和工程技术人员的意见。国家投资的项目一般由政府有关部门按管理权限批准立项，政策性银行根据自己对项目的评估决定是否提供资金或参股、控股。项目法人拥有项目的决策权。建设项目涉及规划布局、土地占用、环境保护、安全、卫生等方面的问题，由政府有关部门依法审核。

总之，从实际情况出发，我国的投资管理制度的建立根据国外经验，按照项目的不同特点和投资主体，把固定资产投资分门别类*，实行不同的投资方式。

* 我国的固定资产投资大体分为竞争性项目、基础性项目和公益性项目。

（二）强化投资主体的风险责任约束

我国推行项目法人责任制的目的是使各类投资主体形成自我发展、自主决策、自担风险、追求效益的运行机制和项目经营机制。依据“谁投资、谁受益、谁承担风险”的原则，强化投资主体的风险责任约束，是符合社会主义市场经济要求的。

1. 构建形成不同投资主体的分工和资金使用格局

大致看来，党中央是重大基础设施、公用设施、高新技术产业等关系国民经济命脉的和跨区域开发项目的投资主体。资金来源主要靠中央财政，国家商业银行和政策性银行贷款，发行国债、股票、外资以及同其他投资主体联合筹资；地方政府是地区性基础设施、公用设施和环保工程等有社会效益但难盈利或微利项目的投资主体。资金来源主要靠地方财政、发行地方政府债券、商业银行贷款或同其他投资主体联合筹资。国有企业、集体企业、混合所有制企业、个体企业、私营企业、中外合资企业、外资企业是营利性、竞争性的建设项目的投资主体。资金由投资者自行筹措。

2. 加快建立起法人投资责任制

国有资产所有权属国家，企业法人只拥有财产支配权。因此，国家凭投入企业的资本承担有限责任；企业法人则要自负盈亏，对投资者（国家及其他股东）负责。这样，就使投资责任制和资产风险责任制得到落实。

3. 加快推进项目法人的考核与奖惩

对项目法人考核的主要内容包括：一是国家发布的固定资产投资与建设的法律、法规的执行情况；二是国家年度投资计划和批准设计文件的执行情况；三是概算控制、资金使用和工程组织管理情况；四是建设工期、施工安全和工程质量控制情况；五是生产能力和国有资产形成及投资效益情况；六是土地、环境保护和国有资源利用情况；七是其他方面需要考核的事项。

总之，依据“谁投资、谁受益、谁承担风险”的原则，我国加快建立健全投资法律法规，推动资本市场发展，完善投资市场环境、政策环境和营商环境。

（三）严格投资项目管理程序

在社会主义市场经济条件下，投资属于市场行为，更加需要严格的投资项目管理程序作为支撑和保障。企业、居民作为投资主体，根据市场需求开展投资活动，而政府则从宏观上加强固定资产投资的计划和管理、实施投资宏观调控，制定政策引导方向，同时坚持监督检查，加强对建设项目实施过程的监督与管理。

1．整顿建设市场，健全工程管理制度

我国制定了健全工程管理的各项制度和规则。一是全面实行和落实招投标制。二是实行工程监理制。固定资产投资项目的施工由具备相应资质条件的监理单位进行监理。三是确实实行合同制。建设工程的勘察、设计、施工、设备材料采购和工程监理必须依照合同法订立合同。四是实行严格的竣工验收制度。五是把好市场准入关。六是建立相应追责制度。对固定资产投资项目的工程质量，实行行业主管部门和主管地区行政领导责任人制度。

2．加大执法和监督力度，把好工程质量关

一是建立健全工程质量管理的法律法规和标准。各地区、各部门严格执行现行的工程建设标准、定额和规范，切实做到有法必依，执法必严，违法必究。各级监察部门加大对建设领域腐败行为的惩处力度，对玩忽职守、弄虚作假、贪污受贿和截留、挤占、挪用、克扣工程建设资金的单位和个人给予严厉处罚。二是继续发挥各行业主管部门和地方政府质量监督机构的作用，对固定资产投资项目中的基础设施和住宅建设实行强制性的工程质量监督检查，对在质量监督中发现的问题，有关单位必须及时处理。三是审计部门依据《中华人民共和国审计法》对政府投资的建设项目加强审计。四是加强社会监督。固定资产投资建设项目的施工现场，必须将项目法人、勘察、设计、施工、监理等单位的名称和责任人姓名挂牌公示。

（四）鼓励民间投资进入PPP项目

1. 创造良好的宏观经济环境

首先，持续推进“放管服”改革，提高民间投资便利度，加强产权保护力度，打造新型政商关系，努力营造良好投资环境。其次，进一步降低重点领域和行业民间投资市场准入门槛，消除对民营企业各种形式的不合理规定和隐性壁垒。积极开展国有企业混合所有制改革试点，鼓励民营企业参与国有企业改革、参股混合所有制企业。最后，不断提高民营企业服务水平。帮助金融机构明确投资方向，降低投资风险，促进金融资金“脱虚入实”。

2. 以适当的投资收益吸引民间投资

积极向民营企业推介优质PPP项目，创造条件吸引更多民营企业参与PPP项目建设和运营。通过合理确定价格收费标准、依法适当延长特许经营年限、充分挖掘项目运营商业价值等多种方式，建立合理投资回报机制。探索建立动态调整的定价机制，采取区间弹性定价，形成科学的收益分配模型。

3. 建立信用约束机制和风险分担机制

首先，加快推进社会信用体系的建设，优先在PPP项目中建立信用约束机制，严格约束政府和企业，尤其是政府方面的不守信行为。其次，切实建立合理的风险分担机制，尤其是社会资本承担项目建设、运营过程中的成本、工期、服务质量等方面的风险，平衡好各方利益。与此同时，制定绩效评价机制，全面规范PPP的操作。

（五）改进对投资总规模和投资结构的调控

对投资总规模和投资结构的调控，是我国投资体制改革不可或缺的内容和路径，也是宏观管理的重要内容。

1．保持投资与消费的合理比例

合理控制固定资产投资总规模，是保持经济总量平衡，实现经济持续、快速、健康发展的关键。为了有效地把投资规模控制在国力允许的范围内，根治投资“饥饿症”，我国除了依靠强化投资风险约束外，还努力建立完善的投资调控体系，运用经济、法律手段和必要的行政手段调节投资规模。在向市场经济转轨的过程中，我国加强和改善对投资总规模的调控，从建设资金源头入手，通过对资金供应量的调节，使投资总规模保持在合理的范围之内。

2．运用多种手段调控投资增长

（1）资金调控

针对投资总量的调控，我国从建设资金源头入手，通过对资金供应量的调节，使投资总规模保持在合理的范围之内。同时合理确定和严格控制银行投资贷款、国外贷款、债券和股票发行的总规模，由国家计委会同人民银行等有关部门继续实行指令性计划管理。严禁用拆借资金发放固定资产投资贷款、搞固定资产投资、购买有价证券以及向企业和房地产开发投资参股。非银行金融机构的对外贷款统一纳入国家信贷规模管理。中央银行对各专业银行、商业银行和非银行金融机构加强监督。

（2）规模调控

国家继续编制中长期和年度固定资产投资总量指标。对预算内投资、政策性贷款投资、证券投资、利用国外贷款的总量，仍实行计划管理，严格控制；国有单位的其他投资均作为指导性计划，对集体投资实行预测性计划。各省、自治区、直辖市根据国家产业政策，通过环保政策和土地使用管理等进行间接调控。

（3）总量监测

随着市场体系的完善和投资约束机制的建立，国家对投资总规模的调控将逐步转变为通过运用利率、税率、折旧和财政补贴等经济杠杆推进。为了改进对投资总量的调控，政府应及时准确地掌握投资信息。

3．不断优化投资结构

（1）改变产业失衡的状况

长期以来，我国第二产业的投资效益明显高于第一、第三产业，表明工业和建筑业对经济增长的贡献要大于其他行业，第三产业的投资效益次于第二产业，而优于第一产业。第三产业对经济增长的贡献将越来越大，因此第三产业越来越成为国家发展的重点。而基础部门与加工业间投资结构与产业结构的变动态势基本一致，两者之间具有较强的相关性，基础部门与加工业投资比例失衡是我国产业结构失衡的直接原因。在应对亚洲金融危机连续实施多年积极的宏观经济政策后，我国基础设施的落后状况得到根本改善，因此这一时期成为我国基础结构得以优化的重要历史阶段。

（2）投资所有制结构不断优化

自改革开放以来，我国以国有经济为主体的所有制格局被打破，经济形式呈现多元化发展格局，不仅有国有经济和集体经济等公有制经济形式，还出现了个体、外资等私有经济形式，而且集体、个体和外资等非国有经济对经济增长的作用日渐增大。

（3）投资来源结构不断优化

我国投资的来源结构发生了明显的变化，自筹和其他资金来源比重大且总体呈上升趋势，国家预算内资金投资所占比重越来越小。这表明我国经济体制市场化改革的整体推进培育和发展了市场性因素，随着市场机制的引入和健全，市场的力量逐步增强，我国通过市场机制实现的投资比重不断提高，市场化改革使投资体制格局更加强化了投资主体多元化、融资渠道多源化、投资方式多样化、投资决策分散化的基本特征。

4．正确引导外商投资和海外投资

一方面，为了不断提高对外开放水平，充分利用国内外资金发展我国经济，我国积极、合理、有效地利用国外贷款，合理控制外债规模。另一方面，海外投资优先选择接受人民币为投资结算货币的国家以及与我国签订双边货币互换协议的国家，以扩大人民币在海外的流通量。除了发展香港为人民币海外结算中心之外，鼓励新加坡、伦敦等地建立人民币海外结算中心。鼓励更多的国家、地区和企业在贸易中以人民币作为结算工具。适时放开人民币资本项目可兑换。适应人民币在海外流通量逐步增加的新情况，扩大在海外发行人民币债券的规模，允许企业在海外进行人民币融资，提供更多的人民币金融产品，供海外持有人民币的投资者选择。鼓励国内银行到国外设立分支机构，扩大海外经营。逐步放宽外商对国内金融业的投资，以开放促进金融体制改革和金融产业发展，提高国内金融企业的竞争力，从而维护国内金融安全。

（六）建立竞争、开放、公平、有序的投资市场

1．完善中小企业板与创业板

我国的中小企业板与创业板市场发展迅速，在直接融资领域具有重要的作用，是中小企业直接融资的重要渠道。一方面，中小企业板与创业板的不断发展，能够积累对资本市场管理的经验，有利于我国多层次资本市场体系的不断完善。但另一方面，与企业的直接融资需求相比，我国的中小企业板与创业板存在规模偏小、功能不足等问题，严重影响了相关企业的直接融资发展。针对以上问题，我国采取中小企业批量发行与批量上市的形式，降低中小企业上市门槛，进一步提升中小企业板与创业板的融资能力和企业评

价、优选、资本配置能力。

2．大力发展风险投资

风险投资是直接融资的重要组成部分，能够在一定程度解决中小企业融资难的问题。为此，国家制定有关风险投资的法律法规与优惠政策，拓宽资金来源，扩大投资主体。健全资本市场，满足风险投资需求。使风险投资得到快速发展，更好地为企业直接融资服务，在支持创新创业、技术成果工程化产业化、培育独角兽企业方面发挥重要作用。

3．完善与规范三板市场

我国非正式股权融资市场（三板市场）是正式股权融资市场的重要补充形式。三板市场既能为未上市的公司提供服务，也能为退市的公司提供股权流通渠道，有效弥补正式股权融资市场覆盖不到的领域和方面。2013 年 12 月，国务院发布《关于全国中小企业股份转让系统有关问题的决定》，出台新三板扩容方案，方案将大大促进符合条件的企业在新三板市场挂牌。

4．完善与扩大债券市场

在证券市场中，债券市场是其中重要的组成部分。与股票市场和三板市场相比较，我国的债券市场发展较为缓慢，直接影响了直接融资的效果。为此，我国实现融资体系的完善，使直接融资比重得到进一步增加。

（七）完善投资服务体系

为了建立平等竞争的投资市场，我国全面推行招标投标制，完善为投资主体服务的市场体系，扩大投资建设领域市场调节的范围，建立为投资主体服务的市场体系。

1．我国项目咨询机构的发展方向及对策

我国加入世贸组织（WTO）后，逐步加大国内建筑市场对外开放的力度。大型建设项目的专业化、复杂化程度加深和投资主体的多元化，以及国内市场大量涌入了国外优秀的工程咨询公司和工程总承包公司，这些因素从产业生存的高度出发，进一步加剧了我国项目咨询业与国际接轨的紧迫性。因此，国家鼓励项目咨询企业走国际化道路，深入了解国际市场竞争中的项目管理机制和运作方法，加快引进国际先进的管理经验和承发包模式，走具有中国特色的市场化道路。

2．完善项目融资服务体系

我国逐步完善项目融资服务体系，针对不同融资主体建立多层次的服务体系。尤其是针对非国有经济主体的融资难问题，加大力度完善相应融资服务。

3．健全创意设计服务体系

（1）健全创意设计服务体系的意义

我国新兴的现代文化创意与设计服务*发展趋势良好，发展速度迅猛；传统的广告业发展前景巨大，但发展趋势也是朝向互联网等新媒体；工程勘察和设计服务尚有巨大的升值和发挥空间。随着国民经济发展和人民生活水平日益提高，我国文化创意和设计服务市场成绩显著，但文化产业在我国起步较晚。

（2）创意和设计服务体系的发展状况

第一，行业快速发展，整体增长幅度大。随着金融业支持文化项目的政策出台和一系列具体举措推出，文化创意与金融、资本市场的融合发展已经成为助推文化创意产业可持续发展的重要力量和主要手段。第二，区域发展的基本格局形成，产业集群初具规模。

* 根据《文化及相关产业分类（2012）》的分类方法，文化创意和设计服务市场分为广告服务、文化软件服务、建筑设计服务、专业化设计服务四个种类。其中，专业化设计服务涉及各种专业设计服务。

从市场主体、就业人数、资产总额、营业收入等指标来看，我国文化创意和设计服务的区域市场可以分成四个层次。第一层：北京和上海，它们发展创意产业的基础条件优越，起步早、发展快，创意企业、就业人数、资产总额及营业收入高。第二层：广州、深圳、杭州、武汉、成都、天津、重庆、苏州、南京、青岛、济南11个城市的创意产业已经具有较为明显的优势，处于稳步发展阶段。第三层：大连、厦门、福州、泉州、沈阳、合肥、西安、宁波、昆明、长沙、哈尔滨、无锡、郑州、长春、佛山、太原、南宁17个城市的创意产业处于成长阶段，发展的基础条件初步具备、增长潜力较大。第四层：石家庄、乌鲁木齐、绍兴、珠海、贵阳、南昌、呼和浩特、兰州、海口等30个城市的创意产业发展的基础相对薄弱，尚处于萌芽和起步阶段，但发展空间值得期待。我国创意产业集群发展初显成效，已基本形成六大区域创意产业集群，分别是：以北京为核心的首都创意产业集群；以上海、杭州、苏州、南京为核心的长三角创意产业集群；以广州、深圳为核心的珠三角创意产业集群；以昆明、丽江、三亚为核心的滇海创意产业集群；以重庆、成都、西安为核心的川陕创意产业集群；以湖南长沙为代表的中部创意产业集群。

4．建立投资造价审计体系

政府投资建设项目所追求的最重要的目标是以最小的资源投入来满足最合理的功能需求，而造价审计是科学合理使用项目资金投入的基础和前提。

（1）加强政府建设项目投资决策审计

在财政部门的努力下，政府投资项目的决策机制已逐步理顺，投资估算的审核已经成为各政府投资评审机构的一项新任务。

（2）加强事前审计，主动进行设计方案优化

通过对设计阶段的造价审计促进工程的经济性和技术性的进一步结合；充分发挥专业审计人员的经济分析和判断能力，以提高工程造价的效率为目标，将经济、技术和使用功能有机结合，把造价控制观念渗透到工程设计和施工技术、措施的选择环节，最大限度地降低工程造价，提高项目绩效。也可以考虑将概算审批部门纳入设计概算审计范围之内，加强囊括审批部门在内的全方位监管。

（3）完善政府投资项目施工合同签订监督审核

进一步强化政府建设项目施工合同的审计监管工作，采取由建设单位、财政部门、审计机关分工审核的方法，制定标准规范的业务流程和管理流程，以期能够及时补救合同签订过程中的漏洞，避免财政资金的浪费。

（4）注重事中造价控制，为竣工结算审计提供保障

审计中适当在造价控制的时效性和准确性上加强管理强度，派驻专业专职造价人员开展工作，形成“审计组+社会审计咨询”和“项目管理+监理”的管控格局，及时对问题进行纠偏处理，为全过程造价控制乃至竣工结算的顺利进行提供良好的保障。

5．完善投资法律服务体系

随着我国法治化进程步伐的加快和政治体制改革的逐步深入，作为承担法律服务职能的法律服务体系*面临着前所未有的机遇和挑战。法律服务是投资软环境的重要构成部分，投资者评价法治环境的优劣，往往首先关注的是法律服务的状况。为了实现经济快速发展，着眼于不断改善法治环境，提高法律服务水平，我国对法律服务市场进行考察，并相应做出一系列改善对策。

* 法律服务体系包括法律服务市场和法律服务市场监管。法律服务市场是指为社会提供法律服务的中介机构和具有中介机构性质的法律服务部门以及具有提供法律咨询服务资质的部门（含公民代理）等进行法律服务活动的场所。

（1）培育市场相关法律服务机构的机遇

投资涉及社会生活的方方面面，带来繁荣的社会生活。政治交往、经济往来、文化交流、教育合作等领域所产生的投资、贸易、求学、婚姻等社会生活，需要各种各样的专业领域法律相关服务。纠纷与摩擦所引起的谈判、诉讼、仲裁等对律师、顾问等法律从业人员的需求将更加旺盛，民事、商贸往来中的政策、法律咨询等非诉讼法律服务的需求也将大量增加。巨大的市场需求必然要求与之匹配的律师事务机构等社会法律的相关组织。

（2）培育市场法律服务机构的国家作为

我国持续拓展律师合法执业空间，完善律师权益保护制度，建立律师执业培训体系；树立风险防控理念，支持律师事务所的政府业务、大型企业业务、国际业务等的拓展；建立相应制度机制，将律师事务所及律师的法律工作嵌入政府行政、项目审批、投资决策等流程体系之中，发挥律师事务机构律师的业务能力突出、行为态度中立等优势，完善法律风险控制体系；培育符合发展潮流具有特色的律师事务机构，提高法律服务水平。

（3）市场法律服务机构的作用发挥

法律服务逐步向政府和社会全覆盖，这是十八届四中全会明确释放的信号，此后法律服务市场必然面临扩容的基本走势。十八届四中全会后，我国法律服务市场将面临增量和保值的需求。公共法律服务和传统基础业务将成为法律服务的热点和亮点。

综上所述，进入新时代，我国政府持续推进投资环境的优化，简化审批流程，降低企业成本，提高行政效率。通过设立自贸区、开发区等措施，吸引外资进入中国市场，推动国际贸易和投资自由化便利化。政府鼓励创新创业，推动新兴产业发展。引导基金、产业投资基金等多种形式的投资模式逐渐成熟，为创新型企业提供了资金支持。同时，政府还大力推广PPP模式，引导社会资本参与基础设施建设和公共服务领域。与此同时，积极推进供给侧结构性改革，优化产业结构，提高供给质量。通过淘汰落后产能、降低企业杠杆率、推进产业升级等措施，提高了经济运行质量和效益。积极参与全球经济治理，推动国际投资合作。“一带一路”倡议的提出，为沿线国家提供了发展机遇，推动了基础设施建设、贸易往来等领域的国际合作。我国还与其他国家签署了多项投资协定，为投资者提供了法律保障。在保护投资者权益方面，我国出台了一系列法律法规，规范市场秩序。此外，政府还加强了对投资者的教育和服务，提高了投资者的风险意识和自我保护能力。总之，我国投资政策取得了显著成果，为经济发展提供了有力支持。未来，我国将继续深化改革，优化投资环境，推动高质量发展。

主要参考资料

1. 习近平. 习近平谈治国理政[M]. 北京：外文出版社，2014.
2. 邓小平. 邓小平文选（第二卷）[M]. 北京：人民出版社，1994.
3. 邓小平. 邓小平文选（第三卷）[M]. 北京：人民出版社，1993.
4. 江泽民. 论社会主义市场经济[M]. 北京：中央文献出版社，2006.
5. 胡锦涛. 胡锦涛文选（第二卷）[M]. 北京：人民出版社，2016.
6. 中共中央文献研究室. 习近平关于社会主义经济建设论述摘编[M]. 北京：中央文献出版社，2017.
7. 中共中央宣传部. 习近平新时代中国特色社会主义思想学习纲要[M]. 北京：学习出版社、人民出版社，2019.
8. 中共中央宣传部、国家发展和改革委员会. 习近平经济思想学习纲要[M]. 北京：人民出版社、学习出版社，2022.
9. 陈云. 陈云文选（第二卷）[M]. 北京：人民出版社，1995.
10. 房维中. 中华人民共和国经济大事记（1949—1980）[M]. 北京：中国社会科学出版社，1984.
11. 杨坚白. 国民经济综合平衡的理论和方法论问题[M]. 北京：人民出版社，1984.
12. 张风波. 中国宏观经济分析[M]. 北京：人民出版社，1987.
13. 罗德润等. 国有企业两权分离与经营机制再造[M]. 北京：人民出版社，1989.

14. 周道炯. 中国经营投资的金融巨子——建设银行学[M]. 北京：人民出版社，1989.

15. 胡乔木、姜椿芳、梅益. 中国大百科全书（经济部分）[M]. 北京：中国大百科全书出版社，1993.

16. 马洪等. 现代中国经济大事典（1—4）[M]. 北京：中国财政经济出版社，1993.

17. 杨秋林. 贫困地区投资项目可行性研究和评估[M]. 北京：人民出版社，1994.

18. 徐鹏航. 经济改革与发展问题研究[M]. 北京：人民出版社，1995.

19. 郑新立. 经济体制六大改革[M]. 北京：中共中央党校出版，1995.

20. 郑新立. 中国支柱产业振兴方略[M]. 北京：中国计划出版社，1995.

21. 郑新立. 发展计划学[M]. 北京：中国计划出版社，1999.

22. 郑新立. 乘势而上的中国经济[M]. 北京：中国计划出版社，2004.

23. 郑新立. 21 世纪初的中国经济[M]. 北京：社会科学文献出版社，2005.

24. 郑新立. 加快转变经济发展方式研究[M]. 北京：社会科学文献出版社，2011.

25. 郑新立. 郑新立文集（第七卷）[M]. 北京：中国社会科学出版社，2016.

26. 郑新立. 郑新立文集（第十五卷）[M]. 北京：中国社会科学出版社，2016.

27. 郑新立、徐伟、綦鲁明. 从计划到市场——中国计划投资体制改革40年[M]. 广州：广东经济出版社，2017年.
28. 郑新立. 奇迹是如何创造的：中国经济改革和发展40年轨迹[M]. 北京：商务印书馆，2018.
29. 郑新立、白津夫、唐元、张永军、徐伟、刘森等. 奔向2035的新发展格局[M]. 北京：中央党校出版社，2021年.
30. 李京文. 快速发展中的中国经济[M]. 北京：社会科学文献出版社，1996.
31. 李京文. 中国经济："十五"预测与21世纪展望[M]. 北京：社会科学文献出版社，2001.
32. 李慰严等. 社会主义经济效益通论[M]. 北京：人民出版社，1997.
33. 高尚全. 中国经济体制改革20年基本经验研究[M]. 北京：经济科学出版社. 1998.
34. 何晓星. 中国经济体制改革20年大事记1978—1998[M]. 上海：上海辞书出版社，1998.
35. 林毅夫、蔡昉、李周. 中国的奇迹：发展战略与经济改革[M]. 上海：上海人民出版社，2002.
36. 汪敬虞. 外国资本在近代中国的金融活动[M]. 北京：人民出版社，1999.
37. 钟阳胜. 追赶经济增长中的产业建设[M]. 北京：人民出版社，1999.
38. 高培勇、温来成. 市场化进程中的中国财政运行机制[M]. 北京：中国人民大学出版社，2001.
39. 白和金. 中华人民共和国经济大事辑要（1978—2001）[M].

北京：中国计划出版社，2002.

40. 康静萍. 中国社会主义经济体制改革理论与实践[M]. 北京：经济管理出版社，2003.

41. 徐伟. 中国开放型经济需求管理[M]. 北京：中国经济出版社，2011.

42. 郑永年. 中国改革三步走[M]. 北京：东方出版社，2012.

43. 周其仁. 改革的逻辑[M]. 北京：中信出版社，2013.

44. 刘国光. 中国经济体制改革的方向问题[M]. 北京：社会科学文献出版社，2015.

45. 张卓元、张晓晶. 新中国经济学研究 70 年（上卷）[M]. 北京：中国社会科学出版社，2019.

46. 当代中国的计划工作办公室组编. 中华人民共和国国民经济和社会发展计划大事辑要（1949—1985）[M]. 北京：红旗出版社，1987.

47. 国家体改委组. 中国经济体制改革年鉴[M]. 北京：改革出版社，1990.

48. 国家体改委办公厅. 十一届三中全会以来经济体制改革重要文件汇编[M]. 北京：改革出版社，1990.

49. 国务院研究室课题组. 增强国营大中型企业活力政策取向[M]. 北京：人民出版社，1992.

50. 四川省社会科学院财贸金融研究所. 中国股份制改革研究[M]. 北京：人民出版社，1999.

51. 中国社会科学院经济研究所. 中国改革开放以来经济大事辑要（1978—1998）[M]. 北京：经济科学出版社，2000.

52. 中央党史和文献研究院. 改革开放四十年大事记[M]. 北京：

人民出版社，2018.

53. 厉以宁. 论社会主义有效投资与合理投资[J]. 财贸经济，1982（01）.

54. 史正富. 社会主义经济中的投资膨胀与治理[J]. 经济研究，1985（03）.

55. 刘夏莲. 论中国对外投资[J]. 世界经济研究，1984（03）.

56. 马洪. 努力实现投资和项目决策的科学化[J]. 投资研究，1986（07）.

57. 中国社会科学院经济研究所宏观经济管理课题组. 对投资体制改革的回顾与思考[J]. 经济研究，1987（05）.

58. 杨培新. 我国投资体制改革回顾与展望[J]. 瞭望周刊，1987（05）.

59. 谭兴民. 深化投资体制改革的理论思考及对策[J]. 改革，1989（03）.

60. 魏杰. 市场经济与投资体制改革[J]. 经济纵横，1993（01）.

61. 樊纲. 两种改革成本和两种改革路径[J]. 经济研究，1993（01）.

62. 魏礼群. 加快计划和投资体制改革的契机、启示与思路[J]. 计划经济研究，1993（09）.

63. 国家计委投资研究所课题组. 转向市场经济的中国投资体制改革[J]. 经济研究，1993（11）.

64. 张汉亚. 投资体制改革对经济周期波动的影响[J]. 改革，1995（04）.

65. 张国泰. 深化投资体制改革的几个理论问题[J]. 投资研究，1994（08）.

66. 林森木. 深化投资体制改革完善各类经济主体[J]. 财经问题研究，1994（04）.

67. 廖承. 论我国投资体制改革的政策性取向[J]. 财经理论与实践，1994（04）.

68. 曾培炎. 深化投资体制改革的重大举措[J]. 中国投资，1999（10）.

69. 邱华炳. 投资体制改革的理论探讨[J]. 投资研究，1999（11）.

70. 郑新立、刘森. 学习习近平关于完善农村双层经营体制重要论述的几点思考[J]. 农村工作通讯，2020（07）.

71. 王梦奎. 社会主义市场经济体制的首个总体设计[N]. 经济日报，2013.11.07.

72. 郑新立. 抓住重大问题推进供给侧结构性改革[N]. 人民日报，2017.02.16.

73. 郑新立. 深化改革以不断推动结构转换和经济发展[N]. 学习时报，2019.01.30.

第二部分

史料篇

政策法规

▼

国务院批转国家计委等部门关于实行基本建设拨款改贷款的报告的通知[1]

（1980 年 11 月 18 日）

国务院同意国家计委、国家建委、财政部、中国人民建设银行《关于实行基本建设拨款改贷款的报告》，现发给你们，请研究执行。

基本建设投资试行建设银行贷款，变无偿使用为有偿使用，是用经济办法管理经济的一项重要措施。试点经验证明，这一改革有利于提高经济效果，把经济搞活，方向是正确的。从一九八一年起，凡是实行独立核算、有还款能力的企业，都应该实行基建拨款改贷款的制度。各地区、各部门要按照报告的要求，编制一九八一年基建计划草案。对拨款项目必须严格控制，凡是企业单位进行建设，没有特殊正当理由的，一律不得安排拨款。

贷款能否按期归还，是检验贷款项目该不该建设，有没有实际

---

① 《国务院批转国家计委等部门关于实行基本建设拨款改贷款的报告的通知》，中国政府网，2016 年 12 月 14 日。

经济价值的重要标志。为了保证这一改革的顺利进行，各地区、各部门在安排建设项目时，应当十分慎重，认真落实各项条件。物资供应和施工管理等各有关部门，也要积极为贷款项目创造条件，保证贷款项目的建设工作能够顺利进行，收到预期的效果。

建设银行要切实把基建拨款改贷款的任务承担起来，努力学会用银行办法办银行，开展信贷和信托业务，吸收固定资产再生产领域里的闲散资金，加强资金调度，在国家计划指导下，组织发放贷款，把资金搞活。各级人民政府要加强对建设银行的领导，督促和帮助他们把工作做好。

关于实行基本建设拨款改贷款的报告

（一九八〇年九月二十六日）

去年八月，国务院批准基本建设投资逐步由财政拨款改为建设银行贷款以后，试点工作逐步开展。全国有二十八个省、市、自治区（西藏未办）和电力、纺织、轻工、煤炭、石油、交通、建材、冶金、化工、商业、旅游等十多个行业，都有一批试点项目。到今年八月底，已经有六百一十九个建设项目签订了贷款合同，贷款总数三十二亿多元。根据国务院领导同志的指示，各地建设银行还利用基本建设存款，对九百多个单位发放基建贷款八亿四千多万元。

一年来试点情况说明，基建投资由财政拨款改为建设银行贷款，由无偿使用改为有偿使用，在国家计划的指导下，发挥经济组织和经济手段的作用，把经济责任、经济权力和经济利益结合起来，调动了各方面的积极性。这对于加强基本建设管理，把经济工作搞活，提高投资效果，都起到了积极作用。

第一，许多贷款单位，慎重选择建设方案，改变了过去那种盲目争项目、争投资的情况。如上海有色金属压延厂，原定新建年产一万吨铜带的板带车间，上级安排的是年产四万吨的轧机，批准投资六百八十五万元。改为贷款以后，厂里认为按原方案进行建设，轧机能力要闲置四分之三，每年要负担利息二十万元，很不合算，主动放弃了这个建设方案。

第二，贷款单位不论在安排建设资金和节约建设资金方面，都有了主动权，增强了责任感，改变了过去敞着口花钱、不讲核算的状况。如辽阳石油化纤总厂拨款改贷款以后，对今年计划施工的工程重新进行排队，推迟了生产不急需、不具备施工条件的十九项工程，腾出投资一千五百二十六万元，用于今年的投产项目。今年上半年，这个厂购进设备材料三千二百八十多万元，只向建设银行贷款一百四十万元，其余部分都是通过处理积压物资、利用库存设备、清理收回欠款解决的。

第三，贷款项目提前建成、还清贷款有奖，拖延工期、逾期还款受罚，对于加快建设进度起到了促进作用。如上海闵行电厂扩建工程实行贷款以后，为了加快进度，提前发电，同施工企业商定，提前建成一天奖励七百元，延期一天罚款七百元（相当于施工合同总值的万分之一），预计整个工程可以提前三个月竣工，多发电一亿二千五百万度，增加利润约二百万元。

第四，各地建设银行按照贷款条件审查和发放贷款，并在贷款项目之间调剂资金余缺，组织利用存款，重点支持了轻纺工业和能源工业的建设。今年电力工业投产的装机容量，可以增加一百万千瓦，在建规模增加一千万千瓦。

以上情况说明，拨款改贷款的试点是成功的，应当加快步伐，大力推行。

在试点中的问题主要是：有些同志习惯于吃“大锅饭”，对拨款改贷款思想阻力较大；同时经济体制尚未全面改革，也给试办贷款带来一些困难。为了更好地推行贷款办法，建议采取以下几项措施：

一、对财政拨款的项目要严格控制

基本建设投资在财政拨款和银行贷款两种办法并行的情况下，不严格控制拨款项目，贷款步伐很难加快。从一九八一年起，凡是实行独立核算、有还款能力的企业，进行基本建设所需要的投资，除尽量利用企业自有资金外，一律改为银行贷款。财政预算安排的基本建设资金，拨给建设银行作为贷款基金，根据国家确定的基本建设计划，按照贷款条件发放。对于因产品价格不合理等原因而造成的还款能力很差，确实无法实行贷款的企业，应由部门和企业提出申请，按照中央、地方分级安排计划的权限，经建设银行签证，计委、建委审查同意，才能给予财政拨款。行政、事业单位继续实行财政拨款的，不能再吃“大锅饭”，要迅速建立经济责任制，实行投资包干。有条件的地方，可以进行建筑产品商品化的试点，由施工企业向建设银行申请贷款，建成以后卖给使用单位。

各地区、各部门、各单位编制一九八一年基本建设计划，要按照上述规定，分别列明贷款项目和拨款项目的名称和投资额。

二、贷款项目的计划必须安排落实

贷款项目所需要的投资，按照计划管理权限，分别由国务院各部委和各省、市、自治区负责安排。要量力而行，瞻前顾后，安排落实。要保证跨年度的贷款项目连续列入年度基建计划，列够投资，不留缺口。要搞好材料、设备、施工力量的综合平衡，特别是物资的分配供应，要尽量做到与计划投资和建设内容相适应。建设银行要根据贷款合同和建设进度编制贷款计划，提供主管部门和计划部门，作为编制长远计划和年度计划的依据和参考。贷款项目投资安排不落实的，建设银行要提请主管部门调整计划。对于不符合贷款条件的项目，建设银行有权拒绝贷款。

在年度计划执行过程中，确实由于工程进度加快，需要增加少量贷款的，建设银行可以在建设项目之间调剂资金余缺。

三、扩大贷款单位的自主权，保障其经济利益

贷款单位在不减少新生产能力，不突破批准的总投资，不推迟交工日期，不降低工程质量的前提下，有权调整建设内容，安排施工顺序，选择设计单位和施工企业，选购设备材料。主管部门和有关单位不要干涉。对于上级确定的不符合实际情况，经济效果很差的建设方案，有权提出意见，以至拒绝执行。

按照贷款条例的规定（包括各部门、各地区的补充规定），贷款项目提前投资，还清本息，其应得的经济利益，要切实兑现。贷款单位可以对提前建成投产作出贡献的设计、施工单位给予奖励，具体办法可以在经济合同中订明。贷款项目投产后所得的利润，应当按照规定先提取企业基金或利润留成，再归还贷款。

还款期限的长短，直接影响贷款企业的经济利益。目前，在还款期限上，争议较多，影响及时签订贷款合同。我们意见，还款期应当参照批准的投资回收期和同类项目的合理施工期，由借贷双方协商确定。随着贷款范围不断扩大，我们准备按照不同行业、不同规模，分别规定不同的还款期限，作为签订合同的依据。对于同类型的建设项目，建设银行应当选择还款期短、经济效果好的项目优先贷款。

四、必须建立明确的经济责任制

目前，不少建设项目由现场指挥部负责建设，或者实行施工企业负责制，这些单位只使用投资，不负责还款。为了做到贷款资金借、用、还统一，落实经济责任，建设银行只能同将来负责生产的企业或筹建机构签订贷款合同。如果负责生产的企业或筹建机构不负责建设，在签订经济合同时，还应当由负责建设的单位联合签署。某些项目情况特殊，由企业还款不合理的（如铁路枢纽工程等），可以由主管部门向建设银行统借统还。

贷款单位与设计、施工、物资供应等单位，应积极创造条件，全面实行经济合同制，明确各自的经济权责，实行奖罚办法。

五、合理确定贷款利率

贷款试行条例规定，基本建设贷款利率一般为年息百分之三，根据国民经济发展的需要和国家的经济政策，按照不同行业，分别确定利率。从一九八一年起，对煤矿、建材、邮电行业实行优惠，按照年利百分之二点四计息；机械、轻工、纺织、原油加工、石油化工等行业，按年利百分之三点六计息；其他行业仍按年利百分之三计息。

六、发挥建设银行经济杠杆的作用

基本建设投资实行贷款办法，要求建设银行努力发挥银行的职能作用，用银行办法办好银行。在贷款前，各地建设银行要按照贷款条例，加强对建设项目的审查；贷款后要经常了解贷款资金的使用情况，协助解决建设中出现的问题，支持和促进按期建成投产，及时收回贷款，充分发挥投资效果。要大力吸收存款，开办信托业务，把固定资产再生产领域里的闲散资金集中起来，灵活调度，按照国家计划要求的投资方向，发放基本建设贷款和挖潜、革新、改造贷款，把资金管好用活。

要给予建设银行以必要的自主权。任何部门、任何单位不得强令建设银行发放不符合条件的贷款。建设银行吸收的各项存款，纳入国家的综合财政信贷计划，由建设银行自主地组织利用。

为了适应实行贷款办法的需要，建设银行的力量要迅速充实，特别要配备一定数量的懂得经济管理、懂得法律、懂得生产和工程技术的人员。有些重大项目贷款的审查工作，建设银行可以聘请专家或委托有关单位进行，并付给他们一定的报酬。

以上报告如无不妥，请批转各地区、各部门研究执行。

国务院关于加强基本建设计划管理、控制基本建设规模的若干规定[①]

（1981 年 3 月 3 日）

各省、市、自治区人民政府，国务院各部委、各直属机构：

当前国民经济中的一个突出问题是基本建设规模过大，项目过多，重复建设、盲目建设的情况比较严重，建设资金的使用浪费很大，效果很差。为了改变这种状况，根据国民经济进一步调整的方针和量力而行、循序前进、讲求实效的原则，国家对全国的基本建设必须实行高度集中统一，加强自上而下的统筹、指导、协调和监督，为此，特作如下规定：

（一）全国和地方的基本建设规模，都要进行严格的控制。凡属基本建设，不论其资金来源如何，都要按照隶属关系和计划安排权限，由各级计委综合平衡后，在核定的基本建设规模之内，纳入各级基本建设计划，并要严格遵守有关基本建设的规定，同时接受国家和各级政府的财政和统计监督。

各级计划部门要在综合财政、信贷计划以及物资供应和劳动计划的基础上编制综合基本建设计划，包括国家预算内中央财政安排的基本建设，地方财政包干范围内统筹安排的基本建设，银行贷款安排的基本建设，利用外资安排的基本建设，地方、部门和企业用自筹资金安排的基本建设，以及各种专项资金安排的基本建设。

全国基本建设总规模由国务院确定。各省、市、自治区的基本

① 《国务院关于加强基本建设计划管理、控制基本建设规模的若干规定》，《中华人民共和国国务院公报》，1981 年 04 期。

建设规模，由各省、市、自治区根据各自财力物力平衡的可能拟订并报送国家计委。由国家计委审核后报国务院批准。各州、县的建设规模由省、市、自治区批准。基本建设计划的审批权集中在中央和省、市、自治区两级，州、县无权批准基建计划。国家预算内地方统筹投资安排的基本建设及地方、企业自筹资金安排的基本建设，由各省、市、自治区计委在国家计委核定的建设规模以内，商同建委、银行等部门提出具体计划。大中型建设项目，由国家计委会同国家建委统一安排，不受原来行业之间、地区之间历史上的投资比例的限制。一切新建的大中型项目，必须正式列入国家年度计划，并由国家建委批准开工报告后，才能正式开工。

（二）各种渠道安排的基本建设资金，必须根据有利于国民经济调整的原则，明确使用方向。今后相当一个时期内，我们扩大社会生产，主要不是靠多上基本建设、多铺新摊子，大量增加能源和原材料的消耗，而是主要靠发挥现有企业的作用，进行合理的技术改造，降低消耗，提高质量，提高效率。因此在调整期间，要严格控制新项目，少铺或不铺新摊子，要切实安排好老企业的技术改造和改、扩建。基本建设投资首先要安排好能源、交通等国民经济薄弱环节和直接关系人民生活的住宅及城市公用设施的建设。在安排建设项目时要从综合效益出发，对于那些采掘采伐工业弥补报废能力和递减能力必需的建设，大江大河堤防加固治理的水利工程，国家急需而又能很快见效的收尾投产、配套项目的技术改造工程，以及那些建设工期长的水电、矿山、铁路干线、港口等必不可少的正常续建工程，要尽力安排。

在具体安排中央、地方及自筹等投资的使用方向时，应各有侧重。投资大、建设周期长的项目，例如大型煤矿、油田、电站、重大节能措施、铁路干线、重要港口、原材料基地、森工、流域治理的大型工程等，由中央投资为主，联合地方建设。农业、轻纺工业、建材工业、城市公用设施、环境保护、商粮贸、文教卫生等方面的建设，由地方投资为主或由若干地方与中央部门联合投资兴建。企业事业单位的自有资金，主要用于职工宿舍、专业教育的建设和安全生产、环境保护、节约能源、改善品种质量等措施以及设备的更新改造。当前银行发放贷款的使用方向，主要用于能源、轻化工原料、某些加工能力不足的轻化工产品等方面的项目，和一部分生产急需、能当年见效、花钱又少的收尾配套工程的小额贷款。

地方和企业凡属于挖、革、改措施的资金及贷款，当前应当主要用于现有企业的设备更新和设备改造。少数确需用于扩大再生产，搞基本建设的，或属于基本建设性的挖、革、改项目应由各级计委综合平衡和审查批准后，分别纳入国家审定的部门、地方基建投资或自筹投资总额计划之内，并一律按照基本建设程序办事。没有计划部门的批准文件，没有经过综合平衡，没有按基建程序办理手续的，银行一律不予拨款或贷款。一九八〇年已经安排的挖、革、改措施和中短期设备贷款，属于基建性质的，必须在当地政府的统一领导下，由有关部门进行审查，凡是盲目建设、重复建设的，要坚决停下来。经过审查，确定继续建设的项目，需按照规定重新上报批准。

（三）银行发放基本建设贷款，必须在信贷平衡的基础上进行，必须根据中央和省、市、自治区一级综合财政、信贷计划和综合基本建设计划，切实做好信贷平衡，量力而行。严禁用增加通货或挤占必需的生产流通资金的办法来发放基建贷款。各级银行发放各种基建贷款（包括向企业发放的贷款），必须经同级计委审核平衡并统一纳入基本建设计划。

为了控制各类基本建设贷款和引导其使用方向，应根据国家的需要和各行业的具体情况确定不同的贷款利率和偿还年限，具体办法由人民银行总行会同国家计委、国家建委和财政部提出，报国务院批准。

（四）利用外资安排的基本建设要严格控制。利用外国政府贷款、国际金融组织信贷、出口信贷以及通过补偿贸易和合资经营等进行的基本建设，无论是国家统借统还或地方、部门自借自还，都由国家进出口管理委员会和外资管理委员会归口，按审批权限分级管理，经国家计委或省、市、自治区计委分别按各自的权限批准后，统一纳入计划。凡属国家统借统还的项目，必须事先经过建设银行总行审查签证。所有利用外资进行基本建设的项目都要有批准的项目建议书、可行性研究报告以及设计计划任务书（有些项目的设计计划任务书可由可行性研究报告代替），都要落实外汇偿还能力、国内工程和配套项目所需的国内投资，以及原料、燃料、动力、供水、交通运输等项条件。必须经过以上工作后，才能对外正式签约。

（五）国防费安排的军事工程等要适当压缩。人防工程建设，当前主要搞好已开挖工程的维护，一律不开新工程。一九七八年颁发的关于结合基本建设修建人防地下室的规定，由全国人防领导小组办公室会同国家建委、国家计委重新制订。

（六）所有基本建设计划，必须认真落实所需的物资。中央财政安排的基本建设，所需统配物资由国家物资总局统一安排；地方安排的基本建设，属于一九八〇年财政包干范围内确定的国家预算内基本建设投资基数以内的，也由国家物资总局统一安排；地方安排的其他基本建设和自筹资金安排的基本建设，以及各部自筹资金安排的基本建设，除个别经过特殊批准的项目外，所需物资均由地方、部门自行解决。

（七）严格基本建设项目的审批制度和责任制度，严肃基本建设纪律。所有新建、扩建大中型项目，不论是用什么资金安排的，都必须先由主管部门对项目的产品方案和资源地质情况，以及原料、材料、煤、电、油、水、运等协作配套条件，经过反复周密的论证和比较后，提出项目的可行性报告，并应有国家计委批准的设计计划任务书和国家建委批准的设计文件。总投资在一亿元以上的项目，还应由国家计委审核后报国务院批准。小型项目分别由各部门和省、市、自治区计委在国家核定的投资额内审定。任何领导人都不能个人决定上项目。项目可行性报告中的各项条件及计算，如有错误或不落实之处，应由主管部门及承担协作部门负责，凡由此而造成重大损失的，要追究主管部门的责任，直至追究法律责任。

各级政府的财政、银行、统计、建设部门，都要严格按照国家批准的综合基本建设计划，对各级安排的基本建设项目进行财政监督、统计监督和业务监督。对计划外的基建项目，和国家计划决定停建、缓建的项目，建设部门不予施工，物资部门不给物资，银行不予拨款和贷款。凡未列入综合基本建设计划的都属于计划外项目，对于搞计划外项目的有关负责人和对计划外项目处理不力的人员，必要时给以经济和法律制裁。

（八）从基本建设工程造价中提取各种费用，必须由国家建委会同国家计委、建设银行总行统一规定。其他部门、地区和单位，都无权任意从基本建设投资中提取费用，或变相向建设单位摊派资金。国家建委要会同有关部门对现有各种取费办法进行清理，并尽快拟订和修订基本建设各种定额和费用标准。对于不符合规定任意提取费用的，银行有权拒绝付款。

国务院关于放宽固定资产投资审批权限和简化审批手续的通知[①]

（1987年3月30日）

各省、自治区、直辖市人民政府，国务院各部委、各直属机构：

目前，在固定资产投资管理中，审批权限过于集中，手续也很繁琐，出了问题难以分清责任。从根本上解决这些问题，要靠经济、政治体制的改革。当前，要在加强宏观管理、严格控制固定资产投资规模的前提下，进一步简政放权，放宽审批权限，简化审批手续。部门、地方和企业在固定资产投资方面的权限扩大以后，必须相应承担投资决策的责任和风险，并定期向上级机关反馈有关信息，接受上级机关的指导和监督。各部门、各地方要切实做好需求预测工作，认真制订行业、地方的发展规划，努力搞好综合平衡，控制投资规模，引导资金投向，调整投资结构，提高投资效益。现将有关具体办法通知如下：

一、放宽审批权限和简化审批手续

（一）煤炭、石油、石油化工、冶金（钢铁）、有色金属、铁道和电力七个包干部门

1．凡已列入国家“七五”计划的大中型基本建设项目、预备项目和限额以上技术改造项目，其项目建议书仍由国家计委审批；设计任务书尚未审批的，改由各包干部门在国家“七五”计划已确

---

① 《国务院关于放宽固定资产投资审批权限和简化审批手续的通知》，中国政府网，2011年8月31日。

定的基本建设投资和技术改造投资总额内自行审批，报国家计委（技术改造项目同时报国家经委）备案。建设项目的外部协作配合条件（包括能源、原材料的供应和运力安排等）以及技术改造项目需要的银行贷款，均由各包干部门自行落实。国家“七五”计划内建设项目需要增加的投资和在计划外增加项目需要的投资，各包干部门可以在项目之间调剂或自行筹措，国家不再增加投资。部门自行筹措资金增加项目，要报国家备案。

如果建设项目的投资和能源、交通、原材料等外部条件不落实，包干部门可以自行削减新上项目和推迟一部分建设项目的进度；凡影响“七五”计划投入产出包干任务和新增生产能力计划的，应报国务院批准。

对列入国家“七五”前期工作计划，主要在“八五”期间建设的大中型基本建设项目，其项目建议书和设计任务书（可行性研究报告）的审批，仍按原有规定执行。

2．各包干部门在安排基本建设和技术改造年度计划时，可以按照国家“七五”计划规定的建设项目、新增生产能力、投入产出包干任务和其他建设要求，在国家核定的分资金渠道的年度计划投资规模内，对所有基本建设项目和技术改造项目的投资进行自主安排。其中大中型基本建设项目和限额以上技术改造项目，经国家计委按系统工程的要求进行综合平衡和审核后，纳入国家年度计划。各包干部门应多安排扩大本行业短线产品生产能力和发挥现有企业生产潜力的建设，压缩非生产性建设和其他建设；对于本部门或其他部门的重点建设项目所急需的配合工程及其投资，都必须认真安排。对新开工的大中型基本建设项目，要严格控制。

3．各包干部门在年度计划执行中，为了加快重点建设项目的进度，多增加短线产品生产能力，需要在项目之间调整投资的，可以按资金渠道自行调整；需要增加投资的，可以自行筹措资金，由国家计委报经国务院批准，另加投资计划指标。

（二）非包干部门

1. 大中型基本建设项目和限额以上技术改造项目的审批权限，按原有规定执行。

2. 在年度计划的安排中，大中型基本建设项目和限额以上技术改造项目，由国家计委按项目核定投资；小型基本建设项目和限额以下技术改造项目，在国家计委核定的投资总规模内，由部门自行安排。

改建、扩建项目同时使用基本建设投资和技术改造资金的，企业可以将基本建设和技术改造两种资金捆在一起使用，但应分别纳入基本建设和技术改造的投资计划规模，并分别进行统计。

3. 在年度计划执行中，为确保计划投产的大中型基本建设项目和按合理工期组织施工的大中型基本建设项目所需投资，部门可以在大中型项目之间按资金渠道调整投资，不需报国家计委审批。技术改造投资，在确保国家重点支持的项目所需投资后，部门可以在项目之间按资金渠道调整投资。

（三）地方项目

1. 由地方投资安排的地方院校、医院及其他文教卫生事业的大中型基本建设项目，其项目建议书和设计任务书均不再报国家计委审批，改由省、自治区、直辖市和计划单列市计委审批；同时抄报国家计委和有关部门备案。

2. 在年度计划的安排中，地方大中型项目和小型项目的基本建设投资，由地方在国家按资金渠道核定的投资规模内，根据国家确定的投资方向和投资政策，自主安排。在安排时，要注意加强农业、能源、交通和原材料工业的建设，压缩一般加工工业和非生产性的建设，严格控制办公楼、宾馆和各种“中心”、休养所以及“一条街”之类的建设。地方分成留用的能源、交通重点建设基金，必须按国家规定用于能源、交通建设，不得挪作他用。

限额以下技术改造项目的投资，由地方在国家核定的投资规模内，自主进行安排。在安排中，要注意调整投资结构，提高用于能源、交通和原材料工业投资的比重；增加用于提高产品质量、降低能源和原材料消耗、加强综合利用的投资，减少一般加工工业的投资；不搞长线产品和消耗高、技术落后的项目。

（四）计划单列的大型联合企业和基本建设集团项目

1．大型联合企业的基本建设项目、技术改造项目和基本建设集团项目，凡已经国务院或国家计委审查批准设计任务书或总体规划的，其中的单项工程，在国家批准的总投资范围内，不再报批，由企业或集团自行办理，报国家计委和有关部门、有关地方备案。但使用国家外汇和国家统借外资的项目以及国家指定的项目，仍需按规定报批。

2．在年度计划安排中，大型联合企业和集团项目的单项工程投资，在国家“七五”计划和年度计划确定的基本建设和技术改造投资规模内，由企业或集团自主安排。

3．国家重点支持的大中型骨干企业，其基本建设项目和技术改造项目的单项工程的审批和年度投资的安排，可比照上述规定办理。

（五）横向联合投资项目

企业横向联合投资的大中型基本建设项目，凡资金自行筹借，能源、原材料、设备以及投产后的产供销、动力、运力等能够自行落实，而且已经与有关部门、地方、企业签订了合同，不需要国家安排的，国家计委只负责审批项目建议书；其设计任务书、初步设计等，均由有关部门或有关省、自治区、直辖市和计划单列市计委（建委）审批，抄报国家计委和有关部门备案。何时开工建设，由国家在年度计划中确定。小型项目的审批手续，由各部门或各省、自治区、直辖市人民政府自行确定。

二、改进技术改造项目的管理

（一）国家直接安排的技术改造专项贷款占贷款总规模的比重要逐步缩小，并应明确技术改造的任务、贷款年限，贷款要集中使用。

（二）限额以上技术改造项目，其项目建议书和设计任务书（可行性研究报告），经国家计委会同国家经委审查后，由国家计委审批，一般不再会签。

（三）国家重点支持的大中型骨干企业和企业集团的技术改造，由国家经委根据国家的中长期计划，组织行业归口部门和地方分类制订改造规划。各部门、各地方要组织企业制订总体改造规划，其中规划总投资在限额以上的，经国家计委会同国家经委审查后，由国家计委审批。规划总投资在限额以下的，其审批权限由地方和部门自行确定。

（四）限额以下技术改造项目，在部门、地方技术改造投资计划规模内，凡是企业能够自己筹措资金、落实各项配合条件并符合国家有关规定的，由企业自主确定。

三、调整部分行业建设项目的限额

大中型基本建设项目的限额，按建设规模（建成生产能力）划分的，仍按原有规定不变；按投资额划分的，能源、交通、原材料工业项目由三千万元提高到五千万元。技术改造项目总投资的限额，能源、交通、原材料工业项目由三千万元提高到五千万元。其他行业的基本建设项目和技术改造项目的限额，仍按原有规定执行。

总投资在限额以下、二千万元以上的基本建设项目和技术改造项目，由部门或地方审批后，报国家计委（技术改造项目同时报国家经委）备案，以便及时掌握投资结构的变化和调整情况。

四、缩短审批时间，提高办事效率

（一）项目申报单位报审项目建议书、设计任务书（可行性研究报告），必须事先同各有关方面联系落实各项建设条件（包括资金筹措，建设和生产需要的电力、燃料、原材料等的供应，外部运输的配合等），并报齐各项送审文件、资料。对于资料不全、不准或不符合规定要求的申报文件，负责审批的国家机关应在十五天内通知申报单位补报需要补充的内容或将原件退回重报。申报单位如弄虚作假，伪造情况和数据，使项目建设造成损失的，要承担经济的和行政的责任。

（二）为减少文件往返周转，地方申报大中型基本建设项目和限额以上技术改造项目的项目建议书、设计任务书（可行性研究报告），属于跨行业的集团项目主报国家计委（技术改造项目同时报国家经委），同时报送各有关部门；其他项目主报行业归口部门，由行业归口部门提出审查意见后转报国家计委（技术改造项目同时转报国家经委）审批。

（三）国家计委在审批项目建议书时，要同时确定委托评估的咨询公司。项目申报单位在编制设计任务书（可行性研究报告）和初步设计过程中，要吸收国家计委委托的咨询公司参加。

（四）在审批项目时，有关主管部门要根据不同的企业、项目和资金来源，采取不同的审批方式，尽可能减少审批环节，缩短审批时间。在一个部门内需经几个单位审查的项目，由主办单位牵头，以联合办公的方式审定；需由几个部门审查会签的项目，由主办部门负责与有关部门商洽联系，催办落实，或采取由主办部门牵头集中会审的方式审定、会签。对于有分歧意见而主办部门负责人出面协调仍解决不了的问题，由主办部门上报国务院裁定。

（五）各省、自治区、直辖市人民政府和所属有关部门，也要按照本通知的精神，改善固定资产投资管理，简化审批手续，提高办事效率。

投资管理体制的近期改革方案（节选）[①]

（国家计划委员会）

（1988 年 6 月 24 日）

近几年来，随着整个经济体制改革的展开，在固定资产投资管理方面，围绕着开辟多种资金渠道、实行投资有偿使用、简化项目审批手续和放宽审批权限、实行招标投标和承包责任制等，进行了一些改革，取得了一定成效。但是，这些改革只是初步的，从总体上看，投资体制中一些带根本性的问题还没有解决。主要表现在：

一、在宏观管理上，还没有建立起适应投资渠道多元化这一新情况的调控体系，对建设规模和使用方向缺乏有效的调控和引导，盲目铺摊子、重复建设和投资膨胀的现象仍然相当严重。

二、在重点建设上，还没有改变中央包揽过多的格局。中央掌握的投资与承担的重点建设任务不相适应，资金来源又不稳定，而相当一部分预算外投资由于过多地考虑近期效益，搞了大量的一般加工工业和非生产性的楼堂馆所等的建设，以致能源、原材料供应紧张和运力不足的矛盾难以缓解。

三、在投资安排上，仍然主要采用行政办法，按条块隶属关系切块分钱，权、责、利严重脱节，敞口花钱而不管效益的情况相当普遍。

四、在设计和施工中，立法不健全，管理、监督薄弱，没有真正形成竞争条件下的招标、投标制度，吃大锅饭、损失浪费的现象

---

① 《国务院关于印发〈投资管理体制的近期改革方案〉的通知》，中国政府网，2011 年 9 月 1 日。

极为严重。

只有继续推进投资体制的改革，从根本上克服上述弊端，才能消除“投资饥饿”的痼疾，促进投资结构的合理化，显著提高投资效益乃至整个经济效益。

固定资产投资，关系生产力的长期布局，关系经济和社会发展战略目标的实现，必须服从于国家的发展规划和产业政策。对投资活动的管理，必须符合发展有计划商品经济的要求，把计划和市场有机地结合起来。一般性的建设投资，放给企业或市场，重大的、长期性的建设投资，必须依靠国家计划调节，但要彻底消除吃大锅饭的弊端，建立中央和地方的分工负责制，以及投入产出挂钩的投资包干责任制，在建设项目的选定、设计、设备供应、施工中运用市场机制和竞争机制，并逐步建立新的宏观调控体系。“七五”后三年，着重从以下方面进行改革。

一、对重大的长期的建设投资实行分层次管理，加重地方的重点建设责任。

总的原则是，面向全国的重要的建设工程，由中央或中央为主承担；区域性的重点建设工程和一般性的建设工程，由地方承担。即实行中央、省区市两级配置，两级调控。

中央投资或以中央为主投资的具体范围，包括关系国民经济全局的重大能源、原材料工业基地，跨地区的、面向全国的交通运输、邮电通信骨干设施，重大的关键的机械电子、轻纺工业项目，大江大河治理的骨干工程和重大农业基地和重点防护林工程，关键的新兴产业项目，重要的科技和文教设施，国防工业等的建设，包括重要配套设施的建设，以及对经济不发达地区建设的扶持。

地方投资的具体范围，包括农业、林业、水利，本地区需要的能源、原材料工业，地方的交通运输、邮电通信设施，机电、轻纺工业，科技、教育、文化、卫生以及城市公用设施和服务设施等的建设。

根据以上分工，中央和地方各负其责。中央和地方可以相互参股。

“七五”后三年，按照上述划分的投资范围和中央、省区市两级的财力状况，将目前由中央承担的一批项目包括重点建设项目，转由地方承担，或由地方承担部分投资，共同建设。在下放一部分重点建设任务的同时，要采取一些切实可行的经济办法，实行谁投资谁得益的原则，调动地方兴办重点建设项目的积极性。

二、扩大企业的投资决策权，使企业成为一般性建设的投资主体。

现有企业的技术改造工程和必要的福利设施，主要由企业投资建设。资金有富余的企业，还可以进行基本建设，搞扩大再生产。为了保证产品规模的经济合理，企业应着重组成群体联合投资。

企业进行必要的扩大再生产，在服从国家中长期计划、行业规划和国家有关法规的前提下，有权自主地筹措资金（包括折旧基金、企业留利和经批准筹措的资金）和物资（包括投产后所需原材料、燃料、动力等）；有权自主地把本企业的生产发展基金、折旧基金和其他自有资金捆起来使用；有权自主地选定投资方式和建设方案，进行可行性研究，委托评估和开展各项前期工作，进行设计、设备供应、施工和工程承包的招标工作；有权自主地支配应得的投资收益。

企业进行技术改造和必要的扩大再生产，其项目建议书，限额以上项目，由行业归口主管部门提出初审意见，报国家计委审批；

限额以下项目的项目建议书，按照国家长远规划、行业规划和产业政策，按隶属关系，中央企业由行业归口主管部门审批，地方企业由地方计委审批。其项目的设计任务书（可行性研究报告）和初步设计由企业自行决定，但限额以上项目的设计任务书（可行性研究报告）和初步设计应报行业归口主管部门备案，其中地方项目还要报地方计委备案。行业归口主管部门认为不符合行业规划和合理经济规模，或地方计委对地方项目有不同意见时，在文到之日起两个月内均可提出否决意见或修改意见。企业的固定资产投资，必须纳入国家投资规模以内。

三、建立基本建设基金制，保证重点建设有稳定的资金来源。

基础工业和基础设施以及一些重大社会发展项目的建设，需要的投资大、建设周期长，关系国民经济发展的后劲和国家财政收入的稳定增长。为了使这些项目的资金来源保持稳定，能够按照合理工期组织建设，经国务院批准，从一九八八年起建立中央基本建设基金（以下称基本建设基金）制。基本建设基金由以下部分组成：（1）已经开征的能源交通重点建设基金中中央使用部分；（2）已经开征的建筑税中中央使用部分；（3）铁道部包干收入中用于预算内基本建设部分；（4）国家预算内“拨改贷”投资收回的本息（利息部分扣除建设银行业务支出）；（5）财政定额拨款。

一九八八年基本建设基金总额计划按三百零四亿四千五百万元（不包括地方预算内统筹基建投资五十三亿五千五百万元，包括对银行基建贷款的贴息八亿元）确定。其中：能源交通重点建设基金一百四十八亿五千万元，建筑税七亿五千六百万元，铁道部包干收入中用于预算内基建部分四十九亿五千万元，“拨改贷”投资收回本息十五亿元，财政定额拨款八十三亿八千九百万元（包括七个下放港口以港养港收入三亿零一百万元，由财政部按国家年度计划的安排数相应扣留）。在执行中，“拨改贷”投资收回的本息等项比计划有较大减少时，另行解决。

一九八九年、一九九〇年基金中，财政定额拨款按一九八八年计划数不变，其余各项均按当年实际收入计算。如果国家对征收能源交通基金和建筑税办法有较大的改变时，另行调整。

基本建设基金与财政费用分开，由建设银行按计划负责管理，实行专款专用，年终结转，周转使用，在财政预算中列收列支。纳入基本建设基金的能源交通重点建设基金和建筑税仍按原渠道征收，这些资金连同财政定额拨款，由财政部按期拨给建设银行。经过若干年后，基本建设基金回收的本息可以满足国家重点建设需要时，基金中的其他部分即可停止拨付。

基本建设基金分为经营性的和非经营性的。经营性的投资，由国家计委切块给各国家专业投资公司，主要用于“七五”计划内的基础设施和基础工业的重点工程。非经营性的投资，主要用于中央各部门直接举办的文化、教育、卫生、科研等建设和大江大河的治理，其中，小型项目由国家计委核定基数，由主管部门管理，包干使用，三年不变；新建大中型和限额以上项目按程序报批。

经营性基本建设基金分为软贷款和硬贷款两种，软贷款可用于国家政策性投资；硬贷款用于还款能力较好的项目。

由于基本建设基金尚保证不了“七五”后三年必需由中央安排的重点建设的需要，除转给地方、推迟或停建一部分项目外，还要通过银行筹集一部分资金。一是由银行继续发放基建贷款，二是通过人民银行向专业银行、其他金融机构和社会发行重点建设债券。

在基本建设基金制建立后，现在由财政专项安排的其它基建资金，如军队退休、转业干部建房和“三西”建设资金等，继续由财政安排；现在由财政安排的基建储备资金，根据需要与可能，继续由财政拨给中国人民建设银行。

各省、自治区、直辖市和计划单列省辖市根据财政情况，相应建立各自的基本建设基金，由省、自治区、直辖市计委和计划单列省辖市计委统筹安排。

四、成立投资公司，用经济办法对投资进行管理。

中央一级成立能源、交通、原材料、机电轻纺、农业、林业六个国家专业投资公司，负责管理和经营本行业中央投资的经营性项目（包括基本建设项目和技术改造项目）的固定资产投资。能源、交通、原材料、机电轻纺四个投资公司由国家计委归口领导，行业归口主管部门参与指导；农业、林业投资公司由国家计委与部门归口领导，以国家计委为主。

国家专业投资公司是从事固定资产投资开发和经营活动的企业，是组织中央经营性投资活动的主体，既具有控股公司的职能，使资金能够保值增值，又要承担国家政策性投资的职能。其主要任务是：

（一）根据国家计划分配的投资，承担本行业中央安排投资的基本建设和技术改造任务，也可以横向交叉，承担与本行业有关的项目。专业投资公司要向国家包新增生产能力、包资金回收。并与项目建设单位签订合同，落实各项承包任务。

（二）对列入一九八八年计划的本行业中央投资的基本建设在建经营性项目剩余工作量实行总承包，并发包给项目建设单位。为此，国家专业投资公司对以中央投资为主的联合投资的项目，要负责和有关投资各方及行业归口主管部门协商，成立董事会；对全部由中央投资的项目，负责成立管理委员会。由项目董事会（或管委会）对在建项目剩余工作量按批准概算承包，与国家专业投资公司签订承包合同。一般改、扩建项目可不成立董事会（或管委会），由企业负责与国家专业投资公司签订承包合同。

（三）对中央投资为主的新建项目，由国家专业投资公司会同项目董事会（或管委会）、有关部门组织招标（包括向国外招标），并由项目董事会（或管委会）承包，由国家专业投资公司对国家实行总承包。

（四）对总承包项目，国家专业投资公司要按规定收回投资本息（参股项目要分股利）、外汇，按合同规定分产品。收回的投资本息和参股部分分得的股利，除按规定可部分留成外，其余的转为基本建设基金。

（五）经专项批准，有权委托银行发行国内外建设债券，并纳入固定资产投资计划；有权在国外独资或在国内外与外商合资（或合作）建设项目，经营企业，或进行其他经济合作；办理进口设备材料等；对外担保和办理国际租赁等业务。

（六）受国家计委委托，对其负责管理的本行业中央投资的大中型基本建设项目和限额以上技术改造项目提出意见，报国家计委。

（七）对非经营性项目，可受有关部门委托，负责承包建设任务。

（八）定期向国家计委、财政部、主管本行业的部门和建设银行提供资金筹集、使用和项目建设情况。

（九）按照国家计划向地方、企业投资的项目参股。

（十）可以接受外国公司、企业和其它经济组织的委托，为其物色国内的合资伙伴，介绍投资机会，提供有关投资信息。

各专业投资公司要独立核算，用经济办法进行管理，将现在建设工作中的行政关系改变为经济合同关系。

各国家专业投资公司，实行总经理负责制。公司的人员要精干，从各部门现有的行政、事业人员中调剂解决。

五、简政放权，改进投资计划管理。

（一）对投资活动实行多种计划管理形式。全社会的投资活动，都要以不同的形式纳入国家统一计划，进行管理。国家基本建设基金，国家财政对技术改造的拨款，国家统借外资以及银行贷款、建设债券用于重点建设和重点技术改造部分，其投资总额、建设项目、项目投资额、新增生产能力、建设工期，作为指令性计划；其它全民所有制和集体所有制单位的投资，作为指导性计划。用于重点建设和重点技术改造的银行贷款，要同信贷总规模相衔接。城乡个体投资总额，作为测算社会投资需求的参考性指标。在投资活动中，要充分利用经济杠杆和签订合同等办法，保证计划的实施。

（二）减少国家计委对投资活动的直接管理。国家专业投资公司建立以后，国家计委不再直接管理项目投资。经营性投资由国家计委切块给各专业投资公司，由投资公司按计划承包新增生产能力，自主经营。非经营性投资，小型项目，财经、文教部门的，按核定的基数包给部门，中直、国务院其他部门的，按归口管理部门切块分配，投资切块后，一定几年不变；大中型项目仍按项目安排。每年基金的增加额，由国家计委根据国家的产业政策和发展规划规定投向。

大中型和限额以上项目立项的大量具体工作由行业归口管理部门承担。行业归口部门根据国家中长期规划的要求，着重从建设布局、资源合理利用、经济合理性、技术政策等方面对项目建议书进行初审，提出意见报国家计委；国家计委从建设总规模、生产力总布局、资源优化配置以及资金供应可能、外部协作条件等方面进行综合平衡后审批。行业归口部门初审未通过的项目，国家计委不能立项。中央投资为主的小型和限额以下项目，具有一定规模的，由行业归口部门按产业政策、行业发展规划和固定资产投资总规模控制额度进行审批立项；一般小型和限额以下的项目由各国家专业投资公司审查确定。

国家计委还要审批大中型和限额以上项目的开工报告和中央投资的大中型和限额以上项目的设计任务书（可行性研究报告）。

（三）调整国务院主管部委和地方计委在投资方面的管理职能。国家专业投资公司建立以后，国务院各主管部委结合机构改革，转变职能，不再直接管理经营性项目投资，主要精力是搞好行业规划和管理，对归口行业大中型和限额以上项目的项目建议书提出初审意见，报国家计委，对中央投资为主的小型和限额以下具有一定规模的项目的立项进行审批；协同国家计委制订投资计划，以及检查、协调计划的执行。地方计委负责编制地方范围内中长期和年度的固定资产投资（包括基本建设和更新改造）计划，按照两级调控的原则，做好建设规模与资金、物资以及投产后所需要的燃料、动力和原材料的平衡；按照行业规划，审批地方小型和限额以下项目的项目建议书；审批地方投资安排的大中型和限额以上项目的设计任务书（可行性研究报告）和初步设计，不符合行业发展规划的不得审批；协调本地区的投资活动；并对集体单位和个体投资进行指导。

（四）国家专业投资公司进行自主经营。国家专业投资公司是国务院开发和经营固定资产投资，并具有法人地位的企业，在国家方针、政策和法令、规定以及行业规划的范围内自主经营国家切块给本公司的经营性投资。投资公司由国家计委归口领导（或由国家计委和部门归口领导，以国家计委为主），但不是行政上的隶属关系。专业投资公司在国家计委和行业归口部门批准立项的项目中，根据资金的可能和经济效益情况择优安排（政策性项目按国家计划安排），并与建设单位（新建项目为董事会或管委会，改扩建项目为原有企业）签订承包合同，实行包投资、包新增生产能力、包建设工期。

为了使资金能够保值增值，国家计划要给专业投资公司划出一定额度的资金，允许在国家政策、法规和行业规划范围内自主选择项目进行经营。

专业投资公司与建设银行是经济关系。中央基本建设基金切块给专业投资公司以后，由专业投资公司与建设银行签订借贷合同（国家规定免还基金本息的投资除外）。专业投资公司安排的建设项目，用款时开始计息，项目投产后连同本金逐年偿还。对项目的拨款、贷款、资金回收的业务，由专业投资公司委托建设银行办理。建设银行要按照国家政策、法规，对建设单位、施工单位进行财务监督。

国家确定发行的建设债券，债券资金也由国家计委切块给专业投资公司，专业投资公司为债务人。根据承包任务，由专业投资公司按项目安排资金，并由建设单位与专业投资公司签订借贷合同。专业投资公司委托有关银行办理债券资金的拨款和回收业务。投资风险，由专业投资公司承担。

国家专业投资公司与地方是经济关系。专业投资公司可以向地方项目参股，地方也可以向专业投资公司经营的中央项目参股。通过相互参股，推动地方发展横向联合和发展企业集团，促进技术进步和达到合理经济规模。

六、强化投资主体自我约束机制，改善宏观调控体系。

（一）改革建设项目领导体制。联合投资的项目，设立董事会，董事由投资各方派人担任。全部由中央安排投资的项目，设立管理委员会，委员由国家专业投资公司商行业主管部门选派或聘请企业家担任，并保持相对固定。董事会或管委会代表建设单位对外签订合同。从项目前期工作开始直至投产以后的生产经营，均由董事会或管委会负责，并承担投资风险。董事会或管委会聘请经理，全权负责企业的建设和经营工作；经理对董事会或管委会负责。原有企业进行的一般改扩建项目，不成立董事会（或管委会），由企业负责各项工作。

国家专业投资公司与项目董事会、管委会或企业是经济合同关系。在项目建设期间，专业投资公司要监督工程质量和检查合同执行情况。项目建成后，要按合同收回投资本息（参股项目分股利），但不管企业的生产经营。

（二）实行包干责任制。董事会、管委会不仅管建设，还要管生产经营。因此不仅要包投资、包建设工期、包新增生产能力，还要包产量、包效益。投资包干要包死，不留活口。建设工期短的项目，生产资料涨价因素自行消化；建设工期长的项目，在包干时要考虑价格变动因素，列一部分不可预见费，执行中超支的不予追加。

（三）经营性投资实行有偿使用。一种实行贷款方式，按不同行业、不同企业实行差别利率和不同还款期，到时收回本息；一种实行参股方式，按参股占投资的比例分得股利。中央投资的都要按投资比例分得产品，交国家分配。

（四）实行年度投资规模和在建总规模的双重控制。除了合理确定年度投资规模之外，要认真清理在建项目，对剩余工作量经过审核后，实行投资包干；资金、物资和投产后电力等供应不落实的，坚决停建缓建。列入“七五”计划的新开工大中型项目，不能按合理工期安排投资的，后三年一律不开工建设。

（五）在财政、外汇实行中央、地方“分灶”以后，电力、煤炭、原材料（包括轻纺工业原料）等，也要实行“分灶”供应。一九八七年底原有企业原则上按原有渠道、原有基数供应（电力增加部分由地方从每度电增收二分钱解决）；一九八八年起新投产项目生产所需电力、煤炭、原材料（包括轻纺工业原料），原则上实行中央投资的由中央供应，地方投资的由地方供应，已签订合同的仍按合同规定执行。也可互相参股建设，按股分得产品；也可从市场订购。港口、公路和其他运输设施提倡集资建设。中央和地方都要加强基础工业、基础设施的建设，抑制加工工业的盲目发展。

（六）改进建筑税征收办法。根据调整产业结构的要求，调整差别税率，合理设档，拉开距离，以调节投资方向。

（七）对基本建设的自筹资金、技术改造中用自有资金安排的非更新改造工程和城镇集体单位用自有资金安排的建筑工程，必须按国家规定购买重点企业债券，以加强国家重点建设和控制固定资产投资规模。

（八）制定合理的经济规模标准和先进的设计规范及施工验收

规范，制定各类标准、定额和技术经济参数，为项目决策、设计和施工提供科学依据。限制或禁止规模太小和技术、工艺落后的项目特别是加工工业项目的建设。

（九）建立严格的、科学的投资决策制度。所有基本建设项目都要切实按照基本建设程序办事。重大的基本建设和技术改造项目都要经过有关咨询公司认真论证后再行决策。咨询公司从立项开始就要按照系统工程的要求，对项目进行调查、研究、论证，衡量各方面的利弊、得失，提出对项目的评估意见。严格禁止各部门、各地区和各级领导人在项目不经过论证，资金和物资不落实的情况下自行决策，增加项目，提高标准，追加投资。

（十）制订投资法，把整个投资活动纳入法治的轨道。并要逐步做到对特大项目实行建一个项目立一项法。

七、实行招标、投标制，充分发挥市场和竞争机制的作用。

（一）设计、施工单位要逐步成为自主经营、自负盈亏、自创信誉、权责利挂钩的企业单位。也可在自愿的原则下，组建成为水平高、信誉高的咨询设计公司和各种工程承包公司。可以承担可行性研究、设计、设备选购、施工多种任务，也可以只承担其中一种或几种任务。这些企业在取得合法资格和划分等级以后，通过招标、投标开展竞争，承揽业务。

（二）全面实行招标、投标制。新建项目不涉及特定地区或不受资源限制的，都要通过招标选定建设地点；建设项目的设计、工程承包、设备供应和施工，都要通过招标、投标，择优选定，不得按行政办法分配任务。大型项目的招标、投标必须在全国进行，部门、地区不得封锁。

（三）各级计划部门要负责对招标、投标活动进行检查监督，直至对违法活动进行起诉。国家计委负责对重大项目招标、投标的检查监督。要制定招标、投标法，作为招标、投标以及对其检查监督的法律依据。

（四）采取调整、提高的措施，使施工企业成为精干的、效率高的队伍。从现在起，不再扩大国营施工队伍，积极推行劳动合同制，逐步减少固定工。根据各自特点和优势，兴办社会急需的第三产业，开展多种经营，转走一批不适宜在施工第一线工作的职工。逐步建立施工队伍后方基地，家属不随施工队伍转移。退休职工的退休福利金要从施工企业中划出来，实行统筹。加强职工培训，提高他们的思想政治素质和技术水平。

（下略）

国务院关于当前产业政策要点的决定（节选）①

（1989年3月15日）

制定正确的产业政策，明确国民经济各个领域中支持和限制的重点，是调整产业结构、进行宏观调控的重要依据。产业政策的制定和实施，有利于把改革与发展、计划与市场有机地结合起来，对于更好地贯彻执行改革和开放的总方针，保证当前治理经济环境、整顿经济秩序任务的顺利完成，促进我国国民经济的长期稳定发展具有重要的意义。

当前，我国社会的总需求大于社会的总供给，在产业结构上也存在着比较严重的问题。主要是加工产业生产能力过大，农业、能源、原材料和交通运输等基础产业生产能力不足；一般加工产业生产能力过大，高水平的加工能力不足；出口产品结构层次低，某些国内短线产品出口规模偏大，同国内市场供应有矛盾；产业的地区分布不够合理，地区优势未能很好发挥；企业组织结构分散，生产集中度差，专业化水平低，许多企业之间的生产联系和协作配套组织得不好。这些问题，既影响我国资源的合理利用和配置，又妨碍经济的稳定发展和宏观效益的提高。必须从当前的实际情况出发，合理制定产业政策，在压缩和控制社会总需求的同时，下功夫调整和改造产业结构，以防止出现经济滞胀现象，在优化结构的基础上提高国民经济的素质和效益。当前和今后一个时期制定产业政策、调整产业结构的基本方向和任务是：集中力量发展农业、能源、交

① 《国务院关于当前产业政策要点的决定》，《中华人民共和国国务院公报》，1989年05期。

通和原材料等基础产业，加强能够增加有效供给的产业，增强经济发展的后劲；同时控制一般加工工业的发展，使它们同基础产业的发展相协调。

一、制定当前产业政策的原则

制定当前产业政策的原则是：

第一，贯彻治理经济环境、整顿经济秩序、全面深化改革的方针，以产业政策为导向，加强宏观控制，指导市场发育，协调各方面行动，逐步缓解总需求与总供给、消费结构与产业结构的矛盾。

第二，压缩和控制长线产品的生产和建设，增加和扩大短线产品的生产和建设。集中力量，首先把粮食、棉花、煤炭、电力、交通特别是铁路运输以及市场紧俏的轻纺产品的生产建设搞上去。

第三，按照市场需求、产业关联、技术进步、创汇作用、经济效益等因素，安排好产业发展序列并制定相关的各项政策，明确支持什么，限制什么。同时，要妥善处理好重点产业与一般产业协调发展的关系，处理好生产要素存量调整与增量配置的关系，处理好产业总体配置与发挥地区优势的关系。

第四，当前的产业政策要点是根据长远与近期结合、以近期为主的原则制定的。在治理整顿过程中，将视经济发展情况，对产业政策作相应调整。

第五，产业政策的制定权在国务院。为了保证国家产业政策的实施，各部门和各省、自治区、直辖市及计划单列省辖市人民政府，应根据国家产业政策，结合本部门、本地区的特点，拟定实施办法，并报国务院备案。如果需要对国家产业政策作某些补充规定，须报国务院审批。省以下各级人民政府不再层层拟定实施办法。要处理好实行经济承包责任制和实施产业政策的关系。全国是一个统一的市场，各地必须执行国家的产业政策，不能因局部和短期利益而破坏国家的整体和长期利益。

第六，产业政策的实施，要运用经济的、行政的、法律的和纪律的手段，同时加强思想政治工作。计划、财政、金融、税务、物价、外贸、工商行政管理等部门必须目标一致，协同动作，各项调节手段和措施要相互配套，服从治理、整顿的方针和实施产业政策的要求。

二、产业发展序列

当前的产业发展序列，是各部门、各地区执行产业政策的基本依据，也是各项经济政策的导向目标。

由于同一产业在社会再生产各个领域中的状况往往不同，需要采取不同的政策。因此，产业发展序列要按社会再生产的不同领域分别排列。当前各主要产业的发展序列是：

（一）生产领域

重点支持生产的产业、产品是：

1．农业和农用工业，主要是粮、棉、油料、糖料、肉、蔬菜，森林抚育、速生丰产林，化肥、农药、农膜、适用的农业机具及零配件。

2．轻工、纺织业，主要是糖、盐、纸、纱、布、化纤。

3．基础设施和基础工业，主要是交通运输业中的煤炭、农用物资及外贸重点产品的运输和旅客运输；邮电通信业中的市话、长话及用户电报；能源工业中的煤、电、石油；原材料工业中的钢铁、有色金属、基本化工原料。

4．机械、电子工业，主要是大型机电成套装备、机电仪一体化产品、高附加价值出口创汇机电产品。

5．高技术产业，主要是航空航天、新型材料、生物工程技术。

6．经济效益好的出口创汇产品，特别是加工制成品。

严格限制生产的产品（出口产品除外）是：

1．国家定点外的汽车、摩托车；性能低下的普通机电产品，主要是普通机床和锻压设备。

2．超前消费的高电耗产品，主要是空调器、冷热风机、电炊具、吸尘器。

3．用国内紧缺原料生产的高消费产品，主要是铝门窗、铝铜建筑装修品、易拉罐、化纤地毯。

4．生产方式落后、严重浪费资源和污染环境的产品，主要是土法炼焦、汽油和柴油发电、土法炼有色金属、土法硫磺。

5．低质白酒、普通人造革、普通人造毛皮等。

停止生产的产品是：

无证开采的有色金属矿、化学矿、煤矿等；原机械部（委）公布的十批四百三十七项淘汰产品；纺织部公布淘汰的纺织机械；建设部等六个部门公布的建筑机械第一批淘汰产品等。

（二）基本建设领域

重点支持基本建设的产业、产品是：

1．基础产业，主要是：（1）农业中的商品粮、棉、油基地建设、宜农荒地开发；林业中的速生丰产林；水利业中的大江大河治理；农用工业中的化肥、农药。（2）交通运输业中以煤炭为主的重要物资运输通道、重要客运枢纽设施；邮电通信业中繁忙的长途通信、邮政、电信枢纽。（3）能源工业中的煤炭、电力、石油和天然气。（4）原材料工业中的钢铁、有色金属、化工、石化。

2．装备产业：主要是大型发电设备和相应的输变电设备、集成电路、通信设备。

3．轻工业：主要是纸、糖、盐。

4．出口创汇效益好的产品，特别是加工制成品。

5．社会公共设施中的大中城市生产和群众生活必需的供排水、治理污染、公共交通。

停止或严格限制基本建设的产业、产品是：

1．凡限制和停止生产的产品的建设项目，一律停止建设。

2．原材料供应不足，加工能力又有富余的产品，主要是：（1）轻工、纺织业中的毛纺、棉纺、涤纶长丝、丙纶、化纤地毯、缫丝、丝绸、一般塑料加工、电风扇、机械表、电冰箱、洗衣机。（2）化学工业中的斜交轮胎、通用化学试剂。（3）有色金属工业中的铜、铝加工（列入国家计划的除外）和钨、锡、锑冶炼。（4）建材工业中的大理石、花岗岩板材，塑料门窗、铝合金门窗。（5）机械电子工业中国家定点以外的汽车、摩托车、彩色电视机。

3．不符合经济规模要求，经济效益差，污染严重的小钢铁、小有色金属、小铁合金、小化工、小炼油（边远地区原油运不出的除外）、小建材、小造纸厂等。

《国务院关于清理固定资产投资在建项目、压缩投资规模、调整投资结构的通知》（国发〔1988〕64号）中规定停建的其他项目。

（三）技术改造领域

重点支持技术改造的产业、产品是：

1．农业、林业中的适用科学技术和有利于良种培育、新技术推广的项目。

2. 轻纺工业中有利于开发新产品、提高产品质量和档次、适应国内外市场需求的项目。

3. 机械、电子工业中有利于提高基础机械、基础工艺、基础零部件、元器件、重大成套设备的技术水平、扩大出口以及消化吸收引进技术并实现国产化的项目。

4. 交通运输、邮电通信、能源、原材料项目。

5. 节约能源和综合利用能源、原材料的项目。

6. 经济效益好的出口创汇项目。

上述领域产业发展序列的详细目录见附件。

（四）对外贸易领域

出口方面：要采取积极方针发展对外贸易，以保证国家外汇收入，从而支持国民经济生产建设。要进一步调整出口商品结构，根据国际市场需求情况，逐步提高制成品特别是深加工产品、机电仪产品出口的比重；努力改进出口商品质量，在提高出口商品档次、创汇率上下功夫。对内、外销要统筹安排，有些资源丰富，又不是国内十分必需的商品，要尽量多出口；有些国内外市场都需要的商品，要挤一部分出口；有关国计民生的大宗资源性商品，主要是粮食（含豆饼、豆粕）、棉花、原油、成品油、煤炭、棉纱、棉布、山羊板皮，要严格按计划出口；国内紧缺的产品，主要是生铁、铁合金、废钢铁、焦炭、苯类产品以及其他规定限制出口的产品要限制出口；有些国内紧缺、需要进口的商品，主要是天然牛黄、麝香、独居石、聚乙烯、铜及铜基合金、铝及铝基合金、白金、黄磷、镍及镍合金、镍材、超导原料，要禁止出口。同时，根据我国资源短缺和劳动力丰富的特点，利用国际市场积极开展来料加工、来样加工、来件组装、补偿贸易以及以进养出等业务。

进口方面：要确保关系国计民生的重要物资的进口，主要是粮食、化肥、农药、农膜；合理安排引进先进技术、设备、关键零部件及进口国内短缺的重要原材料和市场紧缺物资，以保证人民生活，支持生产和提高技术水平。同时，也要根据国内产业结构的状况和消费政策，限制不宜进口的产品，以调整国内的产需结构，促进民族工业的发展。当前限制进口的产品是：（1）一般消费品，主要是烟、酒、饮料、食品、室内装饰材料、日用化妆品、人造革。（2）高档耐用消费品，主要是彩电、冰箱、手表。（3）国内已能定型生产并达到国外同类产品技术水平的机械、电子产品，航空航天产品。

停止或严格限制进口的产品，主要是小汽车整车和摩托车（苏联、东欧已订协议的除外）、易拉罐、空调器。

三、保障政策和组织实施

（一）各部门、各地区要根据产业发展序列的要求，压缩固定资产投资、调整产业结构、引导外资流向，并结合财力、物力的可能，安排年度计划和“八五”计划。

（二）银行要根据产业发展序列的要求，制定相应的信贷政策，并对企业分类排队，区别对待，限劣扶优。要从限制的产业中抽回资金，投入支持的产业中去，促进社会资金的良性循环。国家计委要会同财政部、银行，根据产业发展序列要求，制订固定资产投资贷款优先顺序，逐步提出重点产业投资贷款比例，并建立相应的投资贷款贴息基金；要着手研究主要产业投资占全社会投资的比例，并进一步完善固定资产投资贷款差别利率的有关规定。

（三）国家税务部门在完善税制过程中，要根据产业发展序列对现有税种和税率进行必要的调整。继续征收并适当调整建筑税；发挥差别税率对产业发展的引导作用。在设计新税制方案时，要通过充分调查研究，进一步考虑按产业发展序列的要求征税。

财政部门对重点产业的折旧制度要进行相应改革，适当提高折旧率，缩短折旧周期，以促进重点产业的改造和发展。

（四）物价部门要按照产业发展序列的要求，改进对重要商品的价格管理办法。要根据需要与可能，有计划、分步骤地调整不合理的比价关系，以促进产业结构调整。

（五）按照产业发展序列要求，国家计委和外汇管理部门要对地方和部门所掌握外汇的使用进行计划指导和必要的干预，省一级地方政府要加强对本地区自有外汇的管理；各地区和有关部门都要编制地方、部门自有外汇进口计划，报国家计委综合平衡后下达；国内金融机构要加强对外汇贷款的管理；经贸部要相应调整许可证制度；海关要适当调整关税税率；税务部门要相应调整有关的进出口调节税制。要加强对利用外资的统一归口管理。国家计委要根据产业发展序列的要求，按照资金来源的不同，结合各产业的特点，制定吸收外国投资序列表和相应的政策，以引导外资流向。要严格限制向长线产业及某些非生产领域投资。对于本决定公布前已经批准合同的中外合资、合作企业和外商独资经营企业，仍按原定合同执行。

（六）铁道、交通、能源、物资部门要按照产业发展序列的要求，在运力和物资的分配使用上，向重点支持的产业倾斜，优先满足重点产业需要。要特别注意搞好运力和电力的分配，这是当前国家实现产业发展序列的重要调控手段。

（七）国家计委和各有关部门要根据各产业的技术经济特点、

供求格局及产业关联程度，按产业发展序列制定企业组织结构政策和重点产品的经济规模标准，并相应制定推进规模经济的规划和调整措施。凡是适合大批量生产、规模效益显著的产品，都要按照规模经济和专业化协作的原则进行生产和建设，避免低水平的重复和地区趋同化的倾向。要按照产业政策，通过企业改组、联合和发展企业集团等方式，推动生产要素从重点限制的产业向重点支持的产业转移，由劣势企业向优势企业转移，发挥地区优势，实现资源的优化配置，保证产业结构的顺利调整。有关部门还要根据本决定的基本内容，尽快提出淘汰产品的目录，制定重大节约能源、节约原材料及综合利用措施，经一定程序批准后发布实施。

（八）乡镇企业要贯彻执行国家产业政策，积极调整产品结构，健康稳步发展。要支持农副产品加工的、两头在外的、生产能源、原材料与经济效益好的乡镇企业和小企业；要促使同国家重点企业争原料、污染环境严重、经济效益差的乡镇企业转产或停产。要引导乡镇企业为大企业生产配套产品，在适当的条件下，促使大企业把一些产品或生产工序转移给小企业，加强城乡专业化协作，避免重复建设。

（九）各省、自治区、直辖市和计划单列省辖市人民政府要认真贯彻执行产业政策，各级计划部门具体负责组织产业政策的实施。各级工商行政管理部门要认真进行年检登记，通过核发营业执照、核定经营范围、查处违法行为等手段，保证产业政策的实施。各级统计、监察、审计部门要定期核查并负责反馈分产业的投资、信贷、产值、利税、市场供求等情况，与计划、银行、财政部门互通信息，加强对产业政策实施的监督检查，完善信息反馈和市场监测系统。

（十）要加强和完善法制建设，用法律、法规约束企业行为和市场行为，使经济监督部门依法行使监督职能。尽快制定与产业政策有关的法律、法规。

各地区、各部门要统一认识，大力协同，联合行动，保证当前产业政策和宏观调控政策的贯彻落实。对违反本决定的单位和有关负责人，要追究责任，并视情节轻重分别给予经济处罚和行政处分。

本决定主要是针对第一、二产业以及交通、通信、基础设施等生产性服务部门制定的。第三产业其他部门的产业政策将另行制定发布。

（下略）

中共中央、国务院关于当前经济情况和加强宏观调控的意见（节选）[①]

（1993 年 6 月 24 日）

今年以来，我国经济总的形势是好的。在邓小平同志重要谈话和党的十四大精神鼓舞下，广大干部和群众解放思想，抓住机遇，加快发展的热情高涨。围绕建立社会主义市场经济体制的各项改革和对外开放不断取得新进展，市场机制的作用进一步扩大。整个经济继续保持蓬勃发展的势头，生产、建设、流通和对外经济技术交流全面发展。今年一季度，国民生产总值比去年同期增长百分之十五点一。农业生产虽然粮食播种面积有所减少，但夏粮总产量可望接近或略高于去年的水平。一至五月，全国乡及乡以上工业总产值比去年同期增长百分之二十三点八，企业经济效益有所提高；城乡市场繁荣活跃，社会商品零售总额增长百分之二十点二；对外贸易继续扩大，进出口总额增长百分之十七点二。人民生活继续改善，各项社会事业进一步发展。这些情况说明，今年以来我国改革开放和现代化建设取得的成绩是显著的。

（中略）

上述情况表明，当前的宏观经济环境已经绷得很紧，有些矛盾和问题还在继续发展，如果不抓住时机，进一步深化改革，抓紧实施宏观调控措施，势必导致社会供需总量严重失衡，通货膨胀进一步加剧，甚至会引起经济大的波动，影响社会安定。

---

① 《中共中央、国务院关于当前经济情况和加强宏观调控的意见》，中国经济网，2007 年 6 月 7 日。

为了保持经济发展的好势头，真正抓住机遇、珍惜机遇、用好机遇，现在必须下决心，解决经济中的突出问题。在解决问题时，需要注意把握以下三点：

一是统一思想认识。今年以来，各地区、各部门对党中央、国务院采取的一系列政策措施是努力贯彻执行的，做了不少工作。但是由于对工业速度是否过快、投资规模是否过大、票子和货币供应量是否过多、通货膨胀是否在加剧等问题的看法不完全一致，影响了宏观调控措施的贯彻落实。对这些问题，从局部观察是不容易看清楚的，需要从全局上、宏观经济形势上和未来发展的走势上作出正确判断。为了解决当前经济中的突出问题，首先必须进一步统一思想认识，特别是各级领导干部对当前经济形势要有正确的、清醒的认识。要按照中央四月一日经济情况通报会和最近江泽民同志在华东六省一市经济工作座谈会上的讲话的要求，积极、正确、全面地领会邓小平同志重要谈话和党的十四大精神，把解放思想和实事求是统一起来，切实贯彻“在经济工作中要抓住机遇，加快发展，同时要注意稳妥，避免损失，特别要避免大的损失”的重要指导思想，把加快发展的注意力集中到深化改革、转换机制、优化结构、提高效益上来。坚持从全局出发，从长远的持续发展出发，协调行动步伐，处理好局部与全局的关系。

二是着眼于加快改革步伐。当前经济中出现的矛盾和问题，从根本上讲在于原有体制的弊端没有消除，社会主义市场经济体制尚未形成，那种盲目扩张投资、竞相攀比速度、缺乏有效约束机制等问题没有得到根本解决。在这种情况下，解决当前的问题必须采用新思路、新办法，从加快新旧体制转换中找出路，把改进和加强宏观调控、解决经济中的突出问题，变成加快改革、建立社会主义市场经济体制的动力。在深化改革中，特别要加快金融体制、投资体制和财税体制的改革。

三是主要运用经济办法，也要采取必要的行政手段和组织措施。要强化间接调控，更多地采取经济手段、经济政策和经济立法。通过加强宏观调控，既能有效解决当前经济问题，又有利于继续增强微观经济活力和市场机制作用的充分发挥。对那些主要是由于行政行为导致经济秩序混乱的问题，也要采取必要的行政手段加以解决。特别是在当前经济运行机制不健全的情况下，行政手段更不可缺少。加强宏观调控要注意从实际出发，进行分类指导，不搞“一刀切”。但对防止严重通货膨胀和整顿金融秩序等问题，必须有较强的力度，同时采取必要的组织手段、纪律手段和法律手段，以保证中央政令的通行。

针对当前经济生活中存在的问题，党中央、国务院决定采取以下加强和改善宏观调控的措施：

一、严格控制货币发行，稳定金融形势。首先要把住基础货币投放这个闸门，严格控制社会需求的过快增长，认真整顿金融秩序，切实加强现金管理。各家银行和金融机构要严格执行现金管理规定，严肃结算纪律。各家银行的大额汇款一律通过电子联行和人民银行联行办理转汇，做到事先清算汇差资金，确保汇入款项的及时解付。

二、坚决纠正违章拆借资金。人民银行要停止对非银行金融机构发放贷款，已经发放的贷款要限期收回。中央银行的资金，用于支持农业生产和确保农副产品的收购，用于增加国家外汇储备和黄金储备，解决中央财政列入国家预算的临时借款，以及铁路等重点建设资金需要。银行之间的正常资金拆借，要严格按照人民银行规定的用途、期限、利率进行。今年内暂停银行对非银行金融机构的资金拆出，严禁非金融机构参与资金拆借。拆借资金只能按规定用于为解决银行正常支付和先支后收的临时头寸调剂，不得变相搞计划外的贷款和投资。各级各类银行要在规定限期内完成全面清理拆借的工作，限期收回不合理的拆借资金。对在今年八月十五日以前，未能收回的违反规定的拆出资金和以拆借名义用于其他方面的资金，要逐笔登记造册，说明原因，提出处理意见。要尽快建立全国统一的、有序的同业拆借市场，使资金拆借纳入规范化的轨道。

三、灵活运用利率杠杆，大力增加储蓄存款。五月十五日提高储蓄存款利率以来，已经收到一些积极效果，但力度还不够，七月上旬将再次提高银行存、贷款利率。同时，对三年、五年和八年期定期储蓄存款实行保值。要加强利率管理，严格执行人民银行公布的法定利率，不得在规定的利率水平和浮动的幅度之外收取手续费或变相提高利率。对违反利率规定的，要认真查处。

四、坚决制止各种乱集资。各地区、各部门对一九九二年以来进行的未经授权部门批准的各种形式集资，要进行一次全面清理，集资利率不得超过国家有关规定。为了规范集资行为，国务院将制定集资管理条例，明确正当集资与乱集资的界限、审批程序、批准权限、利率范围以及风险处理等有关问题。当前要严肃查处几个大的乱集资典型案例，并予公布，对全民进行法制教育和投资风险教育。

五、严格控制信贷总规模。强化中央银行对全社会信贷总规模的宏观控制，各家银行和非银行金融机构要严格按照人民银行总行下达的年度信贷计划执行，未经批准不得突破，并按季监控，按月考核。银行贷款首先要支持农业生产和农副产品收购；支持产品在国内外市场有销路、效益好的国有工业企业的流动资金需要，对于产品无销路、效益不好或挪用资金参与乱集资、炒房地产、炒股票的企业要减少以至停止贷款；积极支持外贸出口的贷款需要，对囤积外汇额度或不按规定及时结汇的外贸公司，要从严控制贷款发放；固定资产投资贷款要集中用于国家计划内的农业、交通通信、能源、重要原材料、水利等国家重点建设项目，特别是铁路建设和今年内可以竣工投产的建设项目。

六、专业银行要保证对储蓄存款的支付。各专业银行和商业银行要建立存款支付责任制，大力组织存款，压缩一般贷款，清理收回不合理贷款和拆借资金，以增强银行的支付能力。各专业银行总行要在全国范围内统一调度资金，任何地方、部门不准干扰专业银行为保证支付而进行的资金调度。由于不能保证存款支付而出现问题，由当地的专业银行行长和该总行行长负责。

七、加快金融改革步伐，强化中央银行的金融宏观调控能力。中国人民银行要通过深化改革，真正成为对全国信贷、货币进行宏观调控和统一管理各类金融机构的中央银行。贷款规模的调剂权集中到人民银行总行，取消人民银行省级分行百分之七的贷款规模调剂权。为了增强人民银行对信贷资金的间接调控能力，盘活信贷资金存量，调节资金分布，人民银行要切实抓好中央银行融资债券的发行工作。中央银行的再贷款，除用于农副产品收购的再贷款可下达给省级分行外，其余再贷款主要对专业银行总行发放。未经中国人民银行批准，擅自设立的金融机构要限期撤销或并入经批准的金融机构。坚决取缔钱庄、银号等非法设立的金融机构。人民银行、专业银行和商业银行兴办的非银行金融机构和其他经济实体要与银行彻底脱钩，首先在人事、财务和资金方面完全脱钩。人民银行要带头尽快脱钩。

八、投资体制改革要与金融体制改革相结合。从改革投资体制入手，尽快建立政策性银行，逐步实现政策性金融与商业性金融相分离。组建国家长期开发信用银行、出口信贷银行等政策性银行，专门承担政策性投融资和贷款任务。当前，各专业银行也可先采取过渡办法，在内部分设账户、分别管理，实行政策性和商业性业务分开。过渡期间的财务核算办法，实行单独记账，统负盈亏。

九、限期完成国库券发行任务。今年发行国库券的利率，随着银行再次提高利率而相应提高。各地区、各部门要认真执行《国务院办公厅关于确保完成今年国库券发行任务和做好兑付工作的通知》，必须在七月十五日以前完成国库券发行任务，这要作为一项政治任务。要广泛动员职工和个体劳动者购买，各专业银行、非银行金融机构也要积极代销，再用养老保险基金和待业保险基金结余购买一部分。要以省、自治区、直辖市及计划单列市为单位，把完成国库券发行任务与发行有价证券挂钩，只有在完成国库券发行任务后，才可以发行国家计划安排的其他有价证券。

十、进一步完善有价证券发行和规范市场管理。各地区、各部门必须严格执行国家下达的股票、债券等证券发行计划，不得擅自突破（包括股票发行的试点企业个数）。已经批准股票境外上市的上海石化总厂等九个大企业，要继续做好各项准备工作，保证顺利上市。各地区、各部门要严格执行《股票发行与交易管理暂行条例》，对不符合发行、上市条件的股票、债券不予审批。做好股票、债券异地交易的准备工作，保证交易的顺利进行。内部职工持股的定向募集股份有限公司，要继续按照规范要求进行试点，严格执行《国务院办公厅转发国家体改委等部门关于立即制止发行内部职工股不规范做法意见的紧急通知》，股权证要集中托管。要坚决取缔有价证券的黑市交易，维护合法、规范的市场交易活动。

十一、改进外汇管理办法，稳定外汇市场价格。在努力扩大外贸出口的同时，要加强对出口收汇的监督管理，完善和改进出口收汇核销制度，建立进口付汇核销办法，加强结汇纪律，防止出口不结汇、推迟结汇和境外截留外汇，提高出口结汇率。要完善外汇上缴办法，保证中央必要的外汇需要。要改进和完善外汇留成制度，对实行现汇留成的试点单位加强现汇账户管理。对留成的外汇额度和现汇，实行限期使用，防止囤积外汇。要采取多种措施控制进口规模，严格按国家规定控制进口减免税。严格对境外投资和其他外汇资本流出的审核监督。严格限制外币在国内市场的流通，取缔炒买炒卖外汇等投机活动。要严厉打击进口走私行为。同时，抓紧研究外汇管理体制改革。

十二、加强房地产市场的宏观管理，促进房地产业的健康发展。认真执行《国务院关于发展房地产业若干问题的通知》，由建设部牵头组织土地、工商、税务等部门对各类房地产开发经营机构进行一次全面检查，对注册资金虚假、没有开发能力以及偷税漏税的经营单位，要予以查处。抓紧制定房地产增值税和有关税收政策，坚决制止炒房地产获取暴利的行为。在土地增值税出台以前，要严格执行财政部《关于国有土地使用权有偿使用收入征收管理的暂行办法》，把流失的土地收入按规定清缴入库。所有房地产开发公司都要承担百分之二十以上的微利居民住宅建设任务。土地批租后，必须抓紧开发利用，购地后一年内投入的开发资金不足购地费百分之二十五的，要收回土地。金融机构和土地管理部门一律不得开办开发经营房地产的公司，已开办的要限期脱钩。房地产开发投资必须纳入固定资产投资计划，由人民银行和国家计委重新核定今年的房地产信贷规模，并下达到各专业银行。

十三、强化税收征管，堵住减免税漏洞。税务部门要依法治税，在继续做好国有经济单位税收征管的同时，加强对非国有经济单位各项税收和个人收入调节税、所得税的征管工作。各地方超越权限自行制定的减免能交基金、预算调节基金和其他各项减免税政策，一律先停止执行，再由上级税务部门逐项审核，作出处理。各地方如因擅自减免而未完成“两金”上缴任务的，中央财政要相应扣减地方“两金”分成收入。今年内，中央和地方都不再出台新的减免税政策，临时性、困难性的减免税一律暂停审批。对外商投资企业要加强税收征管，防止外商转移利润和逃税、避税。要清理关税和进口工商税的减免。改进出口退税办法，实行出口退税与出口结汇相挂钩，防止虚报冒领。要认真清理欠税，对拖欠税款的，由税务部门通知银行扣缴入库。地方财政预算收支，必须严格执行《国家预算管理条例》，不准打赤字。已经打赤字的地区，要立即重新调整地方预算，确保全年收支平衡。从八月份开始，由国务院组织全国财税大检查，重点检查偷漏税、越权减免税和“两金”等方面的问题。对检查出来应上缴国家的财政收入，银行要及时划解入库，不得占压应缴国库的财政收入。

十四、对在建项目进行审核排队，严格控制新开工项目。现在建设摊子普遍铺得太大，战线拉得过长，投资结构也不够合理，各地区、各部门必须对所有在建项目进行一次清理、审核排队。对不符合国家产业政策、资金来源不落实、建设条件不具备、市场前景不明的项目，特别是高档宾馆、写字楼、度假村等，要下决心停缓建，腾出资金保国家重点建设项目，保今年计划内项目。各级政府和财政、银行部门，要加强建设资金的调度，保证国家预算内建设资金和银行投资贷款按资金的正确需要比例到位。所有新开工项目，必须是有正当资金来源、产品有市场销路和经济效益好的项目。建设资金供应无保证、条件不具备的项目，都不得批准开工。新开工基本建设大中型项目，必须经国务院批准后方能开工。对于基本建设小型项目，除农业、水利、交通、能源、学校、医院、粮棉仓储设施、城市公用设施、职工住宅以及合同已经生效的利用外资项目外，其他项目今年内也要严格控制新开工。抓紧建立建设项目申报备案制度。各地区要认真贯彻《国务院关于严格审批和认真清理各类开发区的通知》。借用国外商业贷款，要严格按国家计划执行，不得任意突破，特别是不准用商业贷款倒换人民币来扩大建设规模。

十五、积极稳妥地推进物价改革，抑制物价总水平过快上涨。今年内，除按原计划再出台提高铁路货运价和整顿电价外，各地方都不要再出台新的调价项目（包括服务收费项目）。受国家调价影响较大的后续产品，价格调整也要从严掌握。对去年下半年以来一些地区和部门，未经国家批准越权决定出台的提价项目和行政性收费要进行清理，并严格按价格管理条例进行查处。对已经放开的重要商品价格要加强监测，通过立法规范企业价格行为。已经放开粮价的地区，要进一步发挥国有粮食部门稳定市场、稳定粮价的作用。严格执行农业生产资料最高限价。

十六、严格控制社会集团购买力的过快增长。要加强集团购买力的控购管理工作。下半年要严格控制和精简各种会议，各地区、各部门会议经费要在年初预算基础上压缩百分之二十。要严格控制过多过滥的出国活动，控制无实际效益的各种招商活动，停办各种无实际意义的办节活动。各行政事业单位要努力节约办公经费，购买办公设备必须严格按预算办事，不得以办公自动化为名要求追加预算。对非生产性的社会集团单位购买小汽车，下半年原则上暂停审批。对行政事业单位和亏损企业，以及拖欠税款和没有自有专用基金的企业，一般要暂停购买小汽车。

采取上述措施，从全局来说是非常必要的，是积极的。既可以保持经济持续快速发展，又可以为加快改革开放创造必要的宏观环境。当然，实行这些措施，下半年的经济增长速度将要减慢一些，有些生产企业可能减产甚至停产，企业的销售收入会相应减少，有些建设项目要停缓下来，相互拖欠资金会有所增加。但就全国来看，还可以保持较高的增长水平，全年经济增长率不会低于百分之十。基础工业和主要装备工业特别是国有大中型企业的生产经营不至于受太大的影响。如果不采取这些措施或这些措施不能得到有效贯彻，“瓶颈”部门制约将会进一步加剧，资金供求矛盾将更加尖锐，严重通货膨胀局面将难以避免。在这样的局面下，即使今年速度可以更高一些，但明后年将难以支撑，经济有可能发生大的起落。这是我们需要极力避免的。一定要注意瞻前顾后，不仅考虑今年，还要考虑到明后年以至整个九十年代的发展战略目标，保证国民经济持续、快速、健康地发展。

在实施上述措施过程中，必须继续高度重视农业问题，要切实落实党中央、国务院关于稳定和发展农业生产的各项政策措施。当前特别是，一要坚决做到不打“白条”，二要切实减轻农民负担，三要抓紧解决夏收购销、储运中暴露的问题，四要抓好大秋作物播种面积的落实和田间管理。这是关系经济社会全局稳定和经济走势的大事。同时，要大力开展增产节约、增收节支活动，反对铺张浪费；继续抓好《全民所有制工业企业转换经营机制条例》的落实，进一步强化企业内部经营管理，推进企业的技术进步和扭亏增盈工作。贯彻上述措施，要坚持“两手抓”，抓住一些大案要案，坚决果断处理，推动纠正各种不正之风，反对贪污腐败，改变社会不良风气，使中央的宏观调控措施得到人民群众的拥护和支持。

各地区、各部门都要从大局出发，加强组织纪律性，做到令行禁止，坚决维护中央对全国宏观经济调控的统一性、权威性和有效性。自接到文件之日起，必须立即组织贯彻落实，制定出具体的办法和措施。党中央、国务院将组织调查组，深入各地进行督促检查。

国家计委关于印发促进和引导民间投资的若干意见的通知[①]

（2001 年 12 月 11 日）

各省、自治区、直辖市及计划单列市、副省级省会城市计委，国务院各部委、各直属机构：

按照江泽民总书记“七・一”重要讲话和“三个代表”重要思想的要求，为了建立和完善社会主义市场经济体制，保持国民经济持续稳定健康发展，我委制定了《关于促进和引导民间投资的若干意见》，现印发给你们。请根据本地区、本部门民间投资发展的现状和特点，制定和实施符合本地区、本部门实际的具体政策措施，努力做好民间投资的促进和引导工作。

国家计委

二〇〇一年十二月十一日

国家计委关于促进和引导民间投资的若干意见

实行改革开放以来，我国民间投资增长迅速，在发展经济、扩大就业、活跃市场和增加出口等方面发挥出日益重要的作用，已成为促进我国经济和社会发展的重要力量。近些年来，由于受政策、

① 《国家计委关于印发促进和引导民间投资的若干意见的通知》，《中华人民共和国国务院公报》，2001 年 26 期。

体制和市场环境以及民间投资者自身因素的制约，民间投资发展受到了一定的影响。为了充分调动和发挥民间投资者的积极性，支持民间投资健康发展，现对促进和引导民间投资的工作提出以下意见。

一、进一步转变思想观念，促进民间投资的发展。促进和引导民间投资，有利于扩大内需，保持经济持续增长；有利于增加就业和繁荣市场，提高人民生活水平；有利于适应加入世界贸易组织的要求，提高国民经济整体素质；有利于推动所有制结构调整，促进社会主义市场经济体制的建立和完善。各地区、各有关部门要以邓小平理论和党的十五大精神为指导，按照江泽民总书记“七·一”重要讲话和“三个代表”重要思想的要求，充分认识个体、私营等非公有制经济是社会主义市场经济的重要组成部分，以及促进和引导民间投资对保持国民经济持续稳定健康发展的重要性。要根据建立社会主义市场经济体制的需要制定相应的政策，改进管理方法，为民间投资者营造公平竞争的发展环境。要进一步完善法律法规，依法保护民间投资者的合法权益。

二、逐步放宽投资领域。除国家有特殊规定的以外，凡是鼓励和允许外商投资进入的领域，均鼓励和允许民间投资进入；在实行优惠政策的投资领域，其优惠政策对民间投资同样适用；鼓励和引导民间投资以独资、合作、联营、参股、特许经营等方式，参与经营性的基础设施和公益事业项目建设。近期要积极创造条件，尽快建立公共产品的合理价格、税收机制，在政府的宏观调控下，鼓励和引导民间投资参与供水、污水和垃圾处理、道路、桥梁等城市基础设施建设。鼓励有条件的民间投资者到境外投资。

三、积极拓宽融资渠道。国有商业银行要把支持民间投资作为信贷工作的重要内容，完善机构设置，明确工作职责，充实信贷人员，制定有针对性的贷款政策和管理办法；要增强服务意识，增加服务品种，对民间投资者的贷款申请一视同仁；要帮助民间投资者建立规范的财务制度，增强信用意识，提供信息咨询和理财经验；要与民间投资者共同努力，严格防范金融风险。股份制商业银行、城市商业银行和农村信用合作社，应把民间投资者作为重要服务对象。鼓励建立为民间投资服务的信用担保和贷款担保机构。证券监管部门要在健全完善核准制的基础上，为民间投资项目上市融资提供平等的机会。

要积极稳妥地发展风险投资基金，为民间投资者进行高新技术项目投资提供资金支持。允许以技术要素等无形资产作价投资。支持民间投资者与外商合资合作。允许民间投资项目申请利用外国政府和国际金融机构贷款。

四、实行公平合理的税费政策。各地区、各有关部门，对与民间投资有关的税费科目要进行清理和规范，调整不公平的税赋，取消不合理的收费，切实减轻民间投资者的负担；对尚处于创业阶段的民间投资者可以给予一定的减免税支持；各级政府应积极创造条件，通过财政贴息、设立担保基金和投资补贴等形式，引导民间资本投向高新技术、基础设施和公益事业，支持民间投资者到西部地区投资。

五、建立社会化服务体系。鼓励建立为民间投资者服务的商会、行业协会等自律性组织，发展为民间投资者提供政策、法律、财会、技术、管理和市场信息等服务的中介组织，帮助民间投资者建立规范的产权制度、财会制度和人员培训制度。

六、改进政府的管理工作。各级地方政府要把促进和引导民间投资纳入国民经济和社会发展规划，本着积极引导、热心服务、依法监管的原则，采取法律、经济和必要的行政手段，引导民间投资健康发展。要防止出现低水平重复建设，禁止从事破坏生态环境、浪费资源和危害劳动者人身安全的项目建设。同时，要加强税收征管和维护金融债权工作，依法打击偷逃税和逃废金融债务的行为。

对民间投资项目，政府主要从产业政策、城乡规划、环境保护、资源利用、土地使用和公共安全等方面进行审核；要改革行政审批制度，减少程序，提高效率，尽快建立民间投资项目登记备案制度。统计部门要改进对民间投资的统计方法，及时、准确、全面地反映民间投资状况。

有关部门应调整、制定有关政策，使民间投资者在评定职称、评选先进、户籍管理、子女就学以及因商务和技术交流需要办理出国（境）手续等方面，享有与国有单位人员同等的待遇。

在国务院的领导下，国家计委将会同有关部门，对全国促进和引导民间投资工作进行宏观指导、政策研究和组织协调。各省级人民政府要按照中央的方针政策，针对本地区民间投资发展的现状和特点，因地制宜地制定和实施具体政策措施，做好民间投资的促进和引导工作。

国务院关于推进资本市场改革开放和稳定发展的若干意见[①]

（2004年1月31日）

各省、自治区、直辖市人民政府，国务院各部委、各直属机构：

《国务院关于进一步加强证券市场宏观管理的通知》（国发〔1992〕68号）下发以来，我国资本市场发展迅速，取得了举世瞩目的成就。资本市场初具规模，市场基础设施不断改善，法律法规体系逐步健全，市场规范化程度进一步提高，已经成为社会主义市场经济体系的重要组成部分，为国有企业、金融市场改革和发展，优化资源配置，促进经济结构调整和经济发展，作出了重要贡献。为贯彻落实党的十六大和十六届三中全会精神，围绕全面建设小康社会的战略目标，积极推进资本市场改革开放和稳定发展，现提出如下意见。

一、充分认识大力发展资本市场的重要意义

大力发展资本市场是一项重要的战略任务，对我国实现本世纪头20年国民经济翻两番的战略目标具有重要意义。一是有利于完善社会主义市场经济体制，更大程度地发挥资本市场优化资源配置的功能，将社会资金有效转化为长期投资。二是有利于国有经济的结构调整和战略性改组，加快非国有经济发展。三是有利于提高直接融资比例，完善金融市场结构，提高金融市场效率，维护金

① 《国务院关于推进资本市场改革开放和稳定发展的若干意见》，《中华人民共和国国务院公报》，2004年09期。

融安全。

我国资本市场是伴随着经济体制改革的进程逐步发展起来的。由于建立初期改革不配套和制度设计上的局限，资本市场还存在一些深层次问题和结构性矛盾，制约了市场功能的有效发挥。这些问题是资本市场发展中遇到的问题，也只有在发展中逐步加以解决。党的十六大提出了全面建设小康社会的战略目标，十六届三中全会通过了《中共中央关于完善社会主义市场经济体制若干问题的决定》，对资本市场发展作出了部署，为我国资本市场改革开放和稳定发展指明了方向。要认清形势，抓住机遇，转变观念，大力发展资本市场，提高直接融资比例，创造和培育良好的投资环境，充分发挥资本市场在促进资本形成、优化资源配置、推动经济结构调整、完善公司治理结构等方面的作用，为国民经济持续快速协调健康发展和全面建设小康社会作出新的贡献。

二、推进资本市场改革开放和稳定发展的指导思想和任务

推进资本市场改革开放和稳定发展的指导思想是：以邓小平理论和“三个代表”重要思想为指导，全面落实党的十六大和十六届三中全会精神，遵循“公开、公平、公正”原则和“法制、监管、自律、规范”的方针，坚持服务于国民经济全局，实现与国民经济协调发展；坚持依法治市，保护投资者特别是社会公众投资者的合法权益；坚持资本市场改革的市场化取向，充分发挥市场机制的作用；坚持改革的力度、发展的速度与市场可承受程度的统一，处理好改革、发展、稳定的关系；坚持用发展的办法解决前进中的问题，处理好加快资本市场发展与防范市场风险的关系；坚持循序渐进，不断提高对外开放水平。

推进资本市场改革开放和稳定发展的任务是：以扩大直接融资、完善现代市场体系、更大程度地发挥市场在资源配置中的基础性作用为目标，建设透明高效、结构合理、机制健全、功能完善、运行安全的资本市场。要围绕这一目标，建立有利于各类企业筹集资金、满足多种投资需求和富有效率的资本市场体系；完善以市场为主导的产品创新机制，形成价格发现和风险管理并举、股票融资与债券融资相协调的资本市场产品结构；培育诚实守信、运作规范、治理机制健全的上市公司和市场中介群体，强化市场主体约束和优胜劣汰机制；健全职责定位明确、风险控制有效、协调配合到位的市场监管体制，切实保护投资者合法权益。

三、进一步完善相关政策，促进资本市场稳定发展

资本市场的稳定发展需要相应的政策引导和支持。各部门要进一步完善相关政策，为资本市场稳定发展营造良好环境。

完善证券发行上市核准制度。健全有利于各类优质企业平等利用资本市场的机制，提高资源配置效率。

重视资本市场的投资回报。要采取切实措施，改变部分上市公司重上市、轻转制、重筹资、轻回报的状况，提高上市公司的整体质量，为投资者提供分享经济增长成果、增加财富的机会。

鼓励合规资金入市。继续大力发展证券投资基金。支持保险资金以多种方式直接投资资本市场，逐步提高社会保障基金、企业补充养老基金、商业保险资金等投入资本市场的资金比例。要培养一批诚信、守法、专业的机构投资者，使基金管理公司和保险公司为主的机构投资者成为资本市场的主导力量。

拓宽证券公司融资渠道。继续支持符合条件的证券公司公开发

行股票或发行债券筹集长期资金。完善证券公司质押贷款及进入银行间同业市场管理办法，制定证券公司收购兼并和证券承销业务贷款的审核标准，在健全风险控制机制的前提下，为证券公司使用贷款融通资金创造有利条件。稳步开展基金管理公司融资试点。

积极稳妥解决股权分置问题。规范上市公司非流通股份的转让行为，防止国有资产流失。稳步解决目前上市公司股份中尚不能上市流通股份的流通问题。在解决这一问题时要尊重市场规律，有利于市场的稳定和发展，切实保护投资者特别是公众投资者的合法权益。

完善资本市场税收政策。研究制定鼓励社会公众投资的税收政策，完善证券、期货公司的流转税和所得税征收管理办法，对具备条件的证券、期货公司实行所得税集中征管。

四、健全资本市场体系，丰富证券投资品种

建立多层次股票市场体系。在统筹考虑资本市场合理布局和功能定位的基础上，逐步建立满足不同类型企业融资需求的多层次资本市场体系，研究提出相应的证券发行上市条件并建立配套的公司选择机制。继续规范和发展主板市场，逐步改善主板市场上市公司结构。分步推进创业板市场建设，完善风险投资机制，拓展中小企业融资渠道。积极探索和完善统一监管下的股份转让制度。

积极稳妥发展债券市场。在严格控制风险的基础上，鼓励符合条件的企业通过发行公司债券筹集资金，改变债券融资发展相对滞后的状况，丰富债券市场品种，促进资本市场协调发展。制定和完善公司债券发行、交易、信息披露、信用评级等规章制度，建立健全资产抵押、信用担保等偿债保障机制。逐步建立集中监管、统一互联的债券市场。

稳步发展期货市场。在严格控制风险的前提下，逐步推出为大宗商品生产者和消费者提供发现价格和套期保值功能的商品期货品种。

建立以市场为主导的品种创新机制。研究开发与股票和债券相关的新品种及其衍生产品。加大风险较低的固定收益类证券产品的开发力度，为投资者提供储蓄替代型证券投资品种。积极探索并开发资产证券化品种。

五、进一步提高上市公司质量，推进上市公司规范运作

提高上市公司质量。上市公司的质量是证券市场投资价值的源泉。上市公司董事和高级管理人员要把股东利益最大化和不断提高盈利水平作为工作的出发点和落脚点。要进一步完善股票发行管理体制，推行证券发行上市保荐制度，支持竞争力强、运作规范、效益良好的公司发行上市，从源头上提高上市公司质量。鼓励已上市公司进行以市场为主导的、有利于公司持续发展的并购重组。进一步完善再融资政策，支持优质上市公司利用资本市场加快发展，做优做强。

规范上市公司运作。完善上市公司法人治理结构，按照现代企业制度要求，真正形成权力机构、决策机构、监督机构和经营管理者之间的制衡机制。强化董事和高管人员的诚信责任，进一步完善独立董事制度。规范控股股东行为，对损害上市公司和中小股东利益的控股股东进行责任追究。强化上市公司及其他信息披露义务人的责任，切实保证信息披露的真实性、准确性、完整性和及时性。建立健全上市公司高管人员的激励约束机制。

完善市场退出机制。要采取有效措施，结合多层次市场体系建设，进一步完善市场退出机制。在实现上市公司优胜劣汰的同时，建立对退市公司高管人员失职的责任追究机制，切实保护投资者的合法权益。

六、促进资本市场中介服务机构规范发展，提高执业水平

把证券、期货公司建设成为具有竞争力的现代金融企业。根据审慎监管原则，健全证券、期货公司的市场准入制度。督促证券、期货公司完善治理结构，规范其股东行为，强化董事会和经理人员的诚信责任。改革证券、期货客户交易结算资金管理制度，研究健全客户交易结算资金存管机制。严禁挪用客户资产，切实维护投资者合法权益。证券、期货公司要完善内控机制，加强对分支机构的集中统一管理。完善以净资本为核心的风险监控指标体系，督促证券、期货公司实施稳健的财务政策。鼓励证券、期货公司通过兼并重组、优化整合做优做强。建立健全证券、期货公司市场退出机制。

加强对其他中介服务机构的管理。规范发展证券期货投资咨询机构、证券资信评级机构，加强对会计师事务所、律师事务所和资产评估机构的管理，提高中介机构的专业化服务水平。

七、加强法制和诚信建设，提高资本市场监管水平

健全资本市场法规体系，加强诚信建设。按照大力发展资本市场的总体部署，健全有利于资本市场稳定发展和投资者权益保护的法规体系。要清理阻碍市场发展的行政法规、地方性法规、部门规章以及政策性文件，为大力发展资本市场创建良好的法制环境。要按照健全现代市场经济社会信用体系的要求，制定资本市场诚信准则，维护诚信秩序，对严重违法违规、严重失信的机构和个人坚决实施市场禁入措施。

推进依法行政，加强资本市场监管。按照深化行政审批制度改革和贯彻实施《行政许可法》的要求，提高执法人员的自身素质和执法水平。树立与时俱进的监管理念，建立健全与资本市场发展阶段相适应的监管方式，完善监管手段，提高监管效率。进一步充实监管力量，整合监管资源，培养一支政治素质和专业素质过硬的监管队伍。通过实施有效的市场监管，努力提高市场的公正性、透明度和效率，降低市场系统风险，保障市场参与者的合法权益。

发挥行业自律和舆论监督作用。要发挥证券期货交易所、登记结算公司、证券期货业协会、律师、会计师、资产评估等行业协会的自律管理作用。要引导和加强新闻媒体对证券期货市场的宣传和监督。

八、加强协调配合，防范和化解市场风险

营造良好的资本市场发展环境。资本市场的风险防范关系到国家的金融安全和国民经济的健康发展。各地区、各部门都要关心和支持资本市场的规范发展，在出台涉及资本市场的政策措施时，要充分考虑资本市场的敏感性、复杂性和特殊性，并建立信息共享、沟通便捷、职责明确的协调配合机制，为市场稳定发展创造良好的环境和条件。

共同防范和化解市场风险。各地区、各部门要切实履行《公司法》等有关法律法规规定的职责，采取有效措施防止和及时纠正发起人虚假出资、大股东或实际控制人侵占上市公司资产的行为；各地区和有关主管部门要依法加强对退市公司的管理，确保退市工作平稳顺利。对有重大经营风险必须退出资本市场或采取其他行政处置措施的证券、期货公司，地方人民政府、金融监管部门以及公安、司法等部

门，要加强协调配合，按照法律法规和有关政策规定，采取积极有效措施做好风险处置工作。各地区、各部门必须建立应对资本市场突发事件的快速反应机制和防范化解风险的长效机制。

严厉打击证券期货市场违法活动。各地区要贯彻落实国务院关于整顿和规范市场经济秩序的有关精神，严格禁止本地区非法发行证券、非法设立证券期货经营机构、非法代理证券期货买卖、非法或变相设立证券期货交易场所及其他证券期货违法活动。财政、公安、审计、工商等政府部门和国有资产监督管理机构要加强协调配合，加大打击力度，维护资本市场秩序。

九、认真总结经验，积极稳妥地推进对外开放

严格履行我国加入世贸组织关于证券服务业对外开放的承诺。鼓励具备条件的境外证券机构参股证券公司和基金管理公司，继续试行合格的境外机构投资者制度。

积极利用境外资本市场。遵循市场规律和国际惯例，支持符合条件的内地企业到境外发行证券并上市。支持符合条件的内地机构和人员到境外从事与资本市场投资相关的服务业务和期货套期保值业务。认真研究合格的境内机构投资者制度。

加强交流与合作。落实与香港、澳门更紧密经贸合作安排。进一步加强与相关国际组织及境外证券监管机构的联系与合作。

大力发展资本市场是党中央、国务院从全局和战略出发作出的重要决策，各地区、各部门务必高度重视，树立全局观念，充分认识发展资本市场的重要性，坚定信心、抓住机遇、开拓创新，共同为资本市场发展创造条件，积极推动我国资本市场的改革开放和稳定发展，为实现全面建设小康社会的宏伟目标作出贡献。

国务院关于进一步推进西部大开发的若干意见（节选）①

（2004年3月11日）

（上略）

党的十六大和十六届三中全会明确指出，积极推进西部大开发，有效发挥中部地区综合优势，支持中西部地区加快改革发展，振兴东北地区等老工业基地，鼓励东部有条件地区率先基本实现现代化，促进区域经济协调发展，是全面建设小康社会和完善社会主义市场经济体制的重大举措。统筹区域发展，加快西部地区发展至关重要。没有西部地区的小康，就没有全国的小康。没有西部地区的现代化，就不能说实现了全国的现代化。因此，要进一步提高对西部大开发重大战略意义的认识，认真研究并深刻把握西部开发工作的规律性，把实施西部大开发作为一项重大任务列入重要议事日程，不断改进和加强对西部大开发的领导，充分调动各方面积极性，开创西部大开发的新局面。

继续推进西部大开发，要以邓小平理论和“三个代表”重要思想为指导，全面贯彻党的十六大和十六届三中全会精神，认真落实党中央、国务院关于实施西部大开发的战略部署、方针政策和重点任务。坚持解放思想，实事求是，与时俱进，按照完善社会主义市场经济的改革方向，不断探索西部大开发的新路子。坚持以人为本，树立全面、协调、可持续的发展观，按照“五个统筹”的要

① 《国务院关于进一步推进西部大开发的若干意见》，《中华人民共和国国务院公报》，2004年14期。

求，使经济发展与环境保护、社会进步协调推进，促进西部地区经济社会和人的全面发展。坚持一切从实际出发，积极进取，量力而行，有重点、有步骤地解决关系西部开发全局的重大问题。坚持把西部地区自力更生、艰苦奋斗与国家政策支持结合起来，更大程度地发挥市场配置资源的基础性作用，不断增强西部地区的自我发展能力。以更大的决心、更有力的措施、更扎实的工作，推动西部地区经济持续快速协调健康发展和社会全面进步。

进一步推进西部大开发，要总结经验，完善政策措施，抓好以下重点工作。

一、扎实推进生态建设和环境保护，实现生态改善和农民增收

生态建设和环境保护是西部大开发的重要任务和切入点。加强西部地区生态建设和环境保护，关系农民当前生计和长远利益，关系全国能否实现可持续发展。要以统筹实现生态改善、农民增收和地区经济发展为目标，认真搞好退耕还林、退牧还草、天然林保护、京津风沙源治理和已垦草原退耕还草等生态建设工程。

退耕还林要搞好规划，完善政策，突出重点，加强协调，稳步推进，近期要重点做好巩固成果的工作。优先治理25度以上的陡坡耕地和严重沙化耕地，特别是江河源头及两岸、湖泊水库周围的陡坡耕地。重点放在北方干旱半干旱土地沙化区、黄土高原水土流失严重区、南方岩溶石漠化集中区、长江中上游大江大湖周边区、青藏高原江河源头区和京津风沙源区等区域。要加强天然草原的恢复、治理和基本草场建设，把退牧还草工程和逐步转变牧民的生产生活方式结合起来。完善配套措施，创造条件，逐步从放牧、游牧转为舍饲和轮牧相结合，大力开发后续加工产业，不断提高广大牧

民的生活水平和质量。已垦草原要加快实施退耕还草。继续推进天然林保护等工程，恢复生态系统的自我修复能力。

认真搞好“五个结合”，即把退耕还林、退牧还草与加强基本农田建设、农村能源建设、生态移民、后续产业发展、封山禁牧舍饲等配套保障措施结合起来。保持和提高粮食综合生产能力，保证国家粮食安全。继续坚持省级人民政府负总责，统筹安排各项任务，确保各项政策措施真正落实到位，切实解决农民增收和长远生计问题，保证退得下、还得上、能致富、不反弹。建立生态建设和环境保护补偿机制，鼓励各类投资主体投入生态建设和环境保护。

要从规划入手加强环境保护工作，坚持预防为主、保护优先，落实重要生态功能区的保护任务，加强重大建设项目的环境监管，加强工业污染防治，加强城市污水、垃圾、大气等环境综合整治，加大矿区环境保护与整治的力度。

二、继续加快基础设施重点工程建设，为西部地区加快发展打好基础

基础设施建设事关西部开发全局。要从战略高度着眼，注重科学布局。加强重大项目前期工作，条件成熟一批，开工一批。加大投入力度，保证工程质量，重大工程要干一项，成一项。继续集中力量建设好青藏铁路、西气东输、西电东送、水利枢纽、交通干线等重大项目。

坚持把水资源的合理开发利用和节约保护放在首要位置，加快推行节水技术和节水措施，加强各类节水设施建设。推进重点流域综合治理、水资源科学调配、水源涵养地保护。因地制宜地建设大中小型水利工程。有效防治水污染，促进污水资源化，加强地下水

资源勘查和监测。以水资源的承受能力为前提，合理规划产业布局，禁止在缺水地区上高耗水项目。大力发展节水型产业，积极建设节水型社会。继续做好南水北调西线工程前期工作。加强综合交通运输网络建设，发挥综合效益。5年内建成“五纵七横”国道主干线西部路段，到2010年建成西部开发八条公路干线。加快跨区域铁路通道建设。逐步完善以干线机场为中心、干线机场与支线机场相协调的航空网络。加强内河航运基础设施建设，改善内河通航条件。加强综合能源体系建设，发挥西部地区作为全国石油天然气生产和加工基地的作用，建设一批大型高产、高效、低排污煤炭生产基地。大力开发水电，合理配置火电，建立合理的西电东送电价机制，对水电的实际税赋进行合理调整，支持西部地区水电发展。加强信息基础网络建设。加快建立电信普遍服务基金和邮政普遍服务补偿机制，支持西部地区和其他地区农村普及电信和邮政服务。继续实施“西新”工程，进一步扩大广播电视覆盖率。加强城市交通、供电、通信、给排水、环保、消防等基础设施建设。加强工程管理，建立重大项目的后评估制度。

三、进一步加强农业和农村基础设施建设，加快改善农民生产生活条件

加强西部地区农业和农村基础设施建设，改善农民生产生活条件，是促进农村经济社会发展，加快实现小康的重大举措。要以增加农民收入为中心，加快农业结构调整，大力发展特色农业、旱作节水农业和生态农业。发挥西部地区气候多样化和生物多样性的优势，积极发展棉花、糖料、水果、肉类、奶类、毛绒类、花卉、中药材等特色农产品及其深加工。建立健全农产品市场体系。支持一批龙头企业、生产基地、农产品加工中心和市场流通基础设施建设，推进农业产业化经营。

建成通县油路，推进县际公路建设，逐步建设县乡公路。在国家给予适当资金补助的基础上，广泛动员农民和其他社会力量参与节水灌溉、人畜饮水、农村道路、农村沼气、农村水电、草场围栏等小型公共工程建设。拓宽农民参与公共工程建设、外出打工等增收渠道。继续减轻农民税费负担。办好乡镇企业，大力发展县域经济，加快城镇化进程，促进农村富余劳动力转移就业。对一些经济发展明显落后、少数民族人口较多、国防或生态位置重要的贫困地区，国家给予重点支持，进行集中连片开发。继续开展“兴边富民”行动。

四、大力调整产业结构，积极发展有特色的优势产业

调整和优化产业结构，大力发展特色经济，促进资源优势向产业优势、经济优势转化，是增强西部地区自我发展能力、扩大社会就业、改善人民生活的根本大计。要密切结合西部地区资源特点和产业优势，以市场为导向，积极发展能源、矿业、机械、旅游、特色农业、中药材加工等优势产业。促进西部地区传统优势产业参与国内外竞争，充分发挥国防科技工业优势，推广应用信息技术，在有条件的地方发展高新技术产业，探索一条适合西部地区的新型工业化道路。把发展优势产业和调整改造西部老工业基地结合起来，提高老工业城市的经济实力和竞争能力。加强西部地区矿产资源勘探，增加公益性调查评价的资金投入。严格整顿矿业秩序，对重要矿产资源实行强制性保护，提高资源综合利用率，有序推进矿业市场改革和开放，逐步将西部地区建设成为全国能源、矿产资源主要接替区。

发展特色优势产业要因地制宜，以企业为主体、市场为导向、效益为中心、先进适用技术为支撑、保护环境为前提，切实防止盲目投资和低水平重复建设，严格控制被淘汰的生产工艺、设备转移到西部地区。合理调整全国产业分工格局，支持西部地区具备基本条件的地方发展资源深加工项目，由国家投资或需要国家批准的重点项目，只要西部地区有优势资源、有市场，优先安排在西部地区。根据不同地区的特色和比较优势，加强跨省区的经济合作与协调。

五、积极推进重点地带开发，加快培育区域经济增长极

贯彻以线串点、以点带面的区域发展指导方针，依托水陆交通干线，重点发展一批中心城市，形成新的经济增长极。积极培育并形成西陇海兰新线经济带、长江上游经济带和南贵昆经济区等重点经济区域。制订区域规划，加大交通、通信、市政等基础设施的建设力度，逐步建成通江达海的骨干交通网络、快速便捷的通信网络和生产要素集聚的城镇体系。支持重点地带优势产业及企业加快发展，在项目布局、市场体系建设、信贷投入、利用国内外资金等方面给予扶持和帮助。发挥中心城市的辐射带动作用，形成区域性的经济、交通、物流、金融、信息、技术和人才中心，带动周围地区和广大农村发展。对西部地区经济技术开发区、国家级高新技术产业开发区的园区内基础设施建设贷款，继续提供财政贴息支持。

六、大力加强科技教育卫生文化等社会事业，促进经济和社会协调发展

加强科技、教育、卫生、文化等社会事业，提高劳动者素质，促进经济社会协调发展，是进一步推进西部大开发的重要任务。要加强科普工作，加大推广先进适用技术力度。加强西部地区科技能力及重点科研基地建设，提高西部开发重点任务的技术支撑水平。要把优先发展教育作为基础性、战略性任务来抓，到 2007 年，西部地区普及九年义务教育人口覆盖率达到 85%以上，青壮年文盲率降到 5%以下。要完善教育经费保障机制，加大中央财政和省级财政对农村义务教育的支持，新增财政收入用于支持农村教育发展的部分向西部地区农村倾斜，支持中小学校建设的中央财政专项资金继续向西部地区倾斜。逐步对义务教育阶段家庭经济困难学生免除杂费、书本费，对寄宿生补助生活费。继续加强教育对口支援工作。国家继续在资金投入和政策措施上给予倾斜，支持西部地区高等教育发展。

大力支持西部地区卫生事业发展，加强公共卫生设施建设，完善疾病预防控制体系和医疗救治体系。逐步建立和完善新型合作医疗制度、贫困农民家庭医疗救助制度，建立健全县、乡、村三级卫生服务网络，重点支持以乡镇卫生院为主体的农村医疗设施建设。加强重大传染病和地方病的防治。加强人口和计划生育工作，采取经济措施建立农村部分计划生育家庭奖励扶助制度，鼓励贫困地区农民家庭“少生快富”，降低出生率，提高人口素质。继续加强西部地区文化艺术、广播影视、新闻出版和农村基层公共文化服务网络和文化设施建设，加强西部地区民族民间传统文化的保护工作。

七、深化经济体制改革，为西部地区发展创造良好环境

大力改善投资环境，充分发挥市场机制作用，吸引国内外资金、技术和人才投入西部开发，是西部地区加快发展的根本性措施。要增强紧迫感，进一步解放思想，转变观念，以深化行政审批制度改革为突破口，切实把政府经济管理职能转变到主要为市场主体服务和创造良好发展环境上来。大力加强公务员队伍建设，依法规范行政和执法行为，强化服务意识，提高行政效率。完善市场体系，规范市场秩序，打击假冒伪劣等经济欺诈行为，依法保护知识产权。积极推行公有制特别是国有制的多种有效实现形式，加快调整国有经济布局和结构，积极鼓励、支持和引导个体、私营等非公有制经济发展。努力扩大社会就业，健全社会保障体系。进一步放宽非公有制经济投资准入领域，鼓励社会资本参与基础设施和生态环境建设、优势产业发展，参股、兼并和重组国有企业。支持国有企业改革、改组、改造的各项政策措施向西部地区倾斜。落实社会治安综合治理各项措施，维护安定团结的社会局面。

加强西部与东部、中部地区之间的经济交流与合作，建立市场化的跨地区企业协作机制，把东部、中部地区的资金、技术和人才优势与西部地区的资源、市场和劳动力优势结合起来，实现优势互补、互惠互利，共同发展。加大东部地区和中央单位对口支援西部地区的工作力度。深化涉外经济体制改革，进一步扩大对外开放，更好地利用外资加快发展。建立以企业为主体的对外招商引资新机制，提高招商引资实效，依托优势产业、重点工程、重点地带，吸引外来投资。逐步放宽西部地区保险、旅游、运输等服务领域的外资准入限制条件。采取有力措施推动西部地区发展对外贸易和经济技术合作，全方位、多形式地扩大与周边国家和地区的经济合作和技术交流，努力开拓国际贸易和边境贸易。

八、拓宽资金渠道，为西部大开发提供资金保障

建立长期稳定的西部开发资金渠道，是持续推进西部大开发的重要保障。要继续保持用长期建设国债等中央建设性资金支持西部开发的投资力度，采取多种方式筹集西部开发专项资金。中央财政性建设资金、其他专项建设资金继续向西部地区基础设施建设倾斜。创新重大基础设施建设投入机制，采取多种方式鼓励和引导社会资金和境外资金参与基础设施建设。进一步加大中央财政对西部地区的转移支付力度。拓宽西部开发间接和直接融资渠道。鼓励各金融机构采取银团贷款、混合贷款、委托理财、融资租赁、股权信托等多种方式，加大对西部地区的金融支持。加快商业银行对西部地区国债配套贷款项目的评估审贷速度，提高贷款审核效率。支持国家政策性银行扩大贷款规模，延长贷款期限，支持西部地区基础设施建设、进出口贸易。进一步推进西部地区农村金融体系建设，加大农村信用社改革力度，继续扩大农户小额贷款和农户联保贷款，支持有生产能力、守信用的贫困农户尽快脱贫致富。加强扶贫贴息贷款管理，增加对西部地区信贷投入。积极支持西部地区符合条件的企业优先发行企业债券，支持西部地区符合条件的企业发行股票。修改、完善并适时出台产业投资基金管理暂行办法，优先在西部地区组织试点，支持西部地区以股权投资方式吸引内外资。提高西部地区利用国际组织和外国政府赠款及国外优惠贷款的比例。

（下略）

国务院关于投资体制改革的决定（节选）[1]

（2004 年 7 月 16 日）

各省、自治区、直辖市人民政府，国务院各部委、各直属机构：

改革开放以来，国家对原有的投资体制进行了一系列改革，打破了传统计划经济体制下高度集中的投资管理模式，初步形成了投资主体多元化、资金来源多渠道、投资方式多样化、项目建设市场化的新格局。但是，现行的投资体制还存在不少问题，特别是企业的投资决策权没有完全落实，市场配置资源的基础性作用尚未得到充分发挥，政府投资决策的科学化、民主化水平需要进一步提高，投资宏观调控和监管的有效性需要增强。为此，国务院决定进一步深化投资体制改革。

一、深化投资体制改革的指导思想和目标

（一）深化投资体制改革的指导思想是：按照完善社会主义市场经济体制的要求，在国家宏观调控下充分发挥市场配置资源的基础性作用，确立企业在投资活动中的主体地位，规范政府投资行为，保护投资者的合法权益，营造有利于各类投资主体公平、有序竞争的市场环境，促进生产要素的合理流动和有效配置，优化投资结构，提高投资效益，推动经济协调发展和社会全面进步。

（二）深化投资体制改革的目标是：改革政府对企业投资的管理制度，按照“谁投资、谁决策、谁收益、谁承担风险”的原则，

---

① 《国务院关于投资体制改革的决定》，《人民日报》，2004 年 7 月 26 日。

落实企业投资自主权；合理界定政府投资职能，提高投资决策的科学化、民主化水平，建立投资决策责任追究制度；进一步拓宽项目融资渠道，发展多种融资方式；培育规范的投资中介服务组织，加强行业自律，促进公平竞争；健全投资宏观调控体系，改进调控方式，完善调控手段；加快投资领域的立法进程；加强投资监管，维护规范的投资和建设市场秩序。通过深化改革和扩大开放，最终建立起市场引导投资、企业自主决策、银行独立审贷、融资方式多样、中介服务规范、宏观调控有效的新型投资体制。

二、转变政府管理职能，确立企业的投资主体地位

（一）改革项目审批制度，落实企业投资自主权。彻底改革现行不分投资主体、不分资金来源、不分项目性质，一律按投资规模大小分别由各级政府及有关部门审批的企业投资管理办法。对于企业不使用政府投资建设的项目，一律不再实行审批制，区别不同情况实行核准制和备案制。其中，政府仅对重大项目和限制类项目从维护社会公共利益角度进行核准，其他项目无论规模大小，均改为备案制，项目的市场前景、经济效益、资金来源和产品技术方案等均由企业自主决策、自担风险，并依法办理环境保护、土地使用、资源利用、安全生产、城市规划等许可手续和减免税确认手续。对于企业使用政府补助、转贷、贴息投资建设的项目，政府只审批资金申请报告。各地区、各部门要相应改进管理办法，规范管理行为，不得以任何名义截留下放给企业的投资决策权利。

（二）规范政府核准制。要严格限定实行政府核准制的范围，并根据变化的情况适时调整。《政府核准的投资项目目录》（以下简称《目录》）由国务院投资主管部门会同有关部门研究提出，报国务院批准后实施。未经国务院批准，各地区、各部门不得擅自增减《目录》规定的范围。

企业投资建设实行核准制的项目，仅需向政府提交项目申请报告，不再经过批准项目建议书、可行性研究报告和开工报告的程序。政府对企业提交的项目申请报告，主要从维护经济安全、合理开发利用资源、保护生态环境、优化重大布局、保障公共利益、防止出现垄断等方面进行核准。对于外商投资项目，政府还要从市场准入、资本项目管理等方面进行核准。政府有关部门要制定严格规范的核准制度，明确核准的范围、内容、申报程序和办理时限，并向社会公布，提高办事效率，增强透明度。

（三）健全备案制。对于《目录》以外的企业投资项目，实行备案制，除国家另有规定外，由企业按照属地原则向地方政府投资主管部门备案。备案制的具体实施办法由省级人民政府自行制定。国务院投资主管部门要对备案工作加强指导和监督，防止以备案的名义变相审批。

（四）扩大大型企业集团的投资决策权。基本建立现代企业制度的特大型企业集团，投资建设《目录》内的项目，可以按项目单独申报核准，也可编制中长期发展建设规划，规划经国务院或国务院投资主管部门批准后，规划中属于《目录》内的项目不再另行申报核准，只须办理备案手续。企业集团要及时向国务院有关部门报告规划执行和项目建设情况。

（五）鼓励社会投资。放宽社会资本的投资领域，允许社会资本进入法律法规未禁入的基础设施、公用事业及其他行业和领域。逐步理顺公共产品价格，通过注入资本金、贷款贴息、税收优惠等措施，鼓励和引导社会资本以独资、合资、合作、联营、项目融资等方式，参与经营性的公益事业、基础设施项目建设。对于涉及国家垄断资源开发利用、需要统一规划布局的项目，政府在确定建设规划后，可向社会公开招标选定项目业主。鼓励和支持有条件的各种所有制企业进行境外投资。

（六）进一步拓宽企业投资项目的融资渠道。允许各类企业以股权融资方式筹集投资资金，逐步建立起多种募集方式相互补充的多层次资本市场。经国务院投资主管部门和证券监管机构批准，选择一些收益稳定的基础设施项目进行试点，通过公开发行股票、可转换债券等方式筹集建设资金。在严格防范风险的前提下，改革企业债券发行管理制度，扩大企业债券发行规模，增加企业债券品种。按照市场化原则改进和完善银行的固定资产贷款审批和相应的风险管理制度，运用银团贷款、融资租赁、项目融资、财务顾问等多种业务方式，支持项目建设。允许各种所有制企业按照有关规定申请使用国外贷款。制定相关法规，组织建立中小企业融资和信用担保体系，鼓励银行和各类合格担保机构对项目融资的担保方式进行研究创新，采取多种形式增强担保机构资本实力，推动设立中小企业投资公司，建立和完善创业投资机制。规范发展各类投资基金。鼓励和促进保险资金间接投资基础设施和重点建设工程项目。

（七）规范企业投资行为。各类企业都应严格遵守国土资源、环境保护、安全生产、城市规划等法律法规，严格执行产业政策和行业准入标准，不得投资建设国家禁止发展的项目；应诚信守法，维护公共利益，确保工程质量，提高投资效益。国有和国有控股企业应按照国有资产管理体制改革和现代企业制度的要求，建立和完善国有资产出资人制度、投资风险约束机制、科学民主的投资决策制度和重大投资责任追究制度。严格执行投资项目的法人责任制、资本金制、招标投标制、工程监理制和合同管理制。

三、完善政府投资体制，规范政府投资行为

（一）合理界定政府投资范围。政府投资主要用于关系国家安全和市场不能有效配置资源的经济和社会领域，包括加强公益性和公共基础设施建设，保护和改善生态环境，促进欠发达地区的经济和社会发展，推进科技进步和高新技术产业化。能够由社会投资建设的项目，尽可能利用社会资金建设。合理划分中央政府与地方政府的投资事权。中央政府投资除本级政权等建设外，主要安排跨地区、跨流域以及对经济和社会发展全局有重大影响的项目。

（二）健全政府投资项目决策机制。进一步完善和坚持科学的决策规则和程序，提高政府投资项目决策的科学化、民主化水平；政府投资项目一般都要经过符合资质要求的咨询中介机构的评估论证，咨询评估要引入竞争机制，并制定合理的竞争规则；特别重大的项目还应实行专家评议制度；逐步实行政府投资项目公示制度，广泛听取各方面的意见和建议。

（三）规范政府投资资金管理。编制政府投资的中长期规划和年度计划，统筹安排、合理使用各类政府投资资金，包括预算内投资、各类专项建设基金、统借国外贷款等。政府投资资金按项目安排，根据资金来源、项目性质和调控需要，可分别采取直接投资、资本金注入、投资补助、转贷和贷款贴息等方式。以资本金注入方式投入的，要确定出资人代表。要针对不同的资金类型和资金运用方式，确定相应的管理办法，逐步实现政府投资的决策程序和资金管理的科学化、制度化和规范化。

（四）简化和规范政府投资项目审批程序，合理划分审批权限。按照项目性质、资金来源和事权划分，合理确定中央政府与地方政府之间、国务院投资主管部门与有关部门之间的项目审批权限。对于政府投资项目，采用直接投资和资本金注入方式的，从投资决策角度只审批项目建议书和可行性研究报告，除特殊情况外不再审批开工报告，同时应严格政府投资项目的初步设计、概算审批工作；采用投资补助、转贷和贷款贴息方式的，只审批资金申请报告。具体的权限划分和审批程序由国务院投资主管部门会同有关方面研究制定，报国务院批准后颁布实施。

（五）加强政府投资项目管理，改进建设实施方式。规范政府投资项目的建设标准，并根据情况变化及时修订完善。按项目建设进度下达投资资金计划。加强政府投资项目的中介服务管理，对咨询评估、招标代理等中介机构实行资质管理，提高中介服务质量。对非经营性政府投资项目加快推行“代建制”，即通过招标等方式，选择专业化的项目管理单位负责建设实施，严格控制项目投资、质量和工期，竣工验收后移交给使用单位。增强投资风险意识，建立和完善政府投资项目的风险管理机制。

（六）引入市场机制，充分发挥政府投资的效益。各级政府要创造条件，利用特许经营、投资补助等多种方式，吸引社会资本参与有合理回报和一定投资回收能力的公益事业和公共基础设施项目建设。对于具有垄断性的项目，试行特许经营，通过业主招标制度，开展公平竞争，保护公众利益。已经建成的政府投资项目，具备条件的经过批准可以依法转让产权或经营权，以回收的资金滚动投资于社会公益等各类基础设施建设。

四、加强和改善投资的宏观调控

（一）完善投资宏观调控体系。国家发展和改革委员会要在国务院领导下会同有关部门，按照职责分工，密切配合、相互协作、有效运转、依法监督，调控全社会的投资活动，保持合理投资规模，优化投资结构，提高投资效益，促进国民经济持续快速协调健康发展和社会全面进步。

（二）改进投资宏观调控方式。综合运用经济的、法律的和必要的行政手段，对全社会投资进行以间接调控方式为主的有效调控。国务院有关部门要依据国民经济和社会发展中长期规划，编制教育、科技、卫生、交通、能源、农业、林业、水利、生态建设、环境保护、战略资源开发等重要领域的发展建设规划，包括必要的专项发展建设规划，明确发展的指导思想、战略目标、总体布局和主要建设项目等。按照规定程序批准的发展建设规划是投资决策的重要依据。各级政府及其有关部门要努力提高政府投资效益，引导社会投资。制定并适时调整国家固定资产投资指导目录、外商投资产业指导目录，明确国家鼓励、限制和禁止投资的项目。建立投资信息发布制度，及时发布政府对投资的调控目标、主要调控政策、重点行业投资状况和发展趋势等信息，引导全社会投资活动。建立科学的行业准入制度，规范重点行业的环保标准、安全标准、能耗水耗标准和产品技术、质量标准，防止低水平重复建设。

（三）协调投资宏观调控手段。根据国民经济和社会发展要求以及宏观调控需要，合理确定政府投资规模，保持国家对全社会投资的积极引导和有效调控。灵活运用投资补助、贴息、价格、利率、税收等多种手段，引导社会投资，优化投资的产业结构和地区结构。适时制定和调整信贷政策，引导中长期贷款的总量和投向。

严格和规范土地使用制度，充分发挥土地供应对社会投资的调控和引导作用。

（四）加强和改进投资信息、统计工作。加强投资统计工作，改革和完善投资统计制度，进一步及时、准确、全面地反映全社会固定资产存量和投资的运行态势，并建立各类信息共享机制，为投资宏观调控提供科学依据。建立投资风险预警和防范体系，加强对宏观经济和投资运行的监测分析。

五、加强和改进投资的监督管理

（一）建立和完善政府投资监管体系。建立政府投资责任追究制度，工程咨询、投资项目决策、设计、施工、监理等部门和单位，都应有相应的责任约束，对不遵守法律法规给国家造成重大损失的，要依法追究有关责任人的行政和法律责任。完善政府投资制衡机制，投资主管部门、财政主管部门以及有关部门，要依据职能分工，对政府投资的管理进行相互监督。审计机关要依法全面履行职责，进一步加强对政府投资项目的审计监督，提高政府投资管理水平和投资效益。完善重大项目稽察制度，建立政府投资项目后评价制度，对政府投资项目进行全过程监管。建立政府投资项目的社会监督机制，鼓励公众和新闻媒体对政府投资项目进行监督。

（二）建立健全协同配合的企业投资监管体系。国土资源、环境保护、城市规划、质量监督、银行监管、证券监管、外汇管理、工商管理、安全生产监管等部门，要依法加强对企业投资活动的监管，凡不符合法律法规和国家政策规定的，不得办理相关许可手续。在建设过程中不遵守有关法律法规的，有关部门要责令其及时改正，并依法严肃处理。各级政府投资主管部门要加强对企业投资项目的事中和事后监督检查，对于不符合产业政策和行业准入标准的项目，以及不按规定履行相应核准或许可手续而擅自开工建设的项目，要责令其停止建设，并依法追究有关企业和人员的责任。审计机关依法对国有企业的投资进行审计监督，促进国有资产保值增值。建立企业投资诚信制度，对于在项目申报和建设过程中提供虚假信息、违反法律法规的，要予以惩处，并公开披露，在一定时间内限制其投资建设活动。

（三）加强对投资中介服务机构的监管。各类投资中介服务机构均须与政府部门脱钩，坚持诚信原则，加强自我约束，为投资者提供高质量、多样化的中介服务。鼓励各种投资中介服务机构采取合伙制、股份制等多种形式改组改造。健全和完善投资中介服务机构的行业协会，确立法律规范、政府监督、行业自律的行业管理体制。打破地区封锁和行业垄断，建立公开、公平、公正的投资中介服务市场，强化投资中介服务机构的法律责任。

（四）完善法律法规，依法监督管理。建立健全与投资有关的法律法规，依法保护投资者的合法权益，维护投资主体公平、有序竞争，投资要素合理流动、市场发挥配置资源的基础性作用的市场环境，规范各类投资主体的投资行为和政府的投资管理活动。认真贯彻实施有关法律法规，严格财经纪律，堵塞管理漏洞，降低建设成本，提高投资效益。加强执法检查，培育和维护规范的建设市场秩序。

（下略）

国务院关于鼓励支持和引导个体私营等非公有制经济发展的若干意见[①]

（2005 年 2 月 19 日）

各省、自治区、直辖市人民政府，国务院各部委、各直属机构：

公有制为主体、多种所有制经济共同发展是我国社会主义初级阶段的基本经济制度。毫不动摇地巩固和发展公有制经济，毫不动摇地鼓励、支持和引导非公有制经济发展，使两者在社会主义现代化进程中相互促进，共同发展，是必须长期坚持的基本方针，是完善社会主义市场经济体制、建设中国特色社会主义的必然要求。改革开放以来，我国个体、私营等非公有制经济不断发展壮大，已经成为社会主义市场经济的重要组成部分和促进社会生产力发展的重要力量。积极发展个体、私营等非公有制经济，有利于繁荣城乡经济、增加财政收入，有利于扩大社会就业、改善人民生活，有利于优化经济结构、促进经济发展，对全面建设小康社会和加快社会主义现代化进程具有重大的战略意义。

鼓励、支持和引导非公有制经济发展，要以邓小平理论和“三个代表”重要思想为指导，全面落实科学发展观，认真贯彻中央确定的方针政策，进一步解放思想，深化改革，消除影响非公有制经济发展的体制性障碍，确立平等的市场主体地位，实现公平竞争；进一步完善国家法律法规和政策，依法保护非公有制企业和职工的合法权益；进一步加强和改进政府监督管理和服务，为非公有制经

① 《国务院关于鼓励支持和引导个体私营等非公有制经济发展的若干意见》，北京：法律出版社，2005 年版。

济发展创造良好环境；进一步引导非公有制企业依法经营、诚实守信、健全管理，不断提高自身素质，促进非公有制经济持续健康发展。为此，现提出以下意见：

一、放宽非公有制经济市场准入

（一）贯彻平等准入、公平待遇原则。允许非公有资本进入法律法规未禁入的行业和领域。允许外资进入的行业和领域，也允许国内非公有资本进入，并放宽股权比例限制等方面的条件。在投资核准、融资服务、财税政策、土地使用、对外贸易和经济技术合作等方面，对非公有制企业与其他所有制企业一视同仁，实行同等待遇。对需要审批、核准和备案的事项，政府部门必须公开相应的制度、条件和程序。国家有关部门与地方人民政府要尽快完成清理和修订限制非公有制经济市场准入的法规、规章和政策性规定工作。外商投资企业依照有关法律法规的规定执行。

（二）允许非公有资本进入垄断行业和领域。加快垄断行业改革，在电力、电信、铁路、民航、石油等行业和领域，进一步引入市场竞争机制。对其中的自然垄断业务，积极推进投资主体多元化，非公有资本可以参股等方式进入；对其他业务，非公有资本可以独资、合资、合作、项目融资等方式进入。在国家统一规划的前提下，除国家法律法规等另有规定的外，允许具备资质的非公有制企业依法平等取得矿产资源的探矿权、采矿权，鼓励非公有资本进行商业性矿产资源的勘查开发。

（三）允许非公有资本进入公用事业和基础设施领域。加快完善政府特许经营制度，规范招投标行为，支持非公有资本积极参与城镇供水、供气、供热、公共交通、污水垃圾处理等市政公用事业和基础设施的投资、建设与运营。在规范转让行为的前提下，具备条件的公用事业和基础设施项目，可向非公有制企业转让产权或经营权。鼓励非公有制企业参与市政公用企业、事业单位的产权制度和经营方式改革。

（四）允许非公有资本进入社会事业领域。支持、引导和规范非公有资本投资教育、科研、卫生、文化、体育等社会事业的非营利性和营利性领域。在放开市场准入的同时，加强政府和社会监管，维护公众利益。支持非公有制经济参与公有制社会事业单位的改组改制。通过税收等相关政策，鼓励非公有制经济捐资捐赠社会事业。

（五）允许非公有资本进入金融服务业。在加强立法、规范准入、严格监管、有效防范金融风险的前提下，允许非公有资本进入区域性股份制银行和合作性金融机构。符合条件的非公有制企业可以发起设立金融中介服务机构。允许符合条件的非公有制企业参与银行、证券、保险等金融机构的改组改制。

（六）允许非公有资本进入国防科技工业建设领域。坚持军民结合、寓军于民的方针，发挥市场机制的作用，允许非公有制企业按有关规定参与军工科研生产任务的竞争以及军工企业的改组改制。鼓励非公有制企业参与军民两用高技术开发及其产业化。

（七）鼓励非公有制经济参与国有经济结构调整和国有企业重组。大力发展国有资本、集体资本和非公有资本等参股的混合所有制经济。鼓励非公有制企业通过并购和控股、参股等多种形式，参与国有企业和集体企业的改组改制改造。非公有制企业并购国有企业，参与其分离办社会职能和辅业改制，在资产处置、债务处理、职工安置和社会保障等方面，参照执行国有企业改革的相应政策。

鼓励非公有制企业并购集体企业，有关部门要抓紧研究制定相应政策。

（八）鼓励、支持非公有制经济参与西部大开发、东北地区等老工业基地振兴和中部地区崛起。西部地区、东北地区等老工业基地和中部地区要采取切实有效的政策措施，大力发展非公有制经济，积极吸引非公有制企业投资建设和参与国有企业重组。东部沿海地区也要继续鼓励、支持非公有制经济发展壮大。

二、加大对非公有制经济的财税金融支持

（九）加大财税支持力度。逐步扩大国家有关促进中小企业发展专项资金规模，省级人民政府及有条件的市、县应在本级财政预算中设立相应的专项资金。加快设立国家中小企业发展基金。研究完善有关税收扶持政策。

（十）加大信贷支持力度。有效发挥贷款利率浮动政策的作用，引导和鼓励各金融机构从非公有制经济特点出发，开展金融产品创新，完善金融服务，切实发挥银行内设中小企业信贷部门的作用，改进信贷考核和奖惩管理方式，提高对非公有制企业的贷款比重。城市商业银行和城市信用社要积极吸引非公有资本入股；农村信用社要积极吸引农民、个体工商户和中小企业入股，增强资本实力。政策性银行要研究改进服务方式，扩大为非公有制企业服务的范围，提供有效的金融产品和服务。鼓励政策性银行依托地方商业银行等中小金融机构和担保机构，开展以非公有制中小企业为主要服务对象的转贷款、担保贷款等业务。

（十一）拓宽直接融资渠道。非公有制企业在资本市场发行上市与国有企业一视同仁。在加快完善中小企业板块和推进制度创新

的基础上，分步推进创业板市场，健全证券公司代办股份转让系统的功能，为非公有制企业利用资本市场创造条件。鼓励符合条件的非公有制企业到境外上市。规范和发展产权交易市场，推动各类资本的流动和重组。鼓励非公有制经济以股权融资、项目融资等方式筹集资金。建立健全创业投资机制，支持中小投资公司的发展。允许符合条件的非公有制企业依照国家有关规定发行企业债券。

（十二）鼓励金融服务创新。改进对非公有制企业的资信评估制度，对符合条件的企业发放信用贷款。对符合有关规定的企业，经批准可开展工业产权和非专利技术等无形资产的质押贷款试点。鼓励金融机构开办融资租赁、公司理财和账户托管等业务。改进保险机构服务方式和手段，开展面向非公有制企业的产品和服务创新。支持非公有制企业依照有关规定吸引国际金融组织投资。

（十三）建立健全信用担保体系。支持非公有制经济设立商业性或互助性信用担保机构。鼓励有条件的地区建立中小企业信用担保基金和区域性信用再担保机构。建立和完善信用担保的行业准入、风险控制和补偿机制，加强对信用担保机构的监管。建立健全担保业自律性组织。

三、完善对非公有制经济的社会服务

（十四）大力发展社会中介服务。各级政府要加大对中介服务机构的支持力度，坚持社会化、专业化、市场化原则，不断完善社会服务体系。支持发展创业辅导、筹资融资、市场开拓、技术支持、认证认可、信息服务、管理咨询、人才培训等各类社会中介服务机构。按照市场化原则，规范和发展各类行业协会、商会等自律性组织。整顿中介服务市场秩序，规范中介服务行为，为非公有制经济营造良好的服务环境。

（十五）积极开展创业服务。进一步落实国家就业和再就业政策，加大对自主创业的政策扶持，鼓励下岗失业人员、退役士兵、大学毕业生和归国留学生等各类人员创办小企业，开发新岗位，以创业促就业。各级政府要支持建立创业服务机构，鼓励为初创小企业提供各类创业服务和政策支持。对初创小企业，可按照行业特点降低公司注册资本限额，允许注册资金分期到位，减免登记注册费用。

（十六）支持开展企业经营者和员工培训。根据非公有制经济的不同需求，开展多种形式的培训。整合社会资源，创新培训方式，形成政府引导、社会支持和企业自主相结合的培训机制。依托大专院校、各类培训机构和企业，重点开展法律法规、产业政策、经营管理、职业技能和技术应用等方面的培训，各级政府应给予适当补贴和资助。企业应定期对职工进行专业技能培训和安全知识培训。

（十七）加强科技创新服务。要加大对非公有制企业科技创新活动的支持，加快建立适合非公有制中小企业特点的信息和共性技术服务平台，推进非公有制企业的信息化建设。大力培育技术市场，促进科技成果转化和技术转让。科技中介服务机构要积极为非公有制企业提供科技咨询、技术推广等专业化服务。引导和支持科研院所、高等院校与非公有制企业开展多种形式的产学研联合。鼓励国有科研机构向非公有制企业开放试验室，充分利用现有科技资源。支持非公有资本创办科技型中小企业和科研开发机构。鼓励有专长的离退休人员为非公有制企业提供技术服务。切实保护单位和个人知识产权。

（十八）支持企业开拓国内外市场。改进政府采购办法，在政府采购中非公有制企业与其他企业享受同等待遇。推动信息网络建设，积极为非公有制企业提供国内外市场信息。鼓励和支持非公有制企业扩大出口和“走出去”，到境外投资兴业，在对外投资、进出口信贷、出口信用保险等方面与其他企业享受同等待遇。鼓励非公有制企业在境外申报知识产权。发挥行业协会、商会等中介组织作用，利用好国家中小企业国际市场开拓资金，支持非公有制企业开拓国际市场。

（十九）推进企业信用制度建设。加快建立适合非公有制中小企业特点的信用征集体系、评级发布制度以及失信惩戒机制，推进建立企业信用档案试点工作，建立和完善非公有制企业信用档案数据库。对资信等级较高的企业，有关登记审核机构应简化年检、备案等手续。要强化企业信用意识，健全企业信用制度，建立企业信用自律机制。

四、维护非公有制企业和职工的合法权益

（二十）完善私有财产保护制度。要严格执行保护合法私有财产的法律法规和行政规章，任何单位和个人不得侵犯非公有制企业的合法财产，不得非法改变非公有制企业财产的权属关系。按照宪法修正案规定，加快清理、修订和完善与保护合法私有财产有关的法律法规和行政规章。

（二十一）维护企业合法权益。非公有制企业依法进行的生产经营活动，任何单位和个人不得干预。依法保护企业主的名誉、人身和财产等各项合法权益。非公有制企业合法权益受到侵害时提出的行政复议等，政府部门必须及时受理，公平对待，限时答复。

（二十二）保障职工合法权益。非公有制企业要尊重和维护职工的各项合法权益，要依照《中华人民共和国劳动法》等法律法规，在平等协商的基础上与职工签订规范的劳动合同，并健全集体合同制度，保证双方权利与义务对等；必须依法按时足额支付职工工资，工资标准不得低于或变相低于当地政府规定的最低工资标准，逐步建立职工工资正常增长机制；必须尊重和保障职工依照国家规定享有的休息休假权利，不得强制或变相强制职工超时工作，加班或延长工时必须依法支付加班工资或给予补休；必须加强劳动保护和职业病防治，按照《中华人民共和国安全生产法》等法律法规要求，切实做好安全生产与作业场所职业危害防治工作，改善劳动条件，加强劳动保护。要保障女职工合法权益和特殊利益，禁止使用童工。

（二十三）推进社会保障制度建设。非公有制企业及其职工要按照国家有关规定，参加养老、失业、医疗、工伤、生育等社会保险，缴纳社会保险费。按照国家规定建立住房公积金制度。有关部门要根据非公有制企业量大面广、用工灵活、员工流动性大等特点，积极探索建立健全职工社会保障制度。

（二十四）建立健全企业工会组织。非公有制企业要保障职工依法参加和组建工会的权利。企业工会组织实行民主管理，依法代表和维护职工合法权益。企业必须为工会正常开展工作创造必要条件，依法拨付工会经费，不得干预工会事务。

五、引导非公有制企业提高自身素质

（二十五）贯彻执行国家法律法规和政策规定。非公有制企业要贯彻执行国家法律法规，依法经营，照章纳税。服从国家的宏观调控，严格执行有关技术法规，自觉遵守环境保护和安全生产等有关规定，主动调整和优化产业、产品结构，加快技术进步，提高产品质量，降低资源消耗，减少环境污染。国家支持非公有制经济投资高新技术产业、现代服务业和现代农业，鼓励发展就业容量大的加工贸易、社区服务、农产品加工等劳动密集型产业。

（二十六）规范企业经营管理行为。非公有制企业从事生产经营活动，必须依法获得安全生产、环保、卫生、质量、土地使用、资源开采等方面的相应资格和许可。企业要强化生产、营销、质量等管理，完善各项规章制度。建立安全、环保、卫生、劳动保护等责任制度，并保证必要的投入。建立健全会计核算制度，如实编制财务报表。企业必须依法报送统计信息。加快研究改进和完善个体工商户、小企业的会计、税收、统计等管理制度。

（二十七）完善企业组织制度。企业要按照法律法规的规定，建立规范的个人独资企业、合伙企业和公司制企业。公司制企业要按照《中华人民共和国公司法》要求，完善法人治理结构。探索建立有利于个体工商户、小企业发展的组织制度。

（二十八）提高企业经营管理者素质。非公有制企业出资人和经营管理人员要自觉学习国家法律法规和方针政策，学习现代科学技术和经营管理知识，增强法制观念、诚信意识和社会公德，努力提高自身素质。引导非公有制企业积极开展扶贫开发、社会救济和“光彩事业”等社会公益性活动，增强社会责任感。各级政府要重视非公有制经济的人才队伍建设，在人事管理、教育培训、职称评定和政府奖励等方面，与公有制企业实行同等政策。建立职业经理人测评与推荐制度，加快企业经营管理人才职业化、市场化进程。

（二十九）鼓励有条件的企业做强做大。国家支持有条件的非公有制企业通过兼并、收购、联合等方式，进一步壮大实力，发展成为主业突出、市场竞争力强的大公司大集团，有条件的可向跨国公司发展。鼓励非公有制企业实施品牌发展战略，争创名牌产品。支持发展非公有制高新技术企业，鼓励其加大科技创新和新产品开发力度，努力提高自主创新能力，形成自主知识产权。国家关于企业技术改造、科技进步、对外贸易以及其他方面的扶持政策，对非公有制企业同样适用。

（三十）推进专业化协作和产业集群发展。引导和支持企业从事专业化生产和特色经营，向“专、精、特、新”方向发展。鼓励中小企业与大企业开展多种形式的经济技术合作，建立稳定的供应、生产、销售、技术开发等协作关系。通过提高专业化协作水平，培育骨干企业和知名品牌，发展专业化市场，创新市场组织形式，推进公共资源共享，促进以中小企业集聚为特征的产业集群健康发展。

六、改进政府对非公有制企业的监管

（三十一）改进监管方式。各级人民政府要根据非公有制企业生产经营特点，完善相关制度，依法履行监督和管理职能。各有关监管部门要改进监管办法，公开监管制度，规范监管行为，提高监管水平。加强监管队伍建设，提高监管人员素质。及时向社会公布有关监管信息，发挥社会监督作用。

（三十二）加强劳动监察和劳动关系协调。各级劳动保障等部门要高度重视非公有制企业劳动关系问题，加强对非公有制企业执行劳动合同、工资报酬、劳动保护和社会保险等法规、政策的监督检查。建立和完善非公有制企业劳动关系协调机制，健全劳动争议处理制度，及时化解劳动争议，促进劳动关系和谐，维护社会稳定。

（三十三）规范国家行政机关和事业单位收费行为。进一步清理现有行政机关和事业单位收费，除国家法律法规和国务院财政、价格主管部门规定的收费项目外，任何部门和单位无权向非公有制企业强制收取任何费用，无权以任何理由强行要求企业提供各种赞助费或接受有偿服务。要严格执行收费公示制度和收支两条线的管理规定，企业有权拒绝和举报无证收费和不合法收费行为。各级人民政府要加强对各类收费的监督检查，严肃查处乱收费、乱罚款及各种摊派行为。

七、加强对发展非公有制经济的指导和政策协调

（三十四）加强对非公有制经济发展的指导。各级人民政府要根据非公有制经济发展的需要，强化服务意识，改进服务方式，创新服务手段。要将非公有制经济发展纳入国民经济和社会发展规划，加强对非公有制经济发展动态的监测和分析，及时向社会公布有关产业政策、发展规划、投资重点和市场需求等方面的信息。建立促进非公有制经济发展的工作协调机制和部门联席会议制度，加强部门之间配合，形成促进非公有制经济健康发展的合力。要充分发挥各级工商联在政府管理非公有制企业方面的助手作用。统计部门要改进和完善现行统计制度，及时准确反映非公有制经济发展状况。

（三十五）营造良好的舆论氛围。大力宣传党和国家鼓励、支持和引导非公有制经济发展的方针政策与法律法规，宣传非公有制经济在社会主义现代化建设中的重要地位和作用，宣传和表彰非公

有制经济中涌现出的先进典型，形成有利于非公有制经济发展的良好社会舆论环境。

（三十六）认真做好贯彻落实工作。各地区、各部门要加强调查研究，抓紧制订和完善促进非公有制经济发展的具体措施及配套办法，认真解决非公有制经济发展中遇到的新问题，确保党和国家的方针政策落到实处，促进非公有制经济健康发展。

国务院关于非公有资本进入文化产业的若干决定[1]

（2005 年 4 月 13 日）

各省、自治区、直辖市人民政府，国务院各部委、各直属机构：

为大力发展社会主义先进文化，充分调动全社会参与文化建设的积极性，进一步引导和规范非公有资本进入文化产业，逐步形成以公有制为主体、多种所有制经济共同发展的文化产业格局，提高我国文化产业的整体实力和竞争力，现就有关问题作出如下决定：

一、鼓励和支持非公有资本进入以下领域：文艺表演团体、演出场所、博物馆和展览馆、互联网上网服务营业场所、艺术教育与培训、文化艺术中介、旅游文化服务、文化娱乐、艺术品经营、动漫和网络游戏、广告、电影电视剧制作发行、广播影视技术开发运用、电影院和电影院线、农村电影放映、书报刊分销、音像制品分销、包装装潢印刷品印刷等。

二、鼓励和支持非公有资本从事文化产品和文化服务出口业务。

三、鼓励和支持非公有资本参与文艺表演团体、演出场所等国有文化单位的公司制改建，非公有资本可以控股。

四、允许非公有资本进入出版物印刷、可录类光盘生产、只读类光盘复制等文化行业和领域。

五、非公有资本可以投资参股下列领域国有文化企业：出版物印刷、发行，新闻出版单位的广告、发行，广播电台和电视台的音乐、科技、体育、娱乐方面的节目制作，电影制作发行放映。上述

① 《国务院关于非公有资本进入文化产业的若干决定》,《人民日报》，2005 年 8 月 9 日。

文化企业国有资本必须控股 51%以上。

六、非公有资本可以建设和经营有线电视接入网，参与有线电视接收端数字化改造，从事上述业务的文化企业国有资本必须控股 51%以上。非公有资本可以控股从事有线电视接入网社区部分业务的企业。

七、非公有资本可以开办户外、楼宇内、交通工具内、店堂等显示屏广告业务，可以在符合条件的宾馆饭店内提供广播电视视频节目点播服务。有关部门要严格资质认定，明确经营范围，加强日常监管。

八、非公有资本进入文化产业按现行有关规定管理，其中第五条、第六条、第七条规定的事项还须经有关行政主管部门批准。有关投资项目的审批或核准，按照《国务院关于投资体制改革的决定》（国发〔2004〕20 号）的规定办理。要严格审批程序，完善审批办法，规范文化产业发展，保护企业合法权益，取缔违法违规经营。非公有制文化企业在项目审批、资质认定、融资等方面与国有文化企业享受同等待遇。

九、非公有资本不得投资设立和经营通讯社、报刊社、出版社、广播电台（站）、电视台（站）、广播电视发射台（站）、转播台（站）、广播电视卫星、卫星上行站和收转站、微波站、监测台（站）、有线电视传输骨干网等；不得利用信息网络开展视听节目服务以及新闻网站等业务；不得经营报刊版面、广播电视频率频道和时段栏目；不得从事书报刊、影视片、音像制品成品等文化产品进口业务；不得进入国有文物博物馆。

十、文化部、广电总局、新闻出版总署根据本决定，制定具体实施办法，明确国家鼓励、允许、限制和禁止投资的产业目录，引导非公有制文化企业持续快速健康发展。

各地区、各部门要依法清理和修订与本决定相抵触的规定。外资进入文化产业依照有关法律法规的规定执行。

国务院办公厅关于加强和规范新开工项目管理的通知[①]

（2007年11月17日）

各省、自治区、直辖市人民政府，国务院各部委、各直属机构：

新开工项目管理是投资管理的重要环节，也是宏观调控的重要手段。近年来，新开工项目过多，特别是一些项目开工建设有法不依、执法不严、监管不力，加剧了投资增长过快、投资规模过大、低水平重复建设等矛盾，扰乱了投资建设秩序，成为影响经济稳定运行的突出问题。为深入贯彻落实科学发展观，加强和改善宏观调控，各地区、各有关部门要根据《国务院关于投资体制改革的决定》（国发［2004］20号）和国家法律法规有关规定，进一步深化投资体制改革，依法加强和规范新开工项目管理，切实从源头上把好项目开工建设关，维护投资建设秩序，以促进国民经济又好又快发展。经国务院同意，现就有关事项通知如下：

一、严格规范投资项目新开工条件

各类投资项目开工建设必须符合下列条件：

（一）符合国家产业政策、发展建设规划、土地供应政策和市场准入标准。

（二）已经完成审批、核准或备案手续。实行审批制的政府投资项目已经批准可行性研究报告，其中需审批初步设计及概算的项

① 《国务院办公厅关于加强和规范新开工项目管理的通知》，《人民日报》，2007年11月22日。

目已经批准初步设计及概算；实行核准制的企业投资项目，已经核准项目申请报告；实行备案制的企业投资项目，已经完成备案手续。

（三）规划区内的项目选址和布局必须符合城乡规划，并依照城乡规划法的有关规定办理相关规划许可手续。

（四）需要申请使用土地的项目必须依法取得用地批准手续，并已经签订国有土地有偿使用合同或取得国有土地划拨决定书。其中，工业、商业、旅游、娱乐和商品住宅等经营性投资项目，应当依法以招标、拍卖或挂牌出让方式取得土地。

（五）已经按照建设项目环境影响评价分类管理、分级审批的规定完成环境影响评价审批。

（六）已经按照规定完成固定资产投资项目节能评估和审查。

（七）建筑工程开工前，建设单位依照建筑法的有关规定，已经取得施工许可证或者开工报告，并采取保证建设项目工程质量安全的具体措施。

（八）符合国家法律法规的其他相关要求。

二、建立新开工项目管理联动机制

各级发展改革、城乡规划、国土资源、环境保护、建设和统计等部门要加强沟通，密切配合，明确工作程序和责任，建立新开工项目管理联动机制。

实行审批制的政府投资项目，项目单位应首先向发展改革等项目审批部门报送项目建议书，依据项目建议书批复文件分别向城乡规划、国土资源和环境保护部门申请办理规划选址、用地预审和环境影响评价审批手续。完成相关手续后，项目单位根据项目论证情况向发展改革等项目审批部门报送可行性研究报告，并附规划选址、用地预审和环评审批文件。项目单位依据可行性研究报告批复文件向城乡规划部门申请办理规划许可手续，向国土资源部门申请办理正式用地手续。

实行核准制的企业投资项目，项目单位分别向城乡规划、国土资源和环境保护部门申请办理规划选址、用地预审和环评审批手续。完成相关手续后，项目单位向发展改革等项目核准部门报送项目申请报告，并附规划选址、用地预审和环评审批文件。项目单位依据项目核准文件向城乡规划部门申请办理规划许可手续，向国土资源部门申请办理正式用地手续。实行备案制的企业投资项目，项目单位必须首先向发展改革等备案管理部门办理备案手续，备案后，分别向城乡规划、国土资源和环境保护部门申请办理规划选址、用地和环评审批手续。

各级发展改革等项目审批（核准、备案）部门和城乡规划、国土资源、环境保护、建设等部门都要严格遵守上述程序和规定，加强相互衔接，确保各个工作环节按规定程序进行。对未取得规划选址、用地预审和环评审批文件的项目，发展改革等部门不得予以审批或核准。对于未履行备案手续或者未予备案的项目，城乡规划、国土资源、环境保护等部门不得办理相关手续。对应以招标、拍卖或挂牌出让方式取得土地的项目，国土资源管理部门要会同发展改革、城乡规划、环境保护等部门将有关要求纳入土地出让方案。对未按规定取得项目审批（核准、备案）、规划许可、环评审批、用地管理等相关文件的建筑工程项目，建设行政主管部门不得发放施工许可证。对于未按程序和规定办理审批和许可手续的，要撤消有关审批和许可文件，并依法追究相关人员的责任。

三、加强新开工项目统计和信息管理

各级发展改革、城乡规划、国土资源、环境保护、建设等部门要加快完善本部门的信息系统，并建立信息互通制度，将各自办理的项目审批、核准、备案和城乡规划、土地利用、环境影响评价等文件相互送达，同时抄送同级统计部门。统计部门要依据相关信息加强对新开工项目的统计检查，及时将统计的新开工项目信息抄送同级发展改革、城乡规划、国土资源、环境保护、建设等部门。部门之间要充分利用网络信息技术，逐步建立新开工项目信息共享平台，及时交换项目信息，实现资源共享。有关部门应制定实施细则，明确信息交流的内容、时间和具体方式等。

各级统计部门要坚持依法统计，以现行规定的标准为依据，切实做好新开工项目统计工作。要加强培训工作，不断提高基层统计人员的业务素质，保证新开工项目统计数据的质量。地方各级政府要树立科学发展观和正确的政绩观，不得干预统计工作。

各级发展改革部门应在信息互通制度的基础上，为总投资5000 万元以上的拟建项目建立管理档案，包括项目基本情况、有关手续办理情况（文件名称和文号）等内容，定期向上级发展改革部门报送项目信息。在项目完成各项审批和许可手续后，各省级发展改革部门应将项目名称、主要建设内容和规模、各项审批和许可文件的名称和文号等情况，通过本单位的门户网站及其他方式，从2008 年 1 月起按月向社会公告。

四、强化新开工项目的监督检查

各级发展改革、城乡规划、国土资源、环境保护、建设、统计等部门要切实负起责任，严格管理，强化对新开工项目事中、事后的监督检查。要建立部门联席会议制度等协调机制，对新开工项目管理及有关制度、规定执行情况进行交流和检查，不断完善管理办法。

各类投资主体要严格执行国家法律、法规、政策规定和投资建设程序。项目开工前，必须履行完各项建设程序，并自觉接受监督。对于以化整为零、提供虚假材料等不正当手段取得审批、核准或备案文件的项目，发展改革等项目审批（核准、备案）部门要依法撤销该项目的审批、核准或备案文件，并责令其停止建设。对于违反城乡规划、土地管理、环境保护、施工许可等法律法规和国家相关规定擅自开工建设的项目，一经发现，即应停止建设，并由城乡规划、国土资源、环境保护、建设部门依法予以处罚，由此造成的损失均由项目投资者承担。对于在建设过程中不遵守城乡规划、土地管理、环境保护和施工许可要求的项目，城乡规划、国土资源、环境保护、建设部门要依法予以处罚，责令其停止建设或停止生产，并追究有关单位和人员的责任。对于篡改、编造虚假数据和虚报、瞒报、拒报统计资料等行为，要依法追究有关单位和个人的责任。对于存在上述问题且情节严重、性质恶劣的项目单位和个人，除依法惩处外，还应将相关情况通过新闻媒体向社会公布。

上级发展改革、城乡规划、国土资源、环境保护、建设等部门要对下级部门加强指导和监督。对项目建设程序的政策规定执行不力并已造成严重影响的地区，要及时予以通报批评。

五、提高服务意识和工作效率

各级发展改革、城乡规划、国土资源、环境保护、建设等部门要严格执行国家法律法规和政策规定，努力提高工作效率，不断增强服务意识。对于符合国家产业政策、发展建设规划、市场准入标准和土地供应政策、环境保护政策，符合城乡规划、土地利用总体规划且纳入年度土地利用计划的项目，要积极给予指导和支持，尽快办理各项手续，主动帮助解决项目建设过程中遇到的问题和困难。要坚决贯彻有保有压、分类指导的宏观调控方针，引导投资向国家鼓励的产业和地区倾斜，加大对重点建设项目的扶持力度，推动投资结构优化升级，提高投资质量和效益。要切实加强投资建设法律法规的宣传培训工作，引导各类投资主体依法投资建设，营造和维护正常的投资建设秩序。

各地区、各有关部门要高度重视新开工项目管理工作，认真贯彻执行上述规定，抓紧制定相关配套措施和实施细则，不断提高投资管理水平。

国务院关于鼓励和引导民间投资健康发展的若干意见[①]

（2010 年 5 月 7 日）

各省、自治区、直辖市人民政府，国务院各部委、各直属机构：

改革开放以来，我国民间投资不断发展壮大，已经成为促进经济发展、调整产业结构、繁荣城乡市场、扩大社会就业的重要力量。在毫不动摇地巩固和发展公有制经济的同时，毫不动摇地鼓励、支持和引导非公有制经济发展，进一步鼓励和引导民间投资，有利于坚持和完善我国社会主义初级阶段基本经济制度，以现代产权制度为基础发展混合所有制经济，推动各种所有制经济平等竞争、共同发展；有利于完善社会主义市场经济体制，充分发挥市场配置资源的基础性作用，建立公平竞争的市场环境；有利于激发经济增长的内生动力，稳固可持续发展的基础，促进经济长期平稳较快发展；有利于扩大社会就业，增加居民收入，拉动国内消费，促进社会和谐稳定。为此，提出以下意见：

一、进一步拓宽民间投资的领域和范围

（一）深入贯彻落实《国务院关于鼓励支持和引导个体私营等非公有制经济发展的若干意见》（国发〔2005〕3 号）等一系列政策措施，鼓励和引导民间资本进入法律法规未明确禁止准入的行业和领域。规范设置投资准入门槛，创造公平竞争、平等准入的市场

① 《国务院关于鼓励和引导民间投资健康发展的若干意见》，《人民日报》，2010 年 5 月 15 日。

环境。市场准入标准和优惠扶持政策要公开透明，对各类投资主体同等对待，不得单对民间资本设置附加条件。

（二）明确界定政府投资范围。政府投资主要用于关系国家安全、市场不能有效配置资源的经济和社会领域。对于可以实行市场化运作的基础设施、市政工程和其他公共服务领域，应鼓励和支持民间资本进入。

（三）进一步调整国有经济布局和结构。国有资本要把投资重点放在不断加强和巩固关系国民经济命脉的重要行业和关键领域，在一般竞争性领域，要为民间资本营造更广阔的市场空间。

（四）积极推进医疗、教育等社会事业领域改革。将民办社会事业作为社会公共事业发展的重要补充，统筹规划，合理布局，加快培育形成政府投入为主、民间投资为辅的公共服务体系。

二、鼓励和引导民间资本进入基础产业和基础设施领域

（五）鼓励民间资本参与交通运输建设。鼓励民间资本以独资、控股、参股等方式投资建设公路、水运、港口码头、民用机场、通用航空设施等项目。抓紧研究制定铁路体制改革方案，引入市场竞争，推进投资主体多元化，鼓励民间资本参与铁路干线、铁路支线、铁路轮渡以及站场设施的建设，允许民间资本参股建设煤运通道、客运专线、城际轨道交通等项目。探索建立铁路产业投资基金，积极支持铁路企业加快股改上市，拓宽民间资本进入铁路建设领域的渠道和途径。

（六）鼓励民间资本参与水利工程建设。建立收费补偿机制，实行政府补贴，通过业主招标、承包租赁等方式，吸引民间资本投资建设农田水利、跨流域调水、水资源综合利用、水土保持等水利

项目。

（七）鼓励民间资本参与电力建设。鼓励民间资本参与风能、太阳能、地热能、生物质能等新能源产业建设。支持民间资本以独资、控股或参股形式参与水电站、火电站建设，参股建设核电站。进一步放开电力市场，积极推进电价改革，加快推行竞价上网，推行项目业主招标，完善电力监管制度，为民营发电企业平等参与竞争创造良好环境。

（八）鼓励民间资本参与石油天然气建设。支持民间资本进入油气勘探开发领域，与国有石油企业合作开展油气勘探开发。支持民间资本参股建设原油、天然气、成品油的储运和管道输送设施及网络。

（九）鼓励民间资本参与电信建设。鼓励民间资本以参股方式进入基础电信运营市场。支持民间资本开展增值电信业务。加强对电信领域垄断和不正当竞争行为的监管，促进公平竞争，推动资源共享。

（十）鼓励民间资本参与土地整治和矿产资源勘探开发。积极引导民间资本通过招标投标形式参与土地整理、复垦等工程建设，鼓励和引导民间资本投资矿山地质环境恢复治理，坚持矿业权市场全面向民间资本开放。

三、鼓励和引导民间资本进入市政公用事业和政策性住房建设领域

（十一）鼓励民间资本参与市政公用事业建设。支持民间资本进入城市供水、供气、供热、污水和垃圾处理、公共交通、城市园林绿化等领域。鼓励民间资本积极参与市政公用企事业单位的改组

改制，具备条件的市政公用事业项目可以采取市场化的经营方式，向民间资本转让产权或经营权。

（十二）进一步深化市政公用事业体制改革。积极引入市场竞争机制，大力推行市政公用事业的投资主体、运营主体招标制度，建立健全市政公用事业特许经营制度。改进和完善政府采购制度，建立规范的政府监管和财政补贴机制，加快推进市政公用产品价格和收费制度改革，为鼓励和引导民间资本进入市政公用事业领域创造良好的制度环境。

（十三）鼓励民间资本参与政策性住房建设。支持和引导民间资本投资建设经济适用住房、公共租赁住房等政策性住房，参与棚户区改造，享受相应的政策性住房建设政策。

四、鼓励和引导民间资本进入社会事业领域

（十四）鼓励民间资本参与发展医疗事业。支持民间资本兴办各类医院、社区卫生服务机构、疗养院、门诊部、诊所、卫生所（室）等医疗机构，参与公立医院转制改组。支持民营医疗机构承担公共卫生服务、基本医疗服务和医疗保险定点服务。切实落实非营利性医疗机构的税收政策。鼓励医疗人才资源向民营医疗机构合理流动，确保民营医疗机构在人才引进、职称评定、科研课题等方面与公立医院享受平等待遇。从医疗质量、医疗行为、收费标准等方面对各类医疗机构加强监管，促进民营医疗机构健康发展。

（十五）鼓励民间资本参与发展教育和社会培训事业。支持民间资本兴办高等学校、中小学校、幼儿园、职业教育等各类教育和社会培训机构。修改完善《中华人民共和国民办教育促进法实施条例》，落实对民办学校的人才鼓励政策和公共财政资助政策，加快制定和完善促进民办教育发展的金融、产权和社保等政策，研究建立民办学校的退出机制。

（十六）鼓励民间资本参与发展社会福利事业。通过用地保障、信贷支持和政府采购等多种形式，鼓励民间资本投资建设专业化的服务设施，兴办养（托）老服务和残疾人康复、托养服务等各类社会福利机构。

（十七）鼓励民间资本参与发展文化、旅游和体育产业。鼓励民间资本从事广告、印刷、演艺、娱乐、文化创意、文化会展、影视制作、网络文化、动漫游戏、出版物发行、文化产品数字制作与相关服务等活动，建设博物馆、图书馆、文化馆、电影院等文化设施。鼓励民间资本合理开发旅游资源，建设旅游设施，从事各种旅游休闲活动。鼓励民间资本投资生产体育用品，建设各类体育场馆及健身设施，从事体育健身、竞赛表演等活动。

五、鼓励和引导民间资本进入金融服务领域

（十八）允许民间资本兴办金融机构。在加强有效监管、促进规范经营、防范金融风险的前提下，放宽对金融机构的股比限制。支持民间资本以入股方式参与商业银行的增资扩股，参与农村信用社、城市信用社的改制工作。鼓励民间资本发起或参与设立村镇银行、贷款公司、农村资金互助社等金融机构，放宽村镇银行或社区银行中法人银行最低出资比例的限制。落实中小企业贷款税前全额拨备损失准备金政策，简化中小金融机构呆账核销审核程序。适当放宽小额贷款公司单一投资者持股比例限制，对小额贷款公司的涉农业务实行与村镇银行同等的财政补贴政策。支持民间资本发起设立信用担保公司，完善信用担保公司的风险补偿机制和风险分担机

制。鼓励民间资本发起设立金融中介服务机构，参与证券、保险等金融机构的改组改制。

六、鼓励和引导民间资本进入商贸流通领域

（十九）鼓励民间资本进入商品批发零售、现代物流领域。支持民营批发、零售企业发展，鼓励民间资本投资连锁经营、电子商务等新型流通业态。引导民间资本投资第三方物流服务领域，为民营物流企业承接传统制造业、商贸业的物流业务外包创造条件，支持中小型民营商贸流通企业协作发展共同配送。加快物流业管理体制改革，鼓励物流基础设施的资源整合和充分利用，促进物流企业网络化经营，搭建便捷高效的融资平台，创造公平、规范的市场竞争环境，推进物流服务的社会化和资源利用的市场化。

七、鼓励和引导民间资本进入国防科技工业领域

（二十）鼓励民间资本进入国防科技工业投资建设领域。引导和支持民营企业有序参与军工企业的改组改制，鼓励民营企业参与军民两用高技术开发和产业化，允许民营企业按有关规定参与承担军工生产和科研任务。

八、鼓励和引导民间资本重组联合和参与国有企业改革

（二十一）引导和鼓励民营企业利用产权市场组合民间资本，促进产权合理流动，开展跨地区、跨行业兼并重组。鼓励和支持民间资本在国内合理流动，实现产业有序梯度转移，参与西部大开发、东北地区等老工业基地振兴、中部地区崛起以及新农村建设和扶贫开发。支持有条件的民营企业通过联合重组等方式做大做强，

发展成为特色突出、市场竞争力强的集团化公司。

（二十二）鼓励和引导民营企业通过参股、控股、资产收购等多种形式，参与国有企业的改制重组。合理降低国有控股企业中的国有资本比例。民营企业在参与国有企业改制重组过程中，要认真执行国家有关资产处置、债务处理和社会保障等方面的政策要求，依法妥善安置职工，保证企业职工的正当权益。

九、推动民营企业加强自主创新和转型升级

（二十三）贯彻落实鼓励企业增加研发投入的税收优惠政策，鼓励民营企业增加研发投入，提高自主创新能力，掌握拥有自主知识产权的核心技术。帮助民营企业建立工程技术研究中心、技术开发中心，增加技术储备，搞好技术人才培训。支持民营企业参与国家重大科技计划项目和技术攻关，不断提高企业技术水平和研发能力。

（二十四）加快实施促进科技成果转化的鼓励政策，积极发展技术市场，完善科技成果登记制度，方便民营企业转让和购买先进技术。加快分析测试、检验检测、创业孵化、科技评估、科技咨询等科技服务机构的建设和机制创新，为民营企业的自主创新提供服务平台。积极推动信息服务外包、知识产权、技术转移和成果转化等高技术服务领域的市场竞争，支持民营企业开展技术服务活动。

（二十五）鼓励民营企业加大新产品开发力度，实现产品更新换代。开发新产品产生的研究开发费用可按规定享受加计扣除优惠政策。鼓励民营企业实施品牌发展战略，争创名牌产品，提高产品质量和服务水平。通过加速固定资产折旧等方式鼓励民营企业进行技术改造，淘汰落后产能，加快技术升级。

（二十六）鼓励和引导民营企业发展战略性新兴产业。广泛应用

信息技术等高新技术改造提升传统产业，大力发展循环经济、绿色经济，投资建设节能减排、节水降耗、生物医药、信息网络、新能源、新材料、环境保护、资源综合利用等具有发展潜力的新兴产业。

十、鼓励和引导民营企业积极参与国际竞争

（二十七）鼓励民营企业“走出去”，积极参与国际竞争。支持民营企业在研发、生产、营销等方面开展国际化经营，开发战略资源，建立国际销售网络。支持民营企业利用自有品牌、自主知识产权和自主营销，开拓国际市场，加快培育跨国企业和国际知名品牌。支持民营企业之间、民营企业与国有企业之间组成联合体，发挥各自优势，共同开展多种形式的境外投资。

（二十八）完善境外投资促进和保障体系。与有关国家建立鼓励和促进民间资本国际流动的政策磋商机制，开展多种形式的对话交流，发展长期稳定、互惠互利的合作关系。通过签订双边民间投资合作协定、利用多边协定体系等，为民营企业“走出去”争取有利的投资、贸易环境和更多优惠政策。健全和完善境外投资鼓励政策，在资金支持、金融保险、外汇管理、质检通关等方面，民营企业与其他企业享受同等待遇。

十一、为民间投资创造良好环境

（二十九）清理和修改不利于民间投资发展的法规政策规定，切实保护民间投资的合法权益，培育和维护平等竞争的投资环境。在制订涉及民间投资的法律、法规和政策时，要听取有关商会和民营企业的意见和建议，充分反映民营企业的合理要求。

（三十）各级人民政府有关部门安排的政府性资金，包括财政

预算内投资、专项建设资金、创业投资引导资金，以及国际金融组织贷款和外国政府贷款等，要明确规则、统一标准，对包括民间投资在内的各类投资主体同等对待。支持民营企业的产品和服务进入政府采购目录。

（三十一）各类金融机构要在防范风险的基础上，创新和灵活运用多种金融工具，加大对民间投资的融资支持，加强对民间投资的金融服务。各级人民政府及有关监管部门要不断完善民间投资的融资担保制度，健全创业投资机制，发展股权投资基金，继续支持民营企业通过股票、债券市场进行融资。

（三十二）全面清理整合涉及民间投资管理的行政审批事项，简化环节、缩短时限，进一步推动管理内容、标准和程序的公开化、规范化，提高行政服务效率。进一步清理和规范涉企收费，切实减轻民营企业负担。

十二、加强对民间投资的服务、指导和规范管理

（三十三）统计部门要加强对民间投资的统计工作，准确反映民间投资的进展和分布情况。投资主管部门、行业管理部门及行业协会要切实做好民间投资的监测和分析工作，及时把握民间投资动态，合理引导民间投资。要加强投资信息平台建设，及时向社会公开发布国家产业政策、发展建设规划、市场准入标准、国内外行业动态等信息，引导民间投资者正确判断形势，减少盲目投资。

（三十四）建立健全民间投资服务体系。充分发挥商会、行业协会等自律性组织的作用，积极培育和发展为民间投资提供法律、政策、咨询、财务、金融、技术、管理和市场信息等服务的中介组织。

（三十五）在放宽市场准入的同时，切实加强监管。各级人民政府有关部门要依照有关法律法规要求，切实督促民间投资主体履行投资建设手续，严格遵守国家产业政策和环保、用地、节能以及质量、安全等规定。要建立完善企业信用体系，指导民营企业建立规范的产权、财务、用工等制度，依法经营。民间投资主体要不断提高自身素质和能力，树立诚信意识和责任意识，积极创造条件满足市场准入要求，并主动承担相应的社会责任。

（三十六）营造有利于民间投资健康发展的良好舆论氛围。大力宣传党中央、国务院关于鼓励、支持和引导非公有制经济发展的方针、政策和措施。客观、公正宣传报道民间投资在促进经济发展、调整产业结构、繁荣城乡市场和扩大社会就业等方面的积极作用。积极宣传依法经营、诚实守信、认真履行社会责任、积极参与社会公益事业的民营企业家的先进事迹。

各地区、各部门要把鼓励和引导民间投资健康发展工作摆在更加重要的位置，进一步解放思想，转变观念，深化改革，创新求实，根据本意见要求，抓紧研究制定具体实施办法，尽快将有关政策措施落到实处，努力营造有利于民间投资健康发展的政策环境和舆论氛围，切实促进民间投资持续健康发展，促进投资合理增长、结构优化、效益提高和经济社会又好又快发展。

国务院办公厅关于进一步加强资本市场中小投资者合法权益保护工作的意见[①]

（2013 年 12 月 15 日）

各省、自治区、直辖市人民政府，国务院各部委、各直属机构：

中小投资者是我国现阶段资本市场的主要参与群体，但处于信息弱势地位，抗风险能力和自我保护能力较弱，合法权益容易受到侵害。维护中小投资者合法权益是证券期货监管工作的重中之重，关系广大人民群众切身利益，是资本市场持续健康发展的基础。近年来，我国中小投资者保护工作取得了积极成效，但与维护市场“公开、公平、公正”和保护广大投资者合法权益的要求相比还有较大差距。为贯彻落实党的十八大、十八届三中全会精神和国务院有关要求，进一步加强资本市场中小投资者合法权益保护工作，经国务院同意，现提出如下意见。

一、健全投资者适当性制度

制定完善中小投资者分类标准。根据我国资本市场实际情况，制定并公开中小投资者分类标准及依据，并进行动态评估和调整。进一步规范不同层次市场及交易品种的投资者适当性制度安排，明确适合投资者参与的范围和方式。

科学划分风险等级。证券期货经营机构和中介机构应当对产品或者服务的风险进行评估并划分风险等级。推荐与投资者风险承受

① 《国务院办公厅关于进一步加强资本市场中小投资者合法权益保护工作的意见》，国务院办公厅网站，2013 年 12 月 27 日。

和识别能力相适应的产品或者服务，向投资者充分说明可能影响其权利的信息，不得误导、欺诈客户。

进一步完善规章制度和市场服务规则。证券期货经营机构和中介机构应当建立执业规范和内部问责机制，销售人员不得以个人名义接受客户委托从事交易；明确提示投资者如实提供资料信息，对收集的个人信息要严格保密、确保安全，不得出售或者非法提供给他人。严格落实投资者适当性制度并强化监管，违反适当性管理规定给中小投资者造成损失的，要依法追究责任。

二、优化投资回报机制

引导和支持上市公司增强持续回报能力。上市公司应当完善公司治理，提高盈利能力，主动积极回报投资者。公司首次公开发行股票、上市公司再融资或者并购重组摊薄即期回报的，应当承诺并兑现填补回报的具体措施。

完善利润分配制度。上市公司应当披露利润分配政策尤其是现金分红政策的具体安排和承诺。对不履行分红承诺的上市公司，要记入诚信档案，未达到整改要求的不得进行再融资。独立董事及相关中介机构应当对利润分配政策是否损害中小投资者合法权益发表明确意见。

建立多元化投资回报体系。完善股份回购制度，引导上市公司承诺在出现股价低于每股净资产等情形时回购股份。研究建立“以股代息”制度，丰富股利分配方式。对现金分红持续稳定的上市公司，在监管政策上给予扶持。制定差异化的分红引导政策。完善除权除息制度安排。

发展服务中小投资者的专业化中介机构。鼓励开发适合中小投资者的产品。鼓励中小投资者通过机构投资者参与市场。基金管理人应当切实履行分红承诺，并努力创造良好投资回报。鼓励基金管理费率结构及水平多样化，形成基金管理人与基金份额持有人利益一致的费用模式。

三、保障中小投资者知情权

增强信息披露的针对性。有关主体应当真实、准确、完整、及时地披露对投资决策有重大影响的信息，披露内容做到简明易懂，充分揭示风险，方便中小投资者查阅。健全内部信息披露制度和流程，强化董事会秘书等相关人员职责。制定自愿性和简明化的信息披露规则。

提高市场透明度。对显著影响证券期货交易价格的信息，交易场所和有关主体要及时履行报告、信息披露和提示风险的义务。建立统一的信息披露平台。健全跨市场交易产品及突发事件信息披露机制。健全信息披露异常情形问责机制，加大对上市公司发生敏感事件时信息披露的动态监管力度。

切实履行信息披露职责。上市公司依法公开披露信息前，不得非法对他人提供相关信息。上市公司控股股东、实际控制人在信息披露文件中的承诺须具体可操作，特别是应当就赔偿或者补偿责任作出明确承诺并切实履行。上市公司应当明确接受投资者问询的时间和方式，健全舆论反应机制。

四、健全中小投资者投票机制

完善中小投资者投票等机制。引导上市公司股东大会全面采用网络投票方式。积极推行累积投票制选举董事、监事。上市公司不得对征集投票权提出最低持股比例限制。完善上市公司股东大会投票表决第三方见证制度。研究完善中小投资者提出罢免公司董事提案的制度。自律组织应当健全独立董事备案和履职评价制度。

建立中小投资者单独计票机制。上市公司股东大会审议影响中小投资者利益的重大事项时，对中小投资者表决应当单独计票。单独计票结果应当及时公开披露，并报送证券监管部门。

保障中小投资者依法行使权利。健全利益冲突回避、杜绝同业竞争和关联交易公平处理制度。上市公司控股股东、实际控制人不得限制或者阻挠中小投资者行使合法权利，不得损害公司和中小投资者的权益。健全公开发行公司债券持有人会议制度和受托管理制度。基金管理人须为基金份额持有人行使投票权提供便利，鼓励中小投资者参加持有人大会。

五、建立多元化纠纷解决机制

完善纠纷解决机制。上市公司及证券期货经营机构等应当承担投资者投诉处理的首要责任，完善投诉处理机制并公开处理流程和办理情况。证券监管部门要健全登记备案制度，将投诉处理情况作为衡量相关主体合规管理水平的依据。支持投资者与市场经营主体协商解决争议或者达成和解协议。

发挥第三方机构作用。支持自律组织、市场机构独立或者联合依法开展证券期货专业调解，为中小投资者提供免费服务。开展证券期货仲裁服务，培养专业仲裁力量。建立调解与仲裁、诉讼的对接机制。

加强协调配合。有关部门配合司法机关完善相关侵权行为民事诉讼制度。优化中小投资者依法维权程序，降低维权成本。健全适应资本市场中小投资者民事侵权赔偿特点的救济维权工作机制。推动完善破产清偿中保护投资者的措施。

六、健全中小投资者赔偿机制

督促违规或者涉案当事人主动赔偿投资者。对上市公司违法行为负有责任的控股股东及实际控制人，应当主动、依法将其持有的公司股权及其他资产用于赔偿中小投资者。招股说明书虚假记载、误导性陈述或者重大遗漏致使投资者遭受损失的，责任主体须依法赔偿投资者，中介机构也应当承担相应责任。基金管理人、托管人等未能履行勤勉尽责义务造成基金份额持有人财产损失的，应当依法赔偿。

建立上市公司退市风险应对机制。因违法违规而存在退市风险的上市公司，在定期报告中应当对退市风险作专项评估，并提出应对预案。研究建立公开发行公司债券的偿债基金制度。上市公司退市引入保险机制，在有关责任保险中增加退市保险附加条款。健全证券中介机构职业保险制度。

完善风险救助机制。证券期货经营机构和基金管理人应当在现有政策框架下，利用计提的风险准备金完善自主救济机制，依法赔偿投资者损失。研究实行证券发行保荐质保金制度和上市公司违规风险准备金制度。探索建立证券期货领域行政和解制度，开展行政和解试点。研究扩大证券投资者保护基金和期货投资者保障基金使用范围和来源。

七、加大监管和打击力度

完善监管政策。证券监管部门应当把维护中小投资者合法权益贯穿监管工作始终，落实到各个环节。对纳入行政许可、注册或者备案管理的证券期货行为，证券监管部门应当建立起相应的投资者合法权益保护安排。建立限售股股东减持计划预披露制度，在披露之前有关股东不得转让股票。鼓励限售股股东主动延长锁定期。建立覆盖全市场的诚信记录数据库，并实现部门之间共享。健全中小投资者查询市场经营主体诚信状况的机制。建立守信激励和失信惩戒机制。

坚决查处损害中小投资者合法权益的违法行为。严肃查处上市公司不当更正盈利预测报告、未披露导致股价异动事项、先于指定媒体发布信息、以新闻发布替代应履行公告义务、编造或传播虚假信息误导投资者，以及进行内幕交易和操纵市场等行为。坚决打击上市公司控股股东、实际控制人直接或者间接转移、侵占上市公司资产。建立证券期货违法案件举报奖励制度。

强化执法协作。各地区、各部门要统一认识，密切配合，严厉打击各类证券期货违法犯罪活动，及时纠正各类损害中小投资者合法权益的行为。建立侵害中小投资者合法权益事件的快速反应和处置机制，制定和完善应对突发性群体事件预案，做好相关事件处理和维护稳定工作。证券监管部门、公安机关应当不断强化执法协作，完善工作机制，加大提前介入力度。有关部门要配合公安、司法机关完善证券期货犯罪行为的追诉标准及相关司法解释。

八、强化中小投资者教育

加大普及证券期货知识力度。将投资者教育逐步纳入国民教育体系，有条件的地区可以先行试点。充分发挥媒体的舆论引导和宣传教育功能。证券期货经营机构应当承担各项产品和服务的投资者教育义务，保障费用支出和人员配备，将投资者教育纳入各业务环节。

提高投资者风险防范意识。自律组织应当强化投资者教育功能，健全会员投资者教育服务自律规则。中小投资者应当树立理性投资意识，依法行使权利和履行义务，养成良好投资习惯，不听信传言，不盲目跟风，提高风险防范意识和自我保护能力。

九、完善投资者保护组织体系

构建综合保护体系。加快形成法律保护、监管保护、自律保护、市场保护、自我保护的综合保护体系，实现中小投资者保护工作常态化、规范化和制度化。证券监管部门、自律组织以及市场经营主体应当健全组织机构和工作制度，加大资源投入，完善基础设施，畅通与中小投资者的沟通渠道。证券监管部门建立中小投资者合法权益保障检查制度与评估评价体系，并将其作为日常监管和行政许可申请审核的重要依据。

完善组织体系。探索建立中小投资者自律组织和公益性维权组织，向中小投资者提供救济援助，丰富和解、调解、仲裁、诉讼等维权内容和方式。充分发挥证券期货专业律师的作用，鼓励和支持律师为中小投资者提供公益性法律援助。

优化政策环境。证券监管部门要进一步完善政策措施，提高保护中小投资者合法权益的水平。上市公司国有大股东或者实际控制人应当依法行使权利，支持市场经营主体履行法定义务。财政、税收、证券监管部门应当完善交易和分红等相关税费制度，优化投资环境。国务院有关部门和地方人民政府要求上市公司提供未公开信息的，应当遵循法律法规相关规定。有关部门要完善数据采集发布工作机制，加强信息共享，形成投资者合法权益保护的协调沟通机制。强化国际监管合作与交流，实现投资者合法权益的跨境监管和保护。

国务院关于进一步促进资本市场健康发展的若干意见[①]

（2014 年 5 月 8 日）

各省、自治区、直辖市人民政府，国务院各部委、各直属机构：

进一步促进资本市场健康发展，健全多层次资本市场体系，对于加快完善现代市场体系、拓宽企业和居民投融资渠道、优化资源配置、促进经济转型升级具有重要意义。20 多年来，我国资本市场快速发展，初步形成了涵盖股票、债券、期货的市场体系，为促进改革开放和经济社会发展作出了重要贡献。但总体上看，我国资本市场仍不成熟，一些体制机制性问题依然存在，新情况新问题不断出现。为深入贯彻党的十八大和十八届二中、三中全会精神，认真落实党中央和国务院的决策部署，实现资本市场健康发展，现提出以下意见。

一、总体要求

（一）指导思想。

高举中国特色社会主义伟大旗帜，以邓小平理论、“三个代表”重要思想、科学发展观为指导，贯彻党中央和国务院的决策部署，解放思想，改革创新，开拓进取。坚持市场化和法治化取向，维护公开、公平、公正的市场秩序，维护投资者特别是中小投资者合法权益。紧紧围绕促进实体经济发展，激发市场创新活力，拓展市场广度深度，扩大市场双向开放，促进直接融资与间接融资协调

① 《国务院关于进一步促进资本市场健康发展的若干意见》，中国政府网，2014 年 5 月 9 日。

发展，提高直接融资比重，防范和分散金融风险。推动混合所有制经济发展，完善现代企业制度和公司治理结构，提高企业竞争能力，促进资本形成和股权流转，更好发挥资本市场优化资源配置的作用，促进创新创业、结构调整和经济社会持续健康发展。

（二）基本原则。

资本市场改革发展要从我国国情出发，积极借鉴国际经验，遵循以下原则：

一是处理好市场与政府的关系。尊重市场规律，依据市场规则、市场价格、市场竞争实现效益最大化和效率最优化，使市场在资源配置中起决定性作用。同时，更好发挥政府作用，履行好政府监管职能，实施科学监管、适度监管，创造公平竞争的市场环境，保护投资者合法权益，有效维护市场秩序。

二是处理好创新发展与防范风险的关系。以市场为导向、以提高市场服务能力和效率为目的，积极鼓励和引导资本市场创新。同时，强化风险防范，始终把风险监测、预警和处置贯穿于市场创新发展全过程，牢牢守住不发生系统性、区域性金融风险的底线。

三是处理好风险自担与强化投资者保护的关系。加强投资者教育，引导投资者培育理性投资理念，自担风险、自负盈亏，提高风险意识和自我保护能力。同时，健全投资者特别是中小投资者权益保护制度，保障投资者的知情权、参与权、求偿权和监督权，切实维护投资者合法权益。

四是处理好积极推进与稳步实施的关系。立足全局、着眼长远，坚定不移地积极推进改革。同时，加强市场顶层设计，增强改革措施的系统性、针对性、协同性，把握好改革的力度、节奏和市场承受程度，稳步实施各项政策措施，着力维护资本市场平稳发展。

（三）主要任务。

加快建设多渠道、广覆盖、严监管、高效率的股权市场，规范发展债券市场，拓展期货市场，着力优化市场体系结构、运行机制、基础设施和外部环境，实现发行交易方式多样、投融资工具丰富、风险管理功能完备、场内场外和公募私募协调发展。到2020年，基本形成结构合理、功能完善、规范透明、稳健高效、开放包容的多层次资本市场体系。

二、发展多层次股票市场

（四）积极稳妥推进股票发行注册制改革。建立和完善以信息披露为中心的股票发行制度。发行人是信息披露第一责任人，必须做到言行与信息披露的内容一致。发行人、中介机构对信息披露的真实性、准确性、完整性、充分性和及时性承担法律责任。投资者自行判断发行人的盈利能力和投资价值，自担投资风险。逐步探索符合我国实际的股票发行条件、上市标准和审核方式。证券监管部门依法监管发行和上市活动，严厉查处违法违规行为。

（五）加快多层次股权市场建设。强化证券交易所市场的主导地位，充分发挥证券交易所的自律监管职能。壮大主板、中小企业板市场，创新交易机制，丰富交易品种。加快创业板市场改革，健全适合创新型、成长型企业发展的制度安排。增加证券交易所市场内部层次。加快完善全国中小企业股份转让系统，建立小额、便捷、灵活、多元的投融资机制。在清理整顿的基础上，将区域性股权市场纳入多层次资本市场体系。完善集中统一的登记结算制度。

（六）提高上市公司质量。引导上市公司通过资本市场完善现代企业制度，建立健全市场化经营机制，规范经营决策。督促上市公司以投资者需求为导向，履行好信息披露义务，严格执行企业会计准则和财务报告制度，提高财务信息的可比性，增强信息披露的有效性。促进上市公司提高效益，增强持续回报投资者能力，为股东创造更多价值。规范上市公司控股股东、实际控制人行为，保障公司独立主体地位，维护各类股东的平等权利。鼓励上市公司建立市值管理制度。完善上市公司股权激励制度，允许上市公司按规定通过多种形式开展员工持股计划。

（七）鼓励市场化并购重组。充分发挥资本市场在企业并购重组过程中的主渠道作用，强化资本市场的产权定价和交易功能，拓宽并购融资渠道，丰富并购支付方式。尊重企业自主决策，鼓励各类资本公平参与并购，破除市场壁垒和行业分割，实现公司产权和控制权跨地区、跨所有制顺畅转让。

（八）完善退市制度。构建符合我国实际并有利于投资者保护的退市制度，建立健全市场化、多元化退市指标体系并严格执行。支持上市公司根据自身发展战略，在确保公众投资者权益的前提下以吸收合并、股东收购、转板等形式实施主动退市。对欺诈发行的上市公司实行强制退市。明确退市公司重新上市的标准和程序。逐步形成公司进退有序、市场转板顺畅的良性循环机制。

三、规范发展债券市场

（九）积极发展债券市场。完善公司债券公开发行制度。发展适合不同投资者群体的多样化债券品种。建立健全地方政府债券制度。丰富适合中小微企业的债券品种。统筹推进符合条件的资产证券化发展。支持和规范商业银行、证券经营机构、保险资产管理机构等合格机构依法开展债券承销业务。

（十）强化债券市场信用约束。规范发展债券市场信用评级服务。完善发行人信息披露制度，提高投资者风险识别能力，减少对外部评级的依赖。建立债券发行人信息共享机制。探索发展债券信用保险。完善债券增信机制，规范发展债券增信业务。强化发行人和投资者的责任约束，健全债券违约监测和处置机制，支持债券持有人会议维护债权人整体利益，切实防范道德风险。

（十一）深化债券市场互联互通。在符合投资者适当性管理要求的前提下，完善债券品种在不同市场的交叉挂牌及自主转托管机制，促进债券跨市场顺畅流转。鼓励债券交易场所合理分工、发挥各自优势。促进债券登记结算机构信息共享、顺畅连接，加强互联互通。提高债券市场信息系统、市场监察系统的运行效率，逐步强化对债券登记结算体系的统一管理，防范系统性风险。

（十二）加强债券市场监管协调。充分发挥公司信用类债券部际协调机制作用，各相关部门按照法律法规赋予的职责，各司其职，加强对债券市场准入、信息披露和资信评级的监管，建立投资者保护制度，加大查处债券市场虚假陈述、内幕交易、价格操纵等各类违法违规行为的力度。

四、培育私募市场

（十三）建立健全私募发行制度。建立合格投资者标准体系，明确各类产品私募发行的投资者适当性要求和面向同一类投资者的私募发行信息披露要求，规范募集行为。对私募发行不设行政审批，允许各类发行主体在依法合规的基础上，向累计不超过法律规定特定数量的投资者发行股票、债券、基金等产品。积极发挥证券中介机构、资产管理机构和有关市场组织的作用，建立健全私募产品发行监管制度，切实强化事中事后监管。建立促进经营机构规范开展私募业务的风险控制和自律管理制度安排，以及各类私募产品的统一监测系统。

（十四）发展私募投资基金。按照功能监管、适度监管的原则，完善股权投资基金、私募资产管理计划、私募集合理财产品、集合资金信托计划等各类私募投资产品的监管标准。依法严厉打击以私募为名的各类非法集资活动。完善扶持创业投资发展的政策体系，鼓励和引导创业投资基金支持中小微企业。研究制定保险资金投资创业投资基金的相关政策。完善围绕创新链需要的科技金融服务体系，创新科技金融产品和服务，促进战略性新兴产业发展。

五、推进期货市场建设

（十五）发展商品期货市场。以提升产业服务能力和配合资源性产品价格形成机制改革为重点，继续推出大宗资源性产品期货品种，发展商品期权、商品指数、碳排放权等交易工具，充分发挥期货市场价格发现和风险管理功能，增强期货市场服务实体经济的能力。允许符合条件的机构投资者以对冲风险为目的使用期货衍生品工具，清理取消对企业运用风险管理工具的不必要限制。

（十六）建设金融期货市场。配合利率市场化和人民币汇率形成机制改革，适应资本市场风险管理需要，平稳有序发展金融衍生产品。逐步丰富股指期货、股指期权和股票期权品种。逐步发展国债期货，进一步健全反映市场供求关系的国债收益率曲线。

六、提高证券期货服务业竞争力

（十七）放宽业务准入。实施公开透明、进退有序的证券期货业务牌照管理制度，研究证券公司、基金管理公司、期货公司、证券投资咨询公司等交叉持牌，支持符合条件的其他金融机构在风险隔离基础上申请证券期货业务牌照。积极支持民营资本进入证券期货服务业。支持证券期货经营机构与其他金融机构在风险可控前提下以相互控股、参股的方式探索综合经营。

（十八）促进中介机构创新发展。推动证券经营机构实施差异化、专业化、特色化发展，促进形成若干具有国际竞争力、品牌影响力和系统重要性的现代投资银行。促进证券投资基金管理公司向现代资产管理机构转型，提高财富管理水平。推动期货经营机构并购重组，提高行业集中度。支持证券期货经营机构拓宽融资渠道，扩大业务范围。在风险可控前提下，优化客户交易结算资金存管模式。支持证券期货经营机构、各类资产管理机构围绕风险管理、资本中介、投资融资等业务自主创设产品。规范发展证券期货经营机构柜台业务。对会计师事务所、资产评估机构、评级增信机构、法律服务机构开展证券期货相关服务强化监督，提升证券期货服务机构执业质量和公信力，打造功能齐备、分工专业、服务优质的金融服务产业。

（十九）壮大专业机构投资者。支持全国社会保障基金积极参与资本市场投资，支持社会保险基金、企业年金、职业年金、商业保险资金、境外长期资金等机构投资者资金逐步扩大资本市场投资范围和规模。推动商业银行、保险公司等设立基金管理公司，大力发展证券投资基金。

（二十）引导证券期货互联网业务有序发展。建立健全证券期货互联网业务监管规则。支持证券期货服务业、各类资产管理机构利用网络信息技术创新产品、业务和交易方式。支持有条件的互联网企业参与资本市场，促进互联网金融健康发展，扩大资本市场服务的覆盖面。

七、扩大资本市场开放

（二十一）便利境内外主体跨境投融资。扩大合格境外机构投资者、合格境内机构投资者的范围，提高投资额度与上限。稳步开放境外个人直接投资境内资本市场，有序推进境内个人直接投资境外资本市场。建立健全个人跨境投融资权益保护制度。在符合外商投资产业政策的范围内，逐步放宽外资持有上市公司股份的限制，完善对收购兼并行为的国家安全审查和反垄断审查制度。

（二十二）逐步提高证券期货行业对外开放水平。适时扩大外资参股或控股的境内证券期货经营机构的经营范围。鼓励境内证券期货经营机构实施“走出去”战略，增强国际竞争力。推动境内外交易所市场的连接，研究推进境内外基金互认和证券交易所产品互认。稳步探索B股市场改革。

（二十三）加强跨境监管合作。完善跨境监管合作机制，加大跨境执法协查力度，形成适应开放型资本市场体系的跨境监管制度。深化与香港、澳门特别行政区和台湾地区的监管合作。加强与国际证券期货监管组织的合作，积极参与国际证券期货监管规则制定。

八、防范和化解金融风险

（二十四）完善系统性风险监测预警和评估处置机制。建立健全宏观审慎管理制度。逐步建立覆盖各类金融市场、机构、产品、工具和交易结算行为的风险监测监控平台。完善风险管理措施，及时化解重大风险隐患。加强涵盖资本市场、货币市场、信托理财等领域的跨行业、跨市场、跨境风险监管。

（二十五）健全市场稳定机制。资本市场稳定关系经济发展和社会稳定大局。各地区、各部门在出台政策时要充分考虑资本市场的敏感性，做好新闻宣传和舆论引导工作。完善市场交易机制，丰富市场风险管理工具。建立健全金融市场突发事件快速反应和处置机制。健全稳定市场预期机制。

（二十六）从严查处证券期货违法违规行为。加强违法违规线索监测，提升执法反应能力。严厉打击证券期货违法犯罪行为。完善证券期货行政执法与刑事司法的衔接机制，深化证券期货监管部门与公安司法机关的合作。进一步加强执法能力，丰富行政调查手段，大幅改进执法效率，提高违法违规成本，切实提升执法效果。

（二十七）推进证券期货监管转型。加强全国集中统一的证券期货监管体系建设，依法规范监管权力运行，减少审批、核准、备案事项，强化事中事后监管，提高监管能力和透明度。支持市场自律组织履行职能。加强社会信用体系建设，完善资本市场诚信监管制度，强化守信激励、失信惩戒机制。

九、营造资本市场良好发展环境

（二十八）健全法规制度。推进证券法修订和期货法制定工作。出台上市公司监管、私募基金监管等行政法规。建立健全结构合理、内容科学、层级适当的法律实施规范体系，整合清理现行规章、规范性文件，完善监管执法实体和程序规则。重点围绕调查与审理分离、日常监管与稽查处罚协同等关键环节，积极探索完善监管执法体制和机制。配合完善民事赔偿法律制度，健全操纵市场等犯罪认定标准。

（二十九）坚决保护投资者特别是中小投资者合法权益。健全投资者适当性制度，严格投资者适当性管理。完善公众公司中小投资者投票和表决机制，优化投资者回报机制，健全多元化纠纷解决和投资者损害赔偿救济机制。督促证券投资基金等机构投资者参加上市公司业绩发布会，代表公众投资者行使权利。

（三十）完善资本市场税收政策。按照宏观调控政策和税制改革的总体方向，统筹研究有利于进一步促进资本市场健康发展的税收政策。

（三十一）完善市场基础设施。加强登记、结算、托管等公共基础设施建设。实现资本市场监管数据信息共享。推进资本市场信息系统建设，提高防范网络攻击、应对重大灾难与技术故障的能力。

（三十二）加强协调配合。健全跨部门监管协作机制。加强中小投资者保护工作的协调合作。各地区、各部门要加强与证券期货监管部门的信息共享与协同配合。出台支持资本市场扩大对外开放的外汇、海关监管政策。地方人民政府要规范各类区域性交易场所，打击各种非法证券期货活动，做好区域内金融风险防范和处置工作。

（三十三）规范资本市场信息传播秩序。各地区、各部门要严格管理涉及资本市场的内幕信息，确保信息发布公开公正、准确透明。健全资本市场政策发布和解读机制，创新舆论回应与引导方式。综合运用法律、行政、行业自律等方式，完善资本市场信息传播管理制度。依法严肃查处造谣、传谣以及炒作不实信息误导投资者和影响社会稳定的机构、个人。

中共中央国务院关于深化体制机制改革加快实施创新驱动发展战略的若干意见（节选）[①]

（2015年3月13日）

（上略）

一、总体思路和主要目标

加快实施创新驱动发展战略，就是要使市场在资源配置中起决定性作用和更好发挥政府作用，破除一切制约创新的思想障碍和制度藩篱，激发全社会创新活力和创造潜能，提升劳动、信息、知识、技术、管理、资本的效率和效益，强化科技同经济对接、创新成果同产业对接、创新项目同现实生产力对接、研发人员创新劳动同其利益收入对接，增强科技进步对经济发展的贡献度，营造大众创业、万众创新的政策环境和制度环境。

（中略）

二、营造激励创新的公平竞争环境

发挥市场竞争激励创新的根本性作用，营造公平、开放、透明的市场环境，强化竞争政策和产业政策对创新的引导，促进优胜劣汰，增强市场主体创新动力。

（一）实行严格的知识产权保护制度

完善知识产权保护相关法律，研究降低侵权行为追究刑事责任门槛，调整损害赔偿标准，探索实施惩罚性赔偿制度。完善权利人

---

① 《中共中央国务院关于深化体制机制改革加快实施创新驱动发展战略的若干意见》，北京：人民出版社，2015年版。

维权机制，合理划分权利人举证责任。

完善商业秘密保护法律制度，明确商业秘密和侵权行为界定，研究制定相应保护措施，探索建立诉前保护制度。研究商业模式等新形态创新成果的知识产权保护办法。

完善知识产权审判工作机制，推进知识产权民事、刑事、行政案件的“三审合一”，积极发挥知识产权法院的作用，探索跨地区知识产权案件异地审理机制，打破对侵权行为的地方保护。

健全知识产权侵权查处机制，强化行政执法与司法衔接，加强知识产权综合行政执法，健全知识产权维权援助体系，将侵权行为信息纳入社会信用记录。

（二）打破制约创新的行业垄断和市场分割

加快推进垄断性行业改革，放开自然垄断行业竞争性业务，建立鼓励创新的统一透明、有序规范的市场环境。

切实加强反垄断执法，及时发现和制止垄断协议和滥用市场支配地位等垄断行为，为中小企业创新发展拓宽空间。

打破地方保护，清理和废除妨碍全国统一市场的规定和做法，纠正地方政府不当补贴或利用行政权力限制、排除竞争的行为，探索实施公平竞争审查制度。

（三）改进新技术新产品新商业模式的准入管理

改革产业准入制度，制定和实施产业准入负面清单，对未纳入负面清单管理的行业、领域、业务等，各类市场主体皆可依法平等进入。

破除限制新技术新产品新商业模式发展的不合理准入障碍。对药品、医疗器械等创新产品建立便捷高效的监管模式，深化审评审批制度改革，多种渠道增加审评资源，优化流程，缩短周期，支持委托生产等新的组织模式发展。对新能源汽车、风电、光伏等领域实行有针对性的准入政策。

改进互联网、金融、环保、医疗卫生、文化、教育等领域的监管，支持和鼓励新业态、新商业模式发展。

（四）健全产业技术政策和管理制度

改革产业监管制度，将前置审批为主转变为依法加强事中事后监管为主，形成有利于转型升级、鼓励创新的产业政策导向。

强化产业技术政策的引导和监督作用，明确并逐步提高生产环节和市场准入的环境、节能、节地、节水、节材、质量和安全指标及相关标准，形成统一权威、公开透明的市场准入标准体系。健全技术标准体系，强化强制性标准的制定和实施。

加强产业技术政策、标准执行的过程监管。强化环保、质检、工商、安全监管等部门的行政执法联动机制。

（五）形成要素价格倒逼创新机制

运用主要由市场决定要素价格的机制，促使企业从依靠过度消耗资源能源、低性能低成本竞争，向依靠创新、实施差别化竞争转变。

加快推进资源税改革，逐步将资源税扩展到占用各种自然生态空间，推进环境保护费改税。完善市场化的工业用地价格形成机制。健全企业职工工资正常增长机制，实现劳动力成本变化与经济提质增效相适应。

三、建立技术创新市场导向机制

发挥市场对技术研发方向、路线选择和各类创新资源配置的导向作用，调整创新决策和组织模式，强化普惠性政策支持，促进企业真正成为技术创新决策、研发投入、科研组织和成果转化的主体。

（六）扩大企业在国家创新决策中话语权

建立高层次、常态化的企业技术创新对话、咨询制度，发挥企业和企业家在国家创新决策中的重要作用。吸收更多企业参与研究制定国家技术创新规划、计划、政策和标准，相关专家咨询组中产业专家和企业家应占较大比例。

国家科技规划要聚焦战略需求，重点部署市场不能有效配置资源的关键领域研究，竞争类产业技术创新的研发方向、技术路线和要素配置模式由企业依据市场需求自主决策。

（七）完善企业为主体的产业技术创新机制

市场导向明确的科技项目由企业牵头、政府引导、联合高等学校和科研院所实施。鼓励构建以企业为主导、产学研合作的产业技术创新战略联盟。

更多运用财政后补助、间接投入等方式，支持企业自主决策、先行投入，开展重大产业关键共性技术、装备和标准的研发攻关。

开展龙头企业创新转型试点，探索政府支持企业技术创新、管理创新、商业模式创新的新机制。

完善中小企业创新服务体系，加快推进创业孵化、知识产权服务、第三方检验检测认证等机构的专业化、市场化改革，壮大技术交易市场。

优化国家实验室、重点实验室、工程实验室、工程（技术）研究中心布局，按功能定位分类整合，构建开放共享互动的创新网络，建立向企业特别是中小企业有效开放的机制。探索在战略性领域采取企业主导、院校协作、多元投资、军民融合、成果分享的新模式，整合形成若干产业创新中心。加大国家重大科研基础设施、大型科研仪器和专利基础信息资源等向社会开放力度。

（八）提高普惠性财税政策支持力度

坚持结构性减税方向，逐步将国家对企业技术创新的投入方式转变为以普惠性财税政策为主。

统筹研究企业所得税加计扣除政策，完善企业研发费用计核方法，调整目录管理方式，扩大研发费用加计扣除优惠政策适用范围。完善高新技术企业认定办法，重点鼓励中小企业加大研发力度。

（九）健全优先使用创新产品的采购政策

建立健全符合国际规则的支持采购创新产品和服务的政策体系，落实和完善政府采购促进中小企业创新发展的相关措施，加大创新产品和服务的采购力度。鼓励采用首购、订购等非招标采购方式，以及政府购买服务等方式予以支持，促进创新产品的研发和规模化应用。

研究完善使用首台（套）重大技术装备鼓励政策，健全研制、使用单位在产品创新、增值服务和示范应用等环节的激励和约束机制。

放宽民营企业和科研单位进入军品科研生产和维修采购范围。

四、强化金融创新的功能

发挥金融创新对技术创新的助推作用，培育壮大创业投资和资本市场，提高信贷支持创新的灵活性和便利性，形成各类金融工具协同支持创新发展的良好局面。

（十）壮大创业投资规模

研究制定天使投资相关法规。按照税制改革的方向与要求，对包括天使投资在内的投向种子期、初创期等创新活动的投资，统筹研究相关税收支持政策。

研究扩大促进创业投资企业发展的税收优惠政策，适当放宽创业投资企业投资高新技术企业的条件限制，并在试点基础上将享受投资抵扣政策的创业投资企业范围扩大到有限合伙制创业投资企业法人合伙人。

结合国有企业改革设立国有资本创业投资基金，完善国有创投机构激励约束机制。按照市场化原则研究设立国家新兴产业创业投资引导基金，带动社会资本支持战略性新兴产业和高技术产业早中期、初创期创新型企业发展。

完善外商投资创业投资企业规定，有效利用境外资本投向创新领域。研究保险资金投资创业投资基金的相关政策。

（十一）强化资本市场对技术创新的支持

加快创业板市场改革，健全适合创新型、成长型企业发展的制度安排，扩大服务实体经济覆盖面，强化全国中小企业股份转让系统融资、并购、交易等功能，规范发展服务小微企业的区域性股权市场。加强不同层次资本市场的有机联系。

发挥沪深交易所股权质押融资机制作用，支持符合条件的创新创业企业发行公司债券。支持符合条件的企业发行项目收益债，募集资金用于加大创新投入。

推动修订相关法律法规，探索开展知识产权证券化业务。开展股权众筹融资试点，积极探索和规范发展服务创新的互联网金融。

（十二）拓宽技术创新的间接融资渠道

完善商业银行相关法律。选择符合条件的银行业金融机构，探索试点为企业创新活动提供股权和债权相结合的融资服务方式，与创业投资、股权投资机构实现投贷联动。

政策性银行在有关部门及监管机构的指导下，加快业务范围内金融产品和服务方式创新，对符合条件的企业创新活动加大信贷支持力度。

稳步发展民营银行，建立与之相适应的监管制度，支持面向中小企业创新需求的金融产品创新。

建立知识产权质押融资市场化风险补偿机制，简化知识产权质押融资流程。加快发展科技保险，推进专利保险试点。

五、完善成果转化激励政策

强化尊重知识、尊重创新，充分体现智力劳动价值的分配导向，让科技人员在创新活动中得到合理回报，通过成果应用体现创新价值，通过成果转化创造财富。

（十三）加快下放科技成果使用、处置和收益权

不断总结试点经验，结合事业单位分类改革要求，尽快将财政资金支持形成的，不涉及国防、国家安全、国家利益、重大社会公共利益的科技成果的使用权、处置权和收益权，全部下放给符合条件的项目承担单位。单位主管部门和财政部门对科技成果在境内的使用、处置不再审批或备案，科技成果转移转化所得收入全部留归单位，纳入单位预算，实行统一管理，处置收入不上缴国库。

（十四）提高科研人员成果转化收益比例

完善职务发明制度，推动修订专利法、公司法等相关内容，完善科技成果、知识产权归属和利益分享机制，提高骨干团队、主要发明人受益比例。完善奖励报酬制度，健全职务发明的争议仲裁和法律救济制度。

修订相关法律和政策规定，在利用财政资金设立的高等学校和科研院所中，将职务发明成果转让收益在重要贡献人员、所属单位之间合理分配，对用于奖励科研负责人、骨干技术人员等重要贡

献人员和团队的收益比例，可以从现行不低于20%提高到不低于50%。

国有企业事业单位对职务发明完成人、科技成果转化重要贡献人员和团队的奖励，计入当年单位工资总额，不作为工资总额基数。

（十五）加大科研人员股权激励力度

鼓励各类企业通过股权、期权、分红等激励方式，调动科研人员创新积极性。

对高等学校和科研院所等事业单位以科技成果作价入股的企业，放宽股权奖励、股权出售对企业设立年限和盈利水平的限制。

建立促进国有企业创新的激励制度，对在创新中作出重要贡献的技术人员实施股权和分红权激励。

积极总结试点经验，抓紧确定科技型中小企业的条件和标准。高新技术企业和科技型中小企业科研人员通过科技成果转化取得股权奖励收入时，原则上在5年内分期缴纳个人所得税。结合个人所得税制改革，研究进一步激励科研人员创新的政策。

中共中央国务院关于构建开放型经济新体制的若干意见（节选）[①]

（2015 年 5 月 5 日）

（上略）

一、构建开放型经济新体制的总体要求

全面贯彻落实党的十八大和十八届二中、三中、四中全会精神，坚持使市场在资源配置中起决定性作用和更好发挥政府作用，坚持改革开放和法治保障并重，坚持引进来和走出去相结合，坚持与世界融合和保持中国特色相统一，坚持统筹国内发展和参与全球治理相互促进，坚持把握开放主动权和维护国家安全。主动适应经济发展新常态，并与实施“一带一路”战略和国家外交战略紧密衔接，科学布局，选准突破口和切入点，发挥社会主义制度优势，把握好开放节奏和秩序，扬长避短、因势利导、有所作为、防范风险、维护安全，积极探索对外经济合作新模式、新路径、新体制。总体目标是，加快培育国际合作和竞争新优势，更加积极地促进内需和外需平衡、进口和出口平衡、引进外资和对外投资平衡，逐步实现国际收支基本平衡，形成全方位开放新格局，实现开放型经济治理体系和治理能力现代化，在扩大开放中树立正确义利观，切实维护国家利益，保障国家安全，推动我国与世界各国共同发展，构建互利共赢、多元平衡、安全高效的开放型经济新体制。

（一）建立市场配置资源新机制。促进国际国内要素有序自由

---

① 《中共中央国务院关于构建开放型经济新体制的若干意见》，《人民日报》，2015 年 5 月 5 日。

流动、资源全球高效配置、国际国内市场深度融合，加快推进与开放型经济相关的体制机制改革，建立公平开放、竞争有序的现代市场体系。

（二）形成经济运行管理新模式。按照国际化、法治化的要求，营造良好法治环境，依法管理开放，建立与国际高标准投资和贸易规则相适应的管理方式，形成参与国际宏观经济政策协调的机制，推动国际经济治理结构不断完善。推进政府行为法治化、经济行为市场化，建立健全企业履行主体责任、政府依法监管和社会广泛参与的管理机制，健全对外开放中有效维护国家利益和安全的体制机制。

（三）形成全方位开放新格局。坚持自主开放与对等开放，加强走出去战略谋划，实施更加主动的自由贸易区战略，拓展开放型经济发展新空间。继续实施西部开发、东北振兴、中部崛起、东部率先的区域发展总体战略，重点实施“一带一路”战略、京津冀协同发展战略和长江经济带战略，推动东西双向开放，促进基础设施互联互通，扩大沿边开发开放，形成全方位开放新格局。

（四）形成国际合作竞争新优势。巩固和拓展传统优势，加快培育竞争新优势。以创新驱动为导向，以质量效益为核心，大力营造竞争有序的市场环境、透明高效的政务环境、公平正义的法治环境和合作共赢的人文环境，加速培育产业、区位、营商环境和规则标准等综合竞争优势，不断增强创新能力，全面提升在全球价值链中的地位，促进产业转型升级。

二、创新外商投资管理体制

改善投资环境，扩大服务业市场准入，进一步开放制造业，稳定外商投资规模和速度，提高引进外资质量。改革外商投资审批和产业指导的管理方式，向准入前国民待遇加负面清单的管理模式转变，促进开发区体制机制创新和转型升级发展。

（五）统一内外资法律法规。修订中外合资经营企业法、中外合作经营企业法和外资企业法，制定新的外资基础性法律，将规范和引导境外投资者及其投资行为的内容纳入外资基础性法律。对于外资企业组织形式、经营活动等一般内容，可由统一适用于各类市场主体法律法规加以规范的，按照内外资一致的原则，适用统一的法律法规。保持外资政策稳定、透明、可预期，营造规范的制度环境和稳定的市场环境。

（六）推进准入前国民待遇加负面清单的管理模式。完善外商投资市场准入制度，探索对外商投资实行准入前国民待遇加负面清单的管理模式。在做好风险评估的基础上，分层次、有重点放开服务业领域外资准入限制，推进金融、教育、文化、医疗等服务业领域有序开放，放开育幼养老、建筑设计、会计审计、商贸物流、电子商务等服务业领域外资准入限制，进一步放开一般制造业。在维护国家安全的前提下，对于交通、电信等基础设施以及矿业等相关领域逐步减少对外资的限制。

（七）完善外商投资监管体系。按照扩大开放与加强监管同步的要求，加强事中事后监管，建立外商投资信息报告制度和外商投资信息公示平台，充分发挥企业信用信息公示系统的平台作用，形成各政府部门信息共享、协同监管、社会公众参与监督的外商投资全程监管体系，提升外商投资监管的科学性、规范性和透明度，防止一放就乱。

（八）推动开发区转型升级和创新发展。加强国家级经济技术开发区、高新技术产业开发区、海关特殊监管区域以及省级开发区等各类开发区规划指导、创新发展。发挥开发区的引领和带动作用，大力发展先进制造业、生产性服务业和科技服务业，推动区内产业升级，建设协同创新平台，实现产业结构、产品附加值、质量、品牌、技术水平、创新能力的全面提升。推动开发区绿色、低碳、循环发展，继续深化节能环保国际合作。不断改善投资环境，进一步规范行政管理制度，完善决策、执行、监督和考核评价体系，避免同质竞争，努力把开发区建设成为带动地区经济发展和实施区域发展战略的重要载体、构建开放型经济新体制和培育吸引外资新优势的排头兵、科技创新驱动和绿色集约发展的示范区。

三、建立促进走出去战略的新体制

实施走出去国家战略，加强统筹谋划和指导。确立企业和个人对外投资主体地位，努力提高对外投资质量和效率，促进基础设施互联互通，推动优势产业走出去，开展先进技术合作，增强我国企业国际化经营能力，避免恶性竞争，维护境外投资权益。

（九）确立并实施新时期走出去国家战略。根据国民经济和社会发展总体规划以及对外开放总体战略，完善境外投资中长期发展规划，加强对走出去的统筹谋划和指导，提供政策支持和投资促进。鼓励企业制定中长期国际化发展战略，兼顾当前和长远利益，在境外依法经营。督促企业履行社会责任，树立良好形象。

（十）推进境外投资便利化。研究制定境外投资法规。贯彻企业投资自主决策、自负盈亏原则，放宽境外投资限制，简化境外投资管理，除少数有特殊规定外，境外投资项目一律实行备案制。加快建立合格境内个人投资者制度。加强境外投资合作信息平台建设。

（十一）创新对外投资合作方式。允许企业和个人发挥自身优势到境外开展投资合作，允许自担风险到各国各地区承揽工程和劳务合作项目，允许创新方式走出去开展绿地投资、并购投资、证券投资、联合投资等。鼓励有实力的企业采取多种方式开展境外基础设施投资和能源资源合作。促进高铁、核电、航空、机械、电力、电信、冶金、建材、轻工、纺织等优势行业走出去，提升互联网信息服务等现代服务业国际化水平，推动电子商务走出去。积极稳妥推进境外农业投资合作。支持我国重大技术标准走出去。创新境外经贸合作区发展模式，支持国内投资主体自主建设和管理。

（十二）健全走出去服务保障体系。加快同有关国家和地区商签投资协定，完善领事保护制度，提供权益保障、投资促进、风险预警等更多服务，推进对外投资合作便利化。保障我国境外人员人身和财产安全。发挥中介机构作用，培育一批国际化的设计咨询、资产评估、信用评级、法律服务等中介机构。

（十三）引进来和走出去有机结合。推进引进外资与对外投资有机结合、相互配合，推动与各国各地区互利共赢的产业投资合作。发挥我国优势和条件促进其他国家和地区共同发展。鼓励企业开展科技创新、项目对接、信息交流、人力资源开发等多方面国际合作。支持地方和企业做好引资、引智、引技等工作，并积极开拓国际市场。通过各类投资合作机制，分享我国引进来的成功经验，推动有关国家营造良好投资环境。

（下略）

国务院关于大力推进大众创业万众创新若干政策措施的意见[①]

（2015 年 6 月 11 日）

各省、自治区、直辖市人民政府，国务院各部委、各直属机构：

推进大众创业、万众创新，是发展的动力之源，也是富民之道、公平之计、强国之策，对于推动经济结构调整、打造发展新引擎、增强发展新动力、走创新驱动发展道路具有重要意义，是稳增长、扩就业、激发亿万群众智慧和创造力，促进社会纵向流动、公平正义的重大举措。根据 2015 年《政府工作报告》部署，为改革完善相关体制机制，构建普惠性政策扶持体系，推动资金链引导创业创新链、创业创新链支持产业链、产业链带动就业链，现提出以下意见。

一、充分认识推进大众创业、万众创新的重要意义

——推进大众创业、万众创新，是培育和催生经济社会发展新动力的必然选择。随着我国资源环境约束日益强化，要素的规模驱动力逐步减弱，传统的高投入、高消耗、粗放式发展方式难以为继，经济发展进入新常态，需要从要素驱动、投资驱动转向创新驱动。推进大众创业、万众创新，就是要通过结构性改革、体制机制创新，消除不利于创业创新发展的各种制度束缚和桎梏，支持各类市场主体不断开办新企业、开发新产品、开拓新市场，培育新兴产

① 《国务院关于大力推进大众创业万众创新若干政策措施的意见》，人民网，2015 年 6 月 16 日。

业，形成小企业“铺天盖地”、大企业“顶天立地”的发展格局，实现创新驱动发展，打造新引擎、形成新动力。

——推进大众创业、万众创新，是扩大就业、实现富民之道的根本举措。我国有13亿多人口、9亿多劳动力，每年高校毕业生、农村转移劳动力、城镇困难人员、退役军人数量较大，人力资源转化为人力资本的潜力巨大，但就业总量压力较大，结构性矛盾凸显。推进大众创业、万众创新，就是要通过转变政府职能、建设服务型政府，营造公平竞争的创业环境，使有梦想、有意愿、有能力的科技人员、高校毕业生、农民工、退役军人、失业人员等各类市场创业主体“如鱼得水”，通过创业增加收入，让更多的人富起来，促进收入分配结构调整，实现创新支持创业、创业带动就业的良性互动发展。

——推进大众创业、万众创新，是激发全社会创新潜能和创业活力的有效途径。目前，我国创业创新理念还没有深入人心，创业教育培训体系还不健全，善于创造、勇于创业的能力不足，鼓励创新、宽容失败的良好环境尚未形成。推进大众创业、万众创新，就是要通过加强全社会以创新为核心的创业教育，弘扬“敢为人先、追求创新、百折不挠”的创业精神，厚植创新文化，不断增强创业创新意识，使创业创新成为全社会共同的价值追求和行为习惯。

二、总体思路

按照“四个全面”战略布局，坚持改革推动，加快实施创新驱动发展战略，充分发挥市场在资源配置中的决定性作用和更好发挥政府作用，加大简政放权力度，放宽政策、放开市场、放活主体，形成有利于创业创新的良好氛围，让千千万万创业者活跃起来，汇聚成经济社会发展的巨大动能。不断完善体制机制、健全普惠性政策措施，加强统筹协调，构建有利于大众创业、万众创新蓬勃发展的政策环境、制度环境和公共服务体系，以创业带动就业、创新促进发展。

——坚持深化改革，营造创业环境。通过结构性改革和创新，进一步简政放权、放管结合、优化服务，增强创业创新制度供给，完善相关法律法规、扶持政策和激励措施，营造均等普惠环境，推动社会纵向流动。

——坚持需求导向，释放创业活力。尊重创业创新规律，坚持以人为本，切实解决创业者面临的资金需求、市场信息、政策扶持、技术支撑、公共服务等瓶颈问题，最大限度释放各类市场主体创业创新活力，开辟就业新空间，拓展发展新天地，解放和发展生产力。

——坚持政策协同，实现落地生根。加强创业、创新、就业等各类政策统筹，部门与地方政策联动，确保创业扶持政策可操作、能落地。鼓励有条件的地区先行先试，探索形成可复制、可推广的创业创新经验。

——坚持开放共享，推动模式创新。加强创业创新公共服务资源开放共享，整合利用全球创业创新资源，实现人才等创业创新要素跨地区、跨行业自由流动。依托“互联网+”、大数据等，推动各行业创新商业模式，建立和完善线上与线下、境内与境外、政府与市场开放合作等创业创新机制。

三、创新体制机制，实现创业便利化

（一）完善公平竞争市场环境。进一步转变政府职能，增加公共产品和服务供给，为创业者提供更多机会。逐步清理并废除妨碍创业发展的制度和规定，打破地方保护主义。加快出台公平竞争审查制度，建立统一透明、有序规范的市场环境。依法反垄断和反不正当竞争，消除不利于创业创新发展的垄断协议和滥用市场支配地位以及其他不正当竞争行为。清理规范涉企收费项目，完善收费目录管理制度，制定事中事后监管办法。建立和规范企业信用信息发布制度，制定严重违法企业名单管理办法，把创业主体信用与市场准入、享受优惠政策挂钩，完善以信用管理为基础的创业创新监管模式。

（二）深化商事制度改革。加快实施工商营业执照、组织机构代码证、税务登记证“三证合一”、“一照一码”，落实“先照后证”改革，推进全程电子化登记和电子营业执照应用。支持各地结合实际放宽新注册企业场所登记条件限制，推动“一址多照”、集群注册等住所登记改革，为创业创新提供便利的工商登记服务。建立市场准入等负面清单，破除不合理的行业准入限制。开展企业简易注销试点，建立便捷的市场退出机制。依托企业信用信息公示系统建立小微企业名录，增强创业企业信息透明度。

（三）加强创业知识产权保护。研究商业模式等新形态创新成果的知识产权保护办法。积极推进知识产权交易，加快建立全国知识产权运营公共服务平台。完善知识产权快速维权与维权援助机制，缩短确权审查、侵权处理周期。集中查处一批侵犯知识产权的大案要案，加大对反复侵权、恶意侵权等行为的处罚力度，探索实施惩罚性赔偿制度。完善权利人维权机制，合理划分权利人举证责任，完善行政调解等非诉讼纠纷解决途径。

（四）健全创业人才培养与流动机制。把创业精神培育和创业素质教育纳入国民教育体系，实现全社会创业教育和培训制度化、体系化。加快完善创业课程设置，加强创业实训体系建设。加强创业创新知识普及教育，使大众创业、万众创新深入人心。加强创业导师队伍建设，提高创业服务水平。加快推进社会保障制度改革，破除人才自由流动制度障碍，实现党政机关、企事业单位、社会各方面人才顺畅流动。加快建立创业创新绩效评价机制，让一批富有创业精神、勇于承担风险的人才脱颖而出。

四、优化财税政策，强化创业扶持

（五）加大财政资金支持和统筹力度。各级财政要根据创业创新需要，统筹安排各类支持小微企业和创业创新的资金，加大对创业创新支持力度，强化资金预算执行和监管，加强资金使用绩效评价。支持有条件的地方政府设立创业基金，扶持创业创新发展。在确保公平竞争前提下，鼓励对众创空间等孵化机构的办公用房、用水、用能、网络等软硬件设施给予适当优惠，减轻创业者负担。

（六）完善普惠性税收措施。落实扶持小微企业发展的各项税收优惠政策。落实科技企业孵化器、大学科技园、研发费用加计扣除、固定资产加速折旧等税收优惠政策。对符合条件的众创空间等新型孵化机构适用科技企业孵化器税收优惠政策。按照税制改革方向和要求，对包括天使投资在内的投向种子期、初创期等创新活动的投资，统筹研究相关税收支持政策。修订完善高新技术企业认定办法，完善创业投资企业享受70%应纳税所得额税收抵免政策。抓紧推广中关村国家自主创新示范区税收试点政策，将企业转增股本分期缴纳个人所得税试点政策、股权奖励分期缴纳个人所得税试点政策推广至全国范围。落实促进高校毕业生、残疾人、退役军人、登记失业人员等创业就业税收政策。

（七）发挥政府采购支持作用。完善促进中小企业发展的政府采购政策，加强对采购单位的政策指导和监督检查，督促采购单位改进采购计划编制和项目预留管理，增强政策对小微企业发展的支持效果。加大创新产品和服务的采购力度，把政府采购与支持创业发展紧密结合起来。

五、搞活金融市场，实现便捷融资

（八）优化资本市场。支持符合条件的创业企业上市或发行票据融资，并鼓励创业企业通过债券市场筹集资金。积极研究尚未盈利的互联网和高新技术企业到创业板发行上市制度，推动在上海证券交易所建立战略新兴产业板。加快推进全国中小企业股份转让系统向创业板转板试点。研究解决特殊股权结构类创业企业在境内上市的制度性障碍，完善资本市场规则。规范发展服务于中小微企业的区域性股权市场，推动建立工商登记部门与区域性股权市场的股权登记对接机制，支持股权质押融资。支持符合条件的发行主体发行小微企业增信集合债等企业债券创新品种。

（九）创新银行支持方式。鼓励银行提高针对创业创新企业的金融服务专业化水平，不断创新组织架构、管理方式和金融产品。推动银行与其他金融机构加强合作，对创业创新活动给予有针对性的股权和债权融资支持。鼓励银行业金融机构向创业企业提供结算、融资、理财、咨询等一站式系统化的金融服务。

（十）丰富创业融资新模式。支持互联网金融发展，引导和鼓励众筹融资平台规范发展，开展公开、小额股权众筹融资试点，加强风险控制和规范管理。丰富完善创业担保贷款政策。支持保险资金参与创业创新，发展相互保险等新业务。完善知识产权估值、质押和流转体系，依法合规推动知识产权质押融资、专利许可费收益权证券化、专利保险等服务常态化、规模化发展，支持知识产权金融发展。

六、扩大创业投资，支持创业起步成长

（十一）建立和完善创业投资引导机制。不断扩大社会资本参与新兴产业创投计划参股基金规模，做大直接融资平台，引导创业投资更多向创业企业起步成长的前端延伸。不断完善新兴产业创业投资政策体系、制度体系、融资体系、监管和预警体系，加快建立考核评价体系。加快设立国家新兴产业创业投资引导基金和国家中小企业发展基金，逐步建立支持创业创新和新兴产业发展的市场化长效运行机制。发展联合投资等新模式，探索建立风险补偿机制。鼓励各地方政府建立和完善创业投资引导基金。加强创业投资立法，完善促进天使投资的政策法规。促进国家新兴产业创业投资引导基金、科技型中小企业创业投资引导基金、国家科技成果转化引导基金、国家中小企业发展基金等协同联动。推进创业投资行业协会建设，加强行业自律。

（十二）拓宽创业投资资金供给渠道。加快实施新兴产业“双创”三年行动计划，建立一批新兴产业“双创”示范基地，引导社会资金支持大众创业。推动商业银行在依法合规、风险隔离的前提下，与创业投资机构建立市场化长期性合作。进一步降低商业保险资金进入创业投资的门槛。推动发展投贷联动、投保联动、投债联动等新模式，不断加大对创业创新企业的融资支持。

（十三）发展国有资本创业投资。研究制定鼓励国有资本参与创业投资的系统性政策措施，完善国有创业投资机构激励约束机制、监督管理机制。引导和鼓励中央企业和其他国有企业参与新兴产业创业投资基金、设立国有资本创业投资基金等，充分发挥国有资本在创业创新中的作用。研究完善国有创业投资机构国有股转持豁免政策。

（十四）推动创业投资“引进来”与“走出去”。抓紧修订外商投资创业投资企业相关管理规定，按照内外资一致的管理原则，放宽外商投资准入，完善外资创业投资机构管理制度，简化管理流程，鼓励外资开展创业投资业务。放宽对外资创业投资基金投资限制，鼓励中外合资创业投资机构发展。引导和鼓励创业投资机构加大对境外高端研发项目的投资，积极分享境外高端技术成果。按投资领域、用途、募集资金规模，完善创业投资境外投资管理。

七、发展创业服务，构建创业生态

（十五）加快发展创业孵化服务。大力发展创新工场、车库咖啡等新型孵化器，做大做强众创空间，完善创业孵化服务。引导和鼓励各类创业孵化器与天使投资、创业投资相结合，完善投融资模式。引导和推动创业孵化与高校、科研院所等技术成果转移相结合，完善技术支撑服务。引导和鼓励国内资本与境外合作设立新型创业孵化平台，引进境外先进创业孵化模式，提升孵化能力。

（十六）大力发展第三方专业服务。加快发展企业管理、财务咨询、市场营销、人力资源、法律顾问、知识产权、检验检测、现代物流等第三方专业化服务，不断丰富和完善创业服务。

（十七）发展“互联网+”创业服务。加快发展“互联网+”创业网络体系，建设一批小微企业创业创新基地，促进创业与创新、创业与就业、线上与线下相结合，降低全社会创业门槛和成本。加强政府数据开放共享，推动大型互联网企业和基础电信企业向创业者开放计算、存储和数据资源。积极推广众包、用户参与设计、云设计等新型研发组织模式和创业创新模式。

（十八）研究探索创业券、创新券等公共服务新模式。有条件的地方继续探索通过创业券、创新券等方式对创业者和创新企业提供社会培训、管理咨询、检验检测、软件开发、研发设计等服务，建立和规范相关管理制度和运行机制，逐步形成可复制、可推广的经验。

八、建设创业创新平台，增强支撑作用

（十九）打造创业创新公共平台。加强创业创新信息资源整合，建立创业政策集中发布平台，完善专业化、网络化服务体系，增强创业创新信息透明度。鼓励开展各类公益讲坛、创业论坛、创业培训等活动，丰富创业平台形式和内容。支持各类创业创新大赛，定期办好中国创新创业大赛、中国农业科技创新创业大赛和创新挑战大赛等赛事。加强和完善中小企业公共服务平台网络建设。充分发挥企业的创新主体作用，鼓励和支持有条件的大型企业发展创业平台、投资并购小微企业等，支持企业内外部创业者创业，增强企业创业创新活力。为创业失败者再创业建立必要的指导和援助机制，不断增强创业信心和创业能力。加快建立创业企业、天使投资、创业投资统计指标体系，规范统计口径和调查方法，加强监测和分析。

（二十）用好创业创新技术平台。建立科技基础设施、大型科研仪器和专利信息资源向全社会开放的长效机制。完善国家重点实

验室等国家级科研平台（基地）向社会开放机制，为大众创业、万众创新提供有力支撑。鼓励企业建立一批专业化、市场化的技术转移平台。鼓励依托三维（3D）打印、网络制造等先进技术和发展模式，开展面向创业者的社会化服务。引导和支持有条件的领军企业创建特色服务平台，面向企业内部和外部创业者提供资金、技术和服务支撑。加快建立军民两用技术项目实施、信息交互和标准化协调机制，促进军民创新资源融合。

（二十一）发展创业创新区域平台。支持开展全面创新改革试验的省（区、市）、国家综合配套改革试验区等，依托改革试验平台在创业创新体制机制改革方面积极探索，发挥示范和带动作用，为创业创新制度体系建设提供可复制、可推广的经验。依托自由贸易试验区、国家自主创新示范区、战略性新兴产业集聚区等创业创新资源密集区域，打造若干具有全球影响力的创业创新中心。引导和鼓励创业创新型城市完善环境，推动区域集聚发展。推动实施小微企业创业基地城市示范。鼓励有条件的地方出台各具特色的支持政策，积极盘活闲置的商业用房、工业厂房、企业库房、物流设施和家庭住所、租赁房等资源，为创业者提供低成本办公场所和居住条件。

九、激发创造活力，发展创新型创业

（二十二）支持科研人员创业。加快落实高校、科研院所等专业技术人员离岗创业政策，对经同意离岗的可在 3 年内保留人事关系，建立健全科研人员双向流动机制。进一步完善创新型中小企业上市股权激励和员工持股计划制度规则。鼓励符合条件的企业按照有关规定，通过股权、期权、分红等激励方式，调动科研人员创业积极性。支持鼓励学会、协会、研究会等科技社团为科技人员和创业企业提供咨询服务。

（二十三）支持大学生创业。深入实施大学生创业引领计划，整合发展高校毕业生就业创业基金。引导和鼓励高校统筹资源，抓紧落实大学生创业指导服务机构、人员、场地、经费等。引导和鼓励成功创业者、知名企业家、天使和创业投资人、专家学者等担任兼职创业导师，提供包括创业方案、创业渠道等创业辅导。建立健全弹性学制管理办法，支持大学生保留学籍休学创业。

（二十四）支持境外人才来华创业。发挥留学回国人才特别是领军人才、高端人才的创业引领带动作用。继续推进人力资源市场对外开放，建立和完善境外高端创业创新人才引进机制。进一步放宽外籍高端人才来华创业办理签证、永久居留证等条件，简化开办企业审批流程，探索由事前审批调整为事后备案。引导和鼓励地方对回国创业高端人才和境外高端人才来华创办高科技企业给予一次性创业启动资金，在配偶就业、子女入学、医疗、住房、社会保障等方面完善相关措施。加强海外科技人才离岸创业基地建设，把更多的国外创业创新资源引入国内。

十、拓展城乡创业渠道，实现创业带动就业

（二十五）支持电子商务向基层延伸。引导和鼓励集办公服务、投融资支持、创业辅导、渠道开拓于一体的市场化网商创业平台发展。鼓励龙头企业结合乡村特点建立电子商务交易服务平台、商品集散平台和物流中心，推动农村依托互联网创业。鼓励电子商务第三方交易平台渠道下沉，带动城乡基层创业人员依托其平台和经营网络开展创业。完善有利于中小网商发展的相关措施，在风险

可控、商业可持续的前提下支持发展面向中小网商的融资贷款业务。

（二十六）支持返乡创业集聚发展。结合城乡区域特点，建立有市场竞争力的协作创业模式，形成各具特色的返乡人员创业联盟。引导返乡创业人员融入特色专业市场，打造具有区域特点的创业集群和优势产业集群。深入实施农村青年创业富民行动，支持返乡创业人员因地制宜围绕休闲农业、农产品深加工、乡村旅游、农村服务业等开展创业，完善家庭农场等新型农业经营主体发展环境。

（二十七）完善基层创业支撑服务。加强城乡基层创业人员社保、住房、教育、医疗等公共服务体系建设，完善跨区域创业转移接续制度。健全职业技能培训体系，加强远程公益创业培训，提升基层创业人员创业能力。引导和鼓励中小金融机构开展面向基层创业创新的金融产品创新，发挥社区地理和软环境优势，支持社区创业者创业。引导和鼓励行业龙头企业、大型物流企业发挥优势，拓展乡村信息资源、物流仓储等技术和服务网络，为基层创业提供支撑。

十一、加强统筹协调，完善协同机制

（二十八）加强组织领导。建立由发展改革委牵头的推进大众创业万众创新部际联席会议制度，加强顶层设计和统筹协调。各地区、各部门要立足改革创新，坚持需求导向，从根本上解决创业创新中面临的各种体制机制问题，共同推进大众创业、万众创新蓬勃发展。重大事项要及时向国务院报告。

（二十九）加强政策协调联动。建立部门之间、部门与地方之间政策协调联动机制，形成强大合力。各地区、各部门要系统梳理已发布的有关支持创业创新发展的各项政策措施，抓紧推进“立、改、废”工作，将对初创企业的扶持方式从选拔式、分配式向普惠式、引领式转变。建立健全创业创新政策协调审查制度，增强政策普惠性、连贯性和协同性。

（三十）加强政策落实情况督查。加快建立推进大众创业、万众创新有关普惠性政策措施落实情况督查督导机制，建立和完善政策执行评估体系和通报制度，全力打通决策部署的“最先一公里”和政策落实的“最后一公里”，确保各项政策措施落地生根。

各地区、各部门要进一步统一思想认识，高度重视、认真落实本意见的各项要求，结合本地区、本部门实际明确任务分工、落实工作责任，主动作为、敢于担当，积极研究解决新问题，及时总结推广经验做法，加大宣传力度，加强舆论引导，推动本意见确定的各项政策措施落实到位，不断拓展大众创业、万众创新的空间，汇聚经济社会发展新动能，促进我国经济保持中高速增长、迈向中高端水平。

中共中央国务院关于全面振兴东北地区等老工业基地的若干意见（节选）[①]

（2016 年 4 月 26 日）

（上略）

二、着力完善体制机制

（五）加快转变政府职能。进一步理顺政府和市场关系，着力解决政府直接配置资源、管得过多过细以及职能错位、越位、缺位、不到位等问题。以建设法治政府、创新政府、廉洁政府、服务型政府为目标，进一步推动简政放权、放管结合、优化服务。继续深化行政审批制度改革，大幅减少行政审批事项，凡能取消的一律取消，凡能下放的一律下放，着力简化办事流程，压缩审批时限，提高审批效率，同步强化事中事后监管。深入推进商事制度改革，优化营商环境，进一步放开放活市场，激发市场内在活力。大力推进投融资体制改革，积极推广政府和社会资本合作（PPP）模式。依法履行政府职能，加快建立和完善权力清单、责任清单、负面清单管理模式。健全依法决策机制，强化对权力的约束和监督。完善地方政府绩效评价体系和评估机制。

（六）进一步推进国资国企改革。深化国有企业改革，完善国有企业治理模式和经营机制，真正确立企业市场主体地位，解决好历史遗留问题，切实增强企业内在活力、市场竞争力和发展引领力，使其成为东北老工业基地振兴的重要支撑力量。东北各省区要

① 《中共中央国务院关于全面振兴东北地区等老工业基地的若干意见》，《中华人民共和国国务院公报》，2016 年 13 期。

根据党中央、国务院统一部署，研究制定深化国有企业改革具体实施意见。按照不同国有企业功能类别推进改革，以产业转型升级为引领，改组组建国有资本投资、运营公司，扎实推进国有经济布局战略调整，创新发展一批国有企业，重组整合一批国有企业，促进国有资产保值增值。支持人才资本和技术要素贡献占比较高的转制科研院所、高新技术企业和科技服务型企业通过增资扩股、出资新设等方式开展员工持股试点。加强国有企业党的建设，强化国有资产监督，严格责任追究，防止国有资产流失。支持总部设在东北地区的中央企业先行开展改革试点。研究中央企业与地方协同发展、融合发展的政策，支持共建一批产业园区。加大中央国有资本经营预算对东北地区中央企业的支持力度。加快推进地方国有企业改革，支持探索发展混合所有制经济的具体模式和途径。

（七）大力支持民营经济发展。加快转变发展理念，建立健全体制机制，支持民营经济做大做强，使民营企业成为推动发展、增强活力的重要力量。进一步放宽民间资本进入的行业和领域，促进民营经济公开公平公正参与市场竞争。支持民营企业通过多种形式参与国有企业改制重组。改善金融服务，疏通金融进入中小企业和小微企业的通道，鼓励民间资本依法合规投资入股金融法人机构，支持在东北地区兴办民营银行、消费金融公司等金融机构。壮大一批主业突出、核心竞争力强的民营企业集团和龙头企业，支持建立现代企业制度。推进民营企业公共服务平台建设。

（八）深入推进重点专项领域改革。加大中央支持力度，允许国有企业划出部分股权转让收益、地方政府出让部分国有企业股权，专项解决厂办大集体和分离企业办社会职能等历史遗留问题。中央财政继续对厂办大集体改革实施“奖补结合”政策，允许中央财政奖励和补助资金统筹用于支付改革成本。稳步推进国有林区、林场改革，统筹考虑改革成本，加快构建政事企分开的国有林区管理体制。推进重点国有林区深山远山林业职工搬迁和林场调整，支持重点国有林业局和森工城市开展生态保护与经济转型试点。进一步推进农垦系统改革发展，理顺政企、社企关系，深化农场企业化、垦区集团化、股份多元化改革，推进分离办社会职能改革，提高垦区公共服务水平，支持农垦企业按规定参与国家大宗农产品政策性收储和境外农业综合开发。

（中略）

四、着力鼓励创新创业

（十六）完善区域创新体系。把鼓励支持创新放在更加突出的位置，激发调动全社会的创新激情，推动科技创新、产业创新、企业创新、市场创新、产品创新、业态创新、管理创新。积极营造有利于创新的政策和制度环境，研究制定合理的、差别化的激励政策，完善区域创新创业条件，全面持续推动大众创业、万众创新。支持东北地区推进创新链整合，加快构建以企业为主体，科研院所、高校、职业院校、科技服务机构等参加的产业技术创新联盟，打通基础研究、应用开发、中试和产业化之间的有效通道。组织实施东北振兴重大创新工程。支持老工业城市创建国家创新型城市和设立国家高新技术产业开发区。支持沈阳市开展全面创新改革试验，加快完善创新政策和人才政策，打破制约科技与经济结合的体制机制障碍。在沈阳—大连等创新资源集聚地区布局国家自主创新示范区。依托城区老工业区或其搬迁改造承接地，建设创新创业发展示范区，开展老工业城市创新发展试点。落实支持自主创新的有关政策，鼓励在促进科技成果转化、股权激励等方面探索试验。制定支持东北老工业基地振兴的知识产权政策。

（下略）

中共中央国务院关于深化投融资体制改革的意见[①]

（2016 年 7 月 5 日）

党的十八大以来，党中央、国务院大力推进简政放权、放管结合、优化服务改革，投融资体制改革取得新的突破，投资项目审批范围大幅度缩减，投资管理工作重心逐步从事前审批转向过程服务和事中事后监管，企业投资自主权进一步落实，调动了社会资本积极性。同时也要看到，与政府职能转变和经济社会发展要求相比，投融资管理体制仍然存在一些问题，主要是：简政放权不协同、不到位，企业投资主体地位有待进一步确立；投资项目融资难融资贵问题较为突出，融资渠道需要进一步畅通；政府投资管理亟需创新，引导和带动作用有待进一步发挥；权力下放与配套制度建设不同步，事中事后监管和过程服务仍需加强；投资法制建设滞后，投资监管法治化水平亟待提高。为深化投融资体制改革，充分发挥投资对稳增长、调结构、惠民生的关键作用，现提出以下意见。

一、总体要求

全面贯彻落实党的十八大和十八届三中、四中、五中全会精神，以邓小平理论、“三个代表”重要思想、科学发展观为指导，深入学习贯彻习近平总书记系列重要讲话精神，按照“五位一体”总体布局和“四个全面”战略布局，牢固树立和贯彻落实创新、协调、绿色、开放、共享的新发展理念，着力推进结构性改革尤其是

① 《中共中央国务院关于深化投融资体制改革的意见》，《人民日报》，2016 年 7 月 19 日。

供给侧结构性改革，充分发挥市场在资源配置中的决定性作用和更好发挥政府作用。进一步转变政府职能，深入推进简政放权、放管结合、优化服务改革，建立完善企业自主决策、融资渠道畅通，职能转变到位、政府行为规范，宏观调控有效、法治保障健全的新型投融资体制。

——企业为主，政府引导。科学界定并严格控制政府投资范围，平等对待各类投资主体，确立企业投资主体地位，放宽放活社会投资，激发民间投资潜力和创新活力。充分发挥政府投资的引导作用和放大效应，完善政府和社会资本合作模式。

——放管结合，优化服务。将投资管理工作的立足点放到为企业投资活动做好服务上，在服务中实施管理，在管理中实现服务。更加注重事前政策引导、事中事后监管约束和过程服务，创新服务方式，简化服务流程，提高综合服务能力。

——创新机制，畅通渠道。打通投融资渠道，拓宽投资项目资金来源，充分挖掘社会资金潜力，让更多储蓄转化为有效投资，有效缓解投资项目融资难融资贵问题。

——统筹兼顾，协同推进。投融资体制改革要与供给侧结构性改革以及财税、金融、国有企业等领域改革有机衔接、整体推进，建立上下联动、横向协同工作机制，形成改革合力。

二、改善企业投资管理，充分激发社会投资动力和活力

（一）确立企业投资主体地位。坚持企业投资核准范围最小化，原则上由企业依法依规自主决策投资行为。在一定领域、区域内先行试点企业投资项目承诺制，探索创新以政策性条件引导、企业信用承诺、监管有效约束为核心的管理模式。对极少数关系国家安全

和生态安全、涉及全国重大生产力布局、战略性资源开发和重大公共利益等项目，政府从维护社会公共利益角度确需依法进行审查把关的，应将相关事项以清单方式列明，最大限度缩减核准事项。

（二）建立投资项目“三个清单”管理制度。及时修订并公布政府核准的投资项目目录，实行企业投资项目管理负面清单制度，除目录范围内的项目外，一律实行备案制，由企业按照有关规定向备案机关备案。建立企业投资项目管理权力清单制度，将各级政府部门行使的企业投资项目管理职权以清单形式明确下来，严格遵循职权法定原则，规范职权行使，优化管理流程。建立企业投资项目管理责任清单制度，厘清各级政府部门企业投资项目管理职权所对应的责任事项，明确责任主体，健全问责机制。建立健全“三个清单”动态管理机制，根据情况变化适时调整。清单应及时向社会公布，接受社会监督，做到依法、公开、透明。

（三）优化管理流程。实行备案制的投资项目，备案机关要通过投资项目在线审批监管平台或政务服务大厅，提供快捷备案服务，不得设置任何前置条件。实行核准制的投资项目，政府部门要依托投资项目在线审批监管平台或政务服务大厅实行并联核准。精简投资项目准入阶段的相关手续，只保留选址意见、用地（用海）预审以及重特大项目的环评审批作为前置条件；按照并联办理、联合评审的要求，相关部门要协同下放审批权限，探索建立多评合一、统一评审的新模式。加快推进中介服务市场化进程，打破行业、地区壁垒和部门垄断，切断中介服务机构与政府部门间的利益关联，建立公开透明的中介服务市场。进一步简化、整合投资项目报建手续，取消投资项目报建阶段技术审查类的相关审批手续，探索实行先建后验的管理模式。

（四）规范企业投资行为。各类企业要严格遵守城乡规划、土地管理、环境保护、安全生产等方面的法律法规，认真执行相关政策和标准规定，依法落实项目法人责任制、招标投标制、工程监理制和合同管理制，切实加强信用体系建设，自觉规范投资行为。对于以不正当手段取得核准或备案手续以及未按照核准内容进行建设的项目，核准、备案机关应当根据情节轻重依法给予警告、责令停止建设、责令停产等处罚；对于未依法办理其他相关手续擅自开工建设，以及建设过程中违反城乡规划、土地管理、环境保护、安全生产等方面的法律法规的项目，相关部门应依法予以处罚。相关责任人员涉嫌犯罪的，依法移送司法机关处理。各类投资中介服务机构要坚持诚信原则，加强自我约束，增强服务意识和社会责任意识，塑造诚信高效、社会信赖的行业形象。有关行业协会要加强行业自律，健全行业规范和标准，提高服务质量，不得变相审批。

三、完善政府投资体制，发挥好政府投资的引导和带动作用

（五）进一步明确政府投资范围。政府投资资金只投向市场不能有效配置资源的社会公益服务、公共基础设施、农业农村、生态环境保护和修复、重大科技进步、社会管理、国家安全等公共领域的项目，以非经营性项目为主，原则上不支持经营性项目。建立政府投资范围定期评估调整机制，不断优化投资方向和结构，提高投资效率。

（六）优化政府投资安排方式。政府投资资金按项目安排，以直接投资方式为主。对确需支持的经营性项目，主要采取资本金注入方式投入，也可适当采取投资补助、贷款贴息等方式进行引导。安排政府投资资金应当在明确各方权益的基础上平等对待各类投资

主体，不得设置歧视性条件。根据发展需要，依法发起设立基础设施建设基金、公共服务发展基金、住房保障发展基金、政府出资产业投资基金等各类基金，充分发挥政府资金的引导作用和放大效应。加快地方政府融资平台的市场化转型。

（七）规范政府投资管理。依据国民经济和社会发展规划及国家宏观调控总体要求，编制三年滚动政府投资计划，明确计划期内的重大项目，并与中期财政规划相衔接，统筹安排、规范使用各类政府投资资金。依据三年滚动政府投资计划及国家宏观调控政策，编制政府投资年度计划，合理安排政府投资。建立覆盖各地区各部门的政府投资项目库，未入库项目原则上不予安排政府投资。完善政府投资项目信息统一管理机制，建立贯通各地区各部门的项目信息平台，并尽快拓展至企业投资项目，实现项目信息共享。改进和规范政府投资项目审批制，采用直接投资和资本金注入方式的项目，对经济社会发展、社会公众利益有重大影响或者投资规模较大的，要在咨询机构评估、公众参与、专家评议、风险评估等科学论证基础上，严格审批项目建议书、可行性研究报告、初步设计。经国务院及有关部门批准的专项规划、区域规划中已经明确的项目，部分改扩建项目，以及建设内容单一、投资规模较小、技术方案简单的项目，可以简化相关文件内容和审批程序。

（八）加强政府投资事中事后监管。加强政府投资项目建设管理，严格投资概算、建设标准、建设工期等要求。严格按照项目建设进度下达投资计划，确保政府投资及时发挥效益。严格概算执行和造价控制，健全概算审批、调整等管理制度。进一步完善政府投资项目代理建设制度。在社会事业、基础设施等领域，推广应用建筑信息模型技术。鼓励有条件的政府投资项目通过市场化方式进行运营管理。完善政府投资监管机制，加强投资项目审计监督，强化重大项目稽察制度，完善竣工验收制度，建立后评价制度，健全政府投资责任追究制度。建立社会监督机制，推动政府投资信息公开，鼓励公众和媒体对政府投资进行监督。

（九）鼓励政府和社会资本合作。各地区各部门可以根据需要和财力状况，通过特许经营、政府购买服务等方式，在交通、环保、医疗、养老等领域采取单个项目、组合项目、连片开发等多种形式，扩大公共产品和服务供给。要合理把握价格、土地、金融等方面的政策支持力度，稳定项目预期收益。要发挥工程咨询、金融、财务、法律等方面专业机构作用，提高项目决策的科学性、项目管理的专业性和项目实施的有效性。

四、创新融资机制，畅通投资项目融资渠道

（十）大力发展直接融资。依托多层次资本市场体系，拓宽投资项目融资渠道，支持有真实经济活动支撑的资产证券化，盘活存量资产，优化金融资源配置，更好地服务投资兴业。结合国有企业改革和混合所有制机制创新，优化能源、交通等领域投资项目的直接融资。通过多种方式加大对种子期、初创期企业投资项目的金融支持力度，有针对性地为“双创”项目提供股权、债权以及信用贷款等融资综合服务。加大创新力度，丰富债券品种，进一步发展企业债券、公司债券、非金融企业债务融资工具、项目收益债等，支持重点领域投资项目通过债券市场筹措资金。开展金融机构以适当方式依法持有企业股权的试点。设立政府引导、市场化运作的产业（股权）投资基金，积极吸引社会资本参加，鼓励金融机构以及全国社会保障基金、保险资金等在依法合规、风险可控的前提下，经

批准后通过认购基金份额等方式有效参与。加快建立规范的地方政府举债融资机制，支持省级政府依法依规发行政府债券，用于公共领域重点项目建设。

（十一）充分发挥政策性、开发性金融机构积极作用。在国家批准的业务范围内，政策性、开发性金融机构要加大对城镇棚户区改造、生态环保、城乡基础设施建设、科技创新等重大项目和工程的资金支持力度。根据宏观调控需要，支持政策性、开发性金融机构发行金融债券专项用于支持重点项目建设。发挥专项建设基金作用，通过资本金注入、股权投资等方式，支持看得准、有回报、不新增过剩产能、不形成重复建设、不产生挤出效应的重点领域项目。建立健全政银企社合作对接机制，搭建信息共享、资金对接平台，协调金融机构加大对重大工程的支持力度。

（十二）完善保险资金等机构资金对项目建设的投资机制。在风险可控的前提下，逐步放宽保险资金投资范围，创新资金运用方式。鼓励通过债权、股权、资产支持等多种方式，支持重大基础设施、重大民生工程、新型城镇化等领域的项目建设。加快推进全国社会保障基金、基本养老保险基金、企业年金等投资管理体系建设，建立和完善市场化投资运营机制。

（十三）加快构建更加开放的投融资体制。创新有利于深化对外合作的投融资机制，加强金融机构协调配合，用好各类资金，为国内企业走出去和重点合作项目提供更多投融资支持。在宏观和微观审慎管理框架下，稳步放宽境内企业和金融机构赴境外融资，做好风险规避。完善境外发债备案制，募集低成本外汇资金，更好地支持企业对外投资项目。加强与国际金融机构和各国政府、企业、金融机构之间的多层次投融资合作。

五、切实转变政府职能，提升综合服务管理水平

（十四）创新服务管理方式。探索建立并逐步推行投资项目审批首问负责制，投资主管部门或审批协调机构作为首家受理单位“一站式”受理、“全流程”服务，一家负责到底。充分运用互联网和大数据等技术，加快建设投资项目在线审批监管平台，联通各级政府部门，覆盖全国各类投资项目，实现一口受理、网上办理、规范透明、限时办结。加快建立投资项目统一代码制度，统一汇集审批、建设、监管等项目信息，实现信息共享，推动信息公开，提高透明度。各有关部门要制定项目审批工作规则和办事指南，及时公开受理情况、办理过程、审批结果，发布政策信息、投资信息、中介服务信息等，为企业投资决策提供参考和帮助。鼓励新闻媒体、公民、法人和其他组织依法对政府的服务管理行为进行监督。下移服务管理重心，加强业务指导和基层投资管理队伍建设，给予地方更多自主权，充分调动地方积极性。

（十五）加强规划政策引导。充分发挥发展规划、产业政策、行业标准等对投资活动的引导作用，并为监管提供依据。把发展规划作为引导投资方向，稳定投资运行，规范项目准入，优化项目布局，合理配置资金、土地（海域）、能源资源、人力资源等要素的重要手段。完善产业结构调整指导目录、外商投资产业指导目录等，为各类投资活动提供依据和指导。构建更加科学、更加完善、更具操作性的行业准入标准体系，加快制定修订能耗、水耗、用地、碳排放、污染物排放、安全生产等技术标准，实施能效和排污强度“领跑者”制度，鼓励各地区结合实际依法制定更加严格的地方标准。

（十六）健全监管约束机制。按照谁审批谁监管、谁主管谁监

管的原则，明确监管责任，注重发挥投资主管部门综合监管职能、地方政府就近就便监管作用和行业管理部门专业优势，整合监管力量，共享监管信息，实现协同监管。依托投资项目在线审批监管平台，加强项目建设全过程监管，确保项目合法开工、建设过程合规有序。各有关部门要完善规章制度，制定监管工作指南和操作规程，促进监管工作标准具体化、公开化。要严格执法，依法纠正和查处违法违规投资建设行为。实施投融资领域相关主体信用承诺制度，建立异常信用记录和严重违法失信“黑名单”，纳入全国信用信息共享平台，强化并提升政府和投资者的契约意识和诚信意识，形成守信激励、失信惩戒的约束机制，促使相关主体切实强化责任，履行法定义务，确保投资建设市场安全高效运行。

六、强化保障措施，确保改革任务落实到位

（十七）加强分工协作。各地区各部门要充分认识深化投融资体制改革的重要性和紧迫性，加强组织领导，搞好分工协作，制定具体方案，明确任务分工、时间节点，定期督查、强化问责，确保各项改革措施稳步推进。国务院投资主管部门要切实履行好投资调控管理的综合协调、统筹推进职责。

（十八）加快立法工作。完善与投融资相关的法律法规，制定实施政府投资条例、企业投资项目核准和备案管理条例，加快推进社会信用、股权投资等方面的立法工作，依法保护各方权益，维护竞争公平有序、要素合理流动的投融资市场环境。

（十九）推进配套改革。加快推进铁路、石油、天然气、电力、电信、医疗、教育、城市公用事业等领域改革，规范并完善政府和社会资本合作、特许经营管理，鼓励社会资本参与。加快推进基础设施和公用事业等领域价格改革，完善市场决定价格机制。研究推动土地制度配套改革。加快推进金融体制改革和创新，健全金融市场运行机制。投融资体制改革与其他领域改革要协同推进，形成叠加效应，充分释放改革红利。

国务院办公厅关于进一步激发社会领域投资活力的意见 ①

（2017 年 3 月 7 日）

各省、自治区、直辖市人民政府，国务院各部委、各直属机构：

党的十八大以来，我国社会领域新兴业态不断涌现，投资总量不断扩大，服务能力不断提升，但也仍然存在放宽准入不彻底、扶持政策不到位、监管体系不健全等问题。面对社会领域需求倒逼扩大有效供给的新形势，深化社会领域供给侧结构性改革，进一步激发医疗、养老、教育、文化、体育等社会领域投资活力，着力增加产品和服务供给，不断优化质量水平，对于提升人民群众获得感、挖掘社会领域投资潜力、保持投资稳定增长、培育经济发展新动能、促进经济转型升级、实现经济社会协调发展具有重要意义。要按照党中央、国务院决策部署，坚持稳中求进工作总基调，牢固树立和贯彻落实新发展理念，以供给侧结构性改革为主线，坚持社会效益和经济效益相统一，不断增进人民福祉；坚持营利和非营利分类管理，深化事业单位改革，在政府切实履行好基本公共服务职责的同时，把非基本公共服务更多地交给市场；坚持“放管服”改革方向，注重调动社会力量，降低制度性交易成本，吸引各类投资进入社会领域，更好满足多层次多样化需求。经国务院同意，现提出以下意见：

① 《国务院办公厅关于进一步激发社会领域投资活力的意见》，《中华人民共和国国务院公报》，2017 年 09 期。

一、扎实有效放宽行业准入

1．制定社会力量进入医疗、养老、教育、文化、体育等领域的具体方案，明确工作目标和评估办法，新增服务和产品鼓励社会力量提供。（教育部、民政部、文化部、国家卫生计生委、新闻出版广电总局、体育总局、国家文物局、国家中医药局按职责分工负责）在社会需求大、供给不足、群众呼声高的医疗、养老领域尽快有突破，重点解决医师多点执业难、纳入医保定点难、养老机构融资难等问题。（国家卫生计生委、人力资源社会保障部、民政部、银监会等部门按职责分工负责）

2．分别制定医疗、养老、教育、文化、体育等机构设置的跨部门全流程综合审批指引，推进一站受理、窗口服务、并联审批，加强协作配合，并联范围内的审批事项不得互为前置。（教育部、民政部、文化部、国家卫生计生委、新闻出版广电总局、体育总局、国家文物局、国家中医药局分别牵头会同公安部、国土资源部、环境保护部、住房城乡建设部等部门负责）各地出台实施细则，进一步细化各项审批的条件、程序和时限，提高部门内各环节审批效率，推广网上并联审批，实现审批进程可查询。（各省级人民政府负责）

3．完善医疗机构管理规定，优化和调整医疗机构类别、设置医疗机构的申请人、建筑设计审查、执业许可证制作等规定，推进电子证照制度。（国家卫生计生委、国家中医药局按职责分工负责）

4．按照保障安全、方便合理的原则，修订完善养老设施相关设计规范、建筑设计防火规范等标准。（住房城乡建设部、公安部、民政部等部门按职责分工负责）

5．制定整合改造闲置资源发展养老服务工作办法。推动公办

养老机构改革试点，鼓励采取公建民营等方式，将产权归政府所有的养老服务设施委托企业或社会组织运营。（各省级人民政府负责）

6. 指导和鼓励文化文物单位与社会力量深度合作，推动文化创意产品开发，通过知识产权入股等方式投资设立企业，总结推广经验，适时扩大试点。制定准入意见，支持社会资本对文物保护单位和传统村落的保护利用。探索大遗址保护单位控制地带开发利用政策。（文化部、国家文物局按职责分工负责）

7. 总结图书制作与出版分开的改革试点经验，制定扩大试点地区的方案。推动取消电影制片单位设立、变更、终止审批等行政审批。（新闻出版广电总局牵头负责）

8. 制定体育赛事举办流程指引，明确体育赛事开展的基本条件、标准、规则、程序和各环节责任部门，打通赛事服务渠道，强化对口衔接，有关信息向社会公开。（体育总局牵头负责）

9. 规范体育比赛、演唱会等大型群众性活动的各项安保费用，提高安保公司和场馆的市场化运营服务水平。（公安部牵头会同文化部、新闻出版广电总局、体育总局负责）

10. 改革医师执业注册办法，实行医师按行政区划区域注册，促进医师有序流动和多点执业。建立医师电子注册制度，简化审批流程，缩短办理时限，方便医师注册。（国家卫生计生委、国家中医药局牵头负责）医疗、教育、文化等领域民办机构与公立机构专业技术人才在职称评审等方面享有平等待遇。（人力资源社会保障部牵头负责）

二、进一步扩大投融资渠道

11. 研究出台医疗、养老、教育、文化、体育等社会领域产业专项债券发行指引，结合其平均收益低、回报周期长等特点，制定有利于相关产业发展的鼓励条款。（国家发展改革委牵头负责）积极支持相关领域符合条件的企业发行公司债券、非金融企业债务融资工具和资产证券化产品，并探索发行股债结合型产品进行融资，满足日常运营资金需求。（证监会、人民银行按职责分工牵头负责）引导社会资本以政府和社会资本合作（PPP）模式参与医疗机构、养老服务机构、教育机构、文化设施、体育设施建设运营，开展PPP项目示范。（各省级人民政府负责）

12．发挥政府资金引导作用，有条件的地方可结合实际情况设立以社会资本为主体、市场化运作的社会领域相关产业投资基金。（各省级人民政府负责）

13．推进银行业金融机构在依法合规、风险可控、商业可持续的前提下，创新开发有利于社会领域企业发展的金融产品，合理确定还贷周期和贷款利率。（人民银行、银监会等部门按职责分工负责）

14．出台实施商业银行押品管理指引，明确抵押品类别、管理、估值、抵质押率等政策。（银监会牵头负责）

15．加强知识产权评估、价值分析以及质押登记服务，建立健全风险分担及补偿机制，探索推进投贷联动，加大对社会领域中小企业的服务力度。（国家知识产权局、财政部、人民银行、工商总局、银监会等部门按职责分工负责）有效利用既有平台，加强信息对接和数据共享，形成以互联网为基础、全国统一的商标权、专利权、版权等知识产权质押登记信息汇总公示系统，推动社会领域企业以知识产权为基础开展股权融资。（国家发展改革委、国家知识产权局牵头会同人民银行、工商总局、新闻出版广电总局等部门负责）

16．支持社会领域企业用股权进行质押贷款，推动社会领域企业用收益权、应收账款以及法律和行政法规规定可以质押的其他财产权利进行质押贷款。鼓励各地通过设立行业风险补偿金等市场化增信机制，推动金融机构扩大社会领域相关产业信贷规模。（各省级人民政府负责）

17. 鼓励搭建社会领域相关产业融资、担保、信息综合服务平台，完善金融中介服务体系，利用财政性资金提供贴息、补助或奖励。（各省级人民政府负责）

18. 探索允许营利性的养老、教育等社会领域机构以有偿取得的土地、设施等财产进行抵押融资。（各省级人民政府负责）

19. 发挥行业协会、开发区、孵化器的沟通桥梁作用，加强与资本市场对接，引导企业有效利用主板、中小板、创业板、新三板、区域性股权交易市场等多层次资本市场。（科技部、民政部、文化部、国家卫生计生委、新闻出版广电总局、证监会、体育总局等部门以及各省级人民政府按职责分工负责）

三、认真落实土地税费政策

20. 将医疗、养老、教育、文化、体育等领域用地纳入土地利用总体规划、城乡规划和年度用地计划，农用地转用指标、新增用地指标分配要适当向上述领域倾斜，有序适度扩大用地供给。（国土资源部、住房城乡建设部以及各省级人民政府按职责分工负责）

21. 医疗、养老、教育、文化、体育等领域新供土地符合划拨用地目录的，依法可按划拨方式供应。对可以使用划拨用地的项目，在用地者自愿的前提下，鼓励以出让、租赁方式供应土地，支持市、县政府以国有建设用地使用权作价出资或者入股的方式提供土地，与社会资本共同投资建设。应有偿使用的，依法可以招拍挂或协议方式供应，土地出让价款可在规定期限内按合同约定分期缴纳。支持实行长期租赁、先租后让、租让结合的土地供应方式。（国土资源部牵头会同财政部等部门负责）

22．市、县级人民政府应依据当地土地取得成本、市场供需、产业政策和其他用途基准地价等，制定公共服务项目基准地价，依法评估并合理确定医疗、养老、教育、文化、体育等领域公共服务项目的出让底价。（国土资源部牵头负责）

23．企业将旧厂房、仓库改造成文化创意、健身休闲场所的，可实行在五年内继续按原用途和土地权利类型使用土地的过渡期政策。（国土资源部牵头会同住房城乡建设部、环境保护部、文化部、体育总局等部门负责）

24．制定闲置校园校舍综合利用方案，优先用于教育、养老、医疗、文化、体育等社会领域。（教育部牵头会同民政部、国家卫生计生委、文化部、体育总局等部门负责）

25．落实医疗、养老、教育、文化、体育等领域税收政策，明确界定享受各类税收政策的条件。（税务总局牵头负责）

26．加大监督检查力度，落实非公立医疗、教育等机构享有与公立医院、学校用水电气热等同价政策，落实民办的公共文化服务机构、文化创意和设计服务企业用水电气热与工业同价政策，落实大众健身休闲企业用水电气热价格不高于一般工业标准政策，落实社会领域各项收费优惠政策。（各省级人民政府负责）

四、大力促进融合创新发展

27．各地根据资源条件和产业优势，科学规划建设社会领域相关产业创新发展试验区，在准入、人才、土地、金融等方面先行先试。积极鼓励各类投资投入社会领域相关产业，推动产业间合作，促进产业融合、全产业链发展。（各省级人民政府以及国家发展改革委、教育部、民政部、文化部、国家卫生计生委、新闻出版广电总局、体育总局、国家文物局、国家中医药局等部门按职责分工负责）

28．制定医养结合管理和服务规范、城市马拉松办赛指南、汽车露营活动指南、户外徒步组织规范、文化自然遗产保护和利用指南。实施文化旅游精品示范工程、体育医疗康复产业发展行动计划。（国家卫生计生委、民政部、国家中医药局、体育总局、住房城乡建设部、文化部、国家文物局、国家旅游局等部门按职责分工负责）

29．支持社会力量举办规范的中医养生保健机构，培育一批技术成熟、信誉良好的知名中医养生保健服务集团或连锁机构。鼓励中医医疗机构发挥自身技术人才等资源优势，为中医养生保健机构规范发展提供支持。开展中医特色健康管理。（国家中医药局牵头负责）

30．推进"互联网+"益民服务，完善行业管理规范，发展壮大在线教育、在线健身休闲等平台，加快推行面向养老机构的远程医疗服务试点，推广大数据应用，引导整合线上线下企业的资源要素，推动业态创新、模式变革和效能提高。（国家发展改革委牵头会同教育部、工业和信息化部、民政部、文化部、国家卫生计生委、体育总局等部门负责）

31．鼓励各地扶持医疗器械、药品、康复辅助器具、体育运动装备、文化装备、教学装备等制造业发展，强化产需对接、加强产品研发、打造产业集群，更好支撑社会领域相关产业发展。（各省级人民政府负责）

五、加强监管优化服务

32．完善协同监管机制，探索建立服务市场监管体系。相关行业部门要统筹事业产业发展，强化全行业监管服务，把引导社会力量进入本领域作为重要职能工作，着力加强事中事后监管，总结成功经验和案例，制定推广方案。（教育部、民政部、文化部、国家卫生计生委、新闻出版广电总局、体育总局按职责分工负责）工商、食品药品监管、质检、价格等相关监管部门要加强对社会领域服务市场监管，切实维护消费者权益，强化相关产品质量监督，严厉打击虚假广告、价格违法行为等。（工商总局、食品药品监管总局、质检总局、国家发展改革委按职责分工负责）

33．建立医疗、养老、教育、文化、体育等机构及从业人员黑名单制度和退出机制，以违规违法行为、消防不良行为、信用状况、服务质量检查结果、顾客投诉处理结果等信息为重点，实施监管信息常态化披露，年内取得重点突破。（教育部、公安部、民政部、文化部、国家卫生计生委、工商总局、新闻出版广电总局、体育总局、国家文物局、国家中医药局按职责分工负责）

34．将医疗、养老、教育、文化、体育等机构及从业人员信用记录纳入全国信用信息共享平台，其中涉及企业的相关记录同步纳入国家企业信用信息公示系统，对严重违规失信者依法采取限期行业禁入等惩戒措施，建立健全跨地区跨行业信用奖惩联动机制。（国家发展改革委、人民银行牵头会同教育部、民政部、文化部、国家卫生计生委、工商总局、新闻出版广电总局、体育总局、国家中医药局等相关部门负责）

35．积极培育和发展医疗、养老、教育、文化、体育等领域的行业协会商会，鼓励行业协会商会主动完善和提升行业服务标准，发布高标准的服务信息指引，开展行业服务承诺活动，组织有资质的信用评级机构开展第三方服务信用评级。（教育部、民政部、文化部、国家卫生计生委、人民银行、工商总局、新闻出版广电总局、体育总局按职责分工负责）

36. 建立完善社会领域产业统计监测制度，在文化、体育、旅游及相关产业分类基础上，加强产业融合发展统计、核算和分析。（国家统计局牵头负责）

37. 充分利用广播电视、平面媒体及互联网等新兴媒体，积极宣传社会资本投入相关产业、履行社会责任的先进典型，提升社会认可度。（教育部、民政部、文化部、国家卫生计生委、新闻出版广电总局、体育总局、国家文物局、国家中医药局按职责分工负责）

各地区、各有关部门要充分认识进一步激发社会领域投资活力的重要意义，把思想认识和行动统一到党中央、国务院重要决策部署上来，切实加强组织领导，落实责任分工，强化监管服务，合理引导预期，着力营造良好市场环境。

国务院办公厅关于聚焦企业关切进一步推动优化营商环境政策落实的通知[①]

（2018 年 10 月 29 日）

各省、自治区、直辖市人民政府，国务院各部委、各直属机构：

党中央、国务院高度重视深化“放管服”改革、优化营商环境工作，近年来部署出台了一系列有针对性的政策措施，优化营商环境工作取得积极成效。但同时我国营商环境仍存在一些短板和突出问题，企业负担仍需降低，小微企业融资难融资贵仍待缓解，投资和贸易便利化水平仍有待进一步提升，审批难审批慢依然存在，一些地方监管执法存在“一刀切”现象，产权保护仍需加强，部分政策制定不科学、落实不到位等。目前亟需以市场主体期待和需求为导向，围绕破解企业投资生产经营中的“堵点”、“痛点”，加快打造市场化、法治化、国际化营商环境，增强企业发展信心和竞争力。经国务院同意，现将有关事项通知如下：

一、坚决破除各种不合理门槛和限制，营造公平竞争市场环境

（一）进一步减少社会资本市场准入限制。发展改革委、商务部要牵头负责在 2018 年底前修订并全面实施新版市场准入负面清单，推动“非禁即入”普遍落实。发展改革委要加强协调指导督促工作，有关部门和地方按职责分工尽快在民航、铁路、公路、油气、电信等领域，落实一批高质量的项目吸引社会资本参与。发

① 《国务院办公厅关于聚焦企业关切进一步推动优化营商环境政策落实的通知》，《中华人民共和国国务院公报》，2018 年 33 期。

展改革委、财政部要牵头继续规范有序推进政府和社会资本合作（PPP）项目建设，在核查清理后的PPP项目库基础上，加大对符合规定的PPP项目推进力度，督促地方政府依法依规落实已承诺的合作条件，加快项目进度。发展改革委要组织开展招投标领域专项整治，消除在招投标过程中对不同所有制企业设置的各类不合理限制和壁垒，严格落实《必须招标的工程项目规定》，赋予社会投资的房屋建筑工程建设单位发包自主权。

（二）推动缓解中小微企业融资难融资贵问题。人民银行要牵头会同有关部门疏通货币信贷政策传导机制，综合运用多种工具，细化监管措施，强化政策协调，提高政策精准度，稳定市场预期。抓好支小再贷款、中小企业高收益债券、小微企业金融债券、知识产权质押融资等相关政策落实。银保监会要抓紧制定出台鼓励银行业金融机构对民营企业加大信贷支持力度，不盲目停贷、压贷、抽贷、断贷的政策措施，防止对民营企业随意减少授信、抽贷断贷“一刀切”等做法；建立金融机构绩效考核与小微信贷投放挂钩的激励机制，修改完善尽职免责实施办法。财政部、人力资源社会保障部、人民银行要指导各地区加大创业担保贷款贴息资金支持。各地区要通过设立创业启动基金等方式，支持高校毕业生等群体创业创新。银保监会、税务总局要积极推进“银税互动”，鼓励商业银行依托纳税信用信息创新信贷产品，推动税务、银行信息互联互通，缓解小微企业融资难题。银保监会要督促有关金融机构坚决取消和查处各类违规手续费，除银团贷款外，不得向小微企业收取贷款承诺费、资金管理费，严格限制向小微企业收取财务顾问费、咨询费等费用，减少融资过程中的附加费用，降低融资成本。

（三）清理地方保护和行政垄断行为。市场监管总局、发展改革委要在2018年底前组织各地区、各有关部门完成对清理废除妨碍统一市场和公平竞争政策文件、执行公平竞争审查制度情况的自查，并向全社会公示，接受社会监督；2019年修订《公平竞争审查制度实施细则（暂行）》。市场监管总局要牵头负责在2018年底前清理废除现有政策措施中涉及地方保护、指定交易、市场壁垒等的内容，查处并公布一批行政垄断案件，坚决纠正滥用行政权力排除、限制竞争行为。

（四）加强诚信政府建设。各地区、各部门要把政府诚信作为优化营商环境的重要内容，建立健全"政府承诺+社会监督+失信问责"机制，凡是对社会承诺的服务事项，都要履行约定义务，接受社会监督，没有执行到位的要有整改措施并限期整改，对整改不到位、严重失职失责的要追究责任。发展改革委要监测评价城市政务诚信状况，组织开展政府机构失信问题专项治理。各地区要梳理政府对企业失信事项，提出依法依规限期解决的措施，治理"新官不理旧账"等问题，研究建立因政府规划调整、政策变化造成企业合法权益受损的补偿救济机制。同时，要加大政府欠款清偿力度。

二、推动外商投资和贸易便利化，提高对外开放水平

（五）切实保障外商投资企业公平待遇。发展改革委、商务部要在2019年3月底前，全面清理取消在外商投资准入负面清单以外领域针对外资设置的准入限制，实现市场准入内外资标准一致，落实以在线备案为主的外商投资管理制度，并组织对外资企业在政府采购、资金补助、资质许可等方面是否享有公平待遇进行专项督查。商务部要督促各地区2018年底前在省级层面建立健全外资投诉处理机制，及时回应和解决外资企业反映的问题。商务部、发展

改革委、司法部要组织各地区和各有关部门，2019年完成与现行开放政策不符的法规、规章和规范性文件的废止或修订工作。司法部、商务部、发展改革委要加快推动统一内外资法律法规，制定外资基础性法律。

（六）进一步促进外商投资。发展改革委要会同有关部门积极推进重大外资项目建设，将符合条件的外资项目纳入重大建设项目范围，或依申请按程序加快调整列入相关产业规划，给予用地、用海审批等支持，加快环评审批进度，推动项目尽快落地。发展改革委、商务部要在2019年3月底前完成《外商投资产业指导目录》和《中西部地区外商投资优势产业目录》修订工作，扩大鼓励外商投资范围。财政部、税务总局、发展改革委、商务部要在2018年底前制定出台征管办法等政策文件，督促各地区严格执行外商再投资暂不征收预提所得税政策适用范围从鼓励类外资项目扩大至所有非禁止项目和领域的要求。

（七）降低进出口环节合规成本和推进通关便利化。财政部要会同市场监管总局、海关总署、交通运输部、发展改革委、商务部抓紧建立并启动相关工作机制，指导督促各地区认真落实国务院确定的降低集装箱进出口环节合规成本的要求，抓紧制定公布口岸收费目录清单，加强督促检查，确保落实到位。海关总署要牵头商有关部门进一步优化通关流程和作业方式，推动精简进出口环节监管证件，能退出口岸验核的退出，2018年底前整体通关时间比2017年压减1/3，到2021年压减1/2。商务部要尽快完成进口许可管理货物目录调整，减去已无必要监管的产品。

（八）完善出口退税政策，加快出口退税进度。财政部、税务总局要抓紧制定出台完善出口退税政策的操作文件，简并退税率，提高部分商品出口退税率，推动实体经济降成本、保持外贸稳定增长。税务总局、海关总署等部门要加强合作，进一步加快出口退税进度，对信用评级高、纳税记录好的企业简化手续、缩短退税时间；全面推行无纸化退税申报，提高退税审核效率，确保 2018 年底前将办理退税平均时间由目前 13 个工作日缩短至 10 个工作日；尽快实现电子退库全联网全覆盖，实现申报、证明办理、核准、退库等业务网上办理。同时，要采取切实有效的措施防范和坚决打击骗取出口退税行为。

三、持续提升审批服务质量，提高办事效率

（九）进一步简化企业投资审批。发展改革委要牵头优化投资项目审批流程，2018 年底前公布投资审批事项统一名称和申请材料，2019 年实现各类投资审批在线并联办理；2019 年出台指导地方开展投资项目承诺制改革的文件，实现政府定标准、企业作承诺、过程强监管、失信有惩戒，大幅压缩投资项目落地时间。住房城乡建设部要牵头推进工程建设项目审批制度改革，会同发展改革委、人力资源社会保障部、应急部等有关部门，在 2018 年底前完成《房屋建筑和市政基础设施工程施工图设计文件审查管理办法》、《建设工程消防监督管理规定》、《关于进一步做好建筑业工伤保险工作的意见》等部门规章、规范性文件和标准规范修订工作，精简取消部分审批前置条件，推动将消防设计审核、人防设计审查等纳入施工图联审，进一步压减工程建设项目审批时限；同时，再提出一批优化精简工程建设项目审批相关法律法规和政策文件的修改建议。2019 年在全国开展全流程、全覆盖的工程建设项目审批制度改革，指导地方统一审批流程，通过精简审批事项和条

件、下放审批权限、合并审批事项、调整审批时序、转变管理方式、推行告知承诺制等措施，完善审批体系，努力实现“一张蓝图”统筹项目实施、“一个系统”实施统一管理、“一个窗口”提供综合服务、“一张表单”整合申报材料、“一套机制”规范审批运行。有条件的地方可探索试行新批工业用地“标准地”制度，用地企业可直接开工建设，不再需要各类审批，建成投产后，有关部门按照既定标准与法定条件验收。

（十）深化商事制度改革。国务院审改办、市场监管总局要会同有关部门按时在全国范围内对第一批 106 项涉企行政审批事项开展“证照分离”改革，逐一制定出台直接取消审批、审批改为备案、实行告知承诺或优化准入服务的具体办法和加强事中事后监管的措施，并于 2018 年 11 月 10 日前向社会公开。要按照涉企许可证全覆盖的要求，抓紧梳理形成中央设定的涉及市场准入的行政审批事项清单，并组织各地区梳理地方设定的各类审批事项，在自贸试验区率先实现“证照分离”改革全覆盖，条件成熟后在全国推广。市场监管总局要会同税务总局、人力资源社会保障部等有关部门，在全面梳理企业注销各环节办理事项基础上，2018 年底前研究提出疏解“堵点”、优化流程的改革措施，编制公布统一的企业注销操作指南，破解企业注销难题。

（十一）进一步压减行政许可等事项。2018 年底前，国务院审改办要牵头组织各部门对现有行政许可事项进行一次全面清理论证，再推动取消部分行政许可事项，2019 年 3 月底前修订公布新的行政许可事项清单，清单外许可事项一律视作违规审批。国务院审改办要在 2019 年组织各地区、各有关部门清理各类变相审批和许可，对以备案、登记、注册、目录、年检、监制、认定、认证、专项计划等形式变相设置审批的违规行为进行整治。国务院审改办要组织有关部门试点开展现有行政许可的成本和效果评估，充分听取企业、公众、专家学者的意见，并根据评估结果，及时调整完善相关许可。

（十二）加快制定政务服务事项清单和推进政务服务标准化。国务院办公厅要督促各地区抓紧以省为单位公布各层级政府“马上办、网上办、就近办、一次办”审批服务事项目录，协调各有关方面加快编制全国标准统一的行政权力事项目录清单，推动各地区、各部门编制公共服务事项清单。国务院办公厅、发展改革委要督促各地区、各部门提升政务服务质量，加快推进全国一体化在线政务服务平台建设，制定统一的审批服务事项编码、规范标准、办事指南和时限，消除模糊条款，优化审批服务流程，制作易看易懂、实用简便的办理流程图（表），2019 年统一事项办理标准。同时，督促各地区、各部门建立政务服务满意度调查机制，并纳入绩效考核。

四、进一步减轻企业税费负担，降低企业生产经营成本

（十三）清理物流、认证、检验检测、公用事业等领域经营服务性收费。发展改革委、交通运输部、公安部、市场监管总局、生态环境部要组织落实货车年审、年检和尾气排放检验“三检合一”等政策，2018 年底前公布货车“三检合一”检验检测机构名单，全面实现“一次上线、一次检测、一次收费”。公安部、市场监管总局要查处整治公章刻制领域行政垄断案件，严禁各地公安机关指定公章刻制企业，纠正和制止垄断经营、强制换章、不合理收费等现象。市场监管总局要在 2018 年底前再取消 10%以上实行强制性

认证的产品种类或改为以自我声明方式实施，科学合理简化认证管理单元，减少认证证书种类，提升认证、检测“一站式”、“一体化”服务能力；增加认证机构数量，引导和督促认证机构降低收费标准。对教育、医疗、电信、金融、公证、供水供电等公共服务领域收费，各行业主管部门要加强监督检查，重点检查是否存在收费项目取消后继续收取或变相收取、越权违规设立收费项目、擅自扩大收费范围和提高收费标准等行为，发现问题要严肃整改问责。

（十四）整治政府部门下属单位、行业协会商会、中介机构等乱收费行为。发展改革委、市场监管总局要牵头会同有关行业主管部门，依法整治“红顶中介”，督促有关部门和单位取消违法违规收费、降低收费标准，坚决纠正行政审批取消后由中介机构和部门下属单位变相审批及违法违规收费、加重企业负担等现象。发展改革委、市场监管总局要督促指导各有关部门在 2019 年 3 月底前，对本部门下属单位涉企收费情况进行一次全面清理，整顿政府部门下属单位利用行政权力违规收费行为。人民银行、银保监会、证监会要推动中国银行间市场交易商协会、中国支付清算协会、中国证券投资基金业协会、中国互联网金融协会等金融类协会规范合理收取会费、服务费，减轻企业负担。民政部、市场监管总局、发展改革委、财政部、国资委要在 2018 年底前部署检查行业协会商会收费情况，纠正不合理收费和强制培训等行为，并建立健全行业协会商会乱收费投诉举报和查处机制。

（十五）规范降低涉企保证金和社保费率，减轻企业负担。工业和信息化部、财政部要牵头组织有关部门，清理没有法律、行政法规依据或未经国务院批准的涉企保证金，严格执行已公布的涉企保证金目录清单，进一步降低涉企保证金缴纳标准，推广以银行保函替代现金缴纳保证金。市场监管总局要牵头会同有关部门，加强对厂房租金的监督检查和指导工作，各地区要落实管控责任，切实做好管控工作，严厉打击囤积厂房、哄抬租金等违规行为，对问题严重的地方要严肃追究责任。财政部要抓紧研究提出进一步降低企业税负的具体方案。人力资源社会保障部、财政部、税务总局、医保局等部门要根据国务院有关部署，抓紧制定出台降低社保费率的具体实施办法，做好相关准备工作，与征收体制改革同步实施，确保总体上不增加企业负担。

五、大力保护产权，为创业创新营造良好环境

（十六）加快知识产权保护体系建设。知识产权局要采取措施提高专利、商标注册审查质量和效率，全面推进商标注册全程电子化，确保2018年底前将商标注册审查周期压缩至6个月、高价值专利审查周期压减10%以上。市场监管总局要会同公安部、农业农村部、海关总署、知识产权局等有关部门在2018年底前制定出台对网购、进出口等重点领域加强知识产权执法的实施办法；对侵犯商业秘密、专利商标地理标志侵权假冒、网络盗版侵权等违法行为开展集中整治。知识产权局要牵头实施“互联网+”知识产权保护工作方案，引导电商平台运用“互联网+”高效处理侵权假冒投诉，在进出口环节知识产权保护工作中推进线上信息共享、办案咨询、案件协查。司法部、市场监管总局、知识产权局要积极配合加快推进专利法修订实施工作，推动建立侵权惩罚性赔偿制度，解决知识产权侵权成本低、维权成本高问题。商务部、知识产权局要加强对中小微企业知识产权海外维权的援助。

（十七）加快落实各项产权保护措施。发展改革委、司法部要督促各地区、各部门抓紧完成不利于产权保护的规章、规范性文件清理工作，2018年底前将清理情况汇总报国务院。发展改革委要配合高法院继续加大涉产权冤错案件甄别纠正力度，2019年6月底前再审理公布一批有代表性、有影响力的产权纠纷申诉案件。

六、加强和规范事中事后监管，维护良好市场秩序

（十八）加强事中事后监管。国务院办公厅、市场监管总局要会同有关部门抓紧研究制定加强和规范事中事后监管的指导意见，落实放管结合、并重的要求，在持续深化简政放权的同时，进一步强化事中事后监管，建立健全适合我国高质量发展要求、全覆盖、保障安全的事中事后监管制度，夯实监管责任，健全监管体系，创新监管方式，完善配套政策，寓监管于服务之中，不断提高事中事后监管的针对性和有效性，规范市场秩序，进一步激发市场活力。

（十九）创新市场监管方式。各有关部门要进一步转变理念，创新工作方法，根据自身职责加强和创新事中事后监管，积极推进“双随机、一公开”监管、信用监管、大数据监管、“告知承诺+事中事后监管”等新型监管方式，既提高监管效能，又切实减少对企业的干扰。市场监管总局要在2018年底前研究制定在市场监管领域全面推行部门联合“双随机、一公开”监管的指导意见。加快深化质量认证制度改革，规范认证行业发展，通过质量认证和监管、完善标准规范，促进企业提品质、创品牌，让群众放心消费。发展改革委要会同有关部门加快信用体系建设，2018年底前完成50个以上重点领域联合奖惩备忘录。国务院办公厅要牵头会同各有关部门和各地区加快推进“互联网+监管”系统建设，力争2019年9月底前与国家政务服务平台同步上线运行。

（二十）坚决纠正“一刀切”式执法，规范自由裁量权。生态环境部要加强分类指导、精准施策，及时纠正一些地区以环保检查为由“一刀切”式关停企业的做法，并严肃追责。生态环境部、交通运输部、农业农村部、文化和旅游部、市场监管总局等部门要依法精简行政处罚事项，分别制定规范执法自由裁量权的办法，指导各地区细化、量化行政处罚标准，防止执法随意、标准不一等现象。财政部要督促将各级行政执法机关办案经费按规定纳入预算管理，禁止将罚没收入与行政执法机关利益挂钩，对违规行为进行整改和问责。

七、强化组织领导，进一步明确工作责任

（二十一）提高认识，进一步明确抓落实的责任。各地区、各部门要以习近平新时代中国特色社会主义思想为指导，认真贯彻落实党中央、国务院决策部署，坚持稳中求进工作总基调，将优化营商环境、减轻企业负担、解决企业反映的突出问题作为稳就业、稳金融、稳外贸、稳外资、稳投资、稳预期的重要措施，想企业所想，急企业所急，消除制约企业发展的各种障碍，进一步增强企业发展信心和动力，确保今年经济社会发展各项目标任务全面如期完成。主要领导同志要亲自负责，分管领导同志要具体抓到位，并层层明确落实责任。各有关部门要进一步细化抓落实的措施，制定落实上述政策的具体实施办法，明确责任人、实施主体、实施时间、实施要求，确保各项政策取得实效。

（二十二）落实地方政府责任。各省（区、市）政府要按照本通知精神，认真梳理分析本地区营商环境存在的突出问题，找准政策落实中的“堵点”，切实承担优化本地区营商环境的职责，结合实际有针对性地制定出台落实有关政策的具体办法。同时，要主动对标先进，相互学习借鉴，进一步深化“放管服”改革，探索推出更多切实管用的改革举措，降低制度性交易成本，不断优化营商环境。

（二十三）组织开展营商环境评价。发展改革委要牵头在 2018 年底前构建营商环境评价机制，通过引入第三方等方式在 22 个城市开展试评价；2019 年在各省（区、市）以及计划单列市、副省级城市、省会城市、若干地级市开展营商环境评价，编制发布《中国营商环境报告》；2020 年在全国地级及以上城市开展营商环境评价。

（二十四）增强政策制定实施的科学性和透明度。各有关部门要加强调查研究和科学论证，提高政策质量，增强政策稳定性。对企业高度关注的行业规定或限制性措施调整要设置合理过渡期，防止脱离实际、层层加码。科学审慎研判拟出台政策的预期效果和市场反应，统筹把握好政策出台时机和力度，防止政策效应叠加共振或相互抵消，避免给市场造成大的波动。各地区、各有关部门要在 2018 年底前建立健全企业家参与涉企政策制定机制，制定出台政府重大经济决策主动向企业家和行业协会商会问计求策的操作办法，完善与企业的常态化联系机制。

（二十五）强化政策宣传解读和舆论引导。各地区、各部门要对已出台的优化营商环境政策措施及时跟进解读，准确传递权威信息和政策意图，并向企业精准推送各类优惠政策信息，提高政策可及性。对于市场主体关注的重点难点问题，要及时研究解决，回应社会关切，合理引导预期。要总结推广基层利企便民的创新典型做法，借鉴吸收国内外有益经验，进一步推动形成竞相优化营商环境的良好局面。

（二十六）加强对政策落实的督促检查。凡是与上述政策要求不符的文件，要及时进行修订，防止出现惠企政策被原有规定堵住、卡壳等现象。各地区、各部门要按照规定时限，向社会公布落实政策的具体措施，接受社会监督，并进行自查。各地区要在2018年底前设立营商环境投诉举报和查处回应制度，及时纠正发现的问题，并公开曝光营商环境反面典型案例。各地区、各部门要将有关落实情况报国务院。

国务院印发关于推进自由贸易试验区贸易投资便利化改革创新若干措施的通知（节选）[①]

（2021年8月2日）

（上略）

关于推进自由贸易试验区贸易投资便利化改革创新的若干措施

建设自由贸易试验区（以下简称自贸试验区）是以习近平同志为核心的党中央在新时代推进改革开放的重要战略举措，在我国改革开放进程中具有里程碑意义。为贯彻落实党中央、国务院决策部署，以制度创新为核心，积极发挥改革的突破和先导作用，加快对外开放高地建设，推动加快构建以国内大循环为主体、国内国际双循环相互促进的新发展格局，现就推进自贸试验区贸易投资便利化改革创新提出如下措施。

一、加大对港澳投资开放力度

在内地与香港、澳门关于建立更紧密经贸关系的安排（CEPA）框架下，将港澳服务提供者在自贸试验区投资设立旅行社的审批权限由省级旅游主管部门下放至自贸试验区。（商务部、文化和旅游部、国务院港澳办、各自贸试验区所在地省级人民政府按职责分工

① 《国务院印发关于推进自由贸易试验区贸易投资便利化改革创新若干措施的通知》，《中华人民共和国国务院公报》，2021年26期。

负责；适用范围：所有自贸试验区，以下除标注适用于特定自贸试验区的措施外，适用范围均为所有自贸试验区）

二、放开国际登记船舶法定检验

推进自贸试验区国际登记船舶法定检验放开，制定出台相关管理措施，允许依法获批的境外船舶检验机构对自贸试验区国际登记船舶开展法定检验。（交通运输部负责）

三、开展进口贸易创新

支持自贸试验区所在地培育进口贸易促进创新示范区，综合利用提高便利化水平、创新贸易模式、提升公共服务等多种手段，推动进口领域监管制度、商业模式、配套服务等多方面创新。（商务部牵头，有关部门按职责分工负责）

四、释放新型贸易方式潜力

支持自贸试验区发展离岸贸易，在符合税制改革方向、不导致税基侵蚀和利润转移的前提下，研究论证企业所得税、印花税相关政策。支持银行探索离岸转手买卖的真实性管理创新，依照展业原则，基于客户信用分类及业务模式提升审核效率，为企业开展真实合规离岸贸易业务提供优质金融服务，提高贸易结算便利化水平。（财政部、商务部、税务总局、国家外汇局按职责分工负责）

五、推进“两头在外”保税维修业务

出台保税维修相关管理规定。支持自贸试验区内企业按照综合保税区维修产品目录开展保税维修业务，由自贸试验区所在地省级人民政府对维修项目进行综合评估、自主支持开展，对所支持项目的监管等事项承担主体责任。（商务部牵头，财政部、生态环境部、海关总署、税务总局按职责分工负责）

六、提升医药产品进口便利度

允许具备条件的自贸试验区开展跨境电商零售进口部分药品及医疗器械业务。支持符合条件的自贸试验区增设首次进口药品和生物制品口岸。（财政部、商务部、海关总署、税务总局、国家药监局按职责分工负责）

七、推进开放通道建设

在对外航权谈判中，支持自贸试验区所在城市的国际机场利用第五航权，在平等互利的基础上允许外国航空公司承载该城市至第三国的客货业务，积极向外国航空公司推荐并引导申请进入中国市场的外国航空公司执飞该机场。（中国民航局负责）

八、加快推进多式联运“一单制”

交通运输管理部门支持自贸试验区试点以铁路运输为主的多式联运“一单制”改革，鼓励自贸试验区制定并推行标准化多式联运运单等单证。加快推进全国多式联运公共信息系统建设，率先实现铁路与港口信息互联互通，进一步明确多式联运电子运单的数据标准、交换规则及参与联运各方的职责范围等。率先在国内陆上公铁联运使用标准化单证，逐步推广到内水陆上多式联运，做好与空运、海运运单的衔接，实现陆海空多式联运运单的统一。（交通运输部、商务部、海关总署、国家铁路局、中国民航局、中国国家铁

路集团有限公司按职责分工负责）

九、探索赋予多式联运单证物权凭证功能

银行业监督管理机构会同交通运输管理部门、商务主管部门等单位研究出台自贸试验区铁路运输单证融资政策文件，引导和鼓励自贸试验区内市场主体、铁路企业和银行创新陆路贸易融资方式，在风险可控的前提下，开展赋予铁路运输单证物权属性的有益实践探索。通过司法实践积累经验，发布典型案例，条件成熟时形成司法解释，为完善国内相关立法提供支撑，逐步探索铁路运输单证、联运单证实现物权凭证功能。积极研究相关国际规则的修改和制定，推动在国际规则层面解决铁路运单物权凭证问题。（最高人民法院、交通运输部、商务部、人民银行、海关总署、银保监会、国家铁路局、中国国家铁路集团有限公司按职责分工负责）

十、进一步丰富商品期货品种

强化自贸试验区与期货交易所的合作，从国内市场需求强烈、对外依存度高、国际市场发展相对成熟的商品入手，上市航运期货等交易新品种。（证监会负责；适用范围：上海、辽宁、河南自贸试验区）

十一、加快引入境外交易者参与期货交易

加强自贸试验区内现有期货产品国际交易平台建设，发挥自贸试验区在交割仓库、仓储物流、金融服务等方面的功能，提升大宗商品期货市场对外开放水平。以现货国际化程度较高的已上市成熟品种为载体，加快引入境外交易者，建设以人民币计价、结算的国际大宗商品期货市场，形成境内外交易者共同参与、共同认可、具有广泛代表性的期货价格。在风险可控前提下，优化境外交易者从事期货交易外汇管理的开户、交易、结算和资金存管模式。（证监会牵头，人民银行、国家外汇局按职责分工负责；适用范围：上海、辽宁、河南自贸试验区）

十二、完善期货保税交割监管政策

对期货交易所在自贸试验区内的保税监管场所开展期货保税交割业务的货物品种及指定交割仓库实行备案制。对参与保税交割的法检商品，入库时集中检验，进出口报关时采信第三方机构质量、重量检验结果分批放行。（海关总署、证监会按职责分工负责）

十三、创新账户体系管理

在自贸试验区开展本外币合一银行账户体系试点，实现本币账户与外币账户在开立、变更和撤销等方面标准、规则和流程统一。（人民银行、国家外汇局按职责分工负责）

十四、开展融资租赁公司外债便利化试点

在全口径跨境融资宏观审慎框架下，允许注册在自贸试验区符合条件的融资租赁公司与其下设的特殊目的公司（SP）共享外债额度。（国家外汇局牵头，银保监会配合）

十五、开展知识产权证券化试点

以产业链条或产业集群高价值专利组合为基础，构建底层知识产权资产，在知识产权已确权并能产生稳定现金流的前提下，在符

合条件的自贸试验区规范探索知识产权证券化模式。（人民银行、证监会、国家知识产权局按职责分工负责）

十六、开展网络游戏属地管理试点

在符合条件的自贸试验区所在地推进网络游戏审核试点工作。（中央宣传部负责）

十七、提升航运管理服务效率

将自贸试验区所在省份注册的国内水路运输企业经营的沿海省际客船、危险品船《船舶营业运输证》的配发、换发、补发、注销等管理事项，下放至自贸试验区所在地省级水路运输管理部门负责办理。（交通运输部负责）

十八、提高土地资源配置效率

在自贸试验区实行产业链供地，对产业链关键环节、核心项目涉及的多宗土地实行整体供应。支持有关地方在安排土地利用计划时，优先保障自贸试验区建设合理用地需求。（自然资源部负责）

十九、完善仲裁司法审查

明确对境外仲裁机构在自贸试验区设立的仲裁业务机构作出的仲裁裁决进行司法审查所涉及的法律适用问题。在认可企业之间约定在内地特定地点、按照特定仲裁规则、由特定人员对有关争议进行仲裁的仲裁协议效力的基础上，进一步明确该裁决在执行时的法律适用问题。支持国际商事争端预防与解决组织在自贸试验区运营，为区内企业提供“事前预防、事中调解、事后解决”全链条商

事法律服务。（最高人民法院、司法部、中国贸促会按职责分工负责）

各地区、各部门要以习近平新时代中国特色社会主义思想为指导，深入贯彻党的十九大和十九届二中、三中、四中、五中全会精神，将推进自贸试验区改革开放创新发展列为本地区、本部门的重点工作，加强组织领导，简化各项改革措施落地程序和要求，对确需制定具体意见、办法、细则、方案的，应自本措施印发之日起一年内完成，确保落地见效。各地区、各部门、各自贸试验区要统筹发展和安全，牢固树立总体国家安全观，维护国家核心利益和政治安全，建立健全风险防控制度安排，主动服务大局；要坚持绿色发展，筑牢生态安全屏障。国务院自由贸易试验区工作部际联席会议办公室要切实发挥统筹协调作用，会同成员单位，加强各项改革举措的系统集成、协同高效，不断提高自贸试验区建设质量。各地区、各自贸试验区要承担主体责任，狠抓工作落实，确保各项改革创新举措接得住、落得准、推得开。需调整有关行政法规、国务院文件和部门规章规定的，按法定程序办理。重大事项及时向党中央、国务院请示报告。

扩大内需战略规划纲要（2022—2035年）（节选）[①]

（上略）

二、总体要求

（四）指导思想

以习近平新时代中国特色社会主义思想为指导，坚持稳中求进工作总基调，立足新发展阶段，完整、准确、全面贯彻新发展理念，构建新发展格局，以推动高质量发展为主题，以深化供给侧结构性改革为主线，以改革创新为根本动力，以满足人民日益增长的美好生活需要为根本目的，坚持系统观念，更好统筹发展和安全，牢牢把握扩大内需这个战略基点，加快培育完整内需体系，加强需求侧管理，促进形成强大国内市场，着力畅通国内经济大循环，促进国内国际双循环良性互动，推动我国经济行稳致远、社会安定和谐，为全面建设社会主义现代化国家奠定坚实基础。

（五）工作原则

——坚持党的领导，发挥制度优势。充分发挥党总揽全局、协调各方的领导核心作用，贯彻党把方向、谋大局、定政策、促改革的要求，把党的领导贯彻到扩大内需战略实施全过程，发挥我国国家制度和国家治理体系多方面显著优势，为扩大内需战略实施提供根本保证。

——坚持人民立场，增进民生福祉。坚持以人民为中心，把满

① 《中共中央国务院印发〈扩大内需战略规划纲要（2022—2035年）〉》，《人民日报》，2022年12月15日。

足人民日益增长的美好生活需要作为扩大内需的出发点和落脚点，始终做到发展为了人民、发展依靠人民、发展成果由人民共享，扎实推动共同富裕，不断增强人民群众的获得感、幸福感、安全感。

——坚持顶层设计，服务全局战略。坚持扩大内需这个战略基点，以创新驱动、高质量供给引领和创造新需求，使扩大内需成为构建新发展格局的重要支撑，推动质量变革、效率变革、动力变革，促进供需在更高水平上实现动态平衡。

——坚持改革开放，增强内生动力。坚定不移用改革的办法释放和激发市场潜力，把有效市场和有为政府结合起来，充分发挥市场在资源配置中的决定性作用，更好发挥政府作用，破除制约内需增长的体制机制障碍，不断提高要素配置和产品流通效率，同时实施更高水平对外开放，充分利用国际高端要素资源，持续增强国内市场活力。

——坚持系统观念，强化协同高效。加强前瞻性思考、全局性谋划、战略性布局、整体性推进，加快培育完整内需体系，统筹好供给和需求、消费和投资、内需和外需、数量和质量、国内和国际、速度和效益、效率和公平、发展和安全等重大关系，尽力而为、量力而行，实现发展质量、结构、规模、速度、效益、安全相统一，使扩大内需成为一个可持续的历史过程。

（六）发展目标

按照全面建设社会主义现代化国家的战略安排，展望2035年，实施扩大内需战略的远景目标是：消费和投资规模再上新台阶，完整内需体系全面建立；新型工业化、信息化、城镇化、农业现代化基本实现，强大国内市场建设取得更大成就，关键核心技术实现重大突破，以创新驱动、内需拉动的国内大循环更加高效畅通；人民生活更加美好，城乡居民人均收入再迈上新的大台阶，中等收入群体显著扩大，基本公共服务实现均等化，城乡区域发展差距和居民生活水平差距显著缩小，全体人民共同富裕取得更为明显的实质性进展；改革对内需发展的支撑作用大幅提升，高标准市场体系更加健全，现代流通体系全面建成；我国参与全球经济合作和竞争新优势持续增强，国内市场的国际影响力大幅提升。

锚定2035年远景目标，综合考虑发展环境和发展条件，“十四五”时期实施扩大内需战略的主要目标是：

——促进消费投资，内需规模实现新突破。消费的基础性作用和投资的关键作用进一步增强。内需持续健康发展，质量效益明显提升，超大规模市场优势充分发挥，国内市场更加强大，培育完整内需体系取得明显进展。

——完善分配格局，内需潜能不断释放。分配结构明显改善，城乡区域发展差距和居民生活水平差距逐步缩小，居民人均可支配收入实际增长和经济增长基本同步。基本公共服务均等化水平持续提升，多层次社会保障体系更加健全，社会事业加快发展。

——提升供给质量，国内需求得到更好满足。供给侧结构性改革取得重大进展，农业基础更加稳固，制造业比重基本稳定，现代服务业加快建设，实体经济发展根基进一步夯实，传统产业改造提升加速推进，新产业新业态加快发展，创新能力显著提升，产业基础高级化、产业链现代化水平明显提高，供给体系对国内需求的适配性不断增强。

——完善市场体系，激发内需取得明显成效。统一开放、竞争有序、制度完备、治理完善的高标准市场体系基本建成，商品和要素在城乡区域间流动更加顺畅，产权制度改革和要素市场化配置改革取得重大进展，营商环境持续优化，公平竞争制度更加完善，现代流通体系建立健全。

——畅通经济循环，内需发展效率持续提升。更高水平开放型经济新体制基本形成，我国与周边区域经济合作程度进一步加深，对周边和全球经济发展的带动作用不断增强。

（七）重点任务

坚持问题导向，围绕推动高质量发展，针对我国中长期扩大内需面临的主要问题，特别是有效供给能力不足、分配差距较大、流通体系现代化程度不高、消费体制机制不健全、投资结构仍需优化等堵点难点，部署实施扩大内需战略的重点任务。

加快培育完整内需体系。把实施扩大内需战略同深化供给侧结构性改革有机结合起来，按照生产、分配、流通、消费和投资再生产的全链条拓展内需体系，培育由提高供给质量、优化分配格局、健全流通体系、全面促进消费、拓展投资空间等共同组成的完整内需体系。

促进形成强大国内市场。着力挖掘内需潜力，特别是推进新型城镇化和城乡区域协调发展释放内需潜能，进一步做大国内市场规模。通过优化市场结构、健全市场机制、激发市场活力、提升市场韧性，进一步做强国内市场，促进国内市场平稳发展和国际影响力持续提升。

支撑畅通国内经济循环。进一步推进各种要素组合有机衔接和循环流转，形成产品服务增加、社会财富积聚、人民福祉增进、国家实力增强的良性国内经济循环。以强大的国内经济循环为支撑，着力推进高水平对外开放，打造国际高端要素资源“引力场”，使国内和国际市场更好联通，以国际循环提升国内大循环效率和水平，实现国内国际双循环互促共进。

（中略）

四、优化投资结构，拓展投资空间

善于把握投资方向，消除投资障碍，聚焦关键领域和薄弱环节，努力增加制造业投资，加大重点领域补短板力度，系统布局新型基础设施，着力提高投资效率，促进投资规模合理增长、结构不断优化，增强投资增长后劲。

（十二）加大制造业投资支持力度

围绕推动制造业高质量发展、建设制造强国，引导各类优质资源要素向制造业集聚。加大传统制造业优化升级投资力度，扩大先进制造领域投资，提高制造业供给体系质量和效率。加大制造业技术改造力度，支持企业应用创新技术和产品实施技术改造。完善促进制造业发展的政策制度，降低企业生产经营成本，提升制造业盈利能力。加强制造业投资的用地、用能等要素保障。创新完善制造业企业股权、债券融资工具。

（十三）持续推进重点领域补短板投资

加快交通基础设施建设。完善以铁路为主干、以公路为基础、水运民航比较优势充分发挥的国家综合立体交通网，推进“6 轴 7 廊 8 通道”主骨架建设，增强区域间、城市群间、省际间交通运输联系。加强中西部地区、沿江沿海战略骨干通道建设，有序推进能力紧张通道升级扩容，加强与周边国家互联互通。加快国家铁路网建设，贯通“八纵八横”高速铁路主通道，有序推进区域连接线建设，加快普速铁路建设和既有铁路改造升级。支持重点城市群率先建成城际铁路网，推进重点都市圈市域（郊）铁路和城市轨道交通发展，并与干线铁路融合发展。完善公路网骨干线路，提升国家高速公路网络质量，加快省际高速公路建设，推进普通国省道瓶颈路段贯通升级。继续推进“四好农村路”建设。加强航空网络建设，加快建设国际和区域枢纽机场，积极推进支线机场和通用机场建设，推动打造京津冀、长三角、粤港澳大湾区、成渝世界级机场群。提升水运综合优势，在津冀沿海、长三角、粤港澳大湾区推动构建世界级港口群，支持建设国际航运中心，加快长江等内河高等级航道网建设。构建多层级、一体化综合交通枢纽体系。

加强能源基础设施建设。提升电网安全和智能化水平，优化电力生产和输送通道布局，完善电网主网架布局和结构，有序建设跨省跨区输电通道重点工程，积极推进配电网改造和农村电网建设，提升向边远地区输配电能力。优化煤炭产运结构，推进煤矿智能化、绿色化发展，优化建设蒙西、蒙东、陕北、山西、新疆五大煤炭供应保障基地，提高煤炭铁路运输能力。加快全国干线油气管道建设，集约布局、有序推进液化天然气接收站和车船液化天然气加注站规划建设。大幅提高清洁能源利用水平，建设多能互补的清洁能源基地，以沙漠、戈壁、荒漠地区为重点加快建设大型风电、光伏基地。统筹推进现役煤电机组超低排放和节能改造，提升煤电清洁高效发展水平。推动构建新型电力系统，提升清洁能源消纳和存储能力。

加快水利基础设施建设。加快推进集防洪减灾、水资源调配、水生态保护等功能为一体的综合水网建设，提升国家水安全保障能力。推动综合性水利枢纽和调蓄工程建设，立足流域整体和水资源空间均衡配置，加快推进跨流域跨区域水资源配置工程建设，实施对区域发展具有重要作用的引调水工程，提升水资源优化配置能力。加强节水基础设施建设。提升水旱灾害防御能力，加快补齐大江大河大湖防洪短板，推进堤防加固、河道治理、控制性工程、蓄滞洪区等建设，加强中小河流治理、山洪灾害防治和病险水库除险加固。推进供水、灌溉、水源工程建设，加强供水区域间联合调度。有条件的地区可将城镇周边的村庄纳入城镇供水体系。强化农村中小型水源工程建设和饮用水水源保护，推进大中型灌区建设与现代化改造。在沿海缺水城市推动大型海水淡化设施建设。

完善物流基础设施网络。统筹国家物流枢纽、国家骨干冷链物流基地、示范物流园区等布局建设，优化国家层面的骨干物流基础设施网络，提高跨区域物流服务能力，支撑构建“通道+枢纽+网络”的现代物流运行体系。优化以综合物流园区、专业配送中心、末端配送网点为支撑的商贸物流设施网络。加快建设农产品产地仓储保鲜冷链物流设施，提高城乡冷链设施网络覆盖水平，推动食品产销供的冷链全覆盖。

加大生态环保设施建设力度。全面提升生态环境基础设施水平，构建集污水、垃圾、固废、危废、医废处理处置设施和监测监管能力于一体的环境基础设施体系，形成由城市向建制镇和乡村延伸覆盖的环境基础设施网络。实施重要生态系统保护和修复重大工程。推动建立生态保护补偿制度。全面推进资源高效利用，建设促进提高清洁能源利用水平、降低二氧化碳排放的生态环保设施。

完善社会民生基础设施。补齐医疗领域建设短板，完善城市传染病救治网络，全面提升县级医院救治能力，持续改善县级医院设施条件，补齐乡镇卫生院、村卫生室等基础医疗设备配备，全面改善疾控机构设施设备条件，健全口岸公共卫生防控体系，提高公共卫生防控救治能力。加快补齐教育资源短板，加强教育基础设施建设，改善各级各类学校办学条件。增加普惠性养老和医养结合服务设施。完善妇幼健康服务设施，积极规划建设婴幼儿照护和未成年人保护服务机构及设施。提升县级公共文化设施水平，加强广播电视传输覆盖等设施建设。加快高品质、各具特色的旅游景区、度假区、休闲街区建设。提升体育场地设施水平，持续改善群众身边健身设施。

（十四）系统布局新型基础设施

加快建设信息基础设施。建设高速泛在、天地一体、集成互联、安全高效的信息基础设施，增强数据感知、传输、存储、运算能力。加快物联网、工业互联网、卫星互联网、千兆光网建设，构建全国一体化大数据中心体系，布局建设大数据中心国家枢纽节点，推动人工智能、云计算等广泛、深度应用，促进"云、网、端"资源要素相互融合、智能配置。以需求为导向，增强国家广域量子保密通信骨干网络服务能力。

全面发展融合基础设施。推动5G、人工智能、大数据等技术与交通物流、能源、生态环保、水利、应急、公共服务等深度融合，助力相关行业治理能力提升。支持利用5G技术对有线电视网络进行改造升级。积极稳妥发展车联网。

前瞻布局创新基础设施。支持有条件的地方建设区域性创新高地，适度超前布局建设重大科技基础设施。优化提升国家产业创新中心、国家制造业创新中心、国家工程研究中心、国家技术创新中心等产业创新基础设施，强化共性基础技术供给。

五、推动城乡区域协调发展，释放内需潜能

城镇化是扩大内需的重要支撑，把扩大内需战略和新型城镇化

战略有序衔接起来，使之成为经济发展的重要推动力。推动城乡区域协调发展是释放内需潜能、促进产业升级的重要举措，坚持全国一盘棋，全面实施乡村振兴战略，坚持实施区域重大战略、区域协调发展战略，增强发展的整体性、协调性，充分释放内需潜在势能。

（十五）推进以人为核心的新型城镇化

推进农业转移人口市民化。深化户籍制度改革，建立健全经常居住地提供基本公共服务制度，促进农业转移人口全面融入城市，提高市民化质量。完善财政转移支付与农业转移人口市民化挂钩相关政策。依法保障进城落户农民农村土地承包权、宅基地使用权、集体收益分配权，建立农村产权流转市场体系，健全农户“三权”市场化退出机制和配套政策。

培育城市群和都市圈。推进成渝地区双城经济圈等城市群建设，完善城市群一体化发展体制机制，统筹推进基础设施协调布局、产业分工协作、公共服务共享、生态共建环境共治。依托辐射带动能力较强的中心城市，提高通勤圈协同发展水平，培育发展同城化程度高的现代化都市圈。推进超大特大城市瘦身健体，严控中心城市规模无序扩张。完善大中城市宜居宜业功能，支持培育新生中小城市。健全城镇体系，依法依规加强城市生态修复和功能完善，合理确定城市规模、人口密度、空间结构。

推进以县城为重要载体的城镇化建设。推进县城公共服务、环境卫生、市政公用、产业配套等设施提级扩能，增强综合承载能力和治理能力。鼓励东部城镇化地区县城加快发展，支持中西部和东北城镇化地区县城建设，合理引导农产品主产区和重点生态功能区县城建设。按照区位条件、资源禀赋、发展基础，分类引导小城镇发展。促进特色小镇规范健康发展。

推进城市设施规划建设和城市更新。加强市政水、电、气、路、热、信等体系化建设，推进地下综合管廊等设施和海绵城市建设，加强城市内涝治理，加强城镇污水和垃圾收集处理体系建设，建设宜居、创新、智慧、绿色、人文、韧性城市。加强城镇老旧小区改造和社区建设，补齐居住社区设施短板，完善社区人居环境。加快地震易发区房屋设施抗震加固改造，加强城市安全监测。强化历史文化保护，塑造城市风貌，延续城市历史文脉。

（下略）

国家计委关于改进计划体制的若干暂行规定[①]

（1984 年 8 月 31 日）

现行计划体制不适应当前经济形势的发展，主要问题是集中过多，管得过死，指令性计划的比重过大，忽视市场调节，不善于运用经济调节手段；计划管理中投入产出不挂钩，没有建立起严格的责任制，普遍存在着吃“大锅饭”的现象，不利于充分调动各方面的积极性，不利于国民经济的迅速发展。

为了适应对内搞活经济、对外实行开放的需要，根据国务院关于“大的方面管住管好、小的方面放开放活”和“简政放权”的精神，必须加快计划体制改革的步伐。计划经济，既包括指令性计划，又包括指导性计划。三十多年来的实践证明，把计划经济理解为仅仅是指令性计划，是片面的。我们不可能也不必要对所有的经济活动，都采用指令性计划的办法来管理。除了关系国计民生的重要经济活动需要实行指令性计划以外，对大量的一般经济活动，应实行指导性计划。市场调节是计划经济的必要的、有益的补充。在当前，需要适当缩小指令性计划的范围，扩大指导性计划和市场调节的范围，进一步扩大企业的自主权。对指导性计划，国家主要通过运用经济调节手段促其实现；对指令性计划，也应自觉地利用价值规律。通过改革，一方面调动基层单位和劳动者的积极性，把经济搞活；另一方面，努力保持国民经济按比例发展，使企业的活动不致背离整个经济发展的要求。这样做，既能保证国家重点生产建

① 《国务院批转国家计委〈关于改进计划体制的若干暂行规定〉》，中国经济网，2007 年 6 月 14 日。

设和满足人民物质文化生活的基本需要，又能比较灵敏地反映市场供求变化，促进商品生产和社会生产力的进一步发展，使社会主义制度的优越性得到充分发挥。

根据上述方针、原则和当前的实际情况，对改进计划体制作如下规定：

一、生产计划。

农业方面，国家对主要农产品的生产实行指导性计划，在省、自治区、直辖市上报计划的基础上，经过平衡确定国家计划。国家对粮食、棉花、油料、烤烟、黄红麻、生猪、二类海水产品等关系国计民生的大宗农产品的收购和调拨，按数量、品种、质量规定指令性指标，并自下而上地签订收购合同加以落实；超过收购计划部分，全部放开。其他农产品，除国务院主管部门和省、自治区、直辖市另有规定者外，实行市场调节。

工业方面，国家对主要工业品的生产实行指导性计划。对国家统一分配调拨的煤炭、原油及各种油品、钢材、有色金属、木材、水泥、发电量、基本化工原料、化肥、重要机电设备、化纤、新闻纸、卷烟以及军工产品等重要产品（包括数量和品种），实行指令性计划，并做好主要生产条件的衔接。各部和各省、自治区、直辖市按照分级管理的原则，也可以在国家计委规定的指令性计划之外，对本行业、本地区少数重要工业品下达指令性计划，生产所需主要条件由部门、地方负责平衡。国家下达指令性计划的大企业，实行一本账，不得层层加码。属于指令性计划的产品价格，除国家另有规定外，一律执行国家统一定价。企业在确保完成国家指令性计划和供货合同的前提下，可以组织超产，超计划生产的部分，除国家有特殊规定不准自销者外，全部可以自销（钢材的计划内部分，企业可以自销百分之二的规定不变）。国家物资部门对企业自销产品可以进行收购。自销的工业生产资料，价格可以按照国家规定的幅度浮动；自销的生活资料和农业生产资料要执行国家规定价格（包括国家规定的浮动价格），但企业可以用来与外单位进行协作。企业应按国家指令性计划规定的数量，品种、规格和需方提出的货单接受订货，完不成国家指令性计划的，要将国家分配的原材料和能源的相应部分在下一年度计划指标中扣回，并要罚款，罚款由企业留成的基金支付。对国家下达指导性计划的产品，企业可以按照国家计划指引的方向，根据原材料、能源的可能和市场需要自行安排生产和销售，努力完成国家计划；产品价格按国家有关规定分别执行统一定价或浮动价，或由供需双方协商定价。国家不下达计划的产品，实行市场调节。

运输邮电方面，国家对全国铁路货运量、公路汽车货运量、港口吞吐量、水运轮驳船货运量、民航运输总周转量、邮电业务总量实行指导性计划。对重点物资的铁路货运量、部直属水运货运量、沿海主要港口吞吐量，实行指令性计划。

二、固定资产投资计划。

全民所有制单位固定资产投资总规模，要按计划进行控制。

基本建设投资中，国家预算内拨款改贷款的投资，纳入国家信贷计划的基建贷款，利用国际金融组织和外国政府的贷款等安排的基本建设，由国家负责平衡，实行指令性计划。这部分投资，主要用于国家需要的能源、交通、原材料、重要机械电子、重点科技、重点智力开发工程和国防军工等方面的建设。

地方、部门的自筹投资和国家统借地方自还，地方、部门自借自还的外资安排的基本建设，由地方、部门负责平衡，经国家计委审核确定计划额度，执行中允许在百分之十的范围内浮动。民族自治地方的基本建设，按《中华人民共和国民族区域自治法》的规定执行，即在国家计划指导下，根据本地方的财力、物力和其他具体条件，自主地安排。云南、贵州、青海也参照民族自治地方的办法执行。地方、部门自筹投资安排的具体项目，由各省、自治区、直辖市和各部自行平衡安排。地方这部分投资，主要用于地方能源、运输邮电、原材料、建材、建筑、农林水利、轻纺、食品、机械电子、商业、粮食、科技、文教、卫生、体育、住宅、环保和城市市政设施、公用事业等方面的建设。为了控制基本建设总规模，引导自筹投资的使用方向，当年使用的自筹投资，要做到提前半年存入建设银行；除用于能源（包括节能）、交通、学校教学设施、医院医护设施和环境保护等方面的投资外，要征收建筑税；对超过国家计划规定浮动范围的自筹投资，要采取经济手段加以控制（具体办法另定）。

生产性建设项目，按规模划分的，属于大中型项目仍按原规定由国家计委或国家计委核报国务院审批；按资金限额划分的，国家计委审批限额由现在的一千万元以上提高到三千万元以上（地方、部门自借自还和直接吸收外资兴建的项目，其审批限额按第三条规定执行），其中总投资二亿元以上的项目，由国家计委核报国务院审批。非生产性建设项目，凡资金、能源、材料、设备能自行解决的，原则上由各部或各省、自治区、直辖市自行审批，但其投资需纳入基本建设投资总规模。

从一九八五年起，凡是由国家预算内拨款安排的建设项目，都改为银行贷款。对不同的建设项目要实行差别利率等办法，并规定不同的还款期限。少数建设项目确无偿还能力的，经国家批准可以豁免。

由国家计委审批的大中型项目，今后只审批项目建议书和设计任务书（利用外资、引进技术项目以可行性研究报告代替设计任务书）。有关单位在设计任务书批准后，即可进行设计、招标。设计由各部或各省、自治区、直辖市审批，设计概算不能超过设计任务书规定的投资额的百分之十。列入长期计划或建设前期工作计划的大中型项目，必须有国家计委批准的项目建议书；列入五年计划的大中型项目，必须有国家计委批准的设计任务书。

技术改造投资中，由国家预算内拨款、国家利用外资安排的技术改造，实行指令性计划；纳入国家信贷计划用于技术改造的贷款，由人民银行按计划进行控制。由部门、地方、企业自筹投资安排的技术改造，实行指导性计划。同时，放宽地方、部门技术改造项目的审批权限。国家计委审批限额，由一千万元以上提高到三千万元以上；其中总投资二亿元以上的项目，由国家计委核报国务院审批。经国家计委批准了总体改造规划的大型骨干企业，其单项工程可不再报批。

城乡集体所有制单位的基本建设投资，由各省、自治区、直辖市进行估算，实行指导性计划，报国家计委备案。

三、利用外资、外汇计划。

国家编制国际收支计划，对利用外资总额，实行指导性计划；对国家统一安排的外汇收支额，实行指令性计划。

地方、部门利用外资的总额度，报国家计委核定。利用外资建设的项目（包括基本建设和技术改造），在资金（包括外汇和配套人民币）、能源、运输、原材料以及其他生产建设条件能自行平衡的情况下，每个项目总投资的审批权限，北京市、辽宁省放宽到一千万美元以下，其他省、自治区和重庆、沈阳、武汉市为五百万美元以下；工交、农林等有关部委（含部级工业总公司）放宽到五百万美元以下。

国家决定进一步开放的沿海港口城市，利用外资建设的生产性项目，凡属建设和生产条件不需要国家综合平衡，产品不要国家包销，出口不涉及配额，又能自己偿还的，每个项目总投资的审批权限，天津、上海两市放宽到三千万美元以下，大连、广州两市放宽到一千万美元以下，其他沿海港口城市放宽到五百万美元以下。

凡属主要靠利用自借自还的外资，自筹资金、材料和进口设备进行建设，不需要国家综合平衡的非生产性建设项目，由各部和各省、自治区、直辖市以及国家决定进一步开放的沿海港口城市自行审批。

放宽部门和地方使用国家外汇和自有外汇的技术引进项目的审批权限。由国家计委审批的限额提高到五百万美元以上；这个限额以下的项目，由各部和各省、自治区、直辖市自行审批。部门、地方使用自有外汇的技术引进项目总额，要及时报国家计委备案。

四、物资分配计划。

国家对部分煤炭、钢铁、木材、水泥等少数重要物资，实行计划分配制度。分配的重点是：国家指令性生产计划的需要；由国家负责平衡的国家预算内拨款改贷款的投资、纳入国家信贷计划的基建贷款、国家利用外资安排的基本建设的需要；由国家直接安排财政拨款和专项贷款的重大技术改造、重大科研的需要；国防军工、国家出口援外以及补助边远地区的需要。对农业、农机、轻工、市场以及地方基本建设、技术改造、维修等其他方面的需要，一般保持一九八四年计划分配基数；增加的需要，除用自有资源外，可通过市场调节或用自有外汇进口解决。

对超计划生产的产品所需要的物资，由企业通过市场采购解决。中心城市要建立生产资料贸易中心，调节社会供需，把物资流通搞活。

国家统一分配的重要机电设备，所需主要材料由国家安排；一般机电设备和配套产品，由地方和企业自行安排生产和销售，所需材料通过多种渠道、多种来源解决。重要成套设备，逐步实行由使用单位向生产企业或设备成套公司实行招标承包生产的办法。

五、商业、外贸计划。

国家对全社会商品零售总额，实行指导性计划。对人民生活必需的重要商品的收购和调拨，实行指令性计划。

国家对进出口总额，实行指导性计划。对国家统一安排的进出口总额和主要进出口商品，实行指令性计划。

六、劳动工资计划。

国家对全民所有制单位的职工人数和工资总额，下达计划指标。除了实行租赁、承包等自负盈亏的小型企业以外，企业的工资总额，根据完成国家计划的情况和经济效益的好坏，按国家规定的比例增加或减少。职工平均工资的增长，应低于劳动生产率的增长。此外，国家通过征收奖金税或其他税收办法控制工资总额。

七、文教卫生计划。

教育方面，对研究生、普通高等院校本专科、中等专业学校的招生人数和毕业生分配人数，根据分级管理的原则，分别由国家计委、有关部门或地方下达指令性计划。各高等院校在完成国家招生计划的前提下，可以接受委托培养或联合办学。其他文教卫生方面，如中小学招生、医院病床、电影、出版、广播、电视、体育等事业计划，由部门和地方负责平衡下达，报国家计委备案。

八、实行多种形式的计划承包责任制。

钢材、煤炭等物资和某些商品的调拨指标，分别对部门、对地方或对中心城市试行多种形式的包干责任制。对重点工业企业逐步试行产量递增包干办法。

能源、交通、原材料等重点建设，对部门和地方逐步实行投资大包干。按五年计划包总投资，按计划项目包建设规模、投产时间、新增生产能力、新增产量和品种，以及投资回收期限；年度投资，由建设银行根据项目施工进度，并考虑配套工程的情况进行贷款，在不超过投资总额的前提下，可以不受年度的限制。一般项目竣工后一次结算，大型项目按单项工程竣工结算。按合同要求提前竣工而节约的资金，归承包单位留用；由于延误工期而多贷的资金，由承包单位负担。建设工程的设计、施工，实行招标承包责任制。

九、加强国民经济的平衡工作。

下放计划管理权限以后，指令性计划范围缩小，指导性计划和市场调节范围扩大，各级计委要着重抓好全社会的财力（包括财政和信贷）、物力、人力（特别是专门人才）和外汇的平衡，安排好经济发展速度、固定资产投资规模、发展重点、地区布局、人民生活水平提高幅度和农轻重、积累消费等主要比例关系。固定资产投资规模的扩大，要同生产资料的增长相适应；人民生活的改善，要同消费资料的增长相适应。国家要按计划严格控制货币发行量，控制市场零售物价总水平；要规定用于固定资产投资的银行贷款发放额；对主要工业消费品、国家统购派购的重要农产品和少数计划分配的生产资料，实行计划价格。要进一步开展经济协作，并加强这方面的组织工作。

国民经济和社会发展计划逐步以五年计划为主要形式，简化年度计划，制订长远规划；同时编制行业规划、地区规划、国土规划和若干个专项规划，建立起长、中、短期计划与专项规划相结合的计划体系。五年计划的主要方面要列出分年指标；年度工业生产计划，根据五年计划的要求，按照上年实际和新增生产能力所能提供的产量，考虑社会需要作出安排。同时，进一步扩大企业之间的固定协作关系，国家统一分配的物资尽量实行定点供应，使企业的生产秩序保持稳定。

十、加强各种经济杠杆的综合运用。

由国家计委牵头，会同国家经委、财政部、劳动人事部、人民银行、国家物价局、海关总署、税务总局等有关部门，综合研究经济杠杆的运用，并进行协调。各省、自治区、直辖市计委也要牵头协调经济杠杆的运用工作，并建立研究和运用经济杠杆的机构。

十一、加强经济信息管理，搞好国民经济预测。

地方、部门自行安排的生产计划、固定资产投产计划（包括建设项目和新增生产能力）确定后，应在半个月内把计划安排中的重要情况抄送国家计委。国家计委会同有关部门定期发布生产建设、科学技术和市场变化等信息，以指导计划的制订和执行。各级计委和各部门都要加快经济信息网络的建设，建立和健全经济信息管理和预测机构，积极开展各种形式的经济计划的咨询服务，帮助企业搞好生产建设、推进技术进步和引进外资等工作。

要加强对计划经济理论和重大经济问题的研究。要改进现行的计划方法，积极采用经济数量分析方法，推广应用电子计算技术，加速计划手段的现代化，做好经济和社会发展的预测，参照预测拟订全社会的计划，以指导国民经济和社会发展。

十二、制订相应的经济法规和管理条例。

抓紧制订计划管理条例，健全经济法规，特别是有关基本建设和利用外资等方面的法规，严格经济司法和经济监督，维护国家计划的严肃性。

各部门、各地方的计划体制也要根据上述规定的精神，做出相应的改革。广东、福建两省和西藏自治区，按中央、国务院规定的特殊政策办理。

关于国家计委管理的工业交通指令性计划和指导性计划指标目录、统一分配物资目录、指令性计划的商品目录和供应出口商品目录，由国家计委商有关部门和地区具体规定。

国务院关于改革建筑业和基本建设管理体制若干问题的暂行规定[①]

（1984 年 9 月 18 日）

根据六届人大二次会议关于改革建筑业和基本建设管理体制的精神，现就有关问题作如下规定：

一、全面推行建设项目投资包干责任制。今后新建项目都要实行投资包干制。有些新建项目如煤炭、火电等，实行按新增单位生产能力造价包干。住宅建设按平方米造价或小区综合造价包干。

现有在建大中型项目，要力争在今明两年（1984 年，1985 年）内按照批准的概算或修正的概算，由建设单位和主管部门签订投资包干协议，实行包建。接近完工的项目也要核定未完工程的投资，实行收尾包干。凡实行投资包干的项目，都要在协议或合同中，明确“包”、“保”双方的责任。尚未推行招标承包制的工程项目，建设单位要按投资包干的要求与建筑安装企业和有关单位签订合同，层层落实，不能敞口。

二、大力推行工程招标承包制。要改革单纯用行政手段分配建设任务的老办法，实行招标投标。由发包单位择优选定勘察设计单位、建筑安装企业。

要鼓励竞争，防止垄断。经审查具备投标资格的，不论是国营或集体单位，不论来自哪个地区、哪个部门，都可以参加投标。项目的主管部门和当地政府，对于外部门、外地区中标的单位，要提

① 《国务院关于改革建筑业和基本建设管理体制若干问题的暂行规定》，《中华人民共和国国务院公报》，1984 年 25 期。

供方便，不得制造困难。外地中标单位，未经批准，不得在项目所在地建立永久性或变相永久性的基地。

招标工程的标底。在批准的概算或修正概算以内由招标单位确定。评标、定标，由招标单位邀请项目主管部门、基建综合部门、建设银行参加审查。

中标单位要在规定期限内与发包单位签订合同，明确双方的责任、权利和奖惩条款。

关于外国工程公司、中外合资工程公司参与国内建设项目的投标办法，另行规定。

三、建立工程承包公司，专门组织工业交通等生产性项目的建设。各部门、各地区都要组建若干个具有法人地位、独立经营、自负盈亏的工程承包公司，并使之逐步成为组织项目建设的主要形式。工程承包公司所需周转资金，由建设银行贷款。

工程承包公司接受建设项目主管部门（或建设单位）的委托，或投标中标，对项目建设的可行性研究、勘察设计、设备选购、材料订货、工程施工、生产准备直到竣工投产实行全过程的总承包，或部分承包。

工程承包公司可跨部门、跨地区承包建设任务。

工程承包公司要注意开发新技术，提高技术和经营管理水平，努力增强竞争实力。

四、建立城市综合开发公司，对城市土地、房屋实行综合开发。有条件的城市和大型工矿区要逐步建立若干个这一类的开发公司，实行独立经营，自负盈亏。综合开发公司要按照城市总体规划，制定开发区的建设规划。通过招标组织市政、公用、动力、通讯等基础设施和房屋建设以及相应配套设施的建设。所需周转资金，由建设银行贷款。已建立的开发公司要积极创造条件，尽快成为经济实体。

综合开发公司对土地的开发建设和房屋建筑、工程设施实行有偿转让和出售。未经开发的土地，不得收取开发费用。

五、勘察设计要向企业化、社会化方向发展，全面推行技术经济承包责任制。勘察设计单位承担任务一律要签订承包合同，按照国家规定的收费标准，收取勘察设计费，实行企业化经营，独立核算，自负盈亏。勘察设计单位内部可按项目或专业实行承包。设计人员的奖金要与贡献大小挂钩，上不封顶，下不保底。鼓励勘察设计单位积极采用和开发先进技术，对设计质量高，降低工程造价，缩短建设周期，提高经济效益有显著成绩的，可以适当增收设计费或实行节约投资分成，对贡献大的人员，要给予特殊奖励；对延误设计进度和造成设计质量事故的单位和个人，应扣罚设计费、奖金或给予其他处分。

勘察设计单位要优先保证完成重点项目的勘察设计任务。

勘察设计单位要打破部门、地区界限，开展设计投标竞争。凡是经过审查，发给勘察设计证书的国营、集体设计单位和个体设计者，都可参加投标竞争。

现有的设计事业费，主要用于建设项目的前期工作和开发新技术。

各部门、各地区要采取签订承包合同、费用包干的办法，尽快组织制订、修订各种标准、规范、概预算定额和费用定额，并要积极采用国际标准和国外先进标准。

六、实行鼓励承包单位节约投资，提前投产的政策。

建设项目实行投资包干后节约的投资，工程承包公司全部作为企业收入；建设单位可按一定的比例留成。

建设项目经主管部门批准，提前投产期间的利润，由生产筹建单位和项目承包单位分成。

新组建的工程承包公司、综合开发公司的收入，三年内免缴所得税。

建设单位留成资金和承包单位工程节余资金，用于建造职工住宅和集体福利设施，已包括在建设项目总投资内的，不计入自筹投资控制指标。

七、建筑安装企业要普遍推行百元产值工资含量包干。工资含量应根据平均先进的原则，在不超过预算价格、定额和取费标准规定的人工费用范围内，由企业的主管部门会同建设银行核定。计件超额工资和奖金要进入成本。建筑安装企业内部必须建立以最终产品为对象，以确保工程质量和安全、缩短建设工期、降低成本、提高经济效益为主要内容的经济承包责任制，防止片面追求产值。

八、改革建设资金的管理办法。国家投资的建设项目，都要按照资金有偿使用的原则，改财政拨款为银行贷款。贷款实行差别利率。国家将投资包干协议规定的总金额分年拨给建设银行，由包干单位根据工程进度，按实际需要向建设银行贷款建设。在不超过投资总额的前提下，可以不受年度的限制。

改变现行的工程款的结算办法，由建筑安装企业向建设银行贷款，项目竣工后一次结算。分期竣工的项目，分期结算。由于工期提前而少付的利息，应作为工程承包单位的收入。由于延误工期而多付的利息，由工程承包单位承担。

建设银行要积极参与建设项目的可行性研究工作，对建设项目的经济效益和投资回收年限、偿还能力进行评估，提出意见，供建设项目主管部门编报设计任务书（或可行性研究报告）时决策。

建设银行对工程承包公司和城市综合开发公司给予贷款支持，按照国家规定，加强财务监督。

九、改革建筑材料供应方式，逐步由物资部门将材料直接供应给工程承包单位，由工程承包单位实行包工包料。物资供应单位实行按项目承包供应责任制，国家确定的按合理工期组织建设的重点项目，根据设计文件提出的主要材料清单，由工程承包单位和中国基建物资配套承包联合公司签订承包合同，明确供需双方责任和奖罚条款，保证供应；也可按材料预算总价由物资承包公司包干。要注意处理好重点项目和一般项目的关系，防止一般挤了重点。对国家重点项目所需材料，要优先保证。其他建设项目所需主要材料，由工作承包单位择优选择物资供应单位并签订供货合同，或直接向生产企业订货。凡是计划分配不足部分，允许采购议价材料，所增加的费用，在编制工程总概算时，应考虑这个因素。

各级基建物资承包供应单位，要逐步成为具有法人地位、独立核算、自负盈亏的经济实体，并使之逐步成为组织基建项目物资供应的一种主要形式。

各级物资部门要积极参与市场调节，对于紧缺材料，要努力组织货源（包括进口），设立门市部，调剂市场需要。

地方建筑材料，一般应采用招标办法，择优选定供货单位。

加强对农村建房材料的供应工作。建筑、建材两个行业可以各自组建公司，经销村镇建筑需用的建筑材料和制品。同时，要继续发挥物资部门对农村建房材料供应的作用。

十、改革设备供应办法。在建设项目可行性研究阶段，工程承包单位即可委托设备成套公司或直接向生产厂进行设备选型、询价等，设备成套公司要积极提供设备技术经济资料，开展咨询业务。建设项目列入五年计划以后，即可签订设备承包协议，对制造周期长的大型、专用关键设备，提前进行预安排。设计文件批准以后，工程承包单位与设备成套公司或生产厂签订正式设备承包供应合同。对国家重点建设项目所需的设备，要优先保证供应。

设备成套公司要逐步过渡为独立核算、自负盈亏、具有法人地位的经济实体。积极推行设备承包经济责任制和有偿合同制，明确供需双方的责任和奖罚条款。承包的形式，可以按发包单位委托的设备清单进行承包，也可以按设备预算总价包干。要努力发展按机组、系统、生产线组织成套，并可与科研设计单位，制造厂家联合，从工艺产品设计到安装调试实行总承包，以提高设备成套技术水平和经济效益。

有些国家计划内无法解决的少量紧缺产品，应允许承包单位采取进口或带料加工等措施解决。

十一、改革现行的项目审批程序。简化审批手续，下放审批权限，减少环节，提高效率。今后需要由国家审批的项目，国家计委只审批项目建议书和设计任务书（利用外资、引进技术项目用可行性研究报告代替）。

十二、全民所有制的建筑业，要保留一支技术水平高、战斗力强的骨干队伍，同时允许集体和个人兴办建筑业，允许持有营业执照的建筑队参加投标竞争，承包施工任务，也允许国营建筑企业与集体建筑企业联合承包。

十三、改革建筑安装企业的用工制度。国营建筑安装企业，要逐步减少固定工的比例。今后，除必需的技术骨干外，原则上不再招收固定工，积极推行劳动合同制，增加合同工的比重。

十四、推行住宅商品化。大中城市都要逐步扩大商品化住宅的建设。建设周转资金由建设银行贷款、企业事业单位集资等多种渠道解决。

商品住宅应根据不同情况，采取全价出售、补贴出售或议价出租的办法。补贴出售的住宅优先照顾困难大的单位和个人。

十五、实行征地由地方政府统一负责的办法。今后，经批准的建设用地，应由县、市人民政府统一负责，实行征地费用包干使用，保证建设用地。

城市的建设用地，由综合开发公司或用地单位提出申请，经审批机关批准后，进行土地开发和建设。

各省、自治区、直辖市人民政府要按照国家有关规定，在1984、1985年内制定出征地费用包干办法，并报国务院备案。

不论中央项目或地方项目，都要一视同仁，按规定的包干办法执行。

十六、改革工程质量监督办法。大中型工业、交通建设项目，由建设单位负责监督检查；对一般民用项目，在地方政府领导下，按城市建立有权威的工程质量监督机构，根据有关法规和技术标准，对本地区的工程质量进行监督检查。该机构实行企业化管理，向委托单位收取一定的监督和检测费用。

各部门、各地区要根据上述规定，加强对建筑业和基本建设管理体制改革的领导，教育各级干部，站在改革的前列，抓好改革工作要采取各种有力措施，迅速培养适应体制改革的经营管理人员。

为了推动建筑业和基本建设管理体制的改革，决定成立改革领导小组，由国家计委、建设部、体改委、财政部、劳动人事部、机械部、国家物资局、建设银行、农牧渔业部等有关部门派人组成，负责组织制订有关的具体规定，及时研究解决改革中出现的问题。

国务院关于鼓励外商投资的规定①

（1986年10月11日）

第一条　为了改善投资环境，更好地吸收外商投资，引进先进技术，提高产品质量，扩大出口外汇，发展国民经济，特制定本规定。

第二条　国家鼓励外国的公司、企业和其他经济组织或者个人（以下简称外国投资者），在中国境内举办中外合资经营企业、中外合作经营企业和外资企业（以下简称外商投资企业）。

国家对下列外商投资企业给予特别优惠：

一、产品主要用于出口，年度外汇总收入额减除年度生产经营外汇支出额和外国投资者汇出分得利润所需外汇额以后，外汇有结余的生产型企业（以下简称产品出口企业）；

二、外国投资者提供先进技术，从事新产品开发，实现产品升级换代，以增加出口创汇或者替代进口的生产型企业（以下简称先进技术企业）。

第三条　产品出口企业和先进技术企业，除按照国家规定支付或者提取中方职工劳动保险、福利费用和住房补助基金外，免缴国家对职工的各项补贴。

第四条　产品出口企业和先进技术企业的场地使用费，除大城市市区繁华地段外，按下列标准计收：

一、开发费和使用费综合计收的地区，为每年每平方米五元至二十元；

---

①《国务院关于鼓励外商投资的规定》，《中华人民共和国国务院公报》，1986年26期。

二、开发费一次性计收或者上述企业自行开发场地的地区，使用费最高为每年每平方米三元。

前款规定的费用，地方人民政府可以酌情在一定期限内免收。

第五条　对产品出口企业和先进技术企业优先提供生产经营所需的水、电、运输条件和通信设施，按照当地国营企业收费标准计收费用。

第六条　产品出口企业和先进技术企业在生产和流通过程中需要借贷的短期周转资金，以及其他必需的信贷资金，经中国银行审核后，优先贷放。

第七条　产品出口企业和先进技术企业的外国投资者，将其从企业分得的利润汇出境外时，免缴汇出额的所得税。

第八条　产品出口企业按照国家规定减免企业所得税期满后，凡当年企业出口产品产值达到当年企业产品产值 70%以上的，可以按照现行税率减半缴纳企业所得税。经济特区和经济技术开发区的以及其他已经按 15%的税率缴纳企业所得税的产品出口企业，符合前款条件的，减按 10%的税率缴纳企业所得税。

第九条　先进技术企业按照国家规定减免企业所得税期满后，可以延长三年减半缴纳企业所得税。

第十条　外国投资者将其从企业分得的利润，在中国境内再投资举办、扩建产品出口企业或者先进技术企业，经营期不少于五年的，经申请税务机关核准，全部退还其再投资部分已缴纳的企业所得税税款。经营期不足五年撤出该项投资的，应当缴回已退的企业所得税税款。

第十一条　对外商投资企业的出口产品，除原油、成品油和国家另有规定的产品外，免征工商统一税。

第十二条　外商投资企业可以自行组织其产品出口，也可以按照国家规定委托代理出口。属于需要申领出口许可证的产品，按照企业年度出口计划，每半年申领一次许可证。

第十三条　外商投资企业为履行其产品出口合同，需要进口（包括国家限制进口）的机械设备、生产用的车辆、原材料、燃料、散件、零部件、元器件、配套件，不再报请审批，免领进口许可证，由海关实行监管，凭企业合同或者进出口合同验放。

前款所述进口料、件，只限于本企业自用，不得在国内市场出售；如用于内销产品，应当按照规定补办进口手续，并照章补税。

第十四条　外商投资企业之间，在外汇管理部门监管下，可以相互调剂外汇余缺。中国银行以及经中国人民银行指定的其他银行，可以对外商投资企业开办现汇抵押业务，贷放人民币资金。

第十五条　各级人民政府和有关主管部门应当保障外商投资企业的自主权，支持外商投资企业按照国际上先进的科学方法管理企业。

外商投资企业有权在批准的合同范围内，自行制定生产经营计划，筹措、运用资金，采购生产资料，销售产品；自行确定工资标准、工资形式和奖励、津贴制度。

外商投资企业可以根据生产经营需要，自行确定其机构设置和人员编制，聘用或者辞退高级经营管理人员，增加或者辞退职工；可以在当地招聘和招收技术人员、管理人员和工人，被录用人员所在单位应当给予支持，允许流动；对违反规章制度，造成一定后果的职工，可以根据情节轻重，给予不同处分，直至开除。外商投资企业招聘、招收、辞退或者开除职工，应当向当地劳动人事部门备案。

第十六条　各地区、各部门必须执行《国务院关于坚决制止向企业乱摊派的通知》，由省级人民政府制定具体办法，加强监督管理。

外商投资企业遇有不合理收费的情况可以拒交；也可以向当地经济委员会直到国家经济委员会申诉。

第十七条　各级人民政府和有关主管部门，应当加强协调工作，提高办事效率，及时审批外商投资企业申报的需要批复和解决的事宜。由国务院主管部门审批的外商投资企业的协议、合同、章程，审批机关必须在收到全部文件之日起三个月以内决定批准或者不批准。

第十八条　本规定所指产品出口企业和先进技术企业，由该企业所在地的对外经济贸易部门会同有关部门根据企业合同确认，并出具证明。

产品出口企业的年度出口实绩，如果未能实现企业合同规定的外汇平衡有结余的目标，应当在下一年度内补缴上一年度已经减免的税、费。

第十九条　本规定除明确规定适用于产品出口企业或者先进技术企业的条款外，其他条款适用于所有外商投资企业。

本规定施行之日前获准举办的外商投资企业，凡符合本规定的优惠条件的，自施行之日起适用本规定。

第二十条　香港、澳门、台湾的公司、企业和其他经济组织或者个人投资举办的企业，参照本规定执行。

第二十一条　本规定由对外贸易经济部负责解释。

第二十二条　本规定自发布之日起施行。

期刊文章

▼

论我国基本建设的宏观投资效果

（林森木，《浙江学刊》，1981 年 04 期）

我国每年基本建设投资达几百亿元，如何提高投资的经济效果，更好地满足社会需要，不但是社会主义建设的一个十分重要的原则，而且是一个十分迫切、亟待解决的问题。

本文介绍了讲求宏观投资效果是社会主义经济的特征，提出忽视宏观投资效果给我国基本建设造成严重后果，固定资产形成率低、设备能力利用率低、投资回收期长等问题还有待解决，同时强调宏观经济决策决定宏观投资效果，一方面，基本建设规模不是想多大就能搞多大的。它要受客观可能性的限制，只能量力而行，要同国家能够提供的财力、物力、人力相适应。另一方面，同样多的投资，使用方向不同，效果也就不同，这是因为投资结构是影响经济结构的重要手段。最后，本文强调了调整基本建设的核心是提高宏观投资效果。要有一个稳定的中长期计划和区域规划，搞好综合平衡，将投资的重点转到现有企业的改造上来；按照基本建设程序办事，搞好可行性研究和勘察设计工作；坚持改革基本建设管理体制，调动各方面的积极性。

我们所经历的六个五年计划（节选）[1]

（房维中，《计划经济研究》，1983年01期）

（上略）

第六个五年计划（1981—1985年）：制定“六五”计划过程，经历了一个从头脑发热到冷静的过程；从高指标到实事求是的过程；从走经济发展的老路到走经济发展新路的过程。

第一次1975年编制的“六五”计划，指标搞高了。

第二次是1978年作了修订，指标就更高了。

第三次从1980年开始重新制订，推倒了原来的方案，经过反复研究，1982年上半年基本定案。这个计划，清除了过去高指标的影响，从任务到指标规定得都是比较适当的。

计划规定，“六五”的基本任务是：继续贯彻执行调整、改革、整顿、提高的方针，进一步解决过去遗留下来的阻碍经济发展的各种问题，取得实现财政经济状况根本好转的决定性胜利，并为“七五”的经济和社会发展奠定更好的基础，创造更好的条件。

计划规定，在提高效益的前提下，“六五”工农业生产平均每年增长4%，在执行中争取达到5%，即保四争五。指标看起来低些，但是对经济效益要求高。指标留有余地，在执行中超过，全国

① 本文为房维中于1982年11月在第二期计划工作研究班上的报告节选。

人民都会高兴。

建设规模：计划规定，五年基建投资2300亿元，更新改造资金1300亿元。大中型项目890个。其中国家预算投资1182亿元，占财政总支出的20%（过去最高占到40%）。这个规模不是很大，但重点突出，主要用于能源、交通的建设。

人民生活：计划要求，五年内农民收入每年增长6%，工资总额每年增长4.9%，城乡居民消费水平每年增长4.1%。

可以说，最后确定的“六五”计划，是个实事求是的计划，是个循序前进的计划，计划确定的几个大的比例关系比较恰当，生产和建设，建设和生活，国家、集体、企业和个人等方面的关系处理得比较好，是六个五年计划中最好的一个计划。

从六个五年计划的工作中应当吸取哪些经验教训呢？

第一，过去最致命的毛病是急躁冒进。大急大折腾，小急小折腾。形势不好时还比较冷静，形势一好，就头脑发热。1958年以来的经历，是折腾—调整—好转，再折腾—再调整—再好转。因此我们应当吸取的一条最大的教训是防止急躁冒进。十二大正确地确定了到本世纪末的目标，而且划分两个阶段，把前十年作为打基础的阶段，这实在是太重要、太好了。这样就有可能防止急躁冒进的再次发生，而又不致产生消极情绪。我们计划工作的任务，就是要老老实实地按照十二大规划的大格局办事，量力而行，循序前进。既不把本阶段应当完成的任务推到下一阶段，也不勉强把下一阶段要完成的任务提到现阶段来。同时，翻两番是就全局说的，不能到处搞翻番。

第二，过去每次折腾，都是从加快发展速度开头。接着就大上基建项目，扩大基建规模。基建规模一大，就造成三材紧张，造成乱挤的局面，结果把国民经济秩序挤乱。一旦维持不下去，就来调整，压规模、下项目。经济建设的浪费和损失以这种大上大下为最烈。

（中略）

第三，计划工作本身要努力改进，要实行四个转变：

（1）从以速度为中心，转到以经济效益为中心。即追求有效益的速度，而不追求不顾效益的速度。这种效益又不是一时一地的效益而是不致于影响全局和造成后患的效益，是考虑到生态环境、水土保持和环境保护的效益。

（2）从主要依靠扩大基建规模来增加生产，转到更多地依靠技术进步来增加生产。把经济和科技紧密结合起来，而不是互相脱节。我们的经济发展一定要建立在技术进步的基础上。

（3）从计划以经济发展为主，转到经济和社会发展相结合，转到精神文明和物质文明的建设同时并进。一切经济政策、经济措施，不仅要考虑生产的发展与人民生活的改善，而且要有利于精神文明的建设，有利于社会的安定。乔木同志最近说，计划不只是一个经济建设计划，应该把精神文明的建设，把社会治安，把消灭社会上那些残害妇女、儿童安全和毒化社会风气的丑恶现象纳入计划。所以，我们的计划观念也要改变，要真正使计划成为经济和社会发展的计划。

（4）从主要依靠行政手段来实现计划的要求，转到行政手段与经济手段并用，把基层单位被动地接受国家计划，转变为主动地完成国家计划。计划体制要按照“计划经济为主、市场调节为辅”的原则有计划有步骤地进行改革。

第四，要努力使计划成为一门科学，展开对计划科学的研究。至少有三方面的问题要研究：①社会主义有计划发展的规律及其在中国条件下的具体表现和运用。②中国经济的特点及其由此产生的计划原则、计划管理体制和计划方法。③中国三十年的计划史。与上述相联系的，还要研究其他经济规律，研究生产关系、生产力和上层建筑的种种问题。要研究清楚这些问题，必须付出艰苦的努力。不如此，就不能开创计划工作的新局面，就不能完成计划工作部门应当肩负的历史使命。

关于“七五”计划和1986年计划安排中的几个问题[①]

（宋平，《计划经济研究》，1986年01期）

“七五”计划的首要任务，是积极推进以城市为重点的经济体制的全面改革，争取在五年或者更长一些的时间内，基本上奠定具有中国特色的社会主义经济体制的基础。在体制改革的推动下，进一步加强重点建设、技术改造和智力开发，在物质技术条件方面为九十年代经济和社会的继续发展准备必要的后续能力。同时，在生产发展的基础上，使人民生活继续有所改善。这三个方面的任务是相互联系、相互促进的。“七五”计划必须保证这三项任务全面而圆满地实现。

一、在经济建设方面，计划安排要力求体现中央提出的重大决策

第一，充分重视农业这个国民经济发展的重要基础，继续把发

① 本文为宋平于1986年1月16日在全国计划会议上所作的计划安排问题的说明的摘要。

展农业放在重要战略地位。在我们这样一个十亿人口的国家里，农业的稳定增长，是整个经济持续稳定发展和社会安定的重要条件。“七五”期间，要进一步调整农村产业结构，在保证粮食稳定增产的前提下，因地制宜地加快林牧副渔业和多种经营的发展，促进农业经济向专业化、商品化、现代化的方向前进。计划安排，“七五”期间农业总产值平均每年增长6%。各项农产品在增加数量的同时，要努力改良品种、提高质量，更好地适应社会需要。为了保证农业的持续稳定增长，必须进一步发挥党的农村政策的威力，更好地依靠科学技术的力量。同时，中央和地方都要增加对农业的投资，引导农民增加对农业的投入。工业部门要加强对农业的支援，增加农村需要的生产资料和生活资料的供应。

第二，进一步加强能源、交通、通信和原材料工业等重点建设。当前，这些部门仍然是严重制约国民经济发展的薄弱环节。特别是电力供应紧张，不少企业的生产能力不能充分发挥，钢材、有色金属大量进口，耗用很多外汇，交通运输的矛盾更为突出。这些薄弱环节不加强，整个经济的发展将会越来越被动。“七五”计划安排，工业总产值平均每年增长7%，发电量平均每年增长6.4%，货运总量平均每年增长6.2%。在计划执行中，一方面要努力增加电力和原材料生产，扩大运输能力，另一方面要大力降低能源、原材料的消耗，节约运力，力争使能源、交通紧张的状况有所缓和。

第三，努力使消费品工业生产特别是适销对路产品的生产有一个大的增长，以适应人民生活改善的需要，增加市场供应，保持物价基本稳定。随着人民生活的提高，不仅对工业消费品数量的需求越来越大，而且对质量和品种的要求不断提高。这就要求国内的消费品生产在数量和质量方面都有新的发展。计划安排“七五”轻工业生产平均每年增长 7%，与重工业同步增长。对工业消费品特别是适销对路产品的生产，必须继续在银行贷款、外汇使用、能源和原材料供应、运输条件等方面给予优先保证。

第四，把人才培养和科技发展放到战略地位，使教育和科研事业得到进一步发展。“七五”期间，通过普通高等学校和多种形式的成人高等教育培养的各种专门人才比“六五”期间增长一倍；中等专业学校和职业技术学校毕业生增长 1.5 倍。同时，加强对在职干部、工人的培训。逐步实行九年制义务教育。五年内，国家安排的教育事业费将比“六五”期间增长 72%。国家直接安排的基建投资，将比“六五”期间增长一倍以上。各地方也要尽可能多地增加一些教育经费和投资。大力开发和普遍推广有实际效益的科技成果，集中力量组织重大科技课题的攻关。积极开拓新兴技术领域，继续加强应用研究和基础研究。

第五，进一步扩展对外经济技术交流，大力增加出口创汇。现在，生产建设和对外开放的许多问题，转来转去，最后都卡在外汇上。出口创汇上不去，不仅影响国内生产建设的发展，而且影响利用外资的规模。“七五”计划安排，1990 年进出口总额比 1985 年增长 40%~50%。为了保持外汇收支基本平衡，首先要把出口创汇作为一件大事来抓，充分调动各方面特别是出口企业扩大出口的积极性。要在努力扩大出口的同时，严格控制进口用汇额，限制过多地进口消费品和不必要的设备。

第六，进一步改善城乡人民生活，“七五”计划安排，全国城乡居民的平均实际消费水平五年提高 25%左右。适应人民生活水平逐步提高的需要，计划安排，社会商品零售总额“七五”期间平均每年增长 8.5%。对于城乡居民的消费，一要保证逐步有所增长；

二要防止脱离生产发展可能的过快增长；三要既克服平均主义，又防止收入过分悬殊。

二、坚决控制投资规模，合理调整投资结构

在“七五”计划和1986年计划的安排中，一个关键性的问题，是如何恰当地确定投资规模和投资使用方向。紫阳同志多次指出，坚决控制固定资产投资规模，合理调整投资结构，既关系当前经济稳定的全局，又关系今后经济发展的后劲，必须切实解决好。

（一）基本建设投资规模安排要适度

基本建设投资连续两年过度膨胀，这是制定“七五”计划和1986年计划必须引起高度关注的现实。

为了解决国民收入超分配问题，1986、1987两年基本建设投资只能基本上维持1985年调整计划的水平。后三年视条件的可能，投资虽可适当增加，但也不可能增加很多。否则，尾巴翘得太高，“八五”期间也难以承受。现在许多方面对安排的投资都不满足，最根本的原因不是投资安排太少，而是需求过于膨胀。因此，在基本建设方面，不是安排更多的投资来适应和支持过于膨胀的需求，而是要严格地控制需求的增长，使之与国力的可能相适应。

“七五”基建投资总额中，银行基建贷款平均每年安排的款额，基本上维持1985年调整计划的水平。这主要是考虑到现在通货已经过多，“七五”期间应当严格控制货币增发量。同时，在增加的信贷资金中，要适当增加流动资金贷款和更新改造贷款，把生产、流通搞活，努力增加和改善供应。地方、部门和企业每年的自筹投资，是按低于1985年水平安排的。所以这样安排，就是要适当压缩地方、部门、企业的非生产性建设和一般加工工业的建设，

把腾出的资金，一部分集中起来用于能源、交通和原材料建设，大部分引导用于设备更新和技术改造。

应当指出，从我们目前的经济发展水平和国力来看，“七五”计划的基本建设投资安排，已经尽了很大的努力。真正把这笔资金管好用好，是可以办不少事情的。我们的注意力主要不应放在投资规模的进一步扩大上，而应当放到这笔资金的合理使用上，使之发挥更大的效益。各地区、各部门都要从保持宏观经济平衡这个全局出发，在计划规定的“笼子”内进行安排，不要突破。1986 年是“七五”计划的第一年，如果今年的基建投资规模控制不住，将给以后几年经济生活的安排带来很多困难。

（二）工作重点要放在合理调整投资结构上

当前固定资产投资结构存在着严重的不合理状况。就基本建设来说，主要表现在两个方面。

一是能源、交通、原材料等基础工业、基础设施的投资在总投资中所占的比重偏低。现在，有一个比较大的问题，就是许多地方、部门和企业的积极性在于搞周期短、利润高的加工工业，银行贷款也愿意搞“短、平、快”的项目，而对于周期长的能源、交通等基础设施的建设则不愿意搞，都期待国家去建设。在这种状况下，如果不采取必要的措施，国家在能源、交通等基础设施建设方面花的劲再大，也赶不上需要。前两年，尽管国家对能源、交通、原材料的投资有所增加，但能源、交通、原材料的供应越来越紧张，根本原因就在于此。因此，调整投资结构已是当务之急。如果投资结构不改变，既不利于控制投资总规模，又不利于增强经济发展的后劲。一般加工工业的建设过度扩展，势必加重能源、交通、原材料的压力，要求对这些方面追加更多的投资，导致整个投资规模日益膨胀。同时，技术落后的加工工业建设大量发展，而基础工业、基础设施却由于资金不足，得不到应有的加强，重点骨干企业的技术面貌又不能较快地改变，整个国民经济的发展和技术进步就会缺乏强大的基础和支撑。

二是非生产性建设投资，主要是住宅投资比重偏大。从 1953 年至 1980 年，非生产性建设投资占基建投资总额的比重为 21%。“六五”期间，这个比重上升到 42.1%。前几年为了偿还住宅方面的欠债，适当多搞一些住宅建设是完全必要的，但长此下去，将影响经济的持续增长，是难以为继的。

为了解决上述投资结构不合理的状况，必须采取以下的方针和措施：

就基础工业、基础设施与加工工业的关系来说，中央必须把主要力量放在基础设施的建设上。省、市、自治区也要在这方面多花些力量。只要基础设施搞上去了，投资环境改善了，不愁加工工业上不去，也不愁经济增长速度上不去。对于地方和企业资金的使用要加以制约和引导，把其中相当一部分资金引导到基础设施的建设上来，从而也可限制加工工业的盲目发展。就生产性建设与非生产性建设的关系来说，要压缩非生产性建设的投资比重，主要是压缩除必要的旅游设施之外的楼堂馆所的建设规模和适当控制住宅建设规模，以便把更多的资金用于本地区、本部门的生产性建设和业务性建设，使同样的投资规模形成更多的生产能力和事业发展能力。对城市的非生产性建设要作具体分析，哪些项目应当多搞，哪些项目应当少搞，哪些项目不应当搞，要作出规定。对于住宅建设，也要规定投资比例，有个限度，不能无限制地搞。我们将会同城乡建设部研究拟订一些规定，各省、市、自治区也要研究这个问题。

为了保证重点建设，保证电力、煤炭、石化、钢铁、有色五个包干行业的必需投资，除根据国家计划适当利用一些国外贷款之外，还必须采取多种办法在国内筹集一些资金。

1. 提高建筑税的征收比例，由目前的10%提高到20%，并严格按税率征收。或者，从1986年起对集体所有制单位开征10%的能源交通重点建设基金。增收的基金，一半用于补充重点建设投资的不足，一半用于重点技术改造。

2. 对所有建设工程，包括全民、集体和个人进行的建设，开征土地使用税，用于弥补国家重点建设投资的不足。这样做，既可以增加重点建设的资金，控制全社会的固定资产投资规模，又可以促进节约用地。

3. 对某些重大工程的建设，发行一定数量的股票或债券（将制定发行和管理办法）。贴息由政府承担。

4. 从地方财政（少数民族地区除外）每年增加的收入中，区别不同情况，上缴中央10%~30%，用于能源、交通和原材料等重点建设。

5. 请重点建设部门提出一批建设项目，由项目所在地出钱办，或者由中央部门和地方合办，也可以采取横向联系的办法，由几个地方合办。合办的将来可以按投资比例分产品、分利润。这些项目的投资规模，由国家从自筹投资预留的指标中解决。

上述五种办法，特别是前四种办法，都涉及地方、部门的局部利益和近期利益，实现起来难度是很大的。但是从长远考虑、从全局考虑，又必须从地方、部门的自有资金中筹集一部分用于能源、交通和原材料等重点建设。否则，投资缺口就难以弥补，投资结构就难以调整，当前的被动局面就无法扭转。采取哪一种办法比较好，除此之外还有什么好的办法，请大家讨论。

为了在控制投资规模的前提下，调整好投资结构，还有两个问题需要研究解决。

一是银行信贷问题。银行信贷是支持生产建设的重要手段，又是控制投资规模、调整投资结构的重要手段。在目前价格体系尚未理顺的情况下，专业银行应当首先履行贯彻国家政策、进行宏观调节的职能，贷款的方向和规模要服从国家的宏观决策，执行国家的信贷计划和固定资产投资计划。基建贷款指标，暂时还要作为指令性指标。特别是对一些重大项目，必须按照国家计划的规定进行贷款，发生风险由国家承担。在国家计划规定的信贷总额内，应当划出适当的部分，由银行根据国家的政策灵活贷放。这样，可以把微观搞活和宏观控制结合起来。

二是调整消费结构问题。合理调整消费结构，对于减轻能源需求和交通运输的压力，至关重要。改变消费结构，特别是住宅商品化势在必行。要采取适当措施，限制耗能多的家用电器的过快增长。要合理安排旅游宾馆和饭店的建设，多建一些中低档的，并努力提高现有宾馆、饭店的利用率。要大力发展通信事业，加强信息交流，减少不必要的购销人员的外出。严格制止公费旅游，以减轻客运的压力。

（三）坚决清理在建项目，严格控制新上项目

控制投资规模和调整投资结构，最终都要落实在建设项目的合理安排上。当前，建设项目多，许多项目超概算的幅度又很大，这是基本建设工作的致命弱点。它既是造成投资规模膨胀的重要原因，又是导致投资效益差的症结所在。项目过多，投资规模就控制不住，即使一时把年度投资压缩下去了，很快就会又冒上来。项目过多，又势必造成财力物力过于分散，拖长建设周期，提高工程造价。建设项目多了，大家都争抢有限的物资，必然造成一般项目挤重点项目，导致生产资料价格上涨。这对于稳定经济和提高投资效益，都是极为不利的。

现在许多项目不能按合理工期组织施工，就是因为在建项目多了。为什么许多工程工期一拖再拖，大量财力物力被占用在建设过程中，主要原因就是在项目确定以后，资金、物资的供应不能保证按合理工期拨付。“三个人的饭五个人吃”，今年不知明年能给多少钱，明年不知后年给多少钱，饥一顿饱一顿，停停打打。工期拖长，是基本建设中的最大浪费。考虑投资的利息，拖长一年工期，就增加百分之十几的投资。因此缩短工期，是基本建设第一位的经济效益。

现在，应当确定一条原则，凡是新批准开工的大中型项目，就必须保证必要的资金、材料和设备，按合理工期组织施工，而且要一次包死，到期销号，不允许再出现不按合理工期施工的现象。凡是没有条件按合理工期组织施工的项目，都只能作为预备项目。在预备项目之外，要抓好一批进行前期工作的项目，认真做好各项准备工作。对在建项目要进行清理，把那些建设和生产条件不具备、经济效益差、技术工艺落后的项目，或者不必要的重复建设项目，坚决停下来，或者推迟建设，把财力、物力腾出来，用于条件比较好的、国家急需的重点建设项目。经过一个时期的努力，使所有在建的大中型项目都能按合理工期组织施工，保证它们按期建成投产。在这方面，要建立起必要的责任制度，出现问题要有人负责。建设银行对建设资金要参照世界银行那一套办法进行管理。

要建立严格的项目评估审议制度。今后新上的大中型项目的可行性研究报告及大型工程设计，由国家计委委托中国国际工程咨询公司等咨询机构进行评估审议，然后再由国家计委综合评衡，经审查批准后列入年度计划。项目开工前还应提出开工报告，经国家计委批准后正式动工。

必须坚决改变大中型项目敞开口花钱的状况。现在不少项目的投资大大超过概算，有的甚至超过概算一倍到两倍。出现这种情况，除了设计中漏项、增加建设内容、前期工作做得不够、材料设备涨价等因素以外，主要是建设标准随意提高，设计审查不严，施工管理不善，以及乱收费、吃大户等造成的。据全国施工企业协会对日本大成公司承包建设云南鲁布格水电站引水隧道工程情况的调查，该公司从 1984 年第四季度至 1985 年 10 月，用 300 名职工完成 2000 万元工程量，人均产值达 6 万元以上，月进尺比我国同类工程快一倍多，平均劳动效率比当地装备水平差不多的水电 14 局高五倍，主要材料消耗比 14 局低 30%~50%。这个材料说明，基本建设中节约投资的潜力是非常大的。“七五”期间，要对基本建设管理体制实行进一步改革，充实、改进各种形式的投资包干制和承包责任制，推行厂址选择招标的办法，并改革设计管理体制。同时，要通过立法手段，明确规定各类取费标准，坚决刹住向国家重点工程乱收费、乱摊派的歪风。还要整顿和健全基本建设的各项标准、规范和定额，为设计、施工提供科学的依据，为加强投资核算、检查监督工程的建设提供合理的尺度。

（四）把更新改造投资真正用于企业的技术改造，促进技术进步

提高现有企业的技术水平，不仅是实现“七五”计划的重要基础，也是保证二十世纪九十年代以至更长时期经济持续发展的重要条件。中央关于制定“七五”计划的建议中明确指出，必须坚决把建设重点切实转到现有企业的技术改造和改建扩建上来，走内涵型为主的扩大再生产的路子。当前，更新改造投资不能适应企业技术改造的需要，而现有的更新改造投资中又有相当一部分被用去搞基本建设。即使是用于更新改造的投资，真正用于以先进技术改造企业的数量很少。这种状况，一方面使基本建设规模难以控制，另一方面又导致现有企业设备陈旧、技术落后。采取有力措施改变这种状况，是当前合理调整投资结构的一个重要方面。

1．通过调减企业调节税和提高折旧率，增加用于企业技术改造的资金。

2．更新改造投资必须真正用于设备更新和技术改造，不得用于基本建设，由银行进行严格监督。

3．企业技术改造的重点，要放在提高产品质量和性能、扩大品种、降低能源原材料消耗，以及增强出口创汇能力和增产适销对路产品上。不要在原有的技术基础上扩大生产能力，特别要严格限制扩大长线产品和耗能高、技术落后的产品的生产能力。

4．更新改造资金的使用要适当集中，首先把那些关系全局的重点骨干企业改造好，并使机械电子工业的技术改造先行一步。

（五）加强对城乡集体单位和个体投资的管理和引导

随着多种经济成分和多种经营方式的发展，城乡集体单位和个体的投资越来越多。这是搞活经济的结果，是扩大社会再生产的一支重要力量。这几年，城乡集体和个体投资每年有700多亿元，占全社会固定资产投资总额的近三分之一。加强对这部分投资的管理和对其使用方向的正确引导，是控制全社会固定资产投资规模的一个重要方面。这是计划工作面临的一个新问题。我们还缺乏这方面的经验，需要认真地加以探索。

这次计划会议的任务很重，需要讨论的问题很多，希望大家集中精力，抓住重点，深入研究一些关系全局的重大政策性问题，提出切实可行的建议，把“七五”计划和 1986 年计划编好。

对投资体制改革的回顾与思考

（中国社会科学院经济研究所宏观经济管理课题组，

《经济研究》，1987 年 05 期）

党的十一届三中全会以来，我国对固定资产投资管理体制作了若干改革，打破了过去高度集中的一统局面，形成了多种渠道筹资、多元主体投资的新格局，在培育具有活力的投资机制方面跨出了一大步，取得了初步成效。但是，投资机制发生变化，宏观控制的难度加大。目前宏观调控的效果仍不尽如人意，投资规模过大的问题没有解决。因此，在对投资体制改革的经验教训进行总结时，应对投资膨胀问题给予特别的重视。

投资分配和产业结构

（史正富，《经济研究》，1986 年 03 期）

本文就产业结构的形成与变化做出解释。其次，从政府投资结构选择的角度，提出“科尔奈假设”的两个问题，一是如何估计国家在产业结构决策上的能动性，二是各部门的相对短缺强度被计划机构确认的方式。最后，阐释了企业分散投资的方向，揭示了很多因素可能造成各部门进入壁垒的差别，例如，技术水平的要求高和人才缺乏流动性，形成生产能力的投资最低限额上升，市场分割与物资供应的双重渠道。此外，本文强调企业的眼界不仅受企业投资规模影响，也和企业内部结构有关，当然，企业的生成方式和产业组织也是重要因素之一。

深化投资体制改革的理论思考及对策

（谭兴民，《改革》，1989 年 03 期）

我国的经济体制改革已经走过了 10 年的历程，在这期间，我们对经济体制重要的组成部分——投资体制进行了大胆改革，取得了一定的成绩，促进了旧体制的瓦解。然而，新的矛盾与问题，使人们感到困惑。本文对我国投资体制改革 10 年的实践进行了一次认真的反思，试图从理论上探讨其成败的根源，并以此为基础来研究投资体制改革深化的近中期对策。

继续实施稳健的宏观经济政策

（张卓元，《经济研究》，1992 年 01 期）

1979 年以来我国社会主义现代化建设的经验表明，要使我国经济迅速而健康发展，必须处理好发展和改革的关系，使之互相协调，互相促进。在经济发展方面，要实施稳健的宏观经济政策。这种政策不但有利于经济在稳定中协调发展，避免大起大落，而且可以为经济改革和使经济转入良性循环创造比较宽松的环境。另一方面，要充分抓住目前宏观经济稳定、总量大体平衡的有利时机，继续积极推进经济体制改革，作为经济发展的强大动力。而深化改革仍应继续坚持以市场为取向，逐步扩大市场机制的作用，扩大市场调节的范围和比重，使整个国民经济既有计划指导和宏观控制，又充满生机和活力，顺利发展。当然，在宏观经济政策上要谨慎，特别是信贷和货币投放要谨慎，组织好储蓄，防止通货膨胀的反弹，以便继续保持经济的稳定，在稳定中求增长。

两种改革成本与两种改革方式

（樊纲，《经济研究》，1993 年 01 期）

体制变革的方式问题，是当前制度经济分析和“过渡经济学”的一个焦点问题，吸引着世界上一大批经济学家的研究兴趣。两种基本的改革方式，即“激进式改革”（“休克疗法”）和“渐进式改革”，究竟孰优孰劣？不同的国家为什么走上了不同的道路？如何解释不同的改革方式所面临的特殊问题？无疑，这些都是摆在经济学家面前的重要理论任务。改革方式的问题，可以从许多不同的角度进行分析，各种分析所得出的结论，可能相互支持，也可能相互校正。本文力图提供的理论分析的特殊角度是：体制变革的成本是可以进一步划分的，而不同的改革成本与改革方式、改革的“激进程度”的关系是不同的，若仅从某一种改革成本的角度看，“渐进式改革”总是“次优的”，而若从另一种改革成本，如对改革的“阻力”所引起的社会成本看问题，那么“渐进式改革”本身在一定的条件下就可能是“最优的”。

适应社会主义市场经济要求 加快固定资产投资体制改革

（郑新立，《学习与研究》，1993 年 23 期）

固定资产投资体制关系到资源的配置方式，决定着社会扩大再生产的规模、结构和效益。为了发挥市场在资源配置中的基础性作用，实现我国国民经济的持续快速健康发展，必须加快建立适应社会主义市场经济要求的投资体制。

一、建立投资的激励和风险约束机制

多年以来，我国投资领域存在着两个老大难问题。一是投资“饥饿症”导致反复出现投资总规模过大，成为总需求膨胀以至周期性经济波动的重要原因；二是投资结构不合理造成国民经济发展的瓶颈制约加剧，降低了宏观经济效益。两个问题的根源在于：传统计划体制下投资的权责脱节和资金供应上的大锅饭。经验证明，解决这些老大难问题，必须依靠市场经济机制，即建立投资的激励机制和风险约束机制。

投资激励机制即保证投资者收益和以行业平均资金利润率引导投资方向的机制。在市场经济条件下，生产要素向价格较高的行业和地区流动，实现资源的配置。由于受价值规律和供求规律的影响，生产要素价格较高的地方，要么是短线行业，要么是竞争能力比较强的企业。资本和其他各生产要素按照追求最大利润的原则流

向这些地方，也就达到了资源优化配置的目的。所以，调整产业结构的动力来自利益的驱动。我国国民经济中长期形成的短线和长线行业，究其根源是价格问题。旧体制下的价格管理制度，把基础产业和基础设施的产品和服务价格定得过低，以至交通、通信和能源行业的投资不能收回，简单再生产难以维持，扩大再生产的投资严重不足，因而这些行业得不到应有的发展。相反，加工工业产品的价格定得偏高，以至造成生产能力过剩和严重的重复建设。为了有效地调整产业结构，建立能够把资金引向短线行业的激励机制，必须形成由市场决定价格的机制。要加快价格调整的步伐。在原有价格没有理顺之前，应允许新形成的生产能力实行市场价格。同时要保证谁投资，谁受益，以广泛吸收社会资金。

投资风险约束机制即投资者对投资资金的回收和债务的偿还承担全部责任，银行对投资贷款承担风险责任的机制。在传统体制下，投资决策大部分由政府作出，投资的回收实际上无人负责，造成各地区争上项目，投资规模难以控制，投资失误屡屡出现。只有建立投资风险约束机制，实行谁投资，谁决策，谁承担风险，才能清除投资膨胀的根源。因此，所有建设项目都应由具有承担风险能力的企业法人负责建设的全过程。新建项目应尽可能依托现有企业进行。要进一步落实企业的投资自主权。对重大项目，应当经过国家批准立项，即审批项目建议书。而投资的决策权，包括项目可行性研究报告和初步设计的论证和决策，则应当由企业自主决定。企业如因决策失误或管理不善造成无还债能力的，银行有权依法取得抵押资产，或由担保人负责偿还债务。合资建设的项目应当积极推行法人持股的股份制形式。凡不同投资方合资建设的新建、扩建项目，都应创造条件，组建符合条件的有限责任公司或股份有限公司，各投资方按入股比例分利润。

二、按照项目特点实行不同投资方式

从我国的实际情况出发，并根据国外经验，应按照项目的不同特点和投资主体，把固定资产投资大体分为竞争性项目、基础性项目和公益性项目三类，实行不同的投资方式。

竞争性项目主要是指该项目所属行业的投资资金利润率达到或高于社会平均水平，市场调节比较灵敏，行业内具有国际竞争能力的企业集团已经形成。对这类行业的投资项目，应当交给市场，由企业自主决策、展开竞争，政府逐步从中退出。企业投资除运用自有资金外，所需贷款由企业向银行申请，由商业银行自主决定，自担风险。企业和银行可以双向选择。大型项目应由几家银行组成银团共同贷款，申请贷款的企业必须有一定的资本金，经过资信评估，并要有资产抵押和风险担保。

基础性项目主要包括具有自然垄断性、建设周期长、投资量大的基础设施，以及需要政府扶持的基础工业、支柱产业中的重大项目。今后一段时期内，基础性项目的投资仍属于政策性投融资。有些应由政府为主，联合企业共同投资。要开辟基础性项目的投融资渠道。根据中央与地方财权、事权的划分，合理确定各自负责的基础设施建设的范围。国家重大建设项目或重点支持的项目，由国家计划提出备选项目，国家长期开发信用银行等政策性银行落实建设资金，通过财政投融资和发行金融债券等渠道筹资。还可以通过国有资产存量的调整，抽出一部分资金用于基础性项目建设。这类建设项目都要建立企业法人的风险约束机制。

公益性项目主要包括教育、文化、卫生、体育、环保和政府机关、国防建设等。其投资主要由政府从财政资金中拨付。应调动社会各方面的积极性，广泛吸收社会资金兴办。对一些营利性的社会公益性项目，也要推行企业法人责任制。

三、健全投资的宏观调控体系

在向市场经济转轨的过程中，应加强和改善对投资总规模的调控。应当从建设资金源头入手，通过对资金供应量的调节，使投资总规模保持在合理的范围之内。国家应合理确定和控制银行投资贷款、债券和股票发行总规模。强化银行资产负债比例管理。对各种集资要规范化、法制化。应严禁用银行拆借资金发放固定资产投资贷款、搞固定资产投资、购买有价证券以及向企业和房地产开发投资参股。中央银行对各专业银行、商业银行和非银行金融机构应当加强监督。国家根据合理的经济增长率和投资率等经济参数，继续编制中长期和年度固定资产投资总量指标。应学会用利率等经济杠杆调节投资规模。当投资规模过大时，适当提高贷款利率，以提高投资成本，降低投资欲望。还可以运用控制土地使用权出让和税收政策，调节全社会投资规模。

应当加强对投资结构的调整，健全以国家产业政策为主的政策体系。运用产业政策加快现代化建设。对于后发展国家来说尤其必要。产业政策的任务，是通过引导产业间、企业间和地区间的生产要素合理流动，实现产业结构的整体优化，提高宏观经济效益，增强产业的国际竞争力。产业政策包括产业结构政策、产业组织政策、产业技术政策和产业布局政策。制定产业政策应当着眼于加强国民经济的薄弱环节，振兴支柱产业。通过贯彻实施产业政策，推广适用技术，加快产业技术的现代化，制定和完善区域经济规划。

应当强化产业政策的实施保障政策。主要运用财税、金融和法律手段保证产业政策的实施。

四、建立投资咨询、服务体系

为了适应投资体制改革的要求，必须做一系列基础性工作，建立为投资者服务的市场中介机构。应当建立国家重大建设项目备选项目库，搞好项目的科学论证。尽快建立项目登记备案制度与项目的法人风险责任相配套，需要建立为投资者服务的咨询、设计、审计、工程监理等市场中介机构，并要使这些机构实行企业化经营，独立开展业务，互相展开竞争，避免行政干预，以保证各项咨询、服务的公正性和客观性。政府要加强对这些机构的监督和引导，建立企业资信评级制度。各个行业都应建立行业自律性组织，制定有关规章，规范服务行为。应当全面推行招标投资制，形成完善的投资服务市场。要加快投资立法工作，抓紧制定《固定资产投资法》，把投资活动纳入规范化、法制化轨道。

固定资产投资体制改革

（郑新立，《生产力研究》，1994 年 06 期）

固定资产投资体制决定着社会扩大再生产过程中资源配置的方式。随着由计划经济转向社会主义市场经济，资源的配置方式由过去政府直接配置为主转变为在国家宏观调控下发挥市场配置资源的基础性作用，投资体制必然要进行根本性改革。党的十四届三中全会通过的《中共中央关于建立社会主义市场经济体制若干问题的决定》提出，逐步建立法人投资和银行信贷的风险责任，把固定资产投资分为竞争性项目、基础性项目和公益性项目三类，分别实行不同的管理方式，为建立适应市场经济要求的投资体制指出了明确的方向。

投资体制改革的主要内容

（桂世镛，《价格理论与实践》，1994 年 07 期）

进一步深化计划、投资改革是建立具有中国特色社会主义市场经济体制的重要组成部分，是实现中国在 20 世纪末达到小康水平、21 世纪中叶基本实现现代化的重要保证。投资体制改革的主要内容有以下几个方面，一是强化投资风险约束机制，建立法人投资和银行信贷的风险责任；二是改革投融资方式；三是加强投资总量和投资结构的宏观调控；四是建立中央政策性投融资体系，组建国家开发银行；五是加快发展为投资建设服务的市场体系和加强立法工作。

深化投资体制改革的目标

（刘隽亭，《财政》，1996 年 08 期）

我国的投资体制改革已进行多年，其呈现出的基本态势是：中央政府高度集权体制已经被打破，但国家与企业、中央与地方的投资范围尚不清晰，投资主体缺乏自我约束机制，地方政府的相对独立性和对特殊利益的追求，导致其投资行为的亢奋和扭曲，致使各地区产业结构趋同化、投资项目小型化、轻型化，规模效益下降。因此，研究这些问题，寻求进一步深化投资体制改革的目标，对产业结构调整有着重大意义。

投资制度变迁与投资结构优化

（刘俊霞，《中南财经大学学报》，1998 年 03 期）

投资制度是支配投资领域经济行为模式和经济利益关系的行为规则。在不同的投资制度下，由于产权界定、投资决策主体和资源协调方式不同，投资结构调整变动的激励机制、导向、轨道及效益也就不同。本文在分析投资制度及其变迁的原因、投资结构优化的条件及其前提的基础上，透过投资制度对投资主体行为动机和行为环境的影响，详细阐述了制定投资制度时投资结构的影响。

深化投资体制改革若干问题研究

（林森木，《宏观经济管理》，1998 年 05 期）

深化投资体制改革的关键是政企分开，我国的投资体制改革起步较早，经过十几年探索，初步形成投资主体多元化、投资决策分散化、资金来源多渠道、投资方式多样化和项目建设市场化的格局。但在公有投资活动中，政企不分，按照行政指令办事的状况，还没有发生根本性变化。政府投资要与国有企业投资分开，政府退出盈利性投资领域，政府投资与国有企业投资分开，实质上是非盈利性投资与盈利性投资分开，前者主要是政府行为，后者则是企业行为。

政府行政管理职能要和国有资本经营管理职能分开，投资项目审批制改为投资项目登记备案制。国有资本所有者职能要和出资者（资本经营主体）职能分开，企业法人成为国有资本投资主体。政策性金融要与商业性金融分开，完善间接融资机制。一方面，要发展信贷市场；另一方面，要完善政策性融资体制。全社会投资管理要以计划为龙头、法律为依据。计划要在宏观调控中起龙头作用，充分发挥大城市在宏观调控中的作用，建立投资决策和管理信息系统，用法律手段规范投资行为和投资管理。

深化计划、投资体制改革的主要任务

（桂世镛，《宏观经济管理》，1998 年 11 期）

党的十五大为我国的改革和发展制定了跨世界的战略。我国经济体制改革进入了全面建立比较完善的社会主义市场经济体制的攻坚决胜阶段。与此相应，计划、投资体制改革也面临着进一步深化的新任务。

首先，从总体上探索建立以指导性为主的计划体制模式。其次，进一步改革投资管理方式，规范投资项目的分类，清理各投资主体的职责范围。非经营性项目（公益性项目）主要包括科技、教育、卫生、体育、环保、行政和国防等方面的投资项目，主要由政府机构或某些社会团体充当投资主体并筹资建设。竞争性项目应由企业承担投资主体。资金来源主要是通过企业向银行申请贷款，或进入资本市场直接筹资。再次，要加快培育投融资领域的市场机制，促使投资市场主体的形成，积极发展资本市场，扩大直接投融资的比重和渠道。最后，深化价格、财税、金融等配套改革。尽快理顺基础产业的价格体系，使基础产业的企业能够走向市场；加强财税体制改革，力争使财政收入占国内生产总值比重上升到合适的比例；深化金融体制改革，建立稳健、高效的商业银行、政策银行体制，完善间接投融资体制。

关于政府和市场在资源配置中的作用

（刘国光，《当代经济研究》，2014 年 03 期）

经济建设为意识形态工作创造物质基础，只有经济建设这个中心工作做好了，意识形态工作才会有坚实的物质基础；反过来，意识形态工作可以为经济建设这个中心工作保驾护航，保证经济建设持续、快速、健康发展。对“经右政左”的说法要辩证分析，要有清醒的认识，千万不能大意。社会主义市场经济的改革方向，本身就是经济和政治的统一。我们的改革要建立的是“社会主义市场经济”，不是单纯的市场经济。市场在资源配置中起决定性作用，不是不要国家在宏观层面上的调控和计划，而是要充分发挥市场在微观层次上对资源配置的决定性作用。这是市场经济的一般规律。建立社会主义市场经济体制，要尊重市场价值规律，但是不能丢掉公有制下有计划按比例发展的规律。

认真贯彻《政府投资条例》 依法更好发挥政府投资作用

（何立峰，《宏观经济管理》，2019 年 05 期）

近日，国务院颁布了《政府投资条例》（国务院令 712 号），决定于 2019 年 7 月 1 日起正式施行。《条例》是我国关于政府投资管理的第一部行政法规，也是投资建设领域的基本法规制度，标志着全面规范政府投资管理迈出了具有重要意义的一步。

一、出台《条例》是推动政府投资法治建设的重大举措

政府投资作为一项重要政府职能，事关经济社会发展全局，既是实施宏观调控、落实国家发展战略的重要手段，也是引导和带动社会资本扩大有效投资的有力抓手。随着中国特色社会主义进入新时代，以习近平同志为核心的党中央对我国社会主要矛盾的变化作出新的重大政治论断，对贯彻新发展理念、推动高质量发展、建设现代化经济体系、深化供给侧结构性改革作出重大决策部署。新形势下，政府投资必须正确把握功能定位，更好发挥在稳增长、促改革、调结构、惠民生、防风险、保稳定以及补齐发展短板、优化供给结构、增强发展后劲等方面的关键作用。这需要全面加强和改进政府投资管理，以科学规范的体制、机制和制度，有效保障其作用的发挥。

加强和改进政府投资管理，必须运用法治思维和法治方式。长期以来我国政府投资领域主要依据规范性文件、部门规章和地方相关规定进行管理，权威性不足、指导性不够、约束性不强，不仅难以适应政府投资管理的新需要，也不符合深化依法治国实践、加快建设法治政府的新要求。《条例》的颁布，实现了我国政府投资法

治建设的重大突破。《条例》全面贯彻习近平新时代中国特色社会主义思想和党的十九大精神，充分体现了党中央、国务院关于深化投融资体制改革和“放管服”改革的要求，科学总结了我国政府投资实践经验，围绕贯彻新发展理念、正确处理政府和市场关系、加强补短板和防风险等进行了有针对性的制度设计，对政府投资管理的关键环节确立了基本规范。这一立法成果，为更好发挥政府投资作用提供了法治保障。

二、《条例》将政府投资管理制度化、规范化、法定化

（一）明确约束政府投资范围，为充分发挥市场作用配置资源、激发社会投资活力创造条件。

经济体制改革的核心问题是处理好政府和市场的关系。习近平总书记指出，“市场配置资源是最有效率的形式。市场决定资源配置是市场经济的一般规律，市场经济本质上就是市场决定资源配置的经济”。党的十八大以来，我国投融资体制改革持续深化，推进要素配置市场化、落实企业投资主体地位成效显著。近年来企业投资约占全社会固定资产投资总额的95%，民间投资占比保持在60%以上。

《条例》着眼于巩固改革成果和为深化改革提供法治依据。一是明确政府投资资金主要投向现阶段市场还不能有效配置资源的领域；二是发挥政府投资资金的引导和带动作用，鼓励社会资金投向公共领域项目；三是安排政府投资资金应当平等对待各类投资主体。这一系列制度设计，就是着眼于正确处理政府和市场的关系，要求政府投资不能越位，牢牢把握“有所不为”的边界，为市场主体让渡乃至创造投资机会，更不能与市场主体争利。为了能不断激

发社会投资活力，政府投资的基本作用主要应当体现在为企业投资创造必要的基础设施和外部环境条件上。对于发展需要但成本和风险较高、盈利能力不足的公益性领域，政府投资要带动社会投资，发挥其成本风险共担、市场效率高的优势。

（二）严格界定政府投资方向，为贯彻高质量发展要求、发挥政府投资补短板作用提供基本遵循。

党的十九大报告指出，“中国特色社会主义进入新时代，我国社会主要矛盾已经转化为人民日益增长的美好生活需要和不平衡不充分的发展之间的矛盾”。着力解决好发展不平衡不充分问题，必须把提高供给体系质量作为主攻方向。对标新发展理念，我国现阶段投资需求潜力仍然巨大，并对投资方向和结构提出更高要求。

《条例》紧扣时代主题，将党中央关于补短板、防风险等促进高质量发展的要求转化为法律制度。一是要求政府投资要聚焦社会公益服务、公共基础设施、农业农村、生态环境保护、重大科技进步、社会管理、国家安全等领域。二是要求建立政府投资范围定期评估调整机制，以促进政府投资方向和结构的优化。三是强调对防范风险、促进健康可持续发展的刚性约束，明确要求加强预算约束，不得通过违法违规举借债务筹措政府投资资金。这些制度设计，就是要在“有所为”上体现政府投资在新时代的功能价值，发挥好政府投资对提高基础设施供给能力、优化基础设施供给结构等促进高质量发展中的作用，促进经济平稳健康可持续发展，满足人民日益增长的美好生活需要。

（三）完善政府投资管理体制和管理方式，依法理顺管理职责、提升管理能力。

党的十九大报告将建设法治政府作为深化依法治国实践的重点

内容。《法治政府建设实施纲要（2015—2020 年）》明确提出，到 2020 年基本建成法治政府。

《条例》的制定适应了新时代建设法治政府的要求。其在内容上有两大特点，即它关注的是政府投资的关键环节、确立的是基本的制度规范，既有遵循又避免烦琐，既满足政府投资管理中建设法治政府的客观需要，又避免与其他相关法律法规相矛盾。一是理顺政府投资管理体制，明确规定国务院投资主管部门履行政府投资综合管理职责，国务院其他相关部门依照规定的职责分工履行相应的政府投资管理职责。二是确立了政府投资资金的基本管理方式，即直接投资、资本金注入、投资补助、贴息等，并规定了按项目安排的原则和相应的程序。三是规范了政府投资和预算的关系，明确规定政府投资年度计划应当和本级预算相衔接，财政部门应当根据经批准的预算及时、足额办理政府投资资金拨付。这些制度设计，实现了政府投资职能、权限、程序、责任法定化。

（四）严格项目和资金规范化管理，强化政府投资管理刚性约束。

政府投资作用的发挥，必须落实到每一个项目、每一笔资金的效益上。政府投资主要投向关乎国计民生的基础设施和公益民生领域，一般投资规模大、协作因素多、建设条件复杂，既需要严格按规律、程序办事，又必须完善管理、落实责任。

《条例》坚持问题导向，总结经验教训，对项目和资金管理从严从细作出规定。一是立足科学决策，统一规范政府投资项目的审批程序，并明确规定审批重大政府投资项目应当履行咨询评估、公众参与、专家评议、风险评估等程序。二是立足提高效率，落实“放管服”改革要求，明确可以简化审批程序的项目范围以及利用技术手段优化审批流程。三是立足资金统筹规范安排，明确政府投资年度计划是对资金按年度落实到项目的基本方式，是全流程管理的关键抓手。四是立足投资控制和厉行节约，加强对投资概算的刚性约束。五是立足全周期管理，强化事中事后监管措施。六是立足权责一致，详细规定了违法违规情形和法律责任。

（五）突出重点、统筹兼顾，为推进改革、深化实践提供方向和空间。

在高质量发展阶段，对政府投资的要求不是单维度的，而是涉及我国治理体系的方方面面，涉及必要和可能、当前和长远、质量和速度、刚性需求和约束条件等各种复杂的关系，也涉及建设发展、其他公共资源配置、公共安全管理等各有关部门复杂的职能行使。

《条例》以规范政府投资为主线、统筹兼顾各个方面。一是兼顾发展需要和条件，明确要求依据国民经济和社会发展规划、中期财政规划和国家宏观调控政策，统筹安排政府投资。二是衔接各方改革和管理，明确规定政府投资管理应当符合推进中央与地方财政事权和支出责任划分改革的要求，并与建设工程质量管理、安全生产等公共管理事项衔接。三是删繁就简，着眼于对政府投资的普遍约束性和明文所不及的行政裁量领域的普遍指导性。这种制度设计既立足当前，又为今后制度细节的延伸留下了空间。比如《条例》规定的统筹安排使用政府投资资金、国务院投资主管部门和其他有关部门的决策职责划分等还需要进一步配套相关制度。实践中要把握《条例》“可以做、应当做、禁止做”层次分明的立法特色，在遵循基本规范的前提下继续深化改革。

三、有力有序有效推动《条例》落到实处

习近平总书记强调，“全面推进依法治国的重点应该是保证法

律严格实施”。当前和今后一段时期，我们要把学习好、宣传好、贯彻好、执行好《条例》作为一项重大而紧迫的任务，全面提高依法加强政府投资工作的水平。

（一）认真做好《条例》的学习和普法工作。

深入学习、全面理解《条例》的立法目的、基本要求和各项具体规定，增强投资管理法治意识，自觉把《条例》的各项制度规范作为从事政府投资工作的行为准则。发展改革部门作为投资主管部门，要全面掌握法规要求，不断提高依法履职能力。广泛开展普法宣传，引导社会公众知法用法，依法支持国家建设、依法开展社会监督、依法表达诉求建议、依法维护自身权益。

（二）加强《条例》的配套制度建设。

《条例》作为我国政府投资管理领域的第一部行政法规，其所规范和调整的政府投资领域非常复杂，在与已有各项法律法规的衔接中工作难度很大，其制定和实施又处于我国全面深化改革的重要时期，因此它对符合改革方向又难以一刀切的问题仅作了原则性规定，对有些操作和执行层面的细节问题也还没有作出具体规定。这就需要根据《条例》确定的基本原则、基本要求及其授权，继续完善相关规章制度，为投资法治建设创造实践基础。

（三）以贯彻《条例》为契机推进投融资体制改革工作。

以《条例》为依据进一步完善政府投资体制，是当前和今后深化投融资体制改革的重要任务。我们要协调推进《条例》的贯彻实施和政府投资体制改革，围绕优化投资结构、完善投资方式、规范项目管理、推进政府和社会资本合作以及审批制度改革等方面不断深入探索创新，加强宏观调控、统筹衔接和服务监管，不断提高政府投资管理水平。

郑新立：我在国家计委的 13 年（1987—2000 年）（节选）

（郑新立，《中国经济时报》，2013 年 9 月 11 日）

1987 年底，郑新立从中央书记处研究室分配到国家计委工作，先到国家计委下属的国家信息中心干了两年，1989 年 12 月，到国家计委政策研究室，先后任副主任、主任，兼副秘书长、新闻发言人，直到 2000 年 6 月调到中共中央政策研究室。屈指算来，郑新立在国家计委整整度过了 13 个春秋，而这 13 年正是我国改革开放进程中最为激荡起伏的年代。

郑新立十分幸运地见证了这一历史过程。

国家计委是国务院的一个综合性经济部门，研究的都是国民经济运行中一些重大、紧迫的问题。政策研究室在国家计委又是一个综合部门，其职能就是要把国家计委各个部门对重大问题的意见归纳起来，形成国家计委上报国务院的报告和对国务院下级部门的一些文件。

郑新立就是这些报告和文件的主要起草人之一。

在国家计委工作的 13 年间，郑新立前后经历了三任计委主任——邹家华、陈锦华、曾培炎。他的主要职责就是起草文件，用他自己的话说，即“给计委主任写讲话稿和计委的一些重要文件”，包括“八五”计划、“九五”计划、“十五”计划、“十一五”计划的文件起草。

“这 13 年，我在认识中国宏观经济运行的规律、一些重大矛盾应当怎样分析和处理上，开阔了眼界、增长了见识。”郑新立说。

俗话讲，“计委办公会上研究的问题都是国民经济中焦头烂额的问题”。不是很急的问题拿不到计委办公会上研究。郑新立在三位国家计委主任身边工作的13年，究竟解决了怎样“焦头烂额的问题”？

一、邹家华时期（1989.12—1993.03）：下放权限

在国家信息中心工作两年后，1989年底，郑新立调到国家计委政策研究室，此时，邹家华接任国家计委主任一职。邹家华掌舵计委的3年多时间里，核心的改革就是“下放权力”，重塑计划体系。

（中略）

郑新立回忆说：“那时的下放是真正的下放。在这之前，所有的扩大再生产都是由国家计委来管的，包括地方政府都没有投资权限，甚至工厂里盖个厕所也要报上来批，机器设备的更新、车间的改造也需要报国家来审批。至于大的项目更是要国家来批，权力是高度集中的。”

从邹家华开始，一批批不断地下放行政审批权限。最初是下放投资总额较小的项目，从几千万元以下下放到省级审批，后来提高到几亿元以下，最后放权放到由国家审批的项目集中到关系国家经济命脉和国计民生的重大的基础设施和骨干项目上，其余项目的审批基本都下放到省和计划单列市。

郑新立说：“下放投资权限对调动各级地方政府的积极性、调动企业投资的积极性起了非常重要的作用。”

“过去重要物资如钢材、煤炭等也是由国家统一分配，20世纪90年代开始也逐步地减少国家统一分配、计划管理的物资的数量。邹家华主持国家计委工作时期，只留下少量发电的煤炭、石油等重要资源由国家来分配，其他重要的物资如钢铁等，基本上全都

交给了市场。”

“新的计划体系包括中长期规划、年度宏观调控目标以及专项规划相结合的计划体系，这样我国计划体系逐渐完整了。”

这一时期的市场化改革还有一项，就是价格改革。此前，我国推行了价格双轨制。发轫于1979年的工业生产资料价格双轨制，开始了市场定价的改革探索。1981年，国务院批准对超过基数生产的原油，按国际市场价格出口。1983年，批准对石油、煤炭超产部分实行加价出售，1984年扩大到绝大多数工业生产资料。1988年，对主要工业生产资料规定了最高限价。双轨制包括国家定价和市场调节价，是中国特色的向市场经济过渡的价格管理制度，这一实验性改革促成了最终由市场配置资源的市场经济体制基本脉络，其后，价格改革指向由双轨制走向主要由市场决定价格。“这对于建立社会主义市场经济体制来讲，是最核心的一个改革。一直到后来我们价格放开的程度甚至超过了一些发达的市场经济国家，做到90%以上的商品价格都是由市场来决定的。”郑新立说。

价格改革，恰逢其时。郑新立回忆说，“1993年，中央召开了十四大，提出建立社会主义市场经济体制，在贯彻落实中，小平同志提出‘资本主义国家也有计划，社会主义国家也应该有市场，计划和市场不是社会主义和资本主义的区别’。小平同志还讲，‘实践证明，计划经济体制阻碍了生产力的发展，我们搞社会主义市场经济，计划和市场两种手段都要用。’在小平同志讲话精神的指引下，国家整个改革的大的氛围形成了。十四大做出建立社会主义市场经济体制的决定之后，紧接着召开了十四届三中全会，又做出了《关于建立社会主义市场经济体制若干问题的决定》，当时我参加了《决定》的起草工作。（注：当时的工作班子里只有郑新立和张卓元连续参与了三个最重要的改革文件即十四届三中全会《关于建立社会主义市场经济体制若干问题的决定》、十六届三中全会《关于完善社会主义市场经济体制若干问题的决定》和即将召开的十八届三中全会相关文件的起草工作。）十四届三中全会把建立社会主义市场经济体制的框架基本确立下来，在此框架指引下我们进行改革，下放计划权限和投资权限就是改革的主要内容。”

（中略）

其间，国家成立了六大投资公司——能源、交通、农业、林业、电力（火电、水电）、原材料（钢铁、化工），代行国家计委的投资责任。后来又合并成一个投资公司，就是现在的国家投资公司。

1994 年 3 月，成立了国家开发银行，是直属国务院的政策性金融机构。“成立开发银行的第一个改革草案是我在第一任国开行行长姚振炎的指导下起草的。”郑新立介绍，国投公司和国开行的成立把过去完全由政府拨款、政府审批项目的投资体制转变为由市场决定的投资体制。国家的一些重大建设项目，如电力、煤炭都由国家投资公司来承担。

“下放投资管理权限对于增强市场活力起了很重要的作用。一直到现在，我们的一些审批项目还在进一步下放，但是真正的大批下放是在十四届三中全会做出关于建立社会主义市场经济体制的决定之后。”郑新立说。

在当时，下放投资管理权限可看作是对计划体制的改革，即改革原来的以直接计划为主的体制，建立新型的计划体系，包括宏观经济调控体系，这是一个重大变化。郑新立说，新的计划体系包括建立中长期规划、年度宏观调控目标，后来到曾培炎时期又增加了一个专项规划，形成了一个中长期规划、年度宏观调控目标（年度计划）以及专项规划相结合的计划体系，这样我国计划体系逐渐完整了。中长期规划提出重大战略目标和战略举措，五年搞一次，五年规划同时展望十年；年度计划就是确定八大调控指标，包括经济增长速度、投资规模、财政收支、信贷总额、物价、就业、进出口和国际收支。这八大调控指标有些是互相矛盾的，通过综合平衡，确定一个各方都能接受的方案，最终形成共识。然后经过全国人大讨论、批准，由计划、财税、金融等职能部门围绕这八大调控目标来进行调控。这样，各个方面的调控杠杆形成了合力。以往，计划规定是钢产量多少、粮食产量多少、汽车产量多少，这样一改，就由过去指令性、数量性的计划变成宏观调控的计划。这使我们国家的计划能够有序地由计划经济体制转化成市场经济体制。

毫无疑问，改革将触动一部分人的权利，特别是对于国家计委这个“大拿”，拥权自重的政府官员们会有怎样的反应？

郑新立没有回避这个棘手的提问：“我参与了这个改革的过程。每次下放权限的时候，应当说，大家并没有因为失去权力而感到失落，普遍认为是大势所趋。我觉得国家计委的这些干部，包括一些参加工作就在计委工作了几十年的干部，总体上来讲，都是识大局、能够与党中央保持一致的，认为这种改革是势在必行，没有说削弱到我的权力了，就进行权力博弈。大家确实感到这么多项目集中到计委来批力不从心、也干不好，把它放下去更好。”

“我们更多的是吸取了国外的经验，80 年代学日本，90 年代学德国、美国，另外还有一些小国家发展得也很好。”

20 世纪 80 年代末 90 年代初，我们刚刚确立了社会主义市场经济的改革方向，与完善的市场经济体系还有相当大的距离，甚至可以说，我们刚刚下水，刚刚开始“摸着石头过河”，我们的过河工具是什么？路径选择又是怎样？抵御狂风恶浪的办法在哪里？一切未知。

“在这一期间，我们更多的是吸取了国外的经验。”郑新立说，20 世纪 80 年代比较多的是吸收了日本的一些经验，向他们学习“收入倍增计划”、“银行窗口指导”、“财政投融资”等，学了很多东西。20 世纪 90 年代以后，学习德国的东西比较多，国家计委跟德国经济部每年有定期的交流。我们得知，德国央行独立于政府，行长由议会决定，央行对物价的稳定即币值稳定负责；德国的财政收支、转移支付有规范的法规法则，等等。从日本和德国学了很多东西，后来从美国也学了一些宏观调控的经验。当时我们感到的就是：哪个国家好，我们就学，不管是大国还是小国，兼收并蓄。因为我们一开始几十年搞计划经济，有些制度没有，我们就到全世界去找，听世界银行、联合国开发计划署（UNDP）的专家介绍哪个国家好，我们马上就去认认真真地考察、当学生。学习好以后，回来结合中国的实际制定我们自己的管理体制和改革方案。

郑新立介绍，当时，不光是借鉴日本、德国和美国的一些宏观管理的经验，包括一些小国也有一些非常独到的地方，我们也需要向人家学习。比如韩国，20 世纪六七十年代同我们国家发展水平差不多，后来却发展很快，在短时间内实现了工业化，我们去看了以后感到很震撼。韩国在 20 世纪六七十年代从轻纺工业开始发展，后来是钢铁工业，再后来是机械工业。他们向日本学习，搞了《钢铁法》《机械法》。韩国的企划院专职做发展规划，韩国经济基本上是按照多个五年计划的要求发展起来的。

再如荷兰，农业搞得很好；芬兰，那么小的一个国家有 200 多种产品技术在世界上领先；爱尔兰，属于欧洲的第三世界，到 20

世纪70年代它还是一个以农牧业为主的国家，后来实现跨越式发展，主要发展了两大产业——软件和生物制药，由农牧业为主的国家一下子进入以软件和生物制药为主的高技术国家，人均GDP达到3万多欧元，在欧洲跃居前列。

"我们提出跨越式发展战略，实际上是受他们的启发。当年，我们提出跨越式发展，好多人不赞成。爱尔兰的诀窍就是通过办开发园区，吸引美国等国家的大企业到它那儿去投资。爱尔兰的香农开发园区是全世界第一个高技术开发区，办了五六十年了，发展稳定，非常好，我们搞园区建设，正是借鉴了他们的经验。"

"建立新的体制没有法律支撑不行。"郑新立特别谈到，当时搞《招标投标法》，他是起草组组长，由他带队的起草小组跑遍了发达国家，英国的法律制度比较完善，就去向英国学习。政府和人大都很支持。

"向国外学习，把人家好的东西借鉴过来，加快我们的发展。大家的认识都比较一致，所以一些新的改革措施在这几年频频出台。"

二、陈锦华时期（1993.03—1998.03）：治理通胀

（中略）

郑新立说："我陪陈锦华干了一任，后来他离任时，我们说，陈锦华在计委干了一件事：抑制通货膨胀，做得很成功。如果说邹家华时期是下放投资和管理权限，那么陈锦华时期就是抑制通货膨胀，通胀率从24.1%到最后降到正常水平，软着陆很成功。"

"我们围绕着怎么能够把通货膨胀率降下来想尽了一切办法。"

陈锦华卸任后，郑新立协助他编了一本书——《实现软着陆的宏观调控》，详细介绍了这五年治理通胀的过程。

郑新立说："我们围绕着怎么能够把通货膨胀率降下来想尽了一切办法。朱镕基当时任国务院副总理兼央行行长。我们从货币发行总量上进行控制，但是更多的还是采取增加供给的办法。因为总体来讲，当时大部分消费品还处在供给不足、短缺的状态，所以增加市场上短缺的农产品、工业品的供给对抑制通胀起了很重要的作用。

"还有价格管理，有一些需要限制的价格要限制。通货膨胀非常严重的时候，必要的行政手段还是要采取的。主要还是采取综合性的对策，经济办法、行政手段并用，最后一步一步地把通货膨胀率降了下来。1994 年通胀率是 24.1%，1995 年降到 17.1%。"

资料显示，中央政府从 1993 年夏天开始实施"软着陆"的宏观调控，在货币政策方面出台了 13 条压缩银行信贷规模的措施，使新增货币供应量M0 从 1993 年的 1528.7 亿元减少到 1994 年的 1423.9 亿元和 1995 年的 596.8 亿元。由于吸取了以往货币紧缩过度造成经济过冷的教训，这次调控一直遵循"适度从紧"的原则，最终于 1996 年成功地实现了经济的"软着陆"。

三、曾培炎时期（1998.03—2003.03）：扩大内需

1997 年以后，"软着陆"实现了，物价降下来了，但经济增长速度也降下来了。据国家统计局的数据，1997 年经济增长 8.8%，1998 年增长 7.8%，1999 年增长 7.1%，2000 年增长 8.0%，2001 年增长 7.3%，2002 年增长 8%。经济趋冷带来一系列问题：企业开工不足，工业经济下滑，投资减速，消费乏力，失业增加。这给决策层带来新的挑战。

1998 年 3 月，曾培炎任国家计委主任，他的使命就是，扩大内需，提振经济。

“在国家计委工作，谁也不要讲自己有经验，一定要从实际出发，谁要是拿老经验来对待和解决新问题，肯定是南辕北辙。”

曾培炎主持国家计委工作5年，郑新立跟了他两年多，直到2000年6月上调中央政策研究室。

郑新立说：“那几年是最困难的时候：消费上不去，投资也上不去。投资的增长速度一年只有百分之七点几。统计数据都没法看。那几年能源的弹性系数是负的，煤炭都是负增长，但经济增长速度一年还有百分之七点几，好多人都说这是统计局长帮的忙。有外国专家质疑：‘你的能源是负增长，经济一年怎么会有百分之七点几的增长？’大家就怀疑那时候的数字，实际上那几年是非常非常困难的。为了抑制通胀，我们付出了巨大的代价。”

扩大内需是让国家计委“焦头烂额的事”。研究后，他们上报国务院的主要办法是发行国债，长期建设国债共发了1500亿元。国债主要用于六个领域：第一，农村电网改造；第二，高速公路建设；第三，城市基础设施建设；第四，扩大大学招生；第五，国家粮库建设；第六，长江干堤加固。

（中略）

这件事后，郑新立得出一个结论：在国家计委工作，谁也不要讲自己有经验，一定要从实际出发，谁要是拿老经验来对待和解决新问题，肯定是南辕北辙。如小平同志讲的：实事求是，一切从实际出发。经济运行过程中有什么矛盾就解决什么矛盾，不要有任何框框。这样才能够把经济不断地引向平稳、健康发展。

“过十年以后，整个财政收入的盘子大了，这点债务就不算什么了，大家不要担心。”

扩大内需的六大措施，很快见到成效。这也使应对亚洲金融危机的挑战变成了机遇。

例如，扩大大学招生圆了几千万青年的大学梦，改变了他们一生的命运。然而，当年国家计委内部却是一片反对声。这项决定是怎样做出的呢？——郑新立给出一段回忆：

1998 年 4 月，国家计委常务副主任王春正就经济形势向朱镕基总理汇报，当春正同志说到扩大大学招生计划时，朱镕基同志马上说："扩大招生多少呢?"我们贸然提出能不能扩大大学招生 50 万，朱镕基同志一听，说："不行，扩大到 100 万!"当时就问参加会议的教育部同志的意见。教育部的人心里也没底，因为已是 4 月份，再有两个月就开始招生工作了。会议结束后，教育部开始摸底调查。教育部办公厅主任张宝庆向各高校发出紧急通知：让各个学校汇总现有宿舍、食堂能容纳多少学生。结果显示，最大的容量是 30 万。最后把扩大招生数量定为 40 万。那一年实际扩大招生有 40 多万。这之后，各高校开始改造学校的教学设施、宿舍、食堂，利用贷款扩大学校规模，以保证高校每年扩大招生几百万,一直到现在。

同样，加固长江干堤，拉动了水泥、钢筋等建材的生产，提高了抗洪能力。高速公路建设，形成了四通八达的运输网络，解决了交通瓶颈。粮库建设工程，完成了多年想办没办成的事。农村电网改造，改善了农业的生产条件、农民的生活环境。这些都得益于扩大内需。

当时很多人担心财政赤字，时任财政部部长项怀诚解释：现在一年发 1000 多亿债券，过十年以后，经济的规模大了，整个财政收入的盘子大了，这点债务就不算什么了，大家不要担心。

郑新立说："事实证明，那点债务根本算不了啥。第一年发行了 1500 亿，以后每年都发一些债务。实际上我们的债务率不算很高，但是利用这些积极的财政政策，既扩大了内需，保证了经济的稳定增长，又改善了民生，加强了基础设施建设。”

“在应对亚洲金融危机中扩大内需，可以说直接为2000年之后中国经济出现一个历史上发展最好的、长达十年的黄金增长期奠定了基础。”

（中略）

当时全国投资的增长速度只有7%，但浙江省的投资增长速度有百分之三十几，尤其是台州市温岭县更高。1999年，郑新立应邀去温岭开了一个会，发现温岭的投资都是民间投资，搞的都是制造业——微型轴承，大部分供出口。

回北京后，他建议曾培炎到浙江去调研。2000年初，曾培炎带着投资司司长、规划司司长、综合司司长、政研室主任，到浙江省一个地区、一个地区地调研，去了温州、台州、宁波……回来以后，搞了一个鼓励民间投资的13条，起草人主要是姜伟新（时任投资司司长，现任建设部部长），第一次提出对民间投资要同国有投资一视同仁；要在税收政策、信贷支持、项目审批等方面与国有企业一视同仁。

好事多磨。“13条”提出后报国务院未被批准，一直到5月份也没消息。郑新立向曾培炎汇报说，文件老出不去怎么办？曾培炎说，那我们就用计委的名义发表吧。结果，“13条”以国家计委的红头文件下发出去。

“虽然有的部门不认这个文件，但是它的作用已经产生了，通过鼓励民间投资启动经济。浙江在经济回升、激活民间投资过程中在全国起了很好的作用。

对于浙江经济蓬勃发展的现实，有学者提出是浙江得益于私有制搞得好。郑新立一行调研之后发现，浙江不单单民营经济搞得好，国有经济照样搞得好，集体经济也搞得很好，是多种所有制共同发展的结果。不仅有民营经济，还有混合经济。

（中略）

“我体会，我们国家经济真正的活力来自民间，经济发展的活力来源于民营经济。包括国有企业的改革，如果没有民营经济的发展，就没有动力，也没有压力。另外，国有企业退下来的几千万职工没有去处，改革也搞不成。1997 年开始的国企‘三年脱困’，国有企业有七千万人被精简下来，一部分退休了，绝大部分都进入了民营企业，是民营企业吸纳了国有企业辞退的员工。在民营企业竞争的压力下，国有企业才有了改革的动力，如果不改革，就要被市场淘汰，市场的压力就来自民营经济的发展。实践证明，哪个领域能够比较多地吸引民间投资、鼓励民间投资，那么这个领域的发展就有活力；哪个领域拒绝民间资金的进入，这个领域的发展就是一潭死水。”郑新立说。

“六项投资关系到每个老百姓的利益，是党中央、国务院的决策，要通过中央电视台讲出去。”

郑新立任国家计委政策研究室主任，同时兼任计委新闻发言人。其间，一个月就有 1~2 次对外新闻发布，各省计委负责人对他都十分熟络。在这之前，计委也在执行新闻发布制度，但是老百姓不大买账，因为老百姓说明明物价在涨，发言人却说没涨。有市民就打电话到计委值班室和调度室痛斥计委不讲实话。

郑新立做了多年的新闻发言人，他体会出“两个不能说”：与中央政策不一致的话、不一致的主张不能说；凡是犯众怒的事、触犯到老百姓的利益、说出去肯定要挨骂的话不能说。

怎样向老百姓介绍经济发展面临的困难？怎样让老百姓理解扩大内需的含义？郑新立找到中央电视台台长，对他说，现在是困难的时候，扩大内需是中央的一个重大政策，利国利民，要取得老百姓的支持。六项投资关系到每个老百姓的利益，是党中央、国务院的决策，要通过中央电视台讲出去。

当时中央台《焦点访谈》栏目刚刚开播，有点名气。郑新立与台领导沟通后决定，在《焦点访谈》连续做三期节目，介绍六大投资重点，每期讲两个。中央台新闻中心主任亲自到曾培炎的办公室商量、讨论制作这三期节目的具体细节。

郑新立说："节目推出后，社会效果很好，释疑了老百姓心中的某些顾虑，也得到百姓的支持。特别是大学扩招，涉及百万家庭的切身利益。城市基础设施建设、道路、住宅、供气供水这些工程，给城市面貌带来很大改观。"

"作为公务员，不要把自己弄得很神秘。要把党中央、国务院的决策与群众的利益结合起来，本来这些政策也是为老百姓的利益考虑的。要把这些东西宣传出去，善于利用我们的媒体，来创造一个好的施政环境。看看那些高速公路、西南大山里的那些山洞和桥梁，那些工程如果没有借助六项投资这个机会，根本干不成。"

（中略）

"这些工程既扩大了内需，又拉动了经济增长，还造福了后代，多好的事啊！"郑新立说。

"集中力量把高铁搞起来，可能是当前我们扩大内需、实现经济可持续发展的一个机遇。"

"如果说上一次我们在应对亚洲金融危机时能够成功地把挑战变成机遇，一个标志性的事情就是开始了高速公路的建设。这次应对全球金融危机，标志性的事情就是高铁的建设。我们要借助这个机会把城际高铁建起来，把城市的地铁建起来。200 万以上人口的城市都应该有地铁，可现在有地铁的城市并不多。这样能拉动钢铁、水泥提高开工率。”

当记者问及“投资拉动增长，避免经济下滑”的问题时，郑新立做出上述表示。他以 20 世纪 90 年代末在国家计委搞宏观调控的经历证明：大项目、大工程是拉动经济增长的有效方式。他特别推崇城际高铁建设。

郑新立说，现在世界城市化的发展已经进入第六个阶段：以高铁引领城市布局和经济发展，简称TOD。高速铁路可在 300 公里为半径的范围内形成 1 小时商务圈；城际高铁把城市群连接起来，可以在城市群的范围内优化资源配置。像北京、天津、唐山如果都由高铁连接起来的话，就可以实现半小时生活圈，实现同城化。但现在只有北京到天津有高铁，北京到唐山没有，唐山到天津也没有。如果北京到唐山、唐山到天津的高铁也能建起来，京津唐就能够形成一个拉动环渤海地区发展的核心区域，在此范围内可以优化资源配置。

现在有人提出长江中游城市圈：高铁将武汉、长沙、南昌连接起来；以郑州为核心形成中原城市圈；珠三角已经建了广州到深圳、珠海的高铁。下一步，如果广州到惠州、湛江、清远、肇庆也用高铁连接起来，那么珠三角就可以形成一个高铁的网络，可以使珠江口东岸过度密集的人口、产业向整个珠三角扩展，带动粤东、粤西、粤北的发展。

“我觉得，集中力量把高铁网络搞起来，可能是当前我们扩大内需、实现经济可持续发展的一个机遇。高铁是我们国人的骄傲，我们有这个技术、产品。”郑新立说。

记者问：“建高铁，铁道部欠了很多债。银监会的领导层批评过各大商业银行的行长：铁道部要把建高铁的贷款还完，从现在算起，需要还460年，你们这个钱也敢贷？你不担心建高铁还不起贷款么？”

郑新立答：“这是媒体炒作，说什么高铁有2万多亿债务，资不抵债了，实际上是炒作。如果把铁路的资产重新评估一下，铁路可能一下子有几十万亿的资产。现在许多城市的高铁火车站周围有好多土地都是铁路部门的，都是很值钱的。2万多亿元债务在他们的资产总额里根本就不算什么。”

“而且我们还可以通过搞股权的多元化，把社会资金引进来，参与高铁建设；还可以发行中长期债券；还可以搞铁路贷款的证券化。通过这些途径为铁路建设筹集资金。”

“铁路在快速建设阶段出现一些债务是正常的，十年八年以后，高铁的网络形成了，投资就开始进入回收阶段，效益会越来越好。我认为，高铁项目不应停下来。”

财政投融资，四两拨千斤，把银行贷款和民间投资都吸引过来。

郑新立认为，现阶段可以投资的领域仍然很多。比如城市的公共服务领域中，敬老院、幼儿园、停车场、供气供水等工程都可以通过BOT的方式，把社会资金吸引进来，增加投资，加快建设。

还有新农村建设、农村社区建设。把农民吸引到新型社区里面居住，用宅基地置换一下，农民可以到工业园区、农业园区去就业。这样可以增加建设用地，盘活农村的建设用地市场，改善农村的生活环境。

还有大量的需要顶替进口的产品生产也需要投资。其一是石油，石油一年的进口量占我们国内消费量的52%。我们有大量的煤炭资源，有成熟的煤制油技术，包括直接液化、间接液化技术。直接液化，一吨煤制油（柴油）只要五吨水就够了。按成本核算，如果进口石油一桶60美元以上的话，我们就有钱可赚，有竞争力。通过煤制油、煤制气来降低对进口石油、天然气的依赖。

其二是PX（对二甲苯）项目。PX是化工产品中一个非常重要的中间产品，现在我们进口已占到国内市场需要量的60%。日本、韩国PX的80%是向中国出口的，控制中国市场以后开始提价。我们应该借机在一些荒无人烟的岛上集中规模搞大型的PX项目，争取一举摆脱对进口的依赖。

其三是大豆。现在我们每年进口大豆5000多万吨。但是国内有很多地方可以生产大豆，比如北疆，有水和1000万亩的耕地资源，让新疆生产建设兵团扩大大豆的种植，顶替进口，是可行的。

其四是集成电路。集成电路进口用汇已经超过石油进口用汇，我们可以围绕集成电路的生产、研发，组织一个产业联盟，把生产单位、研发（研究）单位、使用单位组织起来，联合研发，研制成果大家共同使用。现在Intel、IBM公司的核心技术的研发骨干都有华人、华裔，还有改革开放后留学去的中国学生。相信通过自主创新，我们一定能搞出集成电路。

“可以投资、建设的领域很多，通过财政投融资，四两拨千斤，把银行贷款和民间投资都吸引过来，吸引到转变发展方式、产业优化升级所需要的方面来，就可以把挑战变成机遇了。

“现在我们的政府还是应当有所作为。政府不应当受干扰，要力排众议。朱镕基时期就是力排众议，认为正确的就要干。现在美国、日本政府都在干预经济，而且已经出现效果了。今年，美国、日本的经济都出现明显的复苏，股市也开始反弹。我们搞社会主义市场经济，政府怎么能够捆住自己的手脚呢？认为应该怎么做就怎么做嘛。

“近期在消费不可能有大幅度增长的情况下，只能通过投资拉动经济增长。通过民生工程、大的基础设施的改善，可使40%的投资转化成居民个人消费。因为用工增加了，就业增加了，他拿到钱就用于消费了。没有投资哪有工资？搞大项目需要购买原材料，那么生产原材料的企业的就业就增加了，生产增加了，工资也增加了。经济整个都搞活了。

“等待经济的内生增长是一个长期、缓慢的过程，要通过政府的推动、政策的引导来促进增长。高铁可以带动相关制造业的发展，不止是拉动原材料。对农村的投资可以拉动农村条件的改善，直接缩小城乡差距，对我们全面实现小康是很有利的。我们不能老缩手缩脚、害怕舆论。

“我们有中国特色的社会主义市场经济体制已经明确了政府的职责：第一，宏观调控；第二，市场监管；第三，公共服务；第四，社会管理。北京共识和华盛顿共识的区别就在于我们的政府可以发挥积极的作用。

“当经济出现偏热的时候，我们就适当地抑制需求，减少货币的发行；当经济出现偏冷的时候，我们就适当地增加货币的发行，增加投资规模。”

在国家计委工作的13年，让郑新立对宏观经济管理有了全新的认识。他说：

“我们吸取了通货膨胀的经验教训，又通过扩大内需，加快电力、交通、通讯的建设，经济上了一个大台阶。所以2000年之后，我国经济出现了一个长达十年的两位数的增长。从此，我们摆脱了经济大起大落的困扰。

“在2000年之前的20多年的时间里，隔几年经济增长速度上去了，隔几年又下来，基本上是周期性的大起大落。当通货膨胀来的时候，就实行紧缩的政策，大量在建项目下马，大批施工人员回家，工程停在那儿。然后国家计委派人下去检查，看是不是真停工了，不停工就对相关责任人处分、撤职。过几年经济冷了，就再增加投资，过几年又通货膨胀……

“在改革开放初期到2000年近20年的时间，宏观经济运行基本上就是在周期性的大起大落、周期性的通货膨胀中过来的。2000年之后，我们摆脱了经济大起大落的困扰，出现了平稳、快速增长的新阶段。这与我们吸取了历史上的经验教训有很大关系。特别是我们注意改善宏观调控：当经济出现偏热的时候，我们就适当地抑制需求，减少货币的发行；当经济出现偏冷的时候，我们就适当地增加货币的发行，增加投资规模。这样有意识地做一些超前的微调，避免大的调整、大的起落。2000年之后的这十年，可以说是改革开放30多年来也是新中国成立以来经济发展最辉煌的时期。这一成果，来之不易。”

著作介绍

《国民经济综合平衡的理论和方法论问题》

（杨坚白著，人民出版社 1984 年出版）

本书分析和探讨了社会主义经济中平衡与不平衡的矛盾运动过程，指出平衡的相对性和不平衡的绝对性，但计划工作的任务在于力求平衡。从三个方面阐述了综合平衡的经济理论基础，认为社会产品的二重性是理解综合平衡的枢纽，并从社会再生产理论的高度论证了生产价格应成为价格形成的基础。全书还对社会再生产理论作了系统的阐述。进而对社会主义商品经济条件下三个重要的经济规律（价值规律、节约与有计划分配劳动时间规律和国民经济有计划按比例发展的规律）作出比较分析，并探讨了三个规律的结合运用问题。最后结合我国实际探讨了作为综合平衡依据的战略指导思想。

《论中国宏观经济管理》

（桂世镛主编，中国经济出版社 1987 年出版）

本书是 1986 年 9 月全国宏观经济管理问题讨论会的一项重要成果，共收入 70 多篇论文，以宏观经济管理和计划体制改革为中心，以宏观经济管理问题、我国计划体制改革的目标模式、固定资产投资的宏观管理、消费基金的宏观管理、如何发挥金融的重要作用、宏观经济管理的分层化和区域化等问题为切入点，联系我国经济运行的重大现实，对完善宏观经济调节制度和新的国民经济综合平衡，提出了颇有见地的改革方案。

《中国经济制度的创新》

（高尚全著，人民出版社 1993 年出版）

本书作者站在一个改革实践者的角度，对中国计划经济制度的产生、演化及其社会主义市场经济变革的过程进行了详尽的分析，对制度的创新过程中的重大理论问题和实践问题做了深入的研究和阐述。全书分析和总结了旧的计划经济制度的根本缺陷，探索和研究由计划经济向市场经济转变的历史过渡问题，将一个处于发展中的农业大国在经济过渡中面临的基本矛盾和问题，抽象到理论的高度，对中国的经济改革具有理论和实践指导意义。作为一个最大的发展中的社会主义大国，如何由计划经济走向市场经济。本书对这一课题做出大量研究和探讨，为过渡经济学提供了一个大国案例。

《经济改革与发展问题研究》

（徐鹏航著，人民出版社 1995 年出版）

本书以改革为主线，强调改革是为促进发展，以社会主义市场经济体制取代指令性计划经济体制，为发展去除多种体制方面的障碍，创造能优化资源配置的体制条件。此外，本书还对我国的技术监督、企业改革与企业管理、城市建设、社会发展与社会管理、环保工作等方面有一些独到的见解。

《中国支柱产业振兴方略》

（郑新立主编，中国计划出版社 1995 年出版）

本书分别紧扣我国各个产业的重大问题、发展的机遇，根据国内国际环境提出了不同的发展重点、目标和政策建议。其中相当一部分政策建议，为有关部门提供了科学依据和基本思路。全书阐释了我国相应的产业应如何借鉴这些经验，并与国际市场接轨等问题。此外，本书在论述支柱产业发展这一宏观战略问题时，还论述了大型企业集团在振兴支柱产业中的战略作用和战略构想。强调能否较快地在支柱产业中形成一批具有国际竞争力的支柱企业集团，是我国发展支柱产业的关键环节。

《经济体制六大改革》

（郑新立主编，中共中央党校出版社 1995 年出版）

本书讲述党的十四届三中全会之后，推出财税、金融、对外经济、投资等六项重大改革措施，同时积极进行了建立现代企业制度改革的试点，围绕加强和改善宏观调控，转变计划管理职能。这六项重大改革的任务完成后，我国社会主义市场经济体制的基本框架将确立起来。全书对六项重大改革的内容分别加以阐述，对如何推进这些领域里的改革，提出建设性意见。

《发展计划学》

（郑新立主编，中国计划出版社 1999 年出版）

本书着重反映发展社会主义市场经济的要求，阐述社会主义市场经济体制下经济社会发展的客观规律，论述社会主义市场经济条件下计划与市场的关系，计划的性质、职能、内容、形式，计划制定和实施的理论与方法。全书体现了发展计划的宏观性、战略性、政策性，围绕国民经济和社会发展计划制订与实施的全过程，以及对计划涉及的有关问题，进行了系统阐述。

《宏观经济调控政策协调研究》

（桂世镛、周绍朋主编，经济管理出版社 2000 年出版）

本书较为全面系统地研究新中国成立以来中国宏观经济调控理论和实践的发展历程，重点剖析了 1979 年、1985 年、1988 年、1993 年所进行的四次宏观经济调控的政策协调问题，并结合 1998 年以来宏观经济运行中出现的新情况，分析了出现通货紧缩趋势以后中国宏观经济调控工作中政策协调的新特点。

《转轨时期的投资体制和投资运作方式》

（耿明斋 等著，中国经济出版社 2001 年出版）

本书对投资、投资体制及其演变趋势和目标模式进行了细致分析；对政府投资范围、地方政府投资行为、投资与经济增长的关系及投资调控的思路等经济转轨时期投资领域的重大理论和现实问题进行了深入探讨。同时也对股票市场会计信息披露、可转换债券、股份回购、股指期货、期权定价公式、风险投资和二板市场，以及投资银行信用风险等一系列金融投资领域的前沿课题进行了研究，分析其运作方式，并提供了操作思路和操作技巧；同时介绍了BOT这种新型投融资方式及其在我国的应用状况和应用前景。

《中国的外资经济——对增长结构升级和竞争力的贡献》

（江小涓著，中国人民大学出版社 2002 年出版）

到 21 世纪初期，外资经济在中国经济中已经占据重要地位。本书认为外资经济不仅推动着中国经济的持续增长，而且改变着中国经济增长的方式，提高了中国经济增长的质量。

外资经济的重要作用，体现在提供资金来源。改善投资效益、扩大产出、引进先进技术和研发能力、提升产业结构、扩大出口和提升出口商品结构以及推进体制改革等许多方面。本书分别对上述方面进行描述和分析。本书还着重探讨了外商投资企业是否有垄断行为，外资经济占有较大比重是否会损害经济稳定和安全，依靠外资引进技术是否会导致技术依赖性，吸引外资是否会导致利益外流等争议性话题。同时展望了今后几年外商在华投资的前景及其对中国经济的影响，提出吸引外资参与国有企业改革与重组、形成高附加值和高技术含量的全球制造基地、通过扩大开放保障经济安全等吸引外资的战略重点，并强调加强对外资经济监管的重点领域。

《中国投资体制发展道路》

（汪同三主编，经济管理出版社 2013 年出版）

本书全面分析和探讨了我国改革开放以来投资体制改革各个方面的问题，包括投资体制的功能分析、投资体制改革的历史背景、投资体制改革的目标、投资体制改革的历程、投资的宏观管理改革实践、投融资方式改革实践、投资项目管理的改革以及投资体制的国际比较等。全书以马克思主义经济学基本理论为指导。以我国改革开放以来投资体制改革的伟大实践为素材，既有理论分析，又有实际资料支撑。

《从计划到市场——中国计划投资体制改革 40 年》

（郑新立、徐伟、綦鲁明著，广东经济出版社 2017 年出版）

本书按照历史发展的脉络，围绕搞计划经济还是搞市场经济这一重大改革问题，回顾总结了从 1978 年以来计划投资体制改革的历程。梳理我国从计划经济为主、市场调节为辅，到有计划的商品经济，再到社会主义市场经济；从允许发展商品生产和商品交换，到发挥市场对资源配置的基础性作用，再到发挥市场对资源配置的决定性作用和更好地发挥政府的作用。真实地记录了中国共产党为了中华民族伟大复兴而不断探寻正确发展道路的过程，反映了中国共产党实事求是、追求真理的彻底唯物主义精神。

《中国投资体制改革 40 年》

（汪同三主编，经济管理出版社 2019 年出版）

本书对过去 40 年中国国有企业改革的典型事实和理论脉络进行概括和梳理，通过理论观察中国国有企业改革实践折射出的经济学一般性和特定性。全书的理论特色主要体现在：一是在内容设计上涵盖了过去 40 年中国国有企业改革与发展涉及的几乎所有重要主题，其中，国有存续企业改革、国有企业三项制度改革等问题的学术梳理填补了该领域的研究空白；二是在研究方法上坚持实证主义的传统，务求在准确揭示事实的基础上再给出规范性的判断；三是利用各个领域的前沿理论解构国企改革问题，并得出独立的学术判断。

重要文献索引

▼

政策文件

《中共中央关于经济体制改革的决定》，人民出版社，1984年版。

《国家计划委员会、财政部、中国人民建设银行关于国家预算内基本建设投资全部由拨款改为贷款的暂行规定》，《中华人民共和国国务院公报》，1985年03期。

《国家体改委、国家经委印发〈关于组建和发展企业集团的几点意见〉的通知》，《中华人民共和国国务院公报》，1988年08期。

《国务院批转国家体改委关于一九八八年深化经济体制改革总体方案的通知》，《中华人民共和国国务院公报》，1988年08期。

《关于价格、工资改革的初步方案》，《人民日报》，1988年8月19日。

《国务院关于当前产业政策要点的决定》，《中华人民共和国国务院公报》，1989年05期。

《中共中央关于建立社会主义市场经济体制若干问题的决定》，人民出版社，1993年版。

《国务院关于组建国家开发银行的通知》，《中华人民共和国国务院公报》，1994年10期。

《中共中央关于国有企业改革和发展若干重大问题的决定》，人民出版社，1999 年版。

《国务院关于整顿和规范市场经济秩序的决定》，中国法制出版社，2001 年版。

《国务院关于实施西部大开发若干政策措施的通知》，《中华人民共和国国务院公报》，2001 年 01 期。

《国务院关于进一步深化粮食流通体制改革的意见》，中国政府网，2001 年 7 月 31 日。

《中共中央、国务院关于做好 2001 年农业和农村工作的意见》，《中华人民共和国国务院公报》，2001 年 08 期。

《中华人民共和国国民经济和社会发展第十个五年计划纲要》，《中华人民共和国国务院公报》，2001 年 12 期。

《国务院关于印发中国农村扶贫开发纲要（2001—2010 年）的通知》，《中华人民共和国国务院公报》，2001 年 23 期。

《国家计委关于印发促进和引导民间投资的若干意见的通知》，《中华人民共和国国务院公报》，2001 年 26 期。

江泽民，《全面建设小康社会 开创中国特色社会主义事业新局面——在中国共产党第十六次全国代表大会上的报告》，人民出版社，2002 年版。

《中共中央、国务院关于进行农村税费改革试点工作的通知》（摘要），《中国改革：农村版》，2002 年 01 期。

《中共中央关于完善社会主义市场经济体制若干问题的决定》，人民出版社，2003 年版。

《国务院关于全面推进农村税费改革试点工作的意见》，《中华人民共和国国务院公报》，2003 年 14 期。

《中共中央国务院关于促进农民增加收入若干政策的意见》，《人民日报》，2004 年 2 月 9 日。

《国务院关于推进资本市场改革开放和稳定发展的若干意见》,《中华人民共和国国务院公报》，2004 年 09 期。

《国务院关于投资体制改革的决定》，人民出版社，2004 年版。

《中共中央关于加强党的执政能力建设的决定》，人民出版社，2004 年版。

《国务院关于鼓励支持和引导个体私营等非公有制经济发展的若干意见》，法律出版社，2005 年版。

《关于上市公司股权分置改革试点有关问题的通知》,《证券日报》，2005 年 4 月 30 日。

《国务院关于 2005 年深化经济体制改革的意见》,《中华人民共和国国务院公报》，2005 年 15 期。

《国务院关于促进流通业发展的若干意见》,《中华人民共和国国务院公报》，2005 年 22 期。

《国务院办公厅关于促进东北老工业基地进一步扩大对外开放的实施意见》,《中华人民共和国国务院公报》，2005 年 23 期。

《中华人民共和国国民经济和社会发展第十一个五年规划纲要》，人民出版社，2006 年版。

《中共中央国务院关于实施科技规划纲要增强自主创新能力的决定》，人民出版社，2006 年版。

《中共中央国务院关于推进社会主义新农村建设的若干意见》，人民出版社，2006 年版。

《中共中央关于构建社会主义和谐社会若干重大问题的决定》，人民出版社，2006 年版。

《全国人民代表大会常务委员会关于废止〈中华人民共和国农业税

条例〉的决定》,《中华人民共和国国务院公报》，2006年01期。

《国务院关于加快振兴装备制造业的若干意见》,《人民日报》，2006年6月29日。

《国务院办公厅关于落实中共中央国务院关于促进中部地区崛起若干意见有关政策措施的通知》,《中华人民共和国国务院公报》，2006年19期。

《国务院关于完善粮食流通体制改革政策措施的意见》,《中华人民共和国国务院公报》，2006年19期。

《国务院关于保险业改革发展的若干意见》,《中华人民共和国国务院公报》，2006年22期。

胡锦涛,《高举中国特色社会主义伟大旗帜 为夺取全面建设小康社会新胜利而奋斗——在中国共产党第十七次全国代表大会上的报告》,人民出版社，2007年版。

《中华人民共和国中小企业促进法》，中国法制出版社，2017年版。

《国务院关于推进国有商业银行股份制改革深化金融体制改革工作的报告——2006年12月26日在第十届全国人民代表大会常务委员会第二十五次会议上》,《中华人民共和国全国人民代表大会常务委员会公报》，2007年01期。

《国务院办公厅转发国资委关于推进国有资本调整和国有企业重组指导意见的通知》,《中华人民共和国国务院公报》，2007年03期。

《中共中央国务院关于当前经济情况和加强宏观调控的意见》，新华网，2007年6月7日。

《中共中央国务院关于积极发展现代农业扎实推进社会主义新农村建设的若干意见》,《中华人民共和国国务院公报》，2007年08期。

《东北地区振兴规划》，中国政府网，2007年8月20日。

《中共中央国务院关于切实加强农业基础建设进一步促进农业发展农民增收的若干意见》，人民出版社，2008年版。

《中共中央关于推进农村改革发展若干重大问题的决定》，人民出版社，2008年版。

《中共中央关于加强和改进企业思想政治工作的通知》，中国政府网，2008年7月2日。

《国务院办公厅关于当前金融促进经济发展的若干意见》，《中国对外经济贸易文告》，2008年79期。

《中共中央国务院关于2009年促进农业稳定发展农民持续增收的若干意见》，人民出版社，2009年版。

《国务院办公厅关于搞活流通扩大消费的意见》，《中国对外经济贸易文告》，2009年02期。

《中共中央、国务院关于促进中部地区崛起的若干意见》，中国政府网，2009年2月15日。

《国务院关于进一步实施东北地区等老工业基地振兴战略的若干意见》，《中华人民共和国国务院公报》，2009年26期。

《国务院批转发展改革委等部门关于抑制部分行业产能过剩和重复建设引导产业健康发展若干意见的通知》，《中华人民共和国国务院公报》，2009年28期。

《中共中央国务院关于加大统筹城乡发展力度进一步夯实农业农村发展基础的若干意见》，人民出版社，2010年版。

《国务院关于鼓励和引导民间投资健康发展的若干意见》，中国政府网，2010年5月13日。

《国务院关于进一步促进中小企业发展的若干意见》，《中国中小企业》，2010年09期。

《国务院关于加快培育和发展战略性新兴产业的决定》，中国政府网，2010 年 10 月 18 日。

《中华人民共和国国民经济和社会发展第十二个五年规划纲要》，人民出版社，2011 年版。

《中国农村扶贫开发纲要（2011—2020 年）》，人民出版社，2011 年版。

《国务院办公厅关于建立外国投资者并购境内外企业安全审查制度的通知》，商务部网站，2011 年 8 月 7 日。

《国务院关于放宽固定资产投资审批权限和简化审批手续的通知》，中国政府网，2011 年 8 月 31 日。

《国务院关于印发〈投资管理体制的近期改革方案〉的通知》，中国政府网，2011 年 9 月 1 日。

胡锦涛，《坚定不移沿着中国特色社会主义道路前进 为全面建成小康社会而奋斗——在中国共产党第十八次全国代表大会上的报告》，人民出版社，2012 年版。

《全国海洋功能区划（2011—2020 年）》，《中国海洋报》，2012 年 4 月 18 日。

《中共中央 国务院关于加快推进农业科技创新持续增强农产品供给保障能力的若干意见》，《中华人民共和国国务院公报》，2012 年 05 期。

《国务院关于进一步支持小型微型企业健康发展的意见》，《中华人民共和国国务院公报》，2012 年 13 期。

《国务院关于深化流通体制改革加快流通产业发展的意见》，《中华人民共和国国务院公报》，2012 年 23 期。

《国务院关于大力实施促进中部地区崛起战略的若干意见》，《中华人民共和国国务院公报》，2012 年 25 期。

《国务院关于大力实施促进中部地区崛起战略的若干意见》,《中华人民共和国国务院公报》，2012 年 25 期。

《中共中央 国务院关于深化科技体制改革加快国家创新体系建设的意见》,《中华人民共和国国务院公报》，2012 年 28 期。

《中共中央关于全面深化改革若干重大问题的决定》，人民出版社，2013 年版。

《中共中央 国务院关于加快发展现代农业进一步增强农村发展活力的若干意见》,《中华人民共和国农业部公报》，2013 年 02 期。

《国务院关于促进海洋渔业持续健康发展的若干意见》,《中华人民共和国农业部公报》，2013 年 07 期。

《国务院办公厅关于金融支持经济结构调整和转型升级的指导意见》，人民网，2013 年 7 月 5 日。

《国务院关于印发中国（上海）自由贸易试验区总体方案的通知》，中国政府网，2013 年 9 月 27 日。

《关于全面深化农村改革加快推进农业现代化的若干意见》，人民出版社，2014 年版。

《国家新型城镇化规划（2014—2020 年）》，人民出版社，2014 年版。

《国务院关于近期支持东北振兴若干重大政策举措的意见》，人民出版社，2014 年版。

《中共中央关于全面推进依法治国若干重大问题的决定》，人民出版社，2014 年版。

《国务院关于印发注册资本登记制度改革方案的通知》，中国政府网，2014 年 2 月 18 日。

《中共中央办公厅、国务院办公厅印发〈关于引导农村土地经营权有序流转发展农业适度规模经营的意见〉》，中国政府网，2014 年

11 月 20 日。

《国务院办公厅关于多措并举着力缓解企业融资成本高问题的指导意见》,《中华人民共和国国务院公报》，2014 年 24 期。

《全国主体功能区规划》，人民出版社，2015 年版。

《中共中央国务院关于加大改革创新力度加快农业现代化建设的若干意见》，人民出版社，2015 年版。

《中共中央国务院关于深化体制机制改革加快实施创新驱动发展战略的若干意见》，人民出版社，2015 年版。

《中共中央国务院关于加快推进生态文明建设的意见》，人民出版社，2015 年版。

《国务院关于大力发展电子商务加快培育经济新动力的意见》，人民出版社，2015 年版。

《国务院关于大力推进大众创业万众创新若干政策措施的意见》，人民出版社，2015 年版。

《国务院关于积极推进“互联网+”行动的指导意见》，人民出版社，2015 年版。

《全国海洋主体功能区规划》，人民出版社，2015 年版。

《国务院关于推进国内贸易流通现代化建设法治化营商环境的意见》，人民出版社，2015 年版。

《中共中央国务院关于深化国有企业改革的指导意见》，人民出版社，2015 年版。

《中共中央国务院印发〈生态文明体制改革总体方案〉》，人民出版社，2015 年版。

《中共中央国务院关于推进价格机制改革的若干意见》，人民出版社，2015 年版。

《中共中央国务院关于打赢脱贫攻坚战的决定》，人民出版社，2015年版。

《国务院关于同意设立中国（杭州）跨境电子商务综合试验区的批复》,《中华人民共和国国务院公报》，2015年09期。

《国务院关于印发〈中国制造2025〉的通知》,《中华人民共和国国务院公报》，2015年16期。

《发展改革委 科技部 人力资源社会保障部 中科院关于促进东北老工业基地创新创业发展打造竞争新优势的实施意见》,《中华人民共和国国务院公报》，2015年27期。

《国务院办公厅关于同意在上海等9个城市开展国内贸易流通体制改革发展综合试点的复函》,《中华人民共和国国务院公报》，2015年23期。

《国务院关于印发全国海洋主体功能区规划的通知》,《中华人民共和国国务院公报》，2015年25期。

《国务院办公厅关于推进线上线下互动加快商贸流通创新发展转型升级的意见》,《中华人民共和国国务院公报》，2015年29期。

《中共中央办公厅、国务院办公厅印发〈深化农村改革综合性实施方案〉》,《中华人民共和国国务院公报》，2015年31期。

《国务院关于支持沿边重点地区开发开放若干政策措施的意见》，人民出版社，2016年版。

《国家创新驱动发展战略纲要》，人民出版社，2016年版。

《中华人民共和国国民经济和社会发展第十三个五年规划纲要》，人民出版社，2016年版。

《中共中央、国务院关于深化投融资体制改革的意见》，人民出版社，2016年版。

《发展改革委印发〈推进东北地区等老工业基地振兴三年滚动实施方案（2016—2018年）〉》，中国政府网，2016年8月22日。

《发展改革委关于印发贯彻落实区域发展战略促进区域协调发展的指导意见的通知》，中国政府网，2016年9月7日。

《国务院批转国家计委、国家建委、财政部关于基本建设投资试行贷款办法报告的通知》，中国政府网，2016年12月14日。

《国务院批转国家计委等部门关于实行基本建设拨款改贷款的报告的通知》，中国政府网，2016年12月14日。

《中共中央办公厅、国务院办公厅印发〈关于完善农村土地所有权承包权经营权分置办法的意见〉》，《中华人民共和国国务院公报》，2016年32期。

国家发展和改革委员会，《东北振兴"十三五"规划》，中国计划出版社，2017年版。

《中共中央国务院关于深入推进农业供给侧结构性改革加快培育农业农村发展新动能的若干意见》，人民出版社，2017年版。

《新一代人工智能发展规划》，人民出版社，2017年版。

《国务院关于促进中部地区崛起"十三五"规划的批复》，《中华人民共和国国务院公报》，2017年02期。

《国务院关于扩大对外开放积极利用外资若干措施的通知》，《中华人民共和国国务院公报》，2017年05期。

《国务院办公厅关于进一步激发社会领域投资活力的意见》，《中华人民共和国国务院公报》，2017年09期。

《国家发展改革委关于全面深化价格机制改革的意见》，《中国价格监管与反垄断》，2017年12期。

《国务院关于进一步扩大和升级信息消费持续释放内需潜力的指导

意见》,《中华人民共和国国务院公报》,2017 年 25 期。

《中共中央 国务院关于营造企业家健康成长环境弘扬优秀企业家精神更好发挥企业家作用的意见》,《中华人民共和国国务院公报》,2017 年 28 期。

《国务院关于废止〈中华人民共和国营业税暂行条例〉和修改〈中华人民共和国增值税暂行条例〉的决定》,《中华人民共和国国务院公报》,2017 年 35 期。

《粤港澳大湾区发展规划纲要》,人民出版社,2018 年版。

《国务院关于促进乡村产业振兴的指导意见》,人民出版社,2018 年版。

《中共中央国务院关于全面振兴东北地区等老工业基地的若干意见》,人民出版社,2018 年版。

《中共中央国务院关于实施乡村振兴战略的意见》,人民出版社,2018 年版。

《中共中央国务院关于支持海南全面深化改革开放的指导意见》,人民出版社,2018 年版。

《中共中央国务院关于打赢脱贫攻坚战三年行动的指导意见》,人民出版社,2018 年版。

《中共中央国务院关于完善国有金融资本管理的指导意见》,人民出版社,2018 年版。

《中共中央办公厅、国务院办公厅关于农村土地征收集体经营性建设用地入市、宅基地制度改革试点工作的意见》,人民网,2018 年 4 月 14 日。

《进一步深化中国(广东)、(天津)、(福建)自由贸易试验区改革开放方案》,人民网,2018 年 5 月 24 日。

《国务院办公厅关于全面推进金融业综合统计工作的意见》,《中华人民共和国国务院公报》，2018 年 11 期。

《国务院关于积极有效利用外资推动经济高质量发展若干措施的通知》,《中华人民共和国国务院公报》，2018 年 18 期。

《国务院关于印发中国（海南）自由贸易试验区总体方案的通知》,《中华人民共和国国务院公报》，2018 年 30 期。

《国务院关于支持自由贸易试验区深化改革创新若干措施的通知》,《中华人民共和国国务院公报》，2018 年 34 期。

《中共中央国务院关于支持深圳建设中国特色社会主义先行示范区的意见》，人民出版社，2019 年版。

《长江三角洲区域一体化发展规划纲要》，人民出版社，2019 年版。

《中共中央关于坚持和完善中国特色社会主义制度、推进国家治理体系和治理能力现代化若干重大问题的决定》，北京：人民出版社，2019 年版。

《关于在上海证券交易所设立科创板并试点注册制的实施意见》，中国证监会网站，2019 年 1 月 28 日。

《国务院关于河北雄安新区总体规划（2018—2035 年）的批复》,《中华人民共和国国务院公报》，2019 年 02 期。

《国务院关于印发改革国有资本授权经营体制方案的通知》，中国政府网，2019 年 4 月 28 日。

《国务院关于取消和下放一批行政许可事项的决定》,《中华人民共和国国务院公报》，2019 年 08 期。

《国务院关于加强固定资产投资项目资本金管理的通知》，中国政府网，2019 年 11 月 27 日。

《珠江三角洲地区改革发展规划纲要（2008—2020 年）》，广东省人民政府网，2019 年 12 月 10 日。

《国务院关于印发中国（上海）自由贸易试验区临港新片区总体方案的通知》,《中华人民共和国国务院公报》，2019 年 23 期。

《国务院关于印发 6 个新设自由贸易试验区总体方案的通知》,《中华人民共和国国务院公报》，2019 年 25 期。

《国务院关于进一步做好利用外资工作的若干意见》,《中华人民共和国国务院公报》，2019 年 33 期。

《中央农村工作领导小组办公室 农业农村部 国家发展和改革委员会 财政部 中国人民银行 中国银行保险监督管理委员会 中国证券监督管理委员会关于扩大农业农村有效投资加快补上“三农”领域突出短板的意见》,《中华人民共和国农业部公报》，2020 年 07 期。

《国务院关于印发新时期促进集成电路产业和软件产业高质量发展若干政策的通知》，中国政府网，2020 年 8 月 4 日。

《国务院关于促进国家高新技术产业开发区高质量发展的若干意见》,《中华人民共和国国务院公报》，2020 年 21 期。

《国务院关于印发北京、湖南、安徽自由贸易试验区总体方案及浙江自由贸易试验区扩展区域方案的通知》,《中华人民共和国国务院公报》，2020 年 27 期。

《中共中央办公厅 国务院办公厅印发〈关于调整完善土地出让收入使用范围优先支持乡村振兴的意见〉》,《中华人民共和国国务院公报》，2020 年 28 期。

《中华人民共和国国民经济和社会发展第十四个五年规划和 2035 年远景目标纲要》，人民出版社，2021 年版。

《中共中央国务院关于全面推进乡村振兴加快农业农村现代化的意见》，人民出版社，2021 年版。

《中共中央国务院关于实现巩固拓展脱贫攻坚成果同乡村振兴有效衔接的意见》，人民出版社，2021 年版。

《中共中央关于党的百年奋斗重大成就和历史经验的决议》，人民出版社，2021 年版。

《国务院办公厅关于印发要素市场化配置综合改革试点总体方案的通知》，《中华人民共和国国务院公报》，2022 年 02 期。

《国家发展改革委、商务部关于支持海南自由贸易港建设放宽市场准入若干特别措施的意见》，中国政府网，2021 年 4 月 7 日。

《关于进一步做好国家级田园综合体建设试点工作的通知》，中国政府网，2021 年 5 月 28 日。

《关于金融支持巩固拓展脱贫攻坚成果 全面推进乡村振兴的意见》，中国人民银行网站，2021 年 7 月 5 日。

《国务院印发关于推进自由贸易试验区贸易投资便利化改革创新若干措施的通知》，《中华人民共和国国务院公报》，2021 年 26 期。

法律规章

《中华人民共和国国库券条例》，《中华人民共和国国务院公报》，1981 年 02 期。

《国务院关于加强基本建设计划管理、控制基本建设规模的若干规定》，《中华人民共和国国务院公报》，1981 年 04 期。

《国家计委印发〈关于建设项目实行业主责任制的暂行规定〉的通知》，《工厂建没与设计》，1993 年 01 期。

《国务院关于改革建筑业和基本建设管理体制若干问题的暂行规定》，《中华人民共和国国务院公报》，1984 年 25 期。

《国务院关于固定资产投资项目试行资本金制度的通知》，《中华人民共和国国务院公报》，1996 年 27 期。

《国务院关于鼓励外商投资的规定》，法律出版社，1987 年版。

《国务院批转国家计委〈关于改进计划体制的若干暂行规定〉的通知》，载中共中央文献研究室编：《新时期经济体制改革重要文献选编（上）》，中央文献出版社，1998 年版，第 252–264 页。

《中华人民共和国外资保险公司管理条例中华人民共和国外资金融机构管理条例》，吉林人民出版社，2002 年版。

《中华人民共和国外资企业法实施细则》，中国法制出版社，2002 年版。

《中华人民共和国外资银行管理条例》，中国法制出版社，2006 年版。

《中华人民共和国物权法》，人民出版社，2007 年版。

《中华人民共和国企业所得税法》，中国法制出版社，2007 年版。

《中华人民共和国反垄断法》，中国法制出版社，2007 年版。

《中华人民共和国就业促进法》，法律出版社，2007 年版。

《中华人民共和国循环经济促进法》，法律出版社，2008 年版。

《中华人民共和国企业国有资产法》，法律出版社，2008 年版。

《中华人民共和国政府采购法》，中国法制出版社，2015 年版。

《企业投资项目核准和备案管理办法》，中国法制出版社，2017 年版。

《中华人民共和国中小企业促进法》，法律出版社，2017 年版。

《中华人民共和国公司法》，法律出版社，2018 年版。

《中华人民共和国农村土地承包法》，中国法制出版社，2019 年版。

《中华人民共和国外商投资法》，中国法制出版社，2019 年版。

《优化营商环境条例》，中国法制出版社，2019 年版。

《科创板首次公开发行股票注册管理办法（试行）》，中国证券监督管理委员会网站，2019 年 3 月 1 日。

《科创板上市公司持续监管办法（试行）》，中国证券监督管理委员会，2019 年 3 月 1 日。

《中华人民共和国乡村振兴促进法》，中国法制出版社，2021 年版。

报刊文章

石小玉，《主要国家的固定资本投资构成》，《世界经济》，1979 年 01 期。

胡光荣，《关于我国铁路建设投资比例问题的探讨》，《铁道运输与经济》，1979 年 01 期。

林金枝，《近代华侨投资国内企业的几个问题》，《近代史研究》，1980 年 01 期。

潘无竞，《投资获利能力的计算》，《科技导报》，1980 年 02 期。

王铁生，《关于投资效果指标时间因素问题》，《财经问题研究》，1980 年 03 期。

冬晓，《投资经济效果的计算方式》，《经济管理》，1980 年 04 期。

廖承，《基建投资最佳效果初探》，《湖南财经学院学报》，1981 年 Z1 期。

林森木，《论我国基本建设的宏观投资效果》，《浙江学刊》，1981 年 04 期。

林烈轩、黄桐华，《投资效益系数浅论》，《学术论坛》，1981 年 04 期。

姚锡棠、金行仁，《节能的潜力、经济效果和投资方向》，《社会科学》，1981 年 05 期。

厉以宁，《论社会主义有效投资与合理投资》，《财贸经济》，1982年01期。

张达，《基本建设投资体制改革的回顾》，《经济理论与经济管理》，1982年04期。

文重萍，《关于投资的经济评价问题》，《财务与会计》，1982年11期。

吉·约瑟夫、李宗扬，《在发展中国家的外国直接投资和利润》，《国际经济评论》，1983年03期。

姬惠，《集中投资决策权限、提高投资经济效果》，《基建优化》，1983年04期。

关连升，《投资项目的评估方法》，《财经问题研究》，1983年05期。

邵以智，《固定资产投资决策的方法》，《财经问题研究》，1983年06期。

边狄平、刘光洲、吴良盛，《投资决策的敏感度分析》，《技术经济》，1984年01期。

刘溶沧，《有关我国科技投资战略的一些问题》，《中国社会科学》，1984年01期。

刘夏莲，《论中国对外投资》，《世界经济研究》，1984年03期。

克劳斯–迪特里希·汉特尔曼、晓安，《危机周期中投资作用的变化》，《国际经济评论》，1984年10期。

薛暮桥，《计划体制改革的新课题》，《宏观经济管理》，1985年02期。

史正富，《社会主义经济中的投资膨胀与治理》，《经济研究》，1985年03期。

刘易斯·韦尔斯、杨宇光，《发展中国家对外投资的动机》，《国际经济评论》，1985年04期。

郭英,《加强固定资产投资计划管理的意见》,《计划工作动态》,1985 年 09 期。

李才,《建立多层次的投资决策管理体系》,《投资研究》,1985 年 21 期。

史正富,《投资分配和产业结构》,《经济研究》,1986 年 03 期。

厉以宁,《论社会主义对外经济关系中社会总需求和社会总供给的平衡》,《经济理论与经济管理》,1986 年 04 期。

周沂林,《投资环境及其评价》,《世界经济》,1986 年 05 期。

马洪,《努力实现投资和项目决策的科学化》,《投资研究》,1986 年 07 期。

朱涵萍,《中国的投资行为与周期性探索》,《数量经济技术经济研究》,1986 年 09 期。

王承倜、张汉民,《谈优化投资结构》,《投资研究》,1986 年 09 期。

高尚全,《要积极探索计划与市场的结合问题》,《计划工作动态》,1986 年 12 期。

戴玉林,《略论我国投资体制改革的目标模式》,《经济纵横》,1987 年 04 期。

中国社会科学院经济研究所宏观经济管理课题组,《对投资体制改革的回顾与思考》,《经济研究》,1987 年 05 期。

林森木、姜广新、沈志群,《合理划分投资范围深化投资体制改革》,《投资研究》,1987 年 06 期。

陈彩虹,《我国投资体制改革的几个问题》,《财经问题研究》,1987 年 10 期。

杨培新,《我国投资体制改革回顾与展望》,《瞭望周刊》,1987 年 50 期。

云晖,《投资体制改革的国家宏观调控分析》,《金融科学》,1988

年 01 期。

王福穰，《深化投资体制改革的几个问题》，《中国工业经济》，1988 年 04 期。

吴国斌、刘红霞，《试改重点建设投资体制改革》，《财经研究》，1988 年 04 期。

陶增骥，《论投资体制改革》，《投资研究》，1988 年 07 期。

范一飞，《综论我国投资体制改革的内容及方向》，《财经研究》，1988 年 12 期。

谭兴民，《对我国现行投资体制改革目标的理论反思》，《财经问题研究》，1989 年 12 期。

赖孝辉，《投资体制改革综述》，《经济学动态》，1989 年 01 期。

陈捷，《投资体制改革若干问题探讨》，《社科纵横》，1989 年 01 期。

谭兴民，《深化投资体制改革的理论思考及对策》，《改革》，1989 年 03 期。

徐文通，《论深化投资体制改革》，《金融科学》，1990 年 01 期。

陆大业，《关于深化投资体制改革的思考》，《南京社会科学》，1990 年 02 期。

华荣、王元京，《对深化投资体制改革的探讨》，《社会科学辑刊》，1990 年 06 期。

李锡奎，《我国投资体制改革的理论依据与实践对策》，《财经问题研究》，1990 年 11 期。

罗云毅、沈志群、华荣、王元京，《投资体制改革的回顾与思考》，《中国工业经济研究》，1991 年 01 期。

林森木，《对我国投资体制改革的再认识》，《金融科学》，1991 年 02 期。

王元京、谭兴民，《投资体制改革的进一步思考》，《浙江经济》，1991 年 02 期。

华荣，《投资体制改革：问题及展望》，《中央财政金融学院学报》，1991 年 05 期。

吴敬琏，《论作为资源配置方式的计划与市场》，《中国社会科学》，1991 年 06 期。

张卓元，《继续实施稳健的宏观经济政策》，《经济研究》，1992 年 01 期。

张卓元，《努力建立竞争性市场体制》，《中国工商管理研究》，1992 年 01 期。

左柏云，《市场结构重组与投资体制改革》，《湖湘论坛》，1992 年 04 期。

上官书砚、胡彦炜，《论我国投资体制改革中的问题及其深化改革的目标》，《财经问题研究》，1992 年 05 期。

高尚全，《计划与市场结合的关键是搞好价格改革》，《商业经济研究》，1992 年 06 期。

杨宗良，《转变政府职能与深化投资体制改革》，《计划经济研究》，1992 年 10 期。

杜润生，《改革目标：在社会主义条件下建立市场经济体制》，《中国农村经济》，1992 年 12 期。

孙建，《我国投资体制改革的回顾与前瞻》，《计划经济研究》，1992 年Z1 期。

樊纲，《两种改革成本与两种改革方式》，《经济研究》，1993 年 01 期。

魏杰，《市场经济与投资体制改革》，《经济纵横》，1993 年 01 期。

王梦奎、林兆木、郭树清、韩文秀，《新时期我国经济的宏观调控》,《中国社会科学》, 1993 年 03 期。

苏丽华,《关于深化投资体制改革的几个问题》,《经济纵横》, 1993 年 04 期。

董辅礽,《中国大陆经济的稳定发展与宏观调控》,《经济学家》, 1993 年 06 期。

张汉亚,《国有资产管理体制与投资体制改革》,《中国工业经济研究》, 1993 年 08 期。

魏礼群,《加快计划和投资体制改革的契机、启示与思路》,《计划经济研究》, 1993 年 09 期。

国家计委投资研究所课题组,《转向市场经济的中国投资体制改革》,《经济研究》, 1993 年 11 期。

郑新立,《适应社会主义市场经济要求 加快固定资产投资体制改革》,《学习与研究》, 1993 年 23 期。

吴敬琏,《切实转变政府职能建立有效的宏观调控体系》,《新视野》, 1994 年 01 期。

林森木,《深化投资体制改革完善各类经济主体》,《财经问题研究》, 1994 年 04 期。

廖承,《论我国投资体制改革的政策性取向》,《财经理论与实践》, 1994 年 04 期。

张卓元,《高度重视当前通货膨胀问题》,《财贸经济》, 1994 年 05 期。

郑新立,《固定资产投资体制改革》,《生产力研究》, 1994 年 06 期。

桂世镛,《中国的投融资体制改革》,《中国工业经济研究》, 1994 年 06 期。

桂世镛,《中国计划、投资体制改革的现状及发展方向》,《国际经济合作》, 1994 年 07 期。

桂世镛，《投资体制改革的主要内容》，《价格理论与实践》，1994年07期。

吴敬琏，《中国的财政金融改革》，《中国工业经济研究》，1994年07期。

张卓元，《谈发展生产要素市场》，《经济工作通讯》，1994年08期。

张国泰，《深化投资体制改革的几个理论问题》，《投资研究》，1994年08期。

张汉亚，《投资体制改革对经济周期波动的影响》，《改革》，1995年04期。

林森木，《按照市场化要求深化投资体制改革》，《改革》，1995年04期。

胡彦炜，《对我国投资体制改革方向的理论思考》，《财贸经济》，1995年08期。

郭树言，《进一步深化投资体制改革》，《经济学动态》，1995年10期。

王梦奎，《社会主义市场经济论纲》，《中国社会科学》，1996年01期。

房维中，《把宏观经济管理研究引向深入》，《宏观经济管理》，1996年03期。

张卫宁，《投资体制改革中的问题及对策》，《统计与决策》，1996年04期。

马凯，《坚决抑制通货膨胀为实现〈纲要〉提出的宏伟目标创造良好的宏观经济环境》，《宏观经济管理》，1996年07期。

汪阳红、王青云、吴优，《投资体制改革对地区经济的影响》，《中国工业经济》，1996年08期。

刘隽亭，《深化投资体制改革的目标》，《财政》，1996年08期。

吴长顺，《论深化政府投资体制改革》，《投资研究》，1996年10期。

庄乾志,《中国：投资体制改革走向何处？——对我国投资体制改革的理论思考》,《财经问题研究》, 1996 年 11 期。

张卓元,《经济“软着陆”后仍要在稳定中求发展》,《经济管理》, 1996 年 11 期。

薛文治,《对我国投资体制改革的思考》,《山西财经学院学报》, 1997 年 01 期。

张建萍,《我国投资体制的变迁与创新》,《山西财经学院学报》, 1997 年 06 期。

王元京,《深化投资体制改革的对策思考》,《经济改革与发展》, 1997 年 07 期。

肖泽群,《我国国有经济投资体制改革的基础》,《特区经济》, 1997 年 10 期。

徐湘瑜,《深化投资体制改革促进经济增长方式的转变》,《中央财经大学学报》, 1997 年 07 期。

蔡文青,《投资体制改革与国企改革问题研究》,《财经研究》, 1998 年 02 期。

刘俊霞,《投资制度变迁与投资结构优化》,《中南财经大学学报》, 1998 年 03 期。

林森木,《深化我国投资体制改革的主要任务与对策》,《管理世界》, 1998 年 04 期。

周云峰,《投资体制改革：回顾、反思与前瞻》,《南京经济学院学报》, 1998 年 04 期。

张霞,《深化投资体制改革之管见》,《宏观经济管理》, 1998 年 05 期。

林森木,《深化投资体制改革若干问题研究》,《宏观经济管理》, 1998 年 05 期。

曾培炎，《加大基础设施投资力度拉动经济持续快速增长》，《宏观经济管理》，1998年07期。

张卓元，《从计划经济体制向社会主义市场经济体制的大跨越》，《经济研究》，1998年11期。

桂世镛，《深化计划、投资体制改革的主要任务》，《宏观经济管理》，1998年11期。

张卓元，《所有制结构的重大调整和公有制实现形式的大胆探索》，《中国特色社会主义研究》，1999年02期。

郑新立，《产业升级与投资结构调整》，《中国工业经济》，1999年04期。

王松、朱宝昌，《加快投资的市场化进程是投资体制改革的方向》，《理论界》，1999年05期。

刘宏，《对我国投资体制改革的理论思考》，《价格月刊》，1999年06期。

曾培炎，《深化投资体制改革的重大举措》，《中国投资》，1999年10期。

应望江，《新中国投资体制改革的回顾与展望》，《财经研究》，1999年10期。

邱华炳，《投资体制改革的理论探讨》，《投资研究》，1999年11期。

桂世镛，《要坚定不移地推进国有企业的改革和发展》，《求是》，1999年20期。

张卓元，《深化改革扩大开放促进经济结构调整》，《宏观经济研究》，2000年12期。

董辅礽，《西部大开发中的市场与政府》，《改革》，2001年03期。

桂世镛，《大力调整经济结构》，《中华工商时报》，2001年5月21日。

王梦奎,《中国经济发展的趋势与政策取向》,《经济参考报》,2001年11月14日。

王梦奎,《宏观经济亟需研究六大课题》,《领导决策信息》,2001年35期。

张卓元,《完善基本经济制度,改革国有资产管理体制》,《经济研究》,2002年12期。

张卓元,《国有资产管理体制改革的目标难点和途径》,《宏观经济研究》,2003年06期。

王梦奎,《关于统筹城乡发展和统筹区域发展》,《管理世界》,2004年04期。

吴敬琏,《中国:政府在市场经济转型中的作用》,《河北学刊》,2004年04期。

郭树清,《中国宏观经济分析基础》,《金融研究》,2005年01期。

郑新立,《关于建设社会主义新农村的几个问题》,《农业经济问题》,2006年01期。

张卓元,《转变经济增长方式:政府改革是关键》,《宏观经济管理》,2006年10期。

马凯,《发展循环经济转变增长方式》,《经济日报》,2006年12月27日。

曾培炎,《加快转变增长方式推动可持续发展》,《经济日报》,2007年3月20日。

郑新立,《从制度上更好发挥市场配置资源的基础性作用》,《求是》,2007年22期。

郑新立,《完善现代金融体系防范化解金融风险》,《中国流通经济》,2008年01期。

厉以宁,《论城乡二元体制改革》,《北京大学学报(哲学社会科学版)》,2008年02期。

郑新立,《我国当前经济走势与宏观调控政策取向》,《中国井冈山干部学院学报》,2010年01期。

郑新立,《切实增强转变经济发展方式的自觉性、主动性和创造性——读〈转变经济发展方式研究〉》,《求是》,2010年10期。

郑新立,《转变发展方式是解决当前和长远经济社会发展问题的关键》,《宏观经济管理》,2011年08期。

房维中,《对现行计划体制和经济体制的考量》,《行政管理改革》,2011年08期。

高尚全,《市场经济条件下政府与市场的关系》,《中国经贸导刊》,2011年16期。

郑新立,《金融改革面临的新任务》,《宏观经济管理》,2012年03期。

郑新立,《国民经济运行正处于关键时刻——"稳增长"已成为当前宏观调控的重要任务》,《紫光阁》,2012年08期。

郑新立,《化挑战为机遇全力推进经济发展方式转变》,《经济研究参考》,2012年55期。

王梦奎,《社会主义市场经济体制的首个总体设计》,《经济日报》,2013年11月7日。

郑新立,《政府和市场的关系:经济体制改革的核心问题》,《求是》,2013年02期。

郑新立,《如何正确处理政府和市场的关系》,《先锋队》,2013年05期。

高尚全,《使市场在资源配置中起决定性作用》,《前线》,2013年12期。

刘国光,《关于政府和市场在资源配置中的作用》,《当代经济研究》, 2014 年 03 期。

厉以宁,《中国道路与混合所有制经济》,《中国市场》, 2014 年 23 期。

徐绍史,《完善适应市场经济要求的新型投融资体制机制》,《人民日报》, 2016 年 7 月 19 日。

郑新立,《抓住重大问题推进供给侧结构性改革》,《人民日报》, 2017 年 2 月 16 日。

厉以宁、朱善利、罗来军、杨德平,《低碳发展作为宏观经济目标的理论探讨——基于中国情形》,《管理世界》, 2017 年 06 期。

何立峰,《贯彻落实新发展理念建设现代化经济体系》,《学习时报》, 2017 年 11 月 20 日。

刘国光、王佳宁,《中国经济体制改革的方向、目标和核心议题》,《改革》, 2018 年 01 期。

郑新立,《深化改革以不断推动结构转换和经济发展》,《学习时报》, 2019 年 1 月 30 日。

郑新立、刘森,《学习习近平关于完善农村双层经营体制重要论述的几点思考》,《农村工作通讯》, 2020 年 07 期。

图书著作

杨坚白著,《国民经济综合平衡的理论和方法论问题》, 人民出版社, 1984 年版。

桂世镛、刘洪、利安广主编,《计划体制改革若干问题的研究》, 中国财政经济出版社, 1986 年版。

桂世镛主编,《论中国宏观经济管理》, 中国经济出版社, 1987 年版。

张风波著,《中国宏观经济分析》, 人民出版社, 1987 年版。

刘国光主编,《中国经济体制改革的模式研究》，中国社会科学出版社，1988 年版。

罗德润等著,《国有企业两权分离与经营机制再造》，人民出版社，1989 年版。

周道炯主编,《中国经营投资的金融巨子建设银行》，人民出版社，1989 年版。

杨坚白主编,《社会主义宏观经济论——理论·对策·参照系》，东北财经大学出版社，1990 年版。

国家计划委员会投资研究所、国家统计局投资统计司编,《1991 中国投资报告》，中国计划出版社，1991 年版。

郑新立主编,《现代政策研究全书》，中国经济出版社，1991 年版。

国家计划委员会投资研究所、国家统计局投资统计司编,《1992 中国投资报告》，中国计划出版社，1992 年版。

国务院研究室课题组著,《增强国营大中型企业活力政策取向》，人民出版社，1992 年版。

桂世镛主编,《中国经济调节的理论和实践》，中国人民大学出版社，1992 年版。

国家计划委员会投资研究所、国家统计局投资统计司编,《1993 中国投资白皮书》，中国计划出版社，1993 年版。

高尚全著,《中国经济制度的创新》，人民出版社，1993 年版。

林森木主编,《中国固定资产投资透析》，中国发展出版社，1993 年版。

国家计划委员会固定资产投资司等编,《1994 中国投资白皮书》，中国计划出版社，1994 年版。

杨秋林主编,《贫困地区投资项目可行性研究和评估》，人民出版社，1994年版。

郑新立主编，《经济体制六大改革》，中共中央党校出版，1995年版。

郑新立主编，《中国支柱产业振兴方略》，中国计划出版社，1995年版。

徐鹏航著，《经济改革与发展问题研究》，人民出版社，1995年版。

董辅礽等主编，《中国国有企业制度变革研究》，人民出版社，1995年版。

深圳特区博物馆编，《深圳经济特区创业史》，人民出版社，1995年版。

国家计划委员会政策研究室编，《中华人民共和国计划投资价格法规全书》，中国检察出版社，1995年版。

国家计委固定资产投资司等编，《中国投资白皮书1995》，国际文化出版公司，1995年版。

国家计委固定资产投资司等编，《中国投资白皮书1996》，国际文化出版公司，1996年版。

李京文著，《快速发展中的中国经济：热点·对策·展望》，社会科学文献出版社，1996年版。

国家计委固定资产投资司等编，《中国投资白皮书1997》，国际文化出版公司，1997年版。

李慰严等著，《社会主义经济效益通论》，人民出版社，1997年版。

国家发展计划委员会投资司等编，《中国投资报告1998》，工商出版社，1998年版。

钟阳胜著，《追赶经济增长中的产业建设》，人民出版社，1999年版。

四川省社会科学院财贸金融研究所、四川省股份经济与证券研究会主编，《中国股份制改革研究》，人民出版社，1999 年版。

郑新立主编，《发展计划学》，中国计划出版社，1999 年版。

李京文著，《中国经济："十五"预测与 21 世纪展望》，社会科学文献出版社，2001 年版。

耿明斋等著，《转轨时期的投资体制和投资运作方式书籍》，中国经济出版社，2001 年版。

林毅夫、蔡昉、李周著，《中国的奇迹：发展战略与经济改革》，上海人民出版社，2002 年版。

柳新元著，《利益冲突与制度变迁》，武汉大学出版社，2002 年版。

江小涓著，《中国的外资经济——对增长结构升级和竞争力的贡献》，中国人民大学出版，2002 年版。

刘国光著，《中国宏观经济问题》，经济管理出版社，2004 年版。

郑新立、李连仲等著，《乘势而上的中国经济》，中国计划出版社，2004 年版。

郑新立著，《21 世纪初的中国经济》，社会科学文献出版社，2005 年版。

国家发展和改革委员会投资司、国家发展和改革委员会投资研究所、国家统计局投资统计司编，《中国投资报告 2005》，中国计划出版社，2005 年版。

国家发展和改革委员会投资司、国家发展和改革委员会投资研究所、国家统计局投资统计司编，《中国投资报告 2006》，中国计划出版社，2006 年版。

桂世镛著，《桂世镛文集（全 8 卷）》，中国言实出版社，2007 年版。

国家发展和改革委员会投资司、国家发展和改革委员会投资研究所、国家统计局投资统计司编，《中国投资报告 2007》，中国计划出版社，2007年版。

国家发展和改革委员会投资司、国家发展和改革委员会投资研究所、国家统计局投资统计司编，《中国投资报告2008》，中国计划出版社，2008年版。

薛暮桥著，《薛暮桥改革论集》，中国发展出版社，2008年版。

杜润生著，《杜润生改革论集》，中国发展出版社，2008年版。

于光远著，《于光远改革论集》，中国发展出版社，2008年版。

马洪著，《马洪改革论集》，中国发展出版社，2008年版。

刘国光著，《刘国光改革论集》，中国发展出版社，2008年版。

高尚全著，《高尚全改革论集》，中国发展出版社，2008年版。

吴敬琏著，《吴敬琏改革论集》，中国发展出版社，2008年版。

厉以宁著，《厉以宁改革论集》，中国发展出版社，2008年版。

张卓元著，《张卓元改革论集》，中国发展出版社，2008年版。

王梦奎著，《王梦奎改革论集》，中国发展出版社，2008年版。

国家发展和改革委员会投资司、国家发展和改革委员会投资研究所、国家统计局投资统计司编，《中国投资报告2009》，中国计划出版社，2009年版。

郑新立主编，《建立和完善深圳开放型经济体系》，研究出版社，2010年版。

徐伟著，《中国开放型经济需求管理》，中国经济出版社，2011年版。

郑新立主编，《加快转变经济发展方式研究》，社会科学文献出版社，2011年版。

高尚全著，《创新政府：政府转型与民生难题破解》，人民出版社，2012年版。

刘国光主编，《共同理想的基石：国有企业若干重大问题评论》，经济科学出版社，2012年版。

刘国光著,《社会主义市场经济理论问题》，中国社会科学出版社，2013年版。

高尚全著,《新时期改革逻辑论》，人民出版社，2015年版。

刘国光著,《中国经济体制改革的方向问题》，社会科学文献出版社，2015年版。

郑新立著,《郑新立文集（全16册）》，中国社会科学出版社，2016年版。

郑新立、徐伟、綦鲁明著,《从计划到市场——中国计划投资体制改革40年》，广东经济出版社，2017年版。

郑新立著,《奇迹是如何创造的（中国经济改革和发展40年轨迹）》，商务印书馆，2018年版。

郑新立、陈永杰、王军、徐伟、刘森等著,《构建面向环太平洋经济圈的桥头堡——舟山新区发展规划研究》，中国市场出版社，2019年版。

国家发展和改革委员会固定资产投资司编,《固定资产投资管理常用法规文件汇编（2019）》，中国计划出版社，2019年版。

郑新立、白津夫、徐伟、刘森等著,《横空出世看深圳——深圳调研报告》，中国财政经济出版社，2020年版。

郑新立等著,《社会主义改革总论》，中国财政经济出版社，2021年版。

郑新立著,《郑新立论消费》，中国旅游出版社，2021年版。

郑新立、白津夫、唐元、张永军、徐伟、刘森等著,《奔向2035的新发展格局》，中央党校出版社，2021年版。

郑新立著,《中国特色社会主义理论创新与改革经验》，人民出版社，2022年版。

中国计划投资体制改革大事记

1978 年

2 月 5 日，中共中央批准国家计委《关于经济计划工作的汇报要点》。

2 月 18—23 日，党的十一届二中全会在北京举行，通过《1976—1985 年发展国民经济十年规划纲要（草案）》。

2 月 25 日，国务院批准国家计委《关于恢复华侨外汇留成办法的请示报告》。

2 月 26 日—3 月 5 日，五届全国人大一次会议在北京召开，会议讨论通过了国务院提出的《1976—1985 年发展国民经济 10 年规划纲要（草案）》。

3 月 20 日，国家计委、国家建委发布《1978 年引进新技术和成套设备计划》。

4 月 6 日，国务院对南水北调工程规划方案作出批复，同意对南水北调工程规划方案组织现场审查。南水北调工程是补充华北地区工农业用水，改善南北航运的一项战略性工程，由国家计委、国家建委主持，会同水电部、交通部、农林部、一机部和有关省市共同指挥组织进行。

4 月 13 日，中共中央、国务院批转国家建委起草的《关于改进当前基本建设工作的若干意见》。调整基本建设规模和投资方向，整顿基本建设管理和企业管理，改革基本建设管理体制和管理方法。

4 月 22 日，国家计委、国家建委、财政部下达《关于试行加强基本建设管理几个规定的通知》。

5 月 7 日，国务院批准国家计委起草的《关于实行奖励和计件工资制度的通知》。

5 月 11 日，《光明日报》发表特约评论员文章《实践是检验真理的唯一标准》。次日，《人民日报》全文转载。文章发表以后，在全党和全国范围内展开了关于真理标准的大讨论。

7 月 6 日，国务院召开理论务虚会，研究加快我国实现四个现代化的速度问题，强调要放手利用国外资金，大量引进国外先进技术设备，指出此后在经济领导工作和管理工作中，一定要保障企业必要的独立地位，适当扩大他们的经济自主权。

9 月 5 日，国务院召开全国计划会议，确定经济战线必须实行三个转变：一是从上到下，都要把注意力转到生产斗争和技术革命上来；二是从那种不计经济效果、不讲工作效率的官僚主义的管理制度和管理方法，转到按照经济规律办事，把民主和集中很好地结合起来的科学管理的轨道上来；三是从那种不同资本主义国家进行经济技术交流的闭关自守或半闭关自守状态，转到积极引进国外先进技术，利用国外资金，大胆进入国际市场上来。

12 月 13 日，邓小平在中央工作会议上发表题为《解放思想，实事求是，团结一致向前看》的重要讲话。

12 月 31 日，国务院转批国家计委、财政部《关于改进固定资产更新改造资金管理的报告》。

1979 年

1月18日—4月3日，中共中央召开理论务虚会，对“两个凡是”和思想僵化现象进行了尖锐的批评，对一些理论方面的重大原则问题进行了深入的讨论。

3月14日，李先念和陈云就财经工作致信党中央，建议在国务院下设立财政经济委员会，作为研究制定财经工作的方针政策和决定财经工作中大事的决策机关。

3月21—23日，中共中央政治局召开会议，讨论1979年计划和国民经济调整问题。

4月5—28日，中共中央召开工作会议，针对国民经济比例严重失调的情况，决定从1979年起，用3年时间对国民经济进行调整，实行“调整、改革、整顿、提高”的方针。

4月20日，国家建委发布《关于基本建设推行合同制的意见》，提出“采取经济办法，充分运用合同制来管理基本建设”。

5月14日，国务院下发《关于1979年国民经济计划的安排》。文件提出进行国民经济的调整，把严重失调的比例关系基本上改变过来。同时，着手经济体制的改革，继续进行现有企业的整顿。

7月1日，五届全国人大常委会第九次会议决定设立国务院财政经济委员会。

同日，五届全国人大二次会议通过《中华人民共和国中外合资经营企业法》。

8月28日，国务院批转国家计委、国家建委、财政部《关于基本建设投资试行贷款办法的报告》和《基本建设贷款试行条例》，提出1979年、1980年先在一部分行业和一部分地方选择建设条件好的项目和投资进行试点。这是投资试行拨款改贷款试点的开始。

9 月 2—24 日，国务院财经委连续召开会议，主要讨论 1980 年、1981 年两年计划安排。国家计委在汇报中强调要兼顾国家建设项目和国外进口项目的需要；要兼顾眼前需要和长远需要。

10 月 4 日，邓小平在中共中央召开的各省、市、自治区委员会第一书记座谈会上指出，经济工作要按经济规律办事，不能弄虚作假，不能空喊口号，要有一套科学的办法，要培养一批能按经济规律办事的人。

10 月 17 日，财政部发出《关于改进国营企业提取企业基金办法的通知》。

11 月 8 日，财政部、国家计委、国家建委等单位颁发《基本建设拨款暂行条例》。《条例》规定，一切用于基本建设的资金，均由中国人民银行按照条例的规定监督拨付。

11 月 20 日—12 月 21 日，国务院召开全国计划会议，讨论 1980、1981 两年的计划安排，讨论确定了财政体制改革。

11 月 26 日，邓小平会见美国大不列颠百科全书公司编委会副主席吉布尼和加拿大麦吉尔大学东亚研究所主任林达光等。会见中，邓小平就四个现代化和中国的社会主义道路问题回答客人的提问。

12 月 3 日，国务院财经委经济体制改革小组办公室提出《关于经济管理体制改革总体规划设想的初步意见》，对经济改革提出以下几种设想：（一）以中央各部为主集中管理，适当扩大地方和企业的自主权；（二）在中央统一领导下，以省、市、自治区为主分散管理；（三）主要采取经济办法，通过经济组织管理经济；实行计划调节与市场调节相结合，该放的放，该收的收。

12 月 16 日，国家计委印发中国人民建设银行《补充、修改部分基本建设项目大中型划分标准》。

12月31日，财政部《关于颁发文教科学卫生事业单位、行政机关“预算包干”试行办法的通知》。

1980年

1月7日，国家决定1980年对轻纺工业实行六个优先的原则，确保轻工业、纺织工业、手工业加快发展步伐。

1月10日，国家计委下发《关于基本建设计划按两级管理的初步意见》（征求意见稿）。总的设想是，在计划权责的前提下，划分中央和地方管理的项目。

1月30日，国务院下发国家计委《关于1981年国民经济计划调整意见的报告》和《1981年国民经济计划主要指标调整》。

2月1日，国务院下发《实行“划分收支，分级包干”财政管理体制的暂行规定》。

2月4日，国务院批准《国家计委的职责范围和工作方法》。

2月13日，国务院发出《关于拟订长期计划的通知》，决定从现在起，着手进行1981年至1990年发展国民经济10年规划的制订工作。

3月17日，中共中央政治局常委会决定，成立中央财政经济领导小组。

3月21日—4月14日，全国基本建设工作会议在北京召开，提出继续搞好在建项目清理；扩大基建投资由银行贷款的试点范围；扩大国营施工企业的经营管理的自主权；改进基本建设物资供应工作。

3月30日—4月24日，国务院召开长期计划座谈会，讨论编制长期计划的方针、政策问题。

4月1日，国家计委、国家经委、国家劳动总局将《国营企业计件工资暂行办法（草案）》发给各地方、各部门试行。

4 月 17 日，国际货币基金组织（IMF）理事会正式恢复我国的代表权。

5 月 4 日，国家建委、国家计委等单位作出《关于扩大国营施工企业经营管理自主权有关问题的暂行规定》。

5 月 8 日，国务院成立体制改革办公室，负责制定改革的总体规划和协调各方面的改革，拟定《经济体制改革的初步意见》，提出经济体制改革的方向和近期内的改革意见。

同日，国家计委等单位印发《军工企业生产民品暂行管理办法》，要求军工企业除在平时完成军品生产任务外，应充分利用富余能力，积极生产民用产品和出口产品。

5 月 15 日，世界银行执行董事会正式恢复我国在世界银行、国际开发协会和国际金融公司的代表权。

8 月 12 日，中央财经领导小组组织中国社会科学院、中央各有关部委等单位参加“经济研究中心”。

8 月 20 日，国家计委等单位发出《关于抓紧清理、压缩全国基本建设在建工程量的通知》。

8 月 21—26 日，五届全国人大常委会第十五次会议在北京召开，决定设立国家能源委员会，批准国务院提出的在广东省的深圳、珠海、汕头和福建省的厦门设置经济特区和《广东省经济特区条例》。

8 月 30 日—9 月 11 日，五届全国人大第三次会议在北京召开，《关于 1980、1981 年国民经济计划安排的报告》，指出 1980 年国民经济计划正在顺利执行，预计工农业总产值可以超额完成；提出 1981 年发展国民经济的主要任务是继续贯彻执行“调整、改革、整顿、提高”的方针，促进工农业生产和各项事业协调地前进。

9 月 8 日，国务院体制改革办公室拟订出《经济体制改革的初步意见》，对企业独立、开放流通、打破条块分割、严格法纪、扩大地方管理权限等提出了体制改革的设想，特别是提出，把由上而下的指令性计划制度，改为自下而上、上下结合的指导性和指令性的计划制度；把主要依靠行政方法管理经济，改为主要运用经济手段调节经济。

9 月 14—22 日，中共中央召开省、市、自治区第一书记座谈会，讨论了加强和完善农业生产责任制问题。

10 月 29 日，国务院公布《关于开展和保护社会主义竞争的暂行规定》。

11 月 1 日，国家计委等单位发出《关于基建项目、技措项目要严格执行“三同时”的通知》，强调安排基建计划，必须把防止污染和其他公害的设施与主体工程同时设计，同时施工，同时投产。

11 月 15—30 日，国务院在北京召开全国省长、市长、自治区主席会议，同时召开了全国计划会议。这两个会议讨论了经济形势，调整了 1981 年国民经济计划。

11 月 18 日，国务院批转国家计委等单位《关于实行基本建设拨款改贷款的报告》，强调从 1981 年起，凡是实行独立核算，有还款能力的企业，进行基本建设所需的投资，除尽量利用企业自有资金外，一律改为银行贷款。确实无法实行贷款的企业，经有关部门批准，给予财政拨款。

11 月 30 日，国务院发出《关于紧缩基本建设支出的紧急通知》。

12 月 7 日，为制止物价继续上涨，国务院发出《关于严格控制物价，整顿议价的通知》。

12 月 16—25 日，中共中央召开工作会议，着重讨论经济形势和经济调整问题，同时总结了三十多年经济建设的经验教训，对于统一思想认识，端正经济工作的指导方针，进一步搞好经济调整，稳定国民经济具有重要意义。

1981年

1月16日，国务院发布《中华人民共和国国库券条例》，决定自1981年起，向国营企业、集体所有制企业、主管部门和地方政府分配发行国库券。1981年共发行国库券48.7亿元，主要用于弥补1980年财政赤字。

1月21日，国务院发布《技术引进和设备进口工作暂行条例》，规定所有技术引进和设备进口项目都要编制项目建议书和可行性研究报告。

1月30日，国务院下发国家计委《关于1981年国民经济计划调整意见的报告》和《1981年国民经济计划主要指标调整意见》。

2月20日，中国人民银行发出通知，实行“信贷差额包干办法”。

2月25日，五届全国人大常委会第十七次会议听取和审议了《关于调整1981年国民经济计划和国家财政收支的报告》，提出1981年首先要调整财政收入和支出指标，争取做到基本实现财政收支平衡；在此基础上实现信贷收支平衡，停止财政性货币发行。

3月3日，国务院发布《关于加强基本建设计划管理，控制基本建设规模的若干规定》，提出基本建设不论其资金来源如何，都要按照隶属关系和计划安排权限，由各级计委综合平衡后，纳入各级基本建设计划，接受国家和各级政府的财政和统计监督。

3月10日，国家计委召开国务院各部、委、总局主管计划工作的负责同志会议，姚依林讲关于拟订“六五”计划和10年设想的有关问题。

4月14日，国家计委党组向中共中央政治局、书记处、国务院报送了《贯彻中央工作会议精神检查和改进国家计委工作》的情况简报。

5月6日，国务院批转国家建委《关于基本建设调整问题的汇报提纲》。

5月10日，国家计委、国家经委、国务院体改办、财政部、商业部、外贸部等联合发布《贯彻落实国务院有关扩权文件，巩固提高扩权工作的具体实施暂行办法》。

5月11日，国家计委、国家建委、国家经委、国务院环境保护领导小组颁发《基本建设项目环境保护管理办法》。

8月8日，国务院批转国家计委、国家经委、工商行政管理总局、国家物资总局《关于工业品生产资料市场管理暂行规定》，提出了进入市场的工业品生产资料的范围。

10月8—13日，中共中央政治局召开扩大会议，主要讨论国家计委的《关于第六个五年计划控制数字的汇报提纲》。

11月11日，国务院批转并同意国家经委、国务院体制改革办公室、国家计委、财政部、劳动总局、人民银行、全国总工会召开的京、津、沪、辽、鲁五省市经济责任制座谈会上讨论制定的《关于实行工业生产经济责任制若干问题的暂行规定》。

11月24日，国务院批准中国国际信托投资公司在日本发行日元私募债券100亿日元，这是我国首次在国外发行债券。

12月23日，国务院批准成立中国投资银行。

12月28日，国务院批转国家进出口委、国家计委制定的《关于部分物资计划外出口实行许可证办法的请示报告》。

1982年

1月2日，中共中央、国务院发布《关于国营工业企业进行全面整顿的决定》，提出从1982年起，用两三年时间有计划有步骤地、分期分批地对所有国营工业企业进行全面整顿。

1月8日，为保证市场物价的基本稳定，国务院发出《关于坚决稳定市场物价的通知》。

1 月 18 日，国务院发布《关于对现有企业有重点、有步骤地进行技术改造的决定》。

1 月 25 日，国务院发布《关于下达第六个五年计划控制数字的通知》，并转发国家计委的《关于下达第六个五年计划控制数字的报告》《关于第六个五年计划控制数字的汇报要点》和《1981 年至 1985 年经济和社会发展计划控制数字》。

2 月 1 日，国家计委、国家经委和财政部发布《1982 年更新改造措施计划安排意见》，提出从 1982 年起，把更新改造措施纳入国家计划。

2 月 26 日，为尽快把全国大中型项目的建设周期恢复到历史最好水平，使在建的大中型项目的绝大多数在“六五”期间建成投产，国家计委和国家建委印发《关于缩短建设工期，提高投资效益的若干规定》。

3 月 8 日，五届全国人大常委会第二十二次会议通过关于国务院机构改革问题的决议，决定撤销国家建委，将其主管的业务分别划归新组建的城乡建设环境保护部和国家计委等。

3 月 30 日，国务院颁发《机械工业技术改造试行条例》。

4 月 5 日，国家进出口管理委员会批准成立中国国际工程咨询公司。

4 月 10 日，国务院发出《关于在工业品购销中禁止封锁的通知》。《通知》提出，企业、事业单位和供销部门，有权到外地区、外部门择优选购各种工业品，任何地区、部门和个人，不得加以限制和阻挠。

同日，国务院发布《企业职工奖惩条例》。

5 月 1 日，国家计委、国家建委、财政部、建设银行总行发出《关于进一步实行基本建设拨款改贷款的通知》。

5 月 4 日，国家经济体制改革委员会成立，其主要任务是制定经济体制改革总体规划，加强对全国经济体制改革的指导和协调工作。

5月26日，国家计委、国家统计局发布《关于沿海和内地划分问题的通知》。

7月21日—8月17日，国务院召开全国计划会议，讨论“六五”计划和1983年计划。

9月22日，国家计委发出《关于编制建设前期工作计划的通知》。

9月27日，国务院颁布《中华人民共和国1983年国库券条例》。

10月16日，国家工商总局在武汉召开全国小商品市场现场会，推广武汉市汉正街小商品市场的经验。

10月25日—11月10日，国务院召开全国计划会议，着重讨论四个问题：1.提高经济效益。2.落实1983年计划指标。3.控制固定资产投资规模。4.处理库存积压物资。

10月27日，国务院颁发《关于解决企业社会负担过重问题的若干规定》。《规定》指出，随着经济管理体制的改革，在安排年度和长远计划中，对城市、矿区、林区各项建设事业要进行综合平衡，统筹解决。

11月26日，中央财经领导小组扩大会议讨论加强固定资产投资管理问题。

12月10日，五届全国人大五次会议讨论通过《中华人民共和国国民经济和社会发展第六个五年计划（1981—1985）》《关于1982年国家预算执行情况和1983年国家预算草案的报告》。

12月15日，国务院发布《国家能源交通重点建设基金征集办法》。

12月17日，国务院批转国家计委《关于制定长远规划工作安排的报告》，提出从1983年1月起，把计划工作的重点转到制定长远规划，即“七五”计划和后10年设想，并对制定长远规划工作的安排提出了具体意见。

12月24日，国务院发出《关于严格控制固定资产投资规模的补充规定》。

12月31日，中共中央政治局会议讨论通过《当前农村政策的若干问题》。杜润生在会上作说明，提出“大计划、小自由”，70%~80%的产品实行统购派购，30%的产品允许农民多渠道经营；完成收购任务后，棉花暂不放开，粮食可以放开；允许农民自己办合作商业；允许农民长途贩运。

1983年

1月22日，国家计委发布《关于改进和加强计划管理的意见》。

1月27日，国务院批准国家计委《关于对水电部实行以煤代油资金包干办法的请示报告》，提出从1981年起建立以煤代油专用资金，将压缩的油出口，换回的钱用于发展能源及交通事业。水电部是压油重点户，拟对水电部采取以煤代油专用资金包干使用办法。

2月2日，国家计委发出《关于颁发建设项目进行可行性研究的试行管理办法的通知》。明确可行性研究是建设前期工作的重要内容，是基本建设程序的组成部分。

2月3日，国务院批准试行国家计委《关于对商品粮基地建设进行改革试点的报告》，提出根据财政实行“分灶吃饭”、粮食包干的情况，实行以县为单位，联合投资、钱粮挂钩、承包建设的责任制办法，联合建设50个商品粮基地县。

2月8日，中共中央、国务院批准四川省委、省人民政府《关于在重庆市进行经济体制综合改革试点意见的报告》。

2月28日，国务院批转《财政部关于国营企业利改税试行办法（草案）的报告》。决定在全国国营企业试行利改税。

3月3日，国家计委、国家经委、劳动人事部、中国人民建设银行发布《基本建设项目包干经济责任制试行办法》，要求凡是列入国家计划的项目，都要逐步实行建设包干经济责任制。

3月15日，国务院办公厅转发国家计委、国家经委《关于技术改造和技术进步工作的分工意见》，明确了国家计委和国家经委在技术改造管理上的职责分工。

4月1日，中共中央、国务院发布《加快海南岛开发建设问题讨论纪要》，提出对海南行政区的各项计划指标，在广东省国民计划中单列户头。

同日，国务院颁发《国营工业企业暂行条例》。

4月6日，国务院批转国家计委、财政部、中国人民银行、国家统计局《关于编制综合财政信贷计划的报告》。

4月24日，中共中央、国务院批转国家计委、国家经委《关于当前经济工作中几个问题的汇报提纲》。

6月7日，城乡建设环境保护部发布《建筑安装工程招标投标试行办法》，规定建筑安装工程可以通过招标择优选定施工单位。

7月9日，为刹住基本建设投资过猛的趋势，以保证集中财力、物力加强重点建设，国务院发布《关于严格控制基本建设规模，清理在建项目的紧急通知》。

7月19日，为加强和统一领导北京的城市建设，中共中央、国务院决定成立首都规划建设委员会。其主要任务是，负责审定实施北京城市建设总体规划的近期计划和年度计划，组织制定城市建设和管理的法规，协调解决各方面的关系。

8月10日，国务院发出《关于整顿和加强统配物资管理的通知》。

9月3日，中共中央、国务院下发《关于加强利用外资工作的指示》，要求把利用外资作为发展经济的一个长期方针。应尽量利用外国政府和国际金融组织的中低利息中长期贷款，加快重点项目和基础设施的建设。同时也要尽可能多吸收一些直接投资；在平等互利的原则下，有些政策要放宽，并抓紧完善立法工作；搞好综合平衡，安排好国内配套资金和物资。

9月23日，国务院发布《中华人民共和国1984年国库券条例》。

10月9日，国务院批准国家计委等单位《关于加强国民收入计划统计工作的报告》，提出从1984年起，除国家计委继续编制全国的国民收入计划外，各省、市、自治区和工业部门编制工业净产值为主要考核指标的试点；国家计委、国家经委、财政部和国家统计局成立一个经济核算小组对计算口径和方法作出统一规定。

12月8日，六届全国人大常委会第三次会议讨论通过《中华人民共和国统计法》。

1984年

1月23日，国务院发布《工矿产品购销合同条例》和《农副产品购销合同条例》。

2月16日、20日，中共中央书记处召开会议，提出在实行对外开放政策方面更放手一些，多吸引一些外资和国外先进技术，以增加我国的建设力量；要采取有效措施，充分有效地利用我国各地的各种能源；企业要建立经营管理的盈亏责任制。

3月26日—4月6日，中共中央召开沿海部分城市座谈会，建议进一步开放天津、上海、大连、秦皇岛、烟台、青岛、连云港、南通、宁波、温州、福州、广州、湛江和北海14个沿海港口城市，并在扩大地方权限和给予外商投资者若干优惠方面，实行一系列政策和措施。

4月2日，国务院批准教育部、国家计委《关于将十所高等院校列入国家重点建设项目的请示报告》。

4月16—25日，国家体改委在常州市召开城市经济体制改革座谈会。会议提出加快城市经济体制改革试点的步伐，简政放权、搞活企业，开放市场、搞活流通。探索城市新的计划管理体制，完善市领导县的新体制，增加一批改革试点城市等项措施和建议。

4月20日，国务院明确中国人民建设银行不再是国务院直属单位，改为独立经营、独立核算的全国性金融经济组织，是管理基本建设投资的国家专业银行。

5月4日，中共中央、国务院批转《沿海部分城市座谈会纪要》，同意进一步开放14个沿海港口城市。

5月8日，国务院颁布《关于环境保护工作的决定》，提出成立国务院环境保护委员会。

5月11日，劳动人事部、国家计委、国家统计局、商业部联合发出《关于改革供销合作社劳动工资计划体制和统计问题的通知》，要求供销合作社劳动工资计划和统计一律改按集体所有制计划和统计管理。

5月17日，为了开创利用外资、引进先进技术的新局面，国务院批准了国家计委等单位《关于进一步开放沿海港口城市外汇使用额度的请示报告》。

5月21日，中共中央办公厅、国务院办公厅同意在武汉市进行经济体制综合改革试点。

6月26日，《国务院办公厅转发关于大连市经济体制综合改革的实施方案的报告的通知》发布，决定在大连市搞经济体制综合改革。之后，国务院又分别于同年7月13日和12月18日，决定在南京市、沈阳市搞经济体制综合改革。

6月30日，国家计委、国家经委转发铁道部《关于发展地方铁路若干问题的报告》，指出地方铁路主要由地方自建自营，投资应当继续坚持以地方自筹为主，国家酌情给予适当补助的原则。

7 月 14 日，云南鲁布革水电站的引水隧洞工程作为水利电力部第一个对外开放、利用世界银行贷款的工程，实行新中国成立以来的第一次国际公开招标，与日本大成建设公司签订合同。

8 月 14—23 日，国家计委召开计划工作座谈会，提出为适应经济体制改革的形势，在计划思想和计划方法上要实现转变。

8 月 18 日，国家计委发布《关于简化基本建设项目审批手续的通知》，要求将需要国家审批的基本建设大中型项目审批程序，由五道手续简化为项目建议书、设计任务书两道手续；凡列入长期计划或建设前期工作计划的项目，应该有批准的项目建议书；凡列入五年计划的项目，应该有批准的设计任务书。

9 月 15 日，国务院批转对外经济贸易部《关于外贸体制改革意见的报告》。

9 月 18 日，国务院发布《关于改革建筑业和基本建设管理体制若干问题的暂行规定》，提出全面推进建设项目投资包干责任制。

同日，国务院发布《关于改革建筑业和基本建设管理体制若干问题的暂行规定》，全面推行建设项目投资包干责任制，大力推行工程招标承包制，建立工程承包公司和城市综合开发公司，勘察设计全面推行技术经济承包责任制。

9 月 29 日，国家计委、城乡建设部、劳动人事部、中国建设银行联合发布《基本建设项目投资包干责任制办法》，指出建设项目总承包单位在包干投资总额范围内，有权根据工程进度对单项工程的资金使用进行统筹安排，不受年度的限制。包干后节余的投资，全部作为企业收入，可用于职工个人的分成收入。

10 月 4 日，国务院批转国家计委《〈关于改进计划体制的若干暂行规定〉的通知》。

10月5日，国务院批转国家计委、国家体改委《关于对一些城市要求在国家计划中单列户头处理意见的报告》，提出除原已批准的重庆、武汉、沈阳、大连四个城市之外，还可以同意20世纪60年代曾实行过计划单列的哈尔滨、广州、西安3个省会城市恢复计划单列，并赋予其相当于省一级经济管理权限。此后，其他城市一律不再批准实行计划单列。

10月8日，国家计委、煤炭部发出《实行招标承包建设地方煤矿的几项规定》，指出为了加快地方煤矿的发展，从1985年起，国家决定拿出一部分资金，采取招标承包的办法。

10月20日，党的十二届三中全会在北京召开，讨论通过《中共中央关于经济体制改革的决定》，明确增强企业活力是经济体制改革的中心环节；扩大企业自主权，使企业真正成为相对独立的经济实体，成为自主经营、自负盈亏的社会主义商品生产者和经营者。

10月27日，为使轻纺产品更加适应国际市场的需要，国务院将国家经委、国家计委《关于发展沿海地区轻纺产品出口问题的报告》发给各地区、各部门执行。

11月10日，国务院批转国家计委《关于工程设计改革的几点意见》，提出国营、集体和个体设计并存，开展竞争。

11月20日，国家计委、建设部印发《建设工程招标投标暂行规定》。

12月8日，国家计委等单位发出关于试行《加强基本建设自筹资金管理的暂行规定》的通知。

12月14日，国家计委、财政部、中国人民建设银行联合发出《关于国家预算内基本建设投资全部由拨款改为贷款的暂行规定》，提出自1985年1月1日起，凡是由国家预算安排的基本建设投资全部由财政拨款改为银行贷款。

12月27日，为全面地科学地表现农村各生产部门综合发展水平和速度，国务院批转了国家统计局《关于计算农村社会总产值和把村（队）办工业从农业划归工业的请示报告》。

1985年

1月1日，中共中央、国务院发布《关于进一步活跃农村经济的十项政策》，决定改革农产品统派购制度，从1985年起实行合同定购和市场收购。

1月5日，国务院发出《关于国营企业工资改革问题的通知》，从1985年开始，在国营大中型企业中，实行职工工资总额同企业经济效益按比例浮动的办法；国家对企业的工资，实行分级管理的体制。

1月7日，国务院批转中国民用航空局《关于民航系统管理体制改革的报告》。《报告》提出，政企分开后，民航局作为国务院主管民航事务的部门，行使行政管理职能，不再直接经营航空运输业务。

2月5—14日，国务院召开全国经济工作会议，研究制定增强企业活力，特别是增强全民所有制大中型企业活力的政策措施。会议讨论了《关于进一步增强大中型国营工业企业活力若干问题的暂行规定》等，并部署了1985年度的经济工作。

2月8日，国务院发布《城市维护建设税暂行条例》，扩大和稳定城市维护建设资金的来源。

3月26日，国务院批转国家计委《关于编制全国国土总体规划纲要的报告》。

3月27日—4月10日，六届全国人大三次会议在北京举行。题为《当前的经济形势和经济体制改革》的政府工作报告强调，要继续把经济搞活，促进各方面的经济效益有一个较大的提高，迈出工资制度和价格体系改革的重要一步，同时要切实加强和完善宏观经济的有效控制和管理。

4月4日，国务院批转中国人民银行《关于控制1985年贷款规模的若干规定》。

4月5日，国务院办公厅转发国家统计局《关于建立第三产业统计的报告》。

4月8日，国务院发出《关于控制固定资产投资规模的通知》。

4月15日，邓小平会见坦桑尼亚副总统姆维尼，其间阐述了什么是社会主义，如何建设社会主义的问题。

4月28日，为加强对国民经济的宏观控制，协调运用各种经济手段，并为党中央、国务院对经济工作的决策提供信息和建议，国务院决定成立经济调节办公室，作为国务院直属办事机构。

5月27日，中共中央发布《关于教育体制改革的决定》。

6月18日，国家计委印发《关于简化限额以上技术改造项目审批程序的规定》，提出总投资在3000万元及以上的项目由国家计委审批，总投资在2亿元以上的项目由国家计委核报国务院审批。

7月20日，国家计委向国务院报送《关于加强中国国际工程咨询公司的报告》，提出凡新上国家大中型项目和限额以上技改项目的可行性研究报告，先经中国国际工程咨询公司评估论证，再由国家计委研究决定是否列入国家计划。该报告经国务院领导同志同意，“先评估后决策”制度正式确立。

8月28日，国务院发出《关于不再扩大1985年基本建设规模的通知》。

9月2—7日，“宏观经济管理国际研讨会”在重庆开往武汉的“巴山号”旅游船上召开。会议着重讨论了宏观经济管理的理论与国际经验、计划与市场的关系、经济调控手段的运用等问题。

9月16—23日，党的十二届四中全会在北京召开，讨论通过了《中共中央关于制定国民经济和社会发展第七个五年计划的建议》。

10月19日，国务院批转国家计委等八个部门《关于扩大机电产品出口的报告》，强调“七五”时期要下大力量打基础，上水平，努力扩大出口，争取1990年以后我国机电产品出口能有较快增长。

11月26日，宝钢一期工程建成投产。我国当时技术最先进的钢铁联合企业——宝山钢铁总厂，经过七年建设，正式投产，这标志着我国钢铁工业在现代化道路上迈出了一大步。

11月28日，厦门国际银行开业。这是我国第一家合资银行，由中国工商银行福建省分行、福建投资企业公司、厦门经济特区建设发展公司和香港泛印集团有限公司四方合资组成，是我国在金融领域内的一大突破。

12月14日，国家计委、财政部、中国人民建设银行发布《关于调整国家预算内基本建设投资拨款改贷款范围等问题的若干规定》，指出从1986年起，对科学研究、学校、行政单位等没有还款能力的建设项目不再采用“拨改贷”方式进行管理，恢复拨款办法。

1986年

1月8日，我国第二汽车制造厂建成投产并通过国家验收。制造厂的建成投产标志着我国汽车工业无论在数量、质量、品种上，还是在生产技术、经营管理水平上，都已经发展到一个新阶段。

1月12日—2月3日，全国计划会议在北京召开，提出着重抓好改善宏观控制，对已经出台的价格改革、工资改革作一些消化、补充工作，进一步把大中型骨干企业和出口企业搞活，大力促进跨地区、跨部门的横向经济联合等4件大事。

3月3日，王大珩、王淦昌等四位著名科学家联名给中央写信，提出“关于跟踪世界战略性高技术发展”的建议。此后，中央政治局召开扩大会议，批准《国家高技术研究发展计划纲要》。从此，我国的高技术研究进入了一个由国家有计划有组织实施的发展新阶段。

3月23日，国务院发布《关于进一步推动横向经济联合若干问题的规定》。

3月31日，国务院批转国家计委等五个部门《关于铁道部实行经济承包责任制方案的通知》，指出铁路要以经济承包责任制为中心，全面改革经营管理制度，充分发挥铁路职工的积极性、创造性，多创利，加快路建和技改的步伐。

4月12日，六届全国人大四次会议通过《中华人民共和国外资企业法》。

7月24日，国务院决定重新组建交通银行。

7月25日，来自中国、美国、日本和中国香港五家银行的代表在广东深圳签订一项关于在中国建立一家国际银行的协议。这是自国务院于1985年4月2日发布施行《中华人民共和国经济特区外资银行、中外合资银行管理条例》后，成立的第一家中外合资银行。

9月5日，经国务院批准，海南行政区在国家计划中单列户头，被赋予相当于省一级的经济管理权限。

10月11日，国务院颁布《关于鼓励外商投资的规定》。

10月15日，国务院发布《关于对青岛市实行计划单列的批复》，批准青岛市在国家计划中实行单列。至此，全国实行计划单列的城市和地区已有9个，分别是：重庆、武汉、沈阳、大连、广州、哈尔滨、西安、青岛和海南行政区。

11月20日，我国首次发行企业债券。上海市建设银行经中国人民银行批准，接受上海石化总厂和吴泾工程指挥部委托，将为上海30万吨乙烯一期工程代理发行企业债券51400万元。通过发行企业债券筹措建设资金，是我国基建投资管理体制和金融体制的一项重大改革。

12月19日，国务院批转国家计委、国家经委、国家物价局《关于进一步放开小商品价格等有关问题的请示报告》，提出对小商品出厂价、批发价和零售价一律实行市场调节，由企业定价。

1987年

1月21日，国务院办公厅转发国家计委等部门《关于扩大沿海地区轻工产品出口有关政策措施的意见》，提出设立重点出口企业发展基金，实行创汇与奖励挂钩，换汇率与收购价补贴挂钩，增加贴息贷款。

1月22—25日，国务院召开全国经济工作会议，主要讨论深化企业改革，努力增产节约，全面提高经济效益，做好1987年的经济工作。

1月24日，经国务院批准，由国家计委计算中心、经济预测中心、经济信息管理办公室合并组建的国家经济信息中心在北京成立。

2月10日，国务院决定1987年发行国家重点建设债券55亿元，重点企业债券45亿元，主要用于国家计划内的重点建设项目。

2月27日，经国务院批准，我国对外开放的重要沿海港口城市宁波市实行计划单列市，被赋予相当于省一级的经济管理权限。同时，继续在宁波市进行经济体制综合改革试点，以进一步加快对外开放和经济建设的步伐。

3月27日，国务院发布《企业债券管理暂行条例》，为企业直接融资开辟了新渠道。

3月30日，国务院发布《关于放宽固定资产投资审批权限和简化审批手续的通知》，进一步简政放权，放宽审批权限，简化审批手续。

4月2日，国务院批转国家计委《关于大型工业联营企业在国家计划中实行单列的暂行规定》。这是改革计划体制、搞活大型企业的一项重要措施。

4月6日，国家计委发布《关于哈尔滨电站设备成套公司等4个企业集团实行计划单列》，提出从1988年起，对哈尔滨电站设备成套公司、上海电气联合公司、东方电站成套设备公司和西安电力机械制造公司在国家计划中实行单列。

9月22—29日，国务院召开全国计划会议和全国经济体制改革工作会议，安排部署1988年国民经济和社会发展计划，讨论经济体制改革方案。

9月26日，国务院批准经贸部《1988年外贸体制改革方案》。

10月10日，国家计委、财政部、建设银行发布《关于改革国营施工企业经营机制的若干规定》，要求国营施工企业从1988年1月1日起，实行上交所得税或上缴利润承包经营责任制；同时实行计划利润制，废除法定利润制。

10月25日—11月1日，党的十三大在北京召开，大会报告指出，实现到20世纪末国民生产总值再增长一倍，人民生活达到小康水平的战略部署，必须坚定不移地贯彻执行注重效益、提高质量、协调发展、稳定增长的战略；进一步明确提出我国经济建设三步走战略。

11月8日，新华社报道：我国计划经济模式在改革的9年中发生了深刻变化，高度集中的计划经济已由100%变为50%左右；各类技术、金融、劳务、物资市场也在各地蓬勃兴起。

11月16日，我国第一个股份集团——中国嘉陵工业股份公司（集团）在重庆宣告成立，成为我国又一个计划单列的企业集团。

12 月 1 日，深圳市政府决定以“拍卖”的形式出让土地使用权。这是我国首次有限期、有偿地以“拍卖”形式转让土地所有权。这次“拍卖”活动，是我国土地管理制度在理论和实践上的一次重大突破。

12 月 16 日，国家体改委、国家经委印发《关于组建和发展企业集团的几点意见》。

12 月 21 日，国务院批转国家计委《关于征收电力建设资金的暂行规定》，决定从 1988 年 1 月 1 日起，在全国征收电力建设资金，作为地方电力基本建设的专项资金；要求电力建设资金必须单立账户，专款专用。

1988 年

1 月 3 日，国务院下发《关于按自筹投资一定比例购买重点企业债券的通知》，确定 1988 年国家继续发行重点企业债券，由各专业银行代理国家专业投资公司发行，要求各部门、地方、单位均按 1988 年自筹投资的一定比例认购。

2 月 6 日，中共中央政治局召开全体会议，讨论经济形势和经济工作，指出 1987 年存在的最突出问题是物价上涨幅度过大，反映强烈的是食品价格；提出 1988 年要着力抓好三件大事：一是坚决组织实施沿海地区经济发展战略；二是继续大力推行企业承包经营责任制，使之配套、完善、深化和发展；三是严厉控制社会集团购买力以节约财政支出，缓和市场压力，改变奢侈浪费不良风气。

2 月 27 日，国务院批转国家体改委提出的《1988 年深化经济体制改革的总体方案》。《方案》提出的主要任务包括加强对固定资产投资的管理。

3 月 3 日，国务院批转国家体改委、国家计委、国家经委、财政部

《关于鞍钢对国家实行承包经营责任制的报告》，提出鞍钢从 1987 年到 1995 年实施“三包一挂”经营承包责任，为期 9 年。

4 月 18 日，国务院批准厦门市在国家计划中实行单列，赋予其相对于省一级的经济管理权限。

6 月 2 日，国家计委、冶金部等有关部门同意对宝钢实行定额留利，超利“五五分成”，工资与上缴利税挂钩等政策。

6 月 9 日，国务院发出《关于授权省、自治区、直辖市、经济特区和计划单列市人民政府审批外资企业的通知》。

6 月 12 日，国家计委和国家经委合并成立新国家计委。

6 月 14 日，国家计委下发《关于大中型和限额以上固定资产投资项目建议书审批权限问题的通知》。

6 月 15 日，财政部发布《关于沿海经济开发区鼓励外商投资减征、免征企业所得税和工商统一税的暂行办法的通知》。

6 月 20 日，国家计委印发《关于当前调整产业结构产品结构的意见》。

7 月 3 日，国务院发布《关于扩大内地省、自治区、计划单列市和国务院有关部门吸收外商投资审批权限的通知》，提出从 1988 年 7 月 3 日起，适当扩大内地省、自治区、计划单列市和国务院有关部委以及有关机构，吸收外商投资的审批权限。

7 月 15 日，国务院印发《关于投资管理体制的近期改革方案》，决定在中央一级成立能源、交通、原材料、机电轻纺、农业、林业六个国家专业投资公司。

7 月 16 日，国务院原则同意并印发国家计委提出的《关于投资管理体制的近期改革方案》。

同日，国务院批准从 1988 年起建立中央基本建设基金，并印发

《国家基本建设基金管理办法》。

7 月 28 日，国务院作出《关于地方实行财政包干办法的决定》。

8 月 22—27 日，国家体改委、世界银行和联合国开发计划署在北京举办了固定资产投资管理咨询讨论会。

8 月 24 日，国务院办公厅复函国家计委，国务院同意成立国家能源投资公司、国家交通公司、国家原材料投资公司、国家机电轻纺投资公司、国家农业投资公司、国家林业投资公司。

8 月 29 日，国务院同意组建中国统配煤矿总公司，其主要任务是，组织所属统配煤矿继续完成“七五”后三年的总承包。

同日，国务院同意组建中国石油天然气总公司，由能源部归口管理，在国家计划中单列户头。

9 月 15—21 日，中央政治局召开中央工作会议，正式作出《治理经济环境、整顿经济秩序、全面深化改革的决定》，并提出坚决抑制通货膨胀、深化改革的若干政策建议。

9 月 24 日，国务院发出《关于清理固定资产投资在建项目、压缩投资规模、调整投资结构的通知》，决定开展一次全社会固定资产投资清理工作，成立国务院清理固定资产投资项目领导小组，办公室设在国家计委。

10 月 3 日，中共中央、国务院作出《关于清理整顿公司的决定》。

10 月 16 日，为进一步搞活深圳特区经济，加快实现沿海经济发展战略，国务院同意深圳在国家计划中包括财政计划实行计划单列，并赋予其相对于省一级的经济管理权限。

11 月 28 日—12 月 5 日，国务院召开全国计划会议和经济体制改革工作会议，提出 1989 年计划的主要目标和基本任务是，逐步消除经济过热，确保物价上涨幅度明显低于 1988 年，力争农业有一个好收成；

切实压缩过大的社会总需求，实行从紧的财政金融政策；把治理经济环境、整顿经济秩序同全面深化改革结合起来，逐步建立新旧体制转换时期宏观调控体系。

1989 年

1 月 10 日，国家计委编制并印发《1989—2000 年全国资源综合利用发展纲要》。

2 月 11 日，国务院发布《关于南京、成都、长春三市在国家计划中实行单列的批复》，决定南京、成都、长春实行国家计划单列，并赋予其相当于省一级经济管理权限。

2 月 20 日，国务院发出《关于清理整顿各类对外经济贸易公司的通知》。

3 月 2 日，国务院发布《中华人民共和国一九八九年特种国债条例》，决定从 1989 年 6 月 1 日起开始发行 50 亿元特种国债。

3 月 4 日，国务院批转国家体改委《关于 1989 年经济体制改革要点》，提出把深化企业改革、提高经济效益作为首要任务；逐步建立有利于总量平衡和结构优化的宏观调控体系，逐步减少指令性计划。

3 月 15 日，国务院常务会议讨论通过《国务院关于当前产业政策要点的决定》。

4 月 11 日，国家计委、中国人民银行发布《关于调整部分行业基本建设银行贷款差别利率的有关规定》。

5 月 12 日，国务院批转国家计委《关于加强商品房屋建设管理请示的通知》，提出商品房屋开发建设作为国家指令性计划，由国家计委分别下达给省、自治区、直辖市计委和实行计划单列的地区及单位，具体安排落实；自 1990 年起，所有商品房屋项目（包括续建、新建项目），建设时所需投资都要列入年度固定资产投资计划。

同日，国务院发布《关于加强国有土地使用权有偿出让收入管理的通知》，明确土地使用权有偿出让收入在中央和地方的分成比例，并规定留归地方财政的60%主要用于城市建设和土地开发。

6月23—24日，党的十三届四中全会在北京召开，强调继续坚决执行党的十一届三中全会以来的路线、方针和政策，继续坚决执行党的十三大所确定的“一个中心、两个基本点”的基本路线。四项基本原则是立国之本，必须毫不动摇、始终一贯地加以坚持，改革开放是强国之路，必须坚定不移、一如既往地贯彻执行，绝不回到闭关锁国的老路上去。

8月27日，国务院批转国家计委和机构改革办公室《关于有关部门与国家专业投资公司职责划分意见的通知》，提出能源、交通、原材料、机电轻纺4个投资公司由国家计委归口领导，行业归口部门参与指导，农业、林业投资公司由国家计委与有关部门归口领导，以国家计委为主。

同日，国务院发出《关于进一步抓紧抓好清理固定资产投资项目工作的通知》。

9月20日，国务院颁布《中外合资经营企业法》。

11月9日，党的十三届五中全会通过《中共中央关于进一步治理整顿和深化改革的决定》，决定进一步治理整顿和深化改革，要求继续控制社会需求和坚持财政信贷双紧方针，解决好国民收入超额分配的问题。

12月26日，七届全国人大常委会第十一次会议通过《中华人民共和国城市规划法》。

1990 年

1 月 4—8 日，国务院召开全国经济体制改革工作会议，讨论修改了《在治理整顿中深化企业改革和强化企业管理的意见》，提出在治理整顿中完善发展承包经营责任制，做到稳定政策，兴利除弊，继续实行和完善厂长负责制。

1 月 6 日，国务院召开新中国成立以来首次国有资产管理工作会议。决定有计划地开展清产核资工作，计划用三四年时间把家底摸清。

1 月 8 日，《人民日报》报道，国家投资体制改革初见成效，六个专业投资公司 1989 年完成投资 356.7 亿元，建成投产大中小型项目 673 个，投资效益有了明显提高。

1 月 23 日，国务院发布《关于组建中国汽车工业总公司的批复》，批准中国汽车工业联合会重新组建为中国汽车工业总公司，该公司是一个经济实体，由机电部归口管理，在国家计划中实行单列。

3 月 15 日，卫生部、国家计委、农业部、国家环保局、全国爱卫会制定《我国农村实现“2000 年人人享有卫生保健”的规划目标》。

3 月 20 日，七届全国人大三次会议审议通过《1990 年国民经济和社会发展计划草案的报告》，提出 1990 年国民经济和社会发展计划的主要任务和要求。

4 月 17 日，国务院办公厅转发商业部《关于集体商业经营批发和个体商业从事长途贩运、批量销售业务有关问题的意见》。

4 月 21 日，国务院批转国家计委、国务院生产委《关于对二百三十四户重点骨干企业试行“双保”办法报告的通知》。

5 月 19 日，国务院发布《城镇国有土地使用权出让和转让暂行条例》，明确划拨和出让两种土地提供方式。

5月30日，国务院批转国家计委和清理固定资产投资项目领导小组《关于1990年继续搞好清理固定资产投资项目工作的报告》。

6月2日，中共中央、国务院批复同意上海市委市政府《关于开发和开放浦东问题的请示》，批准10项政策措施和划出一定区域为保税区。

10月30日，国家体改委与世界银行、联合国开发计划署共同在杭州召开中国90年代经济体制改革高级国际研讨会。研讨会围绕90年代中国经济体制改革的目标和措施，着重讨论了计划与市场；财政、货币政策与体制改革；价格改革；企业制度改革；外贸体制改革；社会保障和住房制度、工资制度改革以及改革的顺序7个方面的问题。

11月9日，党的十三届五中全会在北京召开，审议并通过《中共中央关于进一步治理整顿和深化改革的决定》，强调必须抓住四个重要环节：一是继续压缩社会总需求，解决国民收入超分配问题；二是大力调整产业结构，增加有效供给，增强经济发展后劲；三是整顿经济秩序，克服生产、建设、流通、分配领域的严重混乱现象；四是深入开展增产节约、增收节支运动，大力提高各个方面的经济效益。

11月25日，全国计划会议召开，提出1991年经济工作的主要方针，强调要坚持和完善经营承包责任制，进行“利税分流、税后还贷、税后承包”的改革。

11月26日，经国务院授权，由中国人民银行批准成立的上海证券交易所开业并进行首场交易。这是新中国成立以来大陆出现的第一家证券交易所。

12月30日，党的十三届七中全会通过《关于制定国民经济和社会发展十年规划和“八五”计划的建议》。1991年4月9日，七届全国人大四次会议批准《中华人民共和国国民经济和社会发展十年规划和第八个五年计划纲要》。

1991 年

2 月 25 日，国务院召开全国经济体制改革工作会议，讨论 20 世纪 90 年代深化经济体制改革的目标，初步建立社会主义有计划商品经济的新体制和计划经济与市场调节相结合的经济运行机制，要处理好改革开放、发展和稳定三者之间的关系。通过治理整顿有了相对比较宽松的经济环境，要抓住时机，因势利导，加强对改革的领导，加大改革的分量。

同日，国家计委发布《关于加强国家重点建设项目及大型建设项目招标投标管理的通知》，提出国家重点建设项目及大型建设项目的设计、设备、施工，除确有特殊原因不宜招标外（要提前报经国家计委备案），都要创造条件实行招标投标。

3 月 25 日—4 月 9 日，七届全国人大四次会议在北京召开，讨论通过《关于国民经济和社会发展十年规划和第八个五年计划纲要及关于〈纲要〉报告的决议》《关于 1990 年国民经济和社会发展计划执行情况及 1991 年国民经济和社会发展计划的决议》。

4 月 4 日，国务院发布《关于调整粮油统销价格的决定》。

4 月 16 日，国务院发布《中华人民共和国固定资产投资方向调节税暂行条例》。

4 月 25 日，国务院批转国家体改委《关于 1991 年经济体制改革要点》。

5 月 7 日，国务院发布《关于严格控制农业生产资料价格的通知》。

7 月 13 日，国务院批转国家计委《关于试编两年滚动计划的暂行规定》，同意从 1992 年起在全国范围内组织试编两年滚动计划；规定第一个年度计划是全面完整的执行计划，第二个年度计划为框架计划，只对宏观经济发展作出轮廓性安排。

7月22日，国务院办公厅转发国务院生产办公室、国家计委、财政部、纺织部等10个部门《关于整顿棉花质量、价格和严格执行国家调拨计划的意见》。

7月24日，国务院发出《关于发行1991年国家投资债券有关问题的通知》，决定1991年由中国人民建设银行和中国工商银行共同发行国家投资债券。

7月25日，《全民所有制企业招用农民合同制工人的规定》发布。

9月14日，《人民日报》报道：1988—1990年全国共批准“三资”企业项目18980个，外商实际投资93.2亿美元，为前9年的1.4倍。

9月23—27日，中共中央在北京召开工作会议，着重研究如何进一步搞好国营大中型企业问题。

10月12日，中组部、人事部发布《全民所有制企业聘用制干部管理暂行规定》。

10月17日，国务院办公厅转发国务院住房制度改革领导小组《关于全面推行城镇住房制度改革的意见》，提出住房制度改革的总目标是：按照社会主义有计划商品经济的要求，从改革公房低租金制度着手，将现行公房的实物福利分配制度逐步转变为货币工资分配制度，由住户通过商品交换（买房或租房），取得住房的所有权或使用权，使住房这种特殊商品进入消费品市场，实现住房资金投入产出的良性循环。

11月25—29日，党的十三届八中全会在北京举行，审议通过《中共中央关于进一步加强农业和农村工作的决定》，提出把以家庭联产承包为主的责任制、统分结合的双层经营体制作为我国乡村集体经济组织的一项基本制度长期稳定下来，并不断充实完善。

12月3—11日，全国计划会议和全国财政工作会议同时在北京召开，指出1992年我国经济工作的指导思想是，继续贯彻党的“一个中心、两个基本点”的基本路线，进一步深化改革和扩大开放，在巩固治理整顿成果和保持经济总量基本平衡的基础上，把经济工作重点转移到调整结构和提高经济效益的轨道上来。

12月14日，国务院批转国家计委、国家体改委、国务院生产办公室《关于选择一批大型企业集团进行试点请示》。

1992年

1月18日—2月21日，邓小平视察武昌、深圳、珠海、上海等地，并发表重要讲话。

2月9日，国务院同意成立中国光大银行。8月18日，中国光大银行正式成立并营业。

2月17日，国务院批转国家计委、国务院生产办、国家统计局《关于改进工业生产评价考核指标报告》，提出拟从1992年起逐步改进国民经济评价考核指标。

2月19日，国务院批转国家体改委指定的《关于1992年经济体制改革要点》。

3月9—10日，中共中央政治局会议在北京召开全体会议，讨论我国改革和发展的若干重大问题，要求抓住有利时机，努力发展自己，特别是把经济建设搞上去，对巩固和发展社会主义有着特殊重要的意义。

3月20日—4月3日，七届全国人大五次会议在北京召开，指出改革开放是解放和发展社会生产力的必由之路，要进一步解放思想，坚持从实际出发，加快改革开放的步伐；要善于运用计划和市场的经济手段，建立起充满生机和活力的社会主义经济体制，促进社会主义商品经济发展。

6月15日，国家计委、国家体改委印发《股份制试点企业宏观管理的暂行规定》，提出根据国家产业政策和以公有制为主体、允许和鼓励其他经济成分适当发展的方针，国家按照不同产业领域和不同经济类型，对股份制企业的组建和试点进行分类指导，实行不同的股权结构。

7 月 23 日，国务院发布《全民所有制工业企业转换经营机制条例》，大力促进以企业为投资主体的改革，规定企业享有投资决策权和留用资金支配权。

8 月 11 日，国务院批转国家计委、铁道部《关于发展中央和地方合资建设铁路意见的通知》，指出国家对合资铁路实行特殊运价，并给予其他必要的优惠政策；合资铁路公司要做到自主经营、自负盈亏、自偿本息和自我积累。

8 月 30 日，国务院发出《关于实施新国民经济核算体系方案的通知》，决定从 1992 年起在全国分两步实施新国民经济核算体系方案。第一步，在此后两年建立起国家和省两级新核算体系基本框架，实现初步过渡；第二步，到 1995 年基本完成向新国民经济核算体系的全面过渡。

9 月 5 日，中共中央、国务院发布《关于加强对固定资产投资和信贷规模进行宏观调控的通知》。

10 月 12—18 日，党的十四大在北京举行。大会报告提出，我国经济体制改革的目标是建立社会主义市场经济体制，以利于进一步解放和发展生产力；建立社会主义市场经济体制，就是要使市场在国家宏观调控下对资源配置起基础性作用，使经济活动遵循价值规律的要求，适应供求关系的变化。

10 月 16 日，国务院办公厅转发国家计委、机电部《关于振兴特定基础机械和基础件若干措施的意见》。

11 月 4 日，国务院发出《关于发展房地产业若干问题的通知》，提出进一步深化土地使用制度改革，积极推行土地使用权出让集中管理的办法，合理确定地价，提高土地利用效益，完善房地产开发的投资管理，加强土地有偿使用收入的征收管理。

11 月 9 日，国家计委发布《关于建设项目实行业主责任制的暂行规定》。

12 月 14—18 日，全国计划会议在北京举行，研究确定 1993 年改革开放和经济建设的任务，安排好国民经济和社会发展计划，并就“八五”计划的必要调整交换意见。这次计划会议改变了过去偏重于定指标、分投资、分物资的做法，重点放在分析经济形势与 1993 年发展趋势和国内外市场环境，合理确定宏观经济目标、发展重点和重大建设项目，以及相应的方针政策和改革措施，引导资源合理配置和市场的健康运行。

1993 年

1 月 12 日，国务院同意并转发国家教委《关于加快改革和积极发展普通高等教育的意见》，提出改革原有的由国家包办高等教育的单一体制和模式，探索适应社会主义市场经济体制、调动社会办学积极性、多种形式和途径发展高等教育的新路子。

1 月 14 日，新华社报道，国家投资计划作重大调整，我国农业投资今年比去年增长 32%。

1 月 23 日，国务院批转国家计委《关于 1993 年经济计划安排的报告》。

1 月 30 日，国务院发出《关于进一步加强烟草专卖管理的通知》。

3 月 12 日，国务院批转国家计委《关于西北地区经济规划问题的报告》，提出西北地区经济规划的基本思路是：抓住有利时机，加快改革开放步伐；以市场为纽带，以外贸为突破口，联合起来“走西口”（即西部口岸）；打通西北通道，进入中亚市场，逐步走向世界，以此带动资源开发、基础设施建设和第三产业的发展，实现整个区域的经济发展和繁荣。

同日，国务院原则同意并转发国家计委的《全国第三产业发展规划基本思路》。

6 月 24 日，中共中央、国务院印发《关于当前经济情况和加强宏观调控的意见》。

7 月 9 日，国务院授权劳动部、财政部、国家计委、国家体改委、国家经贸委联合发布《国有企业工资总额同经济效益挂钩规定》。

8 月 3 日，《人民日报》报道，海南改革投资体制，率先在全国实施重点基础工程规范化股份制改建，给工程注入空前活力。

8 月 16 日，国务院转发国家计委《关于加强固定资产投资宏观调控的具体措施》，加强对固定资产投资的宏观调控，严格控制新开工项目，保证重点项目的建设，保证国民经济持续、快速、健康地发展。

8 月 30 日，中国人民银行、财政部发出《关于各级人民银行与所办经济实体脱钩的办法》。

9 月 1—4 日，全国产业政策工作会议在北京召开，提出我国产业政策工作的主要任务。

11 月 5 日，中共中央、国务院印发《关于当前农业和农村经济发展的若干政策措施》，提出稳定和完善家庭联产承包为主的责任制和统分结合的双层经营体制，深化粮食购销体制改革等 12 项政策措施，以及在原定的耕地承包期到期之后，再延长 30 年不变。

11 月 14 日，党的十四届三中全会通过《关于建立社会主义市场经济体制若干问题的决定》，指出社会主义市场经济体制是同社会主义基本制度结合在一起的；建立社会主义市场经济体制，就是要使市场在国家宏观调控下对资源配置起基础性作用。

11 月 15 日，国务院发出《关于印发〈国家公务员制度实施方案〉的通知》。

12 月 5 日，全国计划会议提出 1994 年计划工作重点和宏观经济调控目标任务。

12 月 15 日，国务院做出《关于实行分税制财政管理体制的决定》。

12 月 25 日，国务院发布《关于金融体制改革的决定》，实现政策性金融与商业性金融分离，组建国家开发银行、中国农业发展银行和中国进出口信贷银行三大政策性银行，国家各专业银行（中国工商银行、中国农业银行、中国银行和中国人民建设银行）尽快转变为国有商业银行。

12 月 28 日，财政部、国家计委发布《关于公布第二批取消的收费项目的通知》。

12 月 29 日，为适应扩大对外开放的需要，经国务院批准，国家计委、外经贸部颁布《一般商品进口配额管理暂行办法》。

12 月 31 日，外经贸部、国家计委、国家经贸委、海关总署发布《关于取消部分商品进口管理的公告》，决定自 1994 年 1 月 1 日起，视进口商品的不同性质采取不同的放开管理的办法：对部分商品进口取消许可证；部分商品进口取消配额；部分商品进口取消进口控制管理。此次取消进口管理的税号共计 283 个。

1994 年

1 月 25 日，国务院发出《关于继续加强固定资产投资宏观调控的通知》，继续加强固定资产投资宏观调控。

2 月 4 日，为了保障新税制的正确贯彻和执行，避免推动物价上涨，保持市场稳定，国家计委、国家税务总局发出《关于务必保持税制改革后物价稳定的通知》。

2月20日，国务院批准《国家计划委员会职能配置、内设机构和人员编制方案》。

2月28日，经国务院同意，国家计委发布《关于商品和服务实行明码标价的规定》。

3月17日，国务院发出《关于组建国家开发银行的通知》。国家开发银行是直属国务院领导的政策性金融机构，对由其安排投资的国家重点建设项目，在资金总量和资金结构配置上负有宏观调控职责。国家开发银行的主要任务是建立长期稳定的资金来源，筹集和引导社会资金用于国家重点建设，按照社会主义市场经济的原则，逐步建立投资约束和风险责任机制。

3月22日，八届全国人大二次会议通过《中华人民共和国预算法》。

3月25日，国务院第十六次常务会议讨论通过《中国21世纪议程——中国21世纪人口、环境与发展白皮书》，其是1992年7月由国家计委和国家科学技术委员会牵头，在联合国开发计划署的支持和帮助下编制的；并将其作为各级政府制订国民经济和社会发展计划的指导性文件，其目标和内容将在“九五”计划和2010年规划中得到具体体现。

3月27日，国务院印发《关于组建国家开发银行的通知》，决定组建国家开发银行，将6个国家专业投资公司并入国家开发银行。

4月12日，国务院发布《90年代国家产业政策纲要》，提出20世纪90年代我国产业结构调整的主要方向和任务：要不断强化农业的基础地位，全面发展农村经济；要大力充实基础产业，努力缓解基础产业和基础设施严重滞后的局面；要加快发展支柱产业，带动国民经济的全面振兴；要合理调整对外贸易结构，增强我国产业的国际竞争力；同时，要大力发展第三产业，并加快高新技术产业的发展。

5月21日，国务院同意并印发国家计委会同国家经贸委、机械部等有关部门制订的《汽车工业产业政策》。

5月23日，国务院办公厅发出《关于调整大中城市工商行政管理体制的通知》。

7月18日，国务院发布《关于深化城镇住房制度改革的决定》。

7月19日，外经贸部、国家计委发布《进口商品经营管理暂行办法》，规定国家对进口商品实行目录管理。

8月16日，国务院发布《关于组建国家开发投资公司的批复》，决定将现有的6个国家专业投资公司并入国家开发银行，同时新组建一个国家开发投资公司。该公司是国务院直接联系的国有独资政策性投资机构，受国家开发银行监管。

10月20—23日，国务院召开的全国社会发展工作会议，强调社会发展有很多问题需要解决，最突出的是认识问题，要进一步加深对社会发展的战略地位和重要意义的认识，正确理解和把握经济与社会发展的辩证关系，树立全局的观念和长远的眼光。

12月10—13日，全国计划会议在北京召开，讨论1995年国民经济和社会发展计划草案，研究以抑制通货膨胀为中心，妥善处理改革、发展和稳定的关系，加强和改善宏观经济调控。

12月16日，建设部、国家体改委发布《全面深化建筑市场体制改革的意见》，提出大力推行招标投标，强化市场竞争机制。

1995年

1月16日，外经贸部发布《关于以BOT方式吸引外商投资有关问题的通知》。

2月6日，国务院下发《国家安居工程实施方案》，标志着国家安居工程正式启动实施。

5月5日，国家开发投资公司成立。国家开发投资公司是国务院直接联系的国有独资政策性投资机构。

6月20日，国家计委、国家经贸委、外经贸部发布《指导外商投资方向暂行规定》及《外商投资产业指导目录》。

7月12日，国务院批转国家计委、财政部、国家经贸委《关于将部分企业"拨改贷"资金本息余额转为国家资本金意见的通知》，启动"贷改投"工作。

7月19日，国务院批转国家体改委《关于1995年经济体制改革实施要点》，提出1995年经济体制改革工作，要以深化国有企业改革为重点，配套推进社会保障体制改革，巩固和完善宏观管理体制改革，进一步转变政府职能，培育市场体系。

8月8日，国务院发布《关于同意成立神华集团有限责任公司和神华集团的批复》，同意成立神华集团有限公司。这是自《中华人民共和国公司法》颁布以来第一家由国家按照现代企业制度的原则投资组建的国有独资公司。

8月21日，国家计委、电力工业部和交通部发布《关于试办外商投资特许权项目审批管理有关问题的通知》，决定开展外商投资特许权项目试点。此后，国家计委选择广西来宾B电厂、成都第六水厂、长沙电厂和广东淀白高速公路等项目开展采用BOT方式吸引外商投资试点。

9月25—28日，党的十四届五中全会在北京召开，审议通过《中共中央关于制定国民经济和社会发展"九五"计划和2010年远景目标的建议》。

11月13日，由国家计委和农业部共同主持的牧区开发工程正式启动，首批共有25个示范工程立项建设。

11月23日，五十铃（中国）投资有限公司在北京成立。这是第一家外国汽车厂家得到中国政府批准在中国设立的投资公司。

12月5—7日，中共中央、国务院在北京召开中央经济工作会议，研究和部署1996年的经济工作，强调1996年和此后经济工作中一定要紧紧抓住经济体制和经济增长方式转变的关键环节。

1996年

1月12日，我国首家主要由民营企业投资的全国性股份制商业银行——中国民生银行在京宣布成立。

2月16日，国务院住房制度改革领导小组第十次会议在北京举行，确定1996年房改工作的重点是，全面建立住房公积金制度，继续搞好国家安居工程，加快经济适用住房的建设；抓好企业的房改，推动企业住房商品化、社会化。

5月15日，国家计委和国家外汇局就借用中长期国外贷款实行总量控制下的全口径管理的范围和办法作出了具体规定，这是我国在利用外资工作方面的一项重要举措。该规定对借用中长期国外贷款实行全口径管理的范围、实行指令性计划管理的范围和实行指导性计划管理的范围作出了界定。

6月14日，经国务院批准，国家计委发布《国家重点建设项目管理办法》。

6月28日，中国人民银行发布《贷款通则》。

7月19日，国务院办公厅转发国家计委、国家科委《关于进一步推动实施〈中国21世纪议程〉的意见》。

8月8日，国务院办公厅转发国务院住房制度改革领导小组《关于加强住房公积金管理的意见》。

8 月 10 日，国务院办公厅转发国家计委《关于取消地方限制经济型轿车使用的意见》，要求各地要认真贯彻执行《汽车工业产业政策》，不得自行制定对车型使用进行限制以及对民用汽车的保有和使用实行总量控制的政策，已制定出台的限制经济型轿车使用的措施和对民用汽车保有及使用实行总量控制的规定要立即取消。

8 月 22 日，国务院发出《关于扩大内地省、自治区、计划单列市和国务院有关部门等单位吸收外商直接投资项目审批权限的通知》。

8 月 23 日，国务院下发《关于固定资产投资项目试行资本金制度的通知》，提出从 1996 年开始，对各种经营性固定资产投资项目，包括国有单位的基本建设、技术改造、房地产开发项目和集体投资项目，试行资本金制度。目的是深化投资体制改革，建立投资风险约束机制，有效地控制投资规模，提高投资效益。

11 月 21—24 日，中共中央、国务院召开经济工作会议，总结 1996 年经济工作，部署 1997 年经济工作，强调要抓住宏观经济环境比较有利的时机，把经济工作的重点，切实放到推进经济体制改革和转变经济增长方式上来。

12 月 15 日，国家计委、国务院证券委宣布，1996 年股票发行规模为 100 亿元，相当于 1995 年的两倍，股票发行将主要支持国务院确定的重点国有大中型企业上市。

12 月 23 日，为控制商品房价格不合理上涨，减轻房地产开发企业和购房者的负担，经国务院批准，国家计委、财政部发布《国家计委财政部关于取消部分建设项目收费 进一步加强建设项目收费管理的通知》，公布取消了 48 项未按规定程序批准、明显不合理的住宅建设收费，并就进一步整顿建设项目收费、加强收费管理作出部署。

1997 年

3 月 14 日，八届全国人大五次会议审议通过《关于 1996 年国民经济和社会发展计划执行情况与 1997 年国民经济和社会发展计划草案的报告》，提出要坚持以邓小平建设有中国特色社会主义理论为指导，切实推进两个根本性转变，继续实行适度从紧的财政货币政策，降低物价上涨幅度，加强农业基础地位，加快改革特别是国有企业改革步伐，加大结构调整力度，培育新的经济增长点，积极开拓市场，提高对外开放水平，促进国民经济持续、快速、健康发展和社会全面进步。

3 月 27 日，新华社报道：国家体改委《1997 年经济体制改革实施要点》最近出台。《要点》中要求加大投资体制改革力度，改善投资结构。

4 月 16 日，为规范境外进行项目融资的行为，国家计委、国家外汇局发布《境外进行项目融资管理暂行办法》。

4 月 29 日，国务院批转国家计委等部门《关于深化大型企业等集团试点工作的意见》，确定 63 家大型企业集团参加第二批试点，使试点企业达到 120 家。

5 月 16 日，国家计委、国务院证券委确定 1997 年股票发行规模为 300 亿元，股票发行的重点是支持国家确定的 1000 家国有重点企业、120 家企业集团、100 家现代企业制度试点企业和农业、能源、交通、通信、重要原材料及高新技术企业。

6 月 25 日，国家计委首次发布产业投资信息。作为加强间接宏观调控的方式之一，国家计委将不定期地发布产业投资信息，以引导企业投资行为。

7 月 11 日，国务院批转国家计委、国家经贸委、机械部、公安部、外经贸部、海关总署和工商局《关于进一步加强汽车工业项目管理的意见》，要求汽车工业要严格按国家政策和有关规定上项目，严格按照程序进行项目审批。

8 月 26 日，国务院总理办公会议决定，金陵石化、扬子石化、仪征化纤、南化集团组建石化产业集团公司。这次合并是国家落实“抓大放小”战略的具体体现。

9 月 4 日，国家计委颁布我国基础设施领域第一项产业政策《水利产业政策》。

10 月 20 日，国家计委与中国建设银行等四大银行联合发布《关于完善和规范商业银行基本建设贷款管理的若干规定》，规定基本建设银行贷款逐步实行由项目业主和贷款银行互相择优选择。

11 月 27 日，财政部与国家经贸委、国家计委、审计署、监察部、国务院纠风办联合发布《关于公布第一批取消的各种基金（附加、收费）项目的通知》，提出取消 217 个基金项目，预计每年可减轻企业负担 30 多亿元。

12 月 9—11 日，中共中央、国务院召开中央经济工作会议。确定 1998 年经济工作的总体要求是：全面落实党的十五大精神，继续推进经济体制和经济增长方式的根本性转变，进一步加强农业基础地位，加快国有企业改革步伐，加大经济结构调整力度，加强宏观调控，提高对外开放水平，安排好生活，实现国民经济持续快速发展和社会全面进步。

12 月 29 日，八届全国人大常委会第二十九次会议通过并公布《中华人民共和国价格法》，分别对经营者的价格行为、政府的定价行为、价格总水平调控、价格监督检查、法律责任等作出具体规定。

1998 年

1 月 8 日，国家发展计划委员会公布《关于发挥价格调节作用积极促进经济结构调整的若干意见》。

1月20日，中共中央、国务院转发国家计委《关于应对东南亚金融危机、保持国民经济持续快速健康发展的意见》。

2月26日，党的十五届二中全会在北京召开，讨论通过《国务院机构改革方案》。

3月5—20日，九届全国人大一次会议在北京召开，批准国务院机构改革方案，明确国家宏观调控部门做以下调整：国家计划委员会更名为国家计委；保留国家经济贸易委员会、财政部、中国人民银行；国家经济体制改革委员会改为国务院高层次的议事机构，国务院总理兼任主任，有关部长任成员，不再列入国务院组成部门序列。

3月10日，九届全国人大一次会议审议通过《1997年国民经济和社会发展计划执行情况与1988年国民经济和社会发展计划草案的报告》。

4月14日，中共中央、国务院发出《关于进一步扩大对外开放，提高利用外资水平的若干意见》，强调要继续把吸收外商直接投资作为利用外资的重点，进一步优化外商投资的产业结构。

5月12日，国家计委、财政部发布《关于中央级基本建设经营性基金本息余额转为国家资本金的实施办法》，决定将1989年至1996年的中央级基本建设经营性基金本息余额转为国家资本金。

7月3日，国务院发出《关于进一步深化城镇住房制度改革加快住房建设的通知》，提出停止住房实物分配，逐步实行住房分配货币化，建立和完善以经济适用住房为主的住房供应体系。

7月14日，建设部、国家计委、国土资源部公布《关于大力发展经济适用住房的若干意见》，指出了发展经济适用住房的目的和原则，在经济适用住房的计划、建设、价格、物业管理等方面提出了具体的实施意见。

8月29日，九届全国人大常委会第四次会议审议通过国务院提交的《关于增发1998年国债和调整中央财政预算方案》，同意增发1000亿元国债，用于加快基础设施建设，应对亚洲金融危机。

9月2日，国务院成立由国家计委、国家经贸委、财政部、人民银行和有关部门组成的加快基础设施建设领导小组，下设6个项目评审组，实行集中办公，联合评审，协调落实资金和建设条件。

9月14日，国家经贸委发布《关于国有企业利用外资投资进行资产重组的暂行规定》。

10月12—14日，党的十五届三中全会在北京召开，高度评价农村改革20年所取得的巨大成就和创造的丰富经验，提出到2010年建设有中国特色社会主义新农村的奋斗目标，确定实现这一目标必须坚持的方针。

10月25日，国务院批转国家计委《关于加强房地产价格调控加快住房建设的意见》。

同日，国务院办公厅转发国家计委《关于改造农村电网，改革农电管理体制，实现城乡同网同价的请示》，要求理顺地方供电企业与省级电力公司的关系，对城乡低压配电电网实行统一管理；对城乡低压配电电网实行统一核算；对城乡用户实行统一价格。

12月29日，九届全国人大常委会第六次会议审议通过《中华人民共和国证券法》。

1999年

3月11日，九届全国人大二次会议审议通过《关于1998年国民经济和社会发展计划执行情况和1999年国民经济和社会发展计划草案的报告》，强调要加强农业基本建设，调整和优化农业结构；努力为国有企业改革创造良好的外部条件，加大对中小企业的扶持力度；推进经济结构调整，积极培育新的经济增长点；进一步深化价格改革，大力整顿市场秩序；坚持实施科教兴国战略。

6月28日，国务院作出《关于组建中国铝业集团公司有关问题的批复》《关于组建中国铜铅锌集团公司有关问题的批复》《关于组建中国稀有稀土金属集团公司有关问题的批复》。组建三大集团公司是深化国有企业改革，完善有色金属工业管理体制的重大举措。

7月1日，国防科技工业十大集团公司成立。这次成立的国防科技工业十大集团公司是：中国核工业集团公司、中国核工业建设集团公司、中国航天科技集团公司、中国航天机电集团公司、中国航空工业第一集团公司、中国航空工业第二集团公司、中国船舶工业集团公司、中国船舶重工集团公司、中国兵器工业集团公司、中国兵器装备集团公司。

7月15日，由国家计委制定的我国第一部引导高技术产业化发展的指南性文件《当前国家优先发展的高技术产业化重点领域指南》正式向社会公布，138个领域被确定为今明两年我国高技术发展的重点。国家计委已确定9个专项和一批产业化示范工程，作为首批我国高技术领域产业发展的项目。

7月30日，国家经贸委、中国人民银行颁发《关于实施债权转股权若干问题的意见》。

8月9日，国家经委发布《工商投资领域制止重复建设目录（第一批）》。

8月16日，中共中央办公厅、国务院办公厅转发建设部、国家计委、财政部、中国人民银行、国管局、建设银行、中直管理局、北京市人民政府《关于在京中央和国家机关进一步深化住房制度改革实施方案》，规定从1998年底起，中央在京党政机关停止住房实物分配，逐步实行住房分配货币化。

8月30日，九届全国人大常委会第十一次会议通过《中华人民共和国招标投标法》，对招标、投标、开标、评标和中标以及相关法律责任作了具体规定。

同日，九届全国人大常委会第十一次会议批准增发国债和1999年中央财政预算调整方案，增发600亿元国债，主要用于在建的基础设施项目、重点行业的技术改造、重大项目装备国产化和高技术产业化、环保与生态建设以及科教基础设施等方面的支出。

9月19—22日，党的十五届四中全会在北京召开，通过《中共中央关于国有企业改革和发展若干重大问题的决定》，指出要从战略上调整国有经济布局和改组国有企业，改革同改组、改造、加强管理相结合；要建立现代企业制度，推动企业科技进步，全面加强企业管理；要建立企业优胜劣汰的竞争机制。

10月15日，经国务院批准，中国东方资产管理公司挂牌成立，其主要任务是收购、管理、处置中国银行剥离的不良资产，最大限度减少损失，保全资产。

10月27日，国务院批准保险资金可通过证券投资基金进入股市。

11月15—17日，中央经济工作会议在北京召开，对2000年的经济工作作出全面部署。

11月20日，全国计划工作会议在北京召开，总结1999年宏观调控政策取得的成效，分析未来发展的有利条件和需要研究解决的主要问题，提出2000年经济和社会发展的主要目标和任务。

12月1日，国家计委、财政部、国家粮食和物资储备局和中国农业发展银行在郑州粮食批发市场竞价销售中央储备粮，这是中央储备粮食第三次通过市场竞价销售。与前两次相比，这次中央储备粮竞价销售在起价、履约保证金等方面更为完善，更接近实际。

12月3日，国家储备棉竞卖交易在全国棉花交易市场正式运行。全国棉花交易市场是国务院决定设立，由中华全国供销合作总社承办的国内唯一的规范化、现代化的棉花交易市场，是不以营利为目的的服务组织。

12月17日，国家税务总局发布《关于实施对设在中西部地区的外商投资企业给予三年减按15%税率征收企业所得税的优惠的通知》。

2000年

1月26日，国家计委、财政部、国家经贸委、中国人民银行发布《关于整顿企业抵押贷款收费的通知》，明令取消政府有关部门收取的验证费、查档费、建档费、现场勘察费、过期保管费、注销费、管理费、审查费、确认费等收费项目。

2月23日，中国人民银行印发《关于进一步加强对外发债管理的意见》。

2月28日，国务院召开会议，听取国家计委和中国石油天然气集团公司关于“西气东输”工程方案的论证汇报。

3月31日，国务院办公厅转发民政部、国家计委、国家经贸委、教育部、财政部、劳动保障部、国土资源部、建设部、外经贸部、卫生部、税务总局《关于加快实现社会福利社会化的意见》，确定了鼓励社会力量投资兴办社会福利机构的优惠政策。

5月1日，国家计委《招标投标法》制定实施《工程建设招标范围和规模标准规定》。

5月25日，财政部、国家计委决定取消不适应经济发展要求应当停止执行的收费项目以及省级以下政府及其所属部门越权设立的收费项目，共计 238 项，并公布取消项目的名录。

6 月 10 日，国务院转发财政部、国家计委制定的《关于进一步加强外国政府贷款管理工作的若干意见》。

6 月 20 日，西北五省区党建工作和西部开发座谈会在兰州召开，强调西部大开发具有重大的经济意义和政治意义，国家要制定支持西部开发的财税、金融、外资外贸、吸引人才和科技教育等方面政策。

6 月 24 日，国家计委制定并发布《鼓励软件产业和集成电路产业发展的若干政策》，对投融资政策、税收政策、出口政策、信贷政策以及人才政策等方面提出鼓励和优惠政策。

7 月 1 日，国家计委发布《工程建设项目自行招标试行办法》《招标公告发布暂行办法》。

7 月 10 日，国家计委组织清理整顿各类政府性建设基金。

7 月 31 日，由国家计委制定的《国家重大建设项目稽察办法》报经国务院常务会议讨论通过发布施行，规定国家重大建设项目稽察工作实行稽察特派员负责制，由国家计委负责组织和管理。

8 月 12 日，国务院决定动用国家储备糖投放市场。此次出库的国家储备糖将本着公平、公正、公开的原则在北京食糖交易市场分批公开竞卖。

8 月 17 日，国家计委发布《国家重大建设项目稽查办法》。

8 月 31 日，国家计委下发《关于运用价格杠杆促进西部开发的若干意见》，提出进一步下放主要涉及西部地区的五项价格管理权限，进一步完善价格运行机制，采用支持性价格政策筹集建设资金的措施。

9 月 15 日，中共中央召开座谈会，听取各民主党派中央、全国工商联负责人和无党派人士对于实施西部大开发战略的意见和建议。

9月28日，中共中央、国务院转发《国家发展计划委员会关于当前农村经济发展中几个主要问题和对策措施的意见》。

10月11日，党的十五届五中全会通过《中共中央关于制定国民经济和社会发展第十个五年计划的建议》。

2001年

1月1日，国家计委公布《关于进一步做好价格工作的意见》。

2月8日，国务院总理办公会议听取国家计委关于建设青藏铁路有关情况的汇报，认为修建青藏铁路对加快西部地区特别是西藏地区的经济社会发展，造福沿线各族人民具有重要意义，批准建设青藏铁路。

4月16日，国家计委和财政部《关于全面整顿住房建设收费取消部分收费项目的通知》，宣布取消47项住房建设收费项目。

4月21日，国务院公布《关于禁止在市场经济活动中实行地区封锁的规定》。

4月24日，劳动保障部发布《劳动和社会保障事业发展第十个五年计划纲要》。

5月10日，国家计委决定放开国产轿车价格，由生产经营企业根据市场供求情况自主确定价格，以促进国产轿车市场竞争和国产轿车消费。

5月17日，我国政府在国际资本市场上成功发行总价值15亿美元的欧元和美元债券。其中，10亿美元的10年期美元债券年息6.8%，比10年期美国政府债券的利率高133个基本点。这是我国自1998年以来首次发行海外债券。

同日，国家计委下发《国家计委贯彻国务院关于整顿和规范市场经济秩序的决定的通知》，提出打破地区封锁和部门、行业垄断；制止不正当价格竞争；规范中介服务机构的收费行为；加强价格监督检查；整顿和规范重大建设项目和国债项目建设秩序。

6 月 20 日，由国家计委和科技部共同编制的《国民经济和社会发展第十个五年计划科技教育发展专项规划》正式发布。

6 月 25 日，国家经贸委公布机械、汽车、冶金、有色、石油、石化、化工、医药、煤炭、建材、轻工、纺织、电力 13 个行业“十五”规划。

6 月 29 日，青藏铁路开工典礼在青海省格尔木市和西藏自治区首府拉萨市同时举行。

7 月 4 日，国务院新闻办公室公布《国家计委和国务院有关部门定价目录》，明确放开大多数原由中央政府制定的商品和服务价格，由 1992 年定价目录颁布时管理的 141 种（类）减少为 13 种（类）。这意味着在社会零售商品、农产品和生产资料购销环节中，市场调节价比重已超过 90%，我国已基本形成以市场调节为主的价格机制。

7 月 5 日，国家计委等 7 部委联合发布《评标委员会和评标方法暂行规定》。

7 月 6 日，国家计委公布《进一步改进价格工作的若干意见》。

7 月 16 日，国家计委制定《政府价格决策听证暂行办法》，规定凡关系群众切身利益的公用事业价格、公益性服务价格、自然垄断经营的商品价格，应当建立听证会制度。

8 月 28 日，“西气东输”工程建设开工。

11 月 7 日，国家计委宣布，取消第一批五大类投资项目审批。

11 月 15 日，国家计委、财政部联合宣布，针对外出或外来务工人员的包括暂住费、暂住（流动）人口管理费、计划生育管理费、城市增容费、劳动力调节费、外地务工经商人员管理服务费、外地建筑企业管理费等在内的多种收费将一律取消。

11月16日，国家经贸委出台《“十五”工业结构调整规划纲要》，提出“十五”期间产业结构升级、所有制结构改善、组织结构优化、技术创新能力提高、可持续发展能力增强等目标和重点。

12月3日，全国计划工作会议在北京召开，强调用好管好长期建设国债，保持固定资产投资较快增长；加强和改善宏观调控，充分发挥价格杠杆作用，以完善政府定价和收费的形成机制为重点深化价格改革。

12月11日，国家计委发布《关于促进和引导民间投资的若干意见》，提出要逐步放宽投资领域，鼓励和引导民间投资。

12月20日，国务院西部开发办公布《关于西部大开发若干政策措施实施意见》。

同日，国务院批准颁布《社保基金投资管理办法》。

12月24日，国家计委发布《“十五”利用外资和境外投资规划》。

2002年

1月4日，国家计委办公厅印发《关于出版〈投资项目可行性研究指南（试用版）〉的通知》。

1月6—7日，中央农村工作会议在北京召开，提出要坚定不移地推进农业和农村经济结构的战略性调整，提高农业整体素质和效益，促进农民收入持续稳定增长。

1月10日，国务院西部地区开发领导小组办公室召开退耕还林工作电视电话会议，确定在试点工作的基础上，全面启动退耕还林工程。

同日，上海市黄浦江两岸开发建设领导小组及其办公室以及申江两岸开发建设投资（集团）有限公司成立，两岸地区总体规划和结构性规划启动编制，标志着广受关注的黄浦江两岸综合开发建设进入实质性启动阶段。

1月12日，国家计委在北京主持召开我国历史上首次铁路旅客列车价格听证会，邀请33名各方代表参加，其中包括消费者和经营者代表。听证会原则同意铁道部的价格调整方案，同意对部分旅客列车实行政府指导价。

2月10日，国务院公布《电力体制改革方案》，阐述加快电力体制改革的必要性，明确电力体制改革的指导思想，将国家电力公司拆分为两大电网公司、五大发电集团和四大辅业集团。此外，还制定了竞价上网实行电价新机制。

2月25日，国家计委、国务院西部地区开发领导小组办公室发布《“十五”西部开发总体规划》。

3月3日，国务院批准《民航体制改革方案》。这是民航第三轮重大改革，实施企业重组，与民航行业管理部门脱钩。其本质要求是进一步实行政企分开，转变政府职能。

3月8日，国务院办公厅转发建设部、国家计委和监察部联合制定的《关于健全和规范有形建筑市场的若干意见》。

5月16日，中国电信第三次重组，南北分拆方案最终确定，新中国电信集团（下辖南方21省市）及中国网通集团（下辖北方10省市）正式挂牌成立，由此形成了“四大两小”的竞争格局。此次电信的重组是对基础、垄断行业的再次改革。

6月29日，九届全国人大常委会第二十八次会议通过《中华人民共和国政府采购法》。

10月11日，国家计委和民航总局在北京召开民航企业改革重组大会，宣布三大航空集团和三大服务保障集团成立。

11月3日，国务院作出决定，取消789项行政审批项目。这标志着国务院各部门的行政审批制度改革迈出了实质性的一步，取得了阶段性的成果。

11 月 8—14 日，党的十六大在北京召开。大会报告从经济、政治、文化、可持续发展四个方面提出了在新世纪新阶段全面建设小康社会的奋斗目标。

12 月 13—14 日，全国计划会议在北京召开，提出明年国民经济和社会发展计划重点抓好 9 个方面的工作，其中，在改革方面提出，坚持市场取向改革，深化投资、价格、粮棉流通和垄断行业管理体制改革。

2003 年

1 月 7—8 日，中央农村工作会议在北京召开，指出全面建设小康社会，必须统筹城乡经济社会发展，更多地关注农村，关心农民，支持农业，把解决好农业、农村和农民问题作为全党工作的重中之重，努力开创农业和农村工作的新局面。

1 月 16 日，中共中央、国务院发出《关于做好农业和农村工作的意见》，提出重点抓好加快农业区域布局调整等十九项工作。

2 月 24—26 日，党的十六届二中全会在北京举行，通过《关于深化行政管理体制和机构改革的意见》。

3 月 9 日，中央人口资源环境工作座谈会在北京举行，强调加快转变经济增长方式，将循环经济的发展理念贯穿到区域经济发展、城乡建设和产品生产之中，使资源得到最有效的利用。

3 月 10 日，十届全国人大一次会议批准《国务院机构改革方案》，国家计委改组为国家发改委，其任务是研究拟订经济和社会发展政策，进行总量平衡，指导总体经济体制改革。

3 月 31 日，劳动保障部等 4 部门印发《全面推进劳动合同制度实施三年行动计划》。

4 月 1 日，中国人民银行发布《关于进一步加强房地产信贷业务管理的通知》。

5 月 6 日，国家发展和改革委员会正式挂牌。主要职能是综合研究拟订经济和社会发展政策，进行总量平衡，指导总体经济体制改革的宏观调控部门。

10 月 5 日，中共中央、国务院印发《关于实施东北地区等老工业基地振兴战略的若干意见》，制定振兴战略的各项方针政策，标志着振兴东北老工业基地战略正式实施。

10 月 11—14 日，党的十六届三中全会在北京召开，通过《中共中央关于完善社会主义市场经济体制若干问题的决定》，明确完善社会主义市场经济体制的目标和主要任务，对新世纪新阶段我国经济体制改革做出了全面规划和部署。

10 月 17 日，中央政府与澳门特别行政区政府签署《内地与澳门关于建立更紧密经贸关系的安排》。

11 月 27—29 日，中共中央、国务院召开中央经济工作会议，要求精心设计、稳步实施各项改革方案，把改革的力度、发展的速度和社会可承受的程度有机结合起来，把实现好、维护好、发展好人民群众的根本利益，作为处理改革发展稳定关系的结合点，为经济发展和社会的全面进步提供强大的动力。

12 月 2 日，国务院成立振兴东北地区等老工业基地领导小组。

12 月 15 日，国务院办公厅转发国务院国资委《关于规范国有企业改制工作的意见》，对改制涉及的主要环节和方面提出明确的政策要求。其实施意味着中央企业股改提速，189 户中央企业将加快股份制改革步伐。

12 月 31 日，中共中央、国务院发出《关于促进农民增加收入若干政策的意见》，明确了新阶段促进农民增加收入的工作思路，出台了许多操作性强的政策措施，确定了做好农民增收工作的总体要求。

2004年

1月31日，国务院印发《关于推进资本市场改革开放和稳定发展的若干意见》，指出大力发展资本市场是一项重要的战略任务，对我国实现21世纪头20年国民经济翻两番的战略目标具有重要意义。

3月24日，中国人民银行、财政部、劳动保障部联合下发《关于进一步推进下岗失业人员小额担保贷款工作的通知》。

4月6日，经国务院批准，财政部、农业部、国家税务总局联合颁布《关于2004年降低农业税税率和在部分粮食主产区进行免征农业税改革试点有关问题的通知》，决定2004年降低农业税税率，并在部分粮食主产区进行免征农业税改革试点。

4月30日，国家发改委、中国人民银行、中国银行业监督管理委员会联合下发了《关于进一步加强产业政策和信贷政策协调配合，控制信贷风险有关问题的通知》，通过停止项目审批、信贷控制等方式限制或禁止钢铁、有色金属、机械、建材、石化、轻工、纺织、医药、印刷等行业的扩张。

8月3日，财政部、国家税务总局联合发出《关于国有土地使用权出让等有关契税问题的通知》。

9月15日，国家发改委发布《企业投资项目核准暂行办法》。

10月9日，国家发改委发布《外商投资项目核准暂行管理办法》《境外投资项目核准暂行管理办法》。

11月1日，央行发布《证券公司短期融资券管理办法》，允许符合条件的证券公司在银行间债券市场向合格机构投资人发行短期融资券。

11月14日，国家发改委等十部委联合制定的《创业投资企业管理暂行办法》。

11月25日，国家发改委发布《关于实行企业投资项目备案制指导意见的通知》。

12月9日、28日，中国人民银行首次发行3年期央行票据和远期央行票据。

2005年

2月19日，国务院印发《关于鼓励支持和引导个体私营等非公有制经济发展的若干意见》，从放宽非公有制经济市场准入、加大对非公有制经济的财税金融支持、完善对非公有制经济的社会服务、维护非公有制企业和职工的合法权益、引导非公有制企业提高自身素质、改进政府对非公有制企业的监管、加强对发展非公有制经济的指导和政策协调等方面提出36项政策措施。

3月2日，国家环保总局和国家统计局在十个省市启动以核算环境污染经济损失的调查为内容的绿色GDP试点工作。

3月12日，中央人口资源环境工作座谈会举行，强调进一步调整经济结构和转变经济增长方式是缓解人口资源环境压力、实现经济社会全面协调可持续发展的根本途径，努力建设资源节约型、环境友好型社会。

4月7日，中国人民银行、中国银监会和中国证监会共同确定，中国工商银行、中国建设银行和交通银行为首批设立资金管理公司的试点银行。

4月29日，中国证监会发布《关于上市公司股权分置改革试点有关问题的通知》，宣布启动股权分置改革试点。

5月9日，金牛能源、三一重工、紫江企业、清华同方4家公司成为首批股权分置的改革试点上市公司，这意味着股权分置试点工作进入实质操作阶段。

6月8日，国家发改委发布《中央预算内投资补助和贴息项目管理暂行办法》。

6月9日，国务院发布《关于促进流通业发展的若干意见》。

6月27日，中共中央政治局召开会议，讨论国家中长期科学和技术发展规划的若干重大问题，研究部署加快我国科学技术事业发展的有关工作。

7月16日，国务院发布《关于投资体制改革的决定》，明确了深化投资体制改革的指导思想，提出了深化投资体制改革的目标。

7月21日，经国务院批准，中国人民银行宣布：2005年7月21日起，我国开始实行以市场供求为基础、参考一篮子货币进行调节、有管理的浮动汇率制度。人民币汇率形成更富弹性的汇率机制。

7月24日，国务院公布《工业产品生产许可证管理条例》。

7月26日，财政部发布《中央预算内固定资产投资贴息资金财政财务管理暂行办法》《中央预算内固定资产投资补助资金财政财务管理暂行办法》。

7月27日，国务院发布《关于审批地方政府投资项目的有关规定（暂行）》。

8月8日，国家发改委发布施行《钢铁产业发展政策》，对产业发展规划、产业布局调整、产业技术政策、企业组织结构调整、投资管理、原材料政策、钢材节约使用等作了相关部署。

10月8—11日，党的十六届五中全会在北京举行，审议通过《中共中央关于制定国民经济和社会发展第十一个五年规划的建议》。

10月25日，国务院常务会议讨论通过《关于鼓励和规范我国企业对外投资合作的意见》，提出支持有条件的企业按照国际通行规则对外投资和跨国经营。这是对外开放新阶段的重大举措。

10 月 27 日，中国建设银行股份有限公司在香港联合交易所挂牌上市，作为首家实现公开发行上市的中国国有商业银行，中国建设银行的成功上市标志着国家对国有商业银行实施股份制改造的战略决策取得了重大突破。

11 月 3 日，国家信息化领导小组第五次会议召开，审议并原则通过《国家信息化发展战略（2006—2020 年）》。

11 月 4 日，国务院下发《关于进一步加强就业再就业工作的通知》。

12 月 2 日，国务院下发《关于发布实施〈促进产业结构调整暂行规定〉的决定》，国家发改委配套发布实施《产业结构调整指导目录》。

12 月 3—5 日，全国发展和改革工作会议在北京召开，会议指出，继续推进投资体制改革，完善核准制和备案制，规范政府投资管理，改进对全社会投资的引导和调控。

12 月 27 日，国务院批准财政部提出的《政府收支分类改革方案》。新的收支分类体系包括收入分类、支出功能分类和支出经济分类三部分，不再按基建费、行政费、事业费等经费性质设置科目。

12 月 28—29 日，中央农村工作会议在北京举行，总结 2005 年农业和农村工作，研究“十一五”期间推进社会主义新农村建设，全面部署了 2006 年农业和农村工作。

12 月 29 日，十届全国人大常委会第十九次会议决定，全国人大常委会于 1958 年 6 月 3 日通过的《中华人民共和国农业税条例》自 2006 年 1 月 1 日起废止。由此，国家不再针对农业单独征税，在中国延续两千多年的农业税正式成为历史。

12 月 31 日，中共中央、国务院印发《关于推进社会主义新农村建设的若干意见》，提出要按照“生产发展、生活宽裕、乡风文明、村容整洁、管理民主”的要求，协调推进农村经济建设、政治建设、文化建设、社会建设和党的建设。

2006年

1月5日，国务院作出《关于深化投资体制改革的决定》。

1月31日，国务院发布《关于解决农民工问题的若干意见》。

2月13日，国务院发布《关于加快振兴装备制造业的若干意见》。

3月5日，十届全国人大四次会议在北京召开，审查国务院提出的《中华人民共和国国民经济和社会发展第十一个五年规划纲要（草案）》。

3月12日，中央人口资源环境工作座谈会在北京召开，强调进一步调整经济结构和转变经济增长方式，是缓解人口资源环境压力、实现经济社会全面协调可持续发展的根本途径。

4月15日，中共中央、国务院发出《关于促进中部地区崛起的若干意见》，阐述促进中部地区崛起的总体要求和原则，提出了促进中部地区崛起的工作步骤和思路，要求把中部地区建设成全国重要的粮食生产基地、能源原材料基地、现代装备制造及高技术产业基地和综合交通运输枢纽，使中部地区在发挥承东启西和产业发展优势中崛起。

5月26日，国务院发出《关于推进天津滨海新区开发开放有关问题的意见》，提出通过综合配套改革推进天津滨海新区的开发开放。

同日，中共中央政治局召开会议，研究改革收入分配制度和规范收入分配秩序问题，强调要积极推进收入分配制度改革，进一步理顺分配关系，完善分配制度，着力提高低收入者收入水平，扩大中等收入者比重，有效调节过高收入，取缔非法收入，努力缓解地区之间和部分社会成员收入分配差距扩大的趋势。

7月3日，国家发改委、建设部发布修改后的《关于建设项目经济评价工作的若干规定》《建设项目经济评价方法》《建设项目经济评价参数》。《建设项目经济评价方法与参数（第三版）》出版发行。

7月18日，国务院国资委发布《中央企业投资监督管理暂行办法实施细则》。

8月4日，铁道部出台《"十一五"铁路投融资体制改革推进方案》。

8月6日，国务院发布《关于加强节能工作的决定》。

8月31日，国务院发布《关于加强土地调控有关问题的通知》，要求采取更严格的管理措施，切实加强土地调控，解决建设用地总量增长过快，低成本工业用地过度扩张，违法违规用地、滥占耕地等问题。

12月31日，中共中央、国务院发布《关于积极发展现代农业扎实推进社会主义新农村建设的若干意见》。

2007年

1月30日，国务院批复国防科工委《深化国防科技工业投资体制改革的意见》提出，改革的目标是进一步明确政府投资领域和投资重点，保证政府对国防科技工业的主导作用和对军工核心能力的有效控制；同时，发挥市场配置资源的基础性作用。

2月26日，国务院常务会议原则批准大型飞机研制重大科技专项正式立项，同意组建大型客机股份公司。

3月16日，十届全国人大五次会议通过《中华人民共和国物权法》和《中华人民共和国企业所得税法》。

3月19日，国务院发布《关于加快发展服务业的若干意见》，提出加快发展服务业，提高服务业在三次产业结构中的比重，尽快使服务业成为国民经济的主导产业。

4月14日，国务院发布《关于鼓励和规范企业对外投资合作的意见》。

5月23日，国务院发布《关于印发节能减排综合性工作方案的通知》，要求把节能减排作为宏观调控重点，作为调整经济结构、转变增长方式的突破口和重要抓手，坚决遏制高耗能、高污染产业过快增长，切实保证节能减排、保障民生等工作所需资金投入。

6月3日，国务院印发《中国应对气候变化国家方案》。这是中国第一部应对气候变化的全面的政策性文件，也是发展中国家颁布的第一部应对气候变化的国家方案。

6月7日，国家发改委发出《关于批准重庆市和成都市设立全国统筹城乡综合配套改革试验区的通知》，要求重庆市和成都市要全面推进各个领域的体制改革，并在重点领域和关键环节率先突破，为推动全国深化改革，发挥示范和带动作用。

7月11日，国务院发布《关于在全国建立农村最低生活保障制度的通知》，要求将符合条件的农村贫困人口全部纳入保障范围，稳定、持久、有效地解决全国农村贫困人口的温饱问题。

7月30日，国务院下发《关于促进生猪生产发展稳定市场供应的意见》，对促进生猪生产发展稳定市场供应提出明确要求，作出重大部署。

8月7日，国务院发布《关于解决城市低收入家庭住房困难的若干意见》，要求以城市低收入家庭为对象，进一步建立健全城市廉租住房制度，改进和规范经济适用住房制度，加大棚户区、旧住宅区改造力度。

8月9日，国务院发布《关于完善退耕还林政策的通知》。

9月26日，国务院常务会议讨论并原则通过《国家环境保护“十一五”规划》，围绕实现国家“十一五”规划确定的主要污染物排放总量控制目标，把防治污染作为重中之重，对水、大气、固体废物、生态安全、农村污染防治、海洋、核与辐射环境安全等重点领域的环保工作作出了全面规划，明确目标、任务和措施。

11 月 17 日，国务院办公厅发出《关于加强和规范新开工项目管理的通知》，要求各地区、各有关部门进一步深化投资体制改革，依法加强和规范新开工项目管理，切实从源头上把好项目开工建设关，维护投资建设秩序，以促进国民经济又好又快发展。

2008 年

2 月 3 日，国务院发布《关于做好促进就业工作的通知》。

2 月 25—27 日，党的十七届二中全会在北京举行，通过《关于深化行政管理体制改革的意见》和《国务院机构改革方案》。

3 月 5—15 日，十一届全国人大第一次会议审议并批准了《国务院机构改革方案》，探索实行职能有机统一的大部门体制。

4 月 7 日，我国政府和新西兰政府在北京正式签署《自由贸易协定》，内容涵盖货物贸易、服务贸易、投资等诸多领域，是我国与其他国家签署的第一个全面的自由贸易协定，也是我国与发达国家达成的第一个自由贸易协定。

6 月 5 日，国务院印发《国家知识产权战略纲要》。

6 月 8 日，中共中央、国务院印发《关于全面推进集体林权制度改革的意见》。

8 月 29 日，十一届全国人大常委会第四次会议通过《中华人民共和国循环经济促进法》。

10 月 9—12 日，党的十七届三中全会在北京召开，通过《中共中央关于推进农村改革发展若干重大问题的决定》，对进一步推进农村改革发展做出全面部署。

10 月 27 日，国家统计局发布改革开放 30 年经济社会发展成就系列报告。

11月5日，国务院召开常务会议，研究部署进一步扩大内需促进经济平稳较快增长的措施。针对由美国次贷危机引发的国际金融危机，会议决定实行积极的财政政策和适度宽松的货币政策，确定进一步扩大内需促进经济平稳较快增长的十项措施，到2010年底约投资4万亿元。

同日，国务院常务会议决定，自2009年1月1日起，在全国所有地区、所有行业推行增值税转型改革。

11月7日，国家发改委发布《中央政府投资项目后评价管理办法（试行）》。

12月17日，国务院常务会议决定出台成品油价格和税费改革方案，决定自2009年1月1日起实施成品油税费改革，取消公路养路费等六项收费，逐步有序取消还贷二级公路收费，同时相应提高成品油消费税单位税额，在价内征收，即在征收时不提高成品油价格。

12月31日，中共中央、国务院发布《关于2009年促进农业稳定发展农民持续增收的若干意见》，指出扩大内需、实施积极的财政政策，要把“三农”作为投入重点；要进一步增加农业农村投入，较大幅度增加农业补贴，保持农产品价格合理水平，增强农村金融服务能力。

12月31日，国务院批复《珠江三角洲地区改革发展规划纲要（2008—2020年）》。

2009年

1月1日，国务院决定实施成品油税费改革，取消原在成品油价外征收的公路养路费、航道养护费、公路运输管理费、公路客货运附加费、水路运输管理费、水运客货运附加费等六项收费，逐步有序取消政府还贷二级公路收费。

1月8日，国家发改委在国务院新闻办举行的新闻发布会上公布《珠江三角洲地区改革发展规划纲要（2008—2020年）》。

1月14日，国务院常务会议审议并原则通过《汽车产业和钢铁产业调整振兴规划》，强调加快汽车产业调整和振兴，必须实施积极的消费政策，稳定和扩大汽车消费需求，以结构调整为主线，推进企业联合重组，以新能源汽车为突破口，加强自主创新，形成新的竞争优势。

2月4日，国务院常务会议审议并原则通过纺织工业和装备制造业调整振兴规划，决定将纺织品服装出口退税率由14%提高至15%。

2月25日，国务院常务会议审议并原则通过有色金属产业和物流业调整振兴规划，研究部署发挥科技支撑作用，促进经济平稳较快发展。

3月16日，商务部发布《境外投资管理办法》，下放企业境外投资核准权限。

3月17日，中共中央、国务院印发《关于深化医药卫生体制改革的意见》。

4月8日，国务院常务会议决定在上海市和广东省广州、深圳、珠海、东莞4城市开展跨境贸易人民币结算试点。

4月13日，国务院办公厅发布《关于进一步加强政府采购管理工作的意见》。

4月14日，国务院发布《关于推进上海加快发展现代服务业和先进制造业建设国际金融中心和国际航运中心的意见》，明确将上海建设成为国际金融中心、国际航运中心和现代国际大都市。

4月28日，国务院办公厅正式印发《关于重庆统筹城乡综合配套改革试验总体方案的复函》，正式批复重庆市上报的《重庆市统筹城乡综合配套改革试验总体方案》。

5月6日，国务院批准《深圳市综合配套改革总体方案》，深圳将在深化行政管理体制改革、全面深化经济体制改革、积极推进社会领域改革等六个方面实现重点突破。

5月25日，国务院发布《关于调整固定资产投资项目资本金比例的通知》，降低基础设施、基础产业、民生工程等项目资本金比例，同时提高“两高一资”等项目资本金比例。

6月1日，国务院批准公布《促进扩大内需，鼓励汽车、家电“以旧换新”实施方案》。

7月18日，中国银监会发布《项目融资业务指引》。

7月22日，国务院常务会议讨论并原则通过《文化产业振兴规划》，这是继钢铁、汽车、纺织等十大产业振兴规划后出台的又一个重要产业振兴规划，标志着文化产业已经上升为国家的战略性产业。

7月23日，中国银监会发布《固定资产贷款管理暂行办法》。

9月19日，国务院印发《关于进一步促进中小企业发展的若干意见》。

12月31日，国务院印发《关于推进海南国际旅游岛建设发展的若干意见》，明确海南国际旅游岛战略定位。

2010年

1月27日，国务院办公厅发布《国务院办公厅关于成立国家能源委员会的通知》，决定成立国家能源委员会是为了加强能源战略决策和统筹协调，主要负责研究拟订国家能源发展战略，审议能源安全和能源发展中的重大问题，统筹协调国内能源开发和能源国际合作的重大事项。

4月1日，中共中央、国务院印发《国家中长期人才发展规划纲要（2010—2020年）》。

4月11日，国务院发布《关于坚决遏制部分城市房价过快上涨的通知》。

5 月 7 日，国务院发布《关于鼓励和引导民间投资健康发展的若干意见》。

6 月 10 日，国务院发布《关于加强地方政府融资平台公司管理有关问题的通知》，要求清理核实并妥善处理融资平台公司债务，加强融资平台公司的融资管理。

6 月 29 日，海峡两岸关系协会与台湾海峡交流基金会在重庆签署《海峡两岸经济合作框架协议》。

7 月 8 日，中共中央、国务院印发《国家中长期教育改革和发展规划纲要（2010—2020 年）》，提出到 2020 年，基本实现教育现代化，基本形成学习型社会，进入人力资源强国行列。

9 月 17 日，国家发改委发布《固定资产投资项目节能评估和审查暂行办法》，将投资项目节能评估和审查作为独立工作纳入投资建设程序。

10 月 10 日，国务院作出《关于加快培育和发展战略性新兴产业的决定》，指出加快培育和发展战略性新兴产业是我国新时期经济社会发展的重大战略任务，必须大力推进改革创新，加强组织领导和统筹协调，为战略性新兴产业发展提供动力和条件。

10 月 15—18 日，党的十七届五中全会召开，通过《关于制定国民经济和社会发展第十二个五年规划的建议》，提出努力实现居民收入增长和经济发展同步，同时加强税收对收入分配的调节作用，努力扭转城乡收入差距。

12 月 3 日，中共中央政治局召开会议，研究 2011 年经济工作，提出 2011 年我国将实施积极的财政政策和稳健的货币政策，增强了宏观调控的针对性、灵活性、有效性。“一松一稳”财政和货币政策的组合，体现宏观经济政策的取向。这是继 1998 年我国为应对亚洲金融危机转向实施积极的财政政策和稳健的货币政策之后，再现“一松一稳”的调控组合。

12 月 21 日，国务院印发《关于印发全国主体功能区规划的通知》，这是新中国成立以来第一个全国性国土空间开发规划，将国土空间划分为优化开发区域、重点开发区域、限制开发区域和禁止开发区域四类主体功能区，并规定了相应的功能定位、发展方向和开发管制原则。

12 月 31 日，中共中央、国务院作出《关于加快水利改革发展的决定》。

2011 年

1 月 26 日，为进一步做好房地产市场调控，国务院常务会议再度推出新八条房地产市场调控措施，涉及进一步落实地方政府责任、强化差别化住房信贷政策等内容。

2 月 3 日，国务院办公厅印发《关于建立外国投资者并购境内企业安全审查制度的通知》。

2 月 21 日，中共中央政治局召开会议，强调 2011 年是“十二五”时期开局之年，要继续实施积极的财政政策和稳健的货币政策，处理好保持经济平稳较快发展、调整经济结构、管理通胀预期的关系，防止经济出现大的波动。

2 月 26 日，国务院办公厅发出《关于积极稳妥推进户籍管理制度改革的通知》，指出要落实放宽中小城市和小城镇落户条件的政策，引导非农产业和农村人口有序向中小城市和建制镇转移，逐步实现城乡基本公共服务均等化。

3 月 1 日，国务院正式批复《浙江海洋经济发展示范区规划》，浙江海洋经济发展示范区建设上升为国家战略。这是我国第一个海洋经济发展示范区规划，也是新中国成立后浙江省第一个国家级经济发展战略。

3月14日，十一届全国人大四次会议通过《中华人民共和国国民经济和社会发展第十二个五年规划纲要》，其以科学发展为主题，以加快转变经济发展方式为主线，深化改革开放，保障和改善民生，巩固和扩大应对国际金融危机冲击成果，促进经济长期平稳较快发展和社会和谐稳定，为全面建成小康社会打下具有决定性意义的基础。

3月23日，中共中央、国务院印发《关于分类推进事业单位改革的指导意见》，对事业单位改革作出全面部署。

同日，国务院常务会议决定，2011年6月向全国人大常委会报告中央财政决算时，将中央本级“三公”经费支出情况纳入报告内容向社会公开。

5月27日，中共中央、国务院印发《中国农村扶贫开发纲要（2011—2020年）》，这是此后一个时期我国扶贫开发工作的纲领性文件，目的是实现全面建成小康社会奋斗目标。

6月30日，国务院批准设立浙江舟山群岛新区。它成为我国继上海浦东、天津滨海和重庆两江后又一个国家级新区，也是首个以海洋经济为主题的国家战略层面新区。

7月5日，中共中央、国务院印发《关于加强和创新社会管理的意见》，明确了加强和创新社会管理的指导思想、基本原则、目标任务和主要措施。

9月17日，国务院印发《中国老龄事业发展“十二五”规划》。

9月28日，国务院办公厅发布《关于保障性安居工程建设和管理的指导意见》，提出到“十二五”期末，全国保障性住房覆盖面达到20%左右。

10月15—18日，党的十七届六中全会在北京召开，通过《中共中央关于深化文化体制改革推动社会主义文化大发展大繁荣若干重大问题的决定》。

10月20日，财政部发布《2011年地方政府自行发债试点办法》，上海市、浙江省、广东省、深圳市成为地方政府自行发债试点。

11月29日，中央扶贫开发工作会议在北京召开，决定将农民人均纯收入2300元（2010年不变价）作为新的国家扶贫标准，这一标准比2009年提高了92%，把更多低收入人口纳入扶贫范围。

12月11日，中国加入世界贸易组织10周年高层论坛在人民大会堂举行。

12月20日，国务院公布《中华人民共和国招标投标法实施条例》。

2012年

1月4日，国家统计局发布《关于民间固定资产投资定义和统计范围的规定》。从4月开始，国家统计局按月发布民间固定资产投资数据。

1月12日，国务院印发《关于实行最严格水资源管理制度的意见》。

2月15日，《国家"十二五"时期文化改革发展规划纲要》正式公布，指出文化产业将逐步成长为国民经济支柱产业，要引导民间资本在国家许可范围内投资文化产业，扶持新闻出版骨干企业上市融资。

2月20日，国务院正式批复《西部大开发"十二五"规划》。

5月2日，国务院常务会议讨论通过《社会保障"十二五"规划纲要》，确定"十二五"期间社保工作的六大任务，以"实现城乡居民社会养老保险制度全覆盖"为首。

5月30日，中国石油天然气集团公司与全国社会保障基金理事会、城市基础设施产业投资基金和宝钢集团有限公司等签署西气东输三线工程项目投资人合作框架协议，开创了全民资本投资于大型央企国家重点项目的新模式。

6月1日，国家发改委、财政部发布《关于安排政府性资金对民间投资主体同等对待的通知》。

7月2日，中共中央、国务院印发《关于深化科技体制改革加快国家创新体系建设的意见》，指出要促进科技与经济的紧密结合，建立企业主导产业技术研发创新的体制机制。

7月25日，中国人民银行、国家发改委等八部委联合发布《广东省建设珠三角金融改革创新综合实验区总体方案》。

8月16日，国家发改委发布《重大固定资产投资项目社会稳定风险评估暂行办法》。

9月26日，全国文化体制改革工作表彰大会在北京举行。会议表示已基本完成中央确定的阶段性改革任务，初步建立了覆盖城乡的公共文化服务体系，不断壮大了文化产业整体规模和实力，大力加强了对文化产品创作生产的引导，全方位多层次宽领域的文化走出去格局已初步形成。

11月8日，党的十八大在北京召开，提出夺取中国特色社会主义新胜利的基本要求，确定全面建成小康社会和全面深化改革开放的目标，对新的时代条件下推进中国特色社会主义事业作出全面部署，对全面提高党的建设科学化水平提出明确要求。

12月7—11日，习近平总书记在广东深圳、珠海、佛山、广州等地考察，强调党的十八大向全党全国发出了深化改革开放新的宣言书、新的动员令，要增强改革的系统性、整体性、协同性，做到改革不停顿、开放不止步。

12月13日，国务院印发《关于全国中小企业股份转让系统有关问题的决定》。

12月15—16日，中央经济工作会议在北京举行。习近平总书记分析国际国内经济形势，提出2013年经济工作总体要求和主要任务。

12月24日，财政部、国家发改委、中国人民银行、中国银监会发布《关于制止地方政府违法违规融资行为的通知》，明确不得以委托单位建设并承担逐年回购责任等方式举借政府性债务。

12月28日，十一届全国人大常委会第三十次会议通过修订后的《中华人民共和国证券投资基金法》。

12月31日，中共中央、国务院印发《关于加快发展现代农业进一步增强农村发展活力的若干意见》，提出了2013年农业农村工作的总体要求是落实"四化同步"的战略部署，按照保供增收惠民生、改革创新添活力的工作目标，加大农村改革力度、政策扶持力度、科技驱动力度，围绕现代农业建设，充分发挥农村基本经营制度的优越性，着力构建集约化、专业化、组织化、社会化相结合的新型农业经营体系，进一步解放和发展农村社会生产力，巩固和发展农业农村大好形势。

2013年

1月16日，被称为"新三板"的全国中小企业股份转让系统在北京金融街揭牌，这是全国场外市场建设的标志性事件，意味着新三板交易模式正式诞生，非上市公司股份转让的小范围、区域性试点开始走向全国性市场运作。

2月3日，国务院批转国家发改委、财政部、人社部《关于深化收入分配制度改革的若干意见》，全面阐述下一步深化收入分配制度改革的总体要求和方向，提出三个"坚持"、三个"重点"、四个"目标"，从初次分配、再分配、农民增收和分配秩序等四个方面，同时提出30条政策措施，积极回应社会关注的热点难点问题。

2月6日，新华社报道，国务院印发我国首部循环经济发展战略规划——《循环经济发展战略及近期行动计划》。

2月26—28日，党的十八届二中全会在北京举行，通过《国务院机构改革和职能转变方案》。

3月1日，国务院办公厅发布《关于继续做好房地产市场调控工作的通知》。

4月24日，为适应职能转变新要求，国务院常务会议决定先行取消和下放71项行政审批事项，提出到2020年底，国务院围绕“放管服”改革，先后将取消和下放国务院部门行政审批事项的比例达47%，彻底终结非行政许可审批，压减国务院部门行政审批中介服务事项达71%。工商登记前置审批事项压减87%。

5月15日，国务院发布《关于取消和下放一批行政审批项目等事项的决定》，取消13类企业投资项目的核准事项，下放12类企业投资项目的核准权限。

6月21日，海峡两岸关系协会与台湾海峡交流基金会在上海签署《海峡两岸服务贸易协议》。

7月4日，国务院下发《关于加快棚户区改造工作的意见》，提出将从多渠道筹措资金、确保建设用地供应、落实税费减免政策、完善安置补偿政策等四大方面支持棚户区改造。其中在筹措资金方面要求增加财政补助、加大银行信贷支持、吸引民间资本参与、扩大债券融资、企业和群众自筹等办法筹集资金。

7月9日、16日，国务院召开经济形势座谈会，明确提出区间调控思路，即经济运行要保持在合理区间，经济增长率、就业水平等不滑出“下限”，物价涨幅等不超出“上限”。此后，在2014年、2015年又相继提出实施定向调控、相机调控和精准调控。

7 月 19 日，中国人民银行宣布，自 7 月 20 日起全面放开金融机构贷款利率管制。我国利率市场化迈出重要一步。

8 月 17 日，国务院正式批准设立中国（上海）自由贸易试验区。其位于浦东境内，以上海外高桥保税区为核心，辅之以机场保税区和洋山港临港新城，成为中国经济新的试验区，实行政府职能转变、金融制度、贸易服务、外商投资和税收政策等多项改革措施，并将大力推动上海市转口、离岸业务的发展。

8 月 29 日，中国（上海）自由贸易试验区正式成立。

9 月 30 日，《中国（上海）自由贸易试验区外商投资准入特别管理措施（负面清单）（2013 年）》发布。这是中国第一次用负面清单管理外商对华投资。此后，负面清单不断缩减。

11 月 9—12 日，党的十八届三中全会在北京召开，通过《关于全面深化改革若干重大问题的决定》，指出全面深化改革的总目标是完善和发展中国特色社会主义制度，推进国家治理体系和治理能力现代化；经济体制改革核心问题是处理好政府和市场的关系，使市场在资源配置中起决定性作用和更好发挥政府作用。

12 月 10 日，中央经济工作会议在北京举行，强调要坚持稳中求进工作总基调，把改革创新贯穿于经济社会发展各个领域各个环节，保持宏观经济政策连续性和稳定性，着力激发市场活力，加快转方式调结构，加强基本公共服务体系建设，着力改善民生，切实提高经济发展质量和效益，促进经济持续健康发展、社会和谐稳定。

12 月 12 日，中央城镇化工作会议举行。习近平总书记分析城镇化发展形势，明确提出推进城镇化的指导思想、主要目标、基本原则、重点任务。这是改革开放以来中央召开的第一次城镇化工作会议。

12 月 13 日，国务院发布《政府核准的投资项目目录（2013 年本）》，取消和下放部分核准事项。

12 月 30 日，中共中央政治局会议决定成立中央全面深化改革领导小组，负责改革的总体设计、统筹协调、整体推进、督促落实。

2014 年

1 月 2 日，中共中央、国务院印发《关于全面深化农村改革加快推进农业现代化的若干意见》，提出了强化农业支持保护制度、建立农业可持续发展长效机制、深化农村土地制度改革、构建新型农业经营体系、加快农村金融制度创新、健全城乡发展一体化体制机制、改善乡村治理机制的具体举措。

1 月 22 日，中央全面深化改革领导小组召开第一次会议，审议通过《中央全面深化改革领导小组工作规则》《中央全面深化改革领导小组专项小组工作规则》《中央全面深化改革领导小组办公室工作细则》《中央有关部门贯彻落实党的十八届三中全会〈决定〉重要举措分工方案》。

1 月 29 日，国家发改委发布《中央预算内直接投资项目管理办法》。

2 月 7 日，国务院印发《注册资本登记制度改革方案》，明确“实缴制”改为“认缴制”，企业年检制度改为年报公示制度。

3 月 12 日，中共中央、国务院印发《国家新型城镇化规划（2014—2020 年）》，明确未来城镇化的发展路径、主要目标和战略任务，统筹相关领域制度和政策创新，提出到 2020 年底，全国常住人口城镇化率达到 63.89%。

5 月 9 日，习近平总书记在河南开封、郑州等地考察工作，首次提出“新常态”重要论断，强调要从我国经济发展的阶段性特征出发，适应新常态，保持战略上的平常心态。

6月24日，国务院印发《国家集成电路产业发展推进纲要》，明确推进集成电路产业发展的四大任务，提出推进集成电路产业发展的八项保障措施。

6月30日，中共中央政治局会议审议通过《深化财税体制改革总体方案》，提出改革的目标是建立现代财政制度，重点是改进预算管理制度、深化税收制度改革、建立事权和支出责任相适应的制度。

7月25日，上海市人大常委会第十四次会议高票通过《中国（上海）自由贸易试验区条例》。这是我国第一部关于自由贸易试验区的地方性法规，定位为综合性立法，集实施性法规、自主性法规、创制性法规的性质于一身，堪称自贸试验区建设的“基本法”；从管理体制、投资开放、贸易便利、金融服务、税收管理，到综合监管、法治环境等方面，对推进自贸试验区建设进行了全面的规范。

8月31日，十二届全国人大常委会第十次会议审议通过《中华人民共和国预算法》修正案。

9月12日，国务院印发《关于依托黄金水道推动长江经济带发展的指导意见》。

9月21日，国务院印发《关于加强地方政府性债务管理的意见》，部署加强地方政府性债务管理。

10月31日，国务院发布《政府核准的投资项目目录（2014年本）》。

11月6日，中共中央办公厅、国务院办公厅印发《关于引导农村土地经营权有序流转发展农业适度规模经营的意见》，提出把农民土地承包经营权分为承包权和经营权，实现承包权和经营权分置并行。

11月16日，国务院发布《关于创新重点领域投融资机制鼓励社会投资的指导意见》，充分发挥社会资本特别是民间资本的积极作用。

12月9日，习近平总书记在中央经济工作会议上讲话指出，我国经济正在向形态更高级、分工更复杂、结构更合理的阶段演化，经济发展进入新常态，这是我国经济发展阶段性特征的必然反映。

12 月 10 日，国务院办公厅印发《精简审批事项规范中介服务实行企业投资项目网上并联核准制度的工作方案》，实行企业投资项目核准的“串联”改“并联”。

12 月 13 日，习近平总书记在江苏南京、镇江调研，强调要主动把握和积极适应经济发展新常态，协调推进全面建成小康社会、全面深化改革、全面推进依法治国、全面从严治党，推动改革开放和社会主义现代化建设迈上新台阶。

12 月 28 日，国家发改委发布《中央预算内投资计划编制管理暂行办法》。

12 月 31 日，中共中央办公厅、国务院办公厅印发《关于农村土地征收、集体经营性建设用地入市、宅基地制度改革试点工作的意见》。

2015 年

1 月 1 日，中共中央、国务院印发《关于加大改革创新力度加快农业现代化建设的若干意见》，要求加快转变农业发展方式、加大惠农政策力度、深入推进新农村建设、全面深化农村改革、加强农村法治建设。

1 月 28 日，国务院印发《关于加快发展服务贸易的若干意见》，这是国务院首次全面系统地提出服务贸易发展的战略目标和主要任务，并对加快发展服务贸易作出全面部署。

2 月 8 日，中共中央、国务院印发《国有林场改革方案》和《国有林区改革指导意见》。

3 月 13 日，中共中央、国务院印发《关于深化体制机制改革加快实施创新驱动发展战略的若干意见》。

3月15日，中共中央、国务院印发《关于进一步深化电力体制改革的若干意见》。

4月20日，国务院印发《进一步深化中国（上海）自由贸易试验区改革开放方案》，提出25项主要任务和措施及4项全新改革任务。

同日，国务院批复成立中国（广东）自由贸易试验区、中国（天津）自由贸易试验区、中国（福建）自由贸易试验区3个自贸区。

5月8日，国务院印发《中国制造2025》，提出通过“三步走”实现制造强国的战略目标：第一步，到2025年迈入制造强国行列；第二步，到2035年整体达到世界制造强国阵营中等水平；第三步，到新中国成立100年时综合实力进入世界制造强国前列。

5月13日，国务院印发《关于推进国际产能和装备制造合作的指导意见》，提出坚持“企业主导、政府推动，突出重点、有序推进，注重实效、互利共赢，积极稳妥、防控风险”的基本原则。

7月1日，国务院印发《关于积极推进“互联网+”行动的指导意见》，提出“互联网+”创业创新、协同制造、益民服务等11个具体行动。

8月1日，国务院印发《全国海洋主体功能区规划》，标志着国家主体功能区战略实现了陆域国土空间和海域国土空间的全覆盖。

8月11日，中国人民银行决定改革完善人民币兑美元汇率中间价报价机制，明确中间价报价参考前一天收盘价。

8月24日，中共中央、国务院印发《关于深化国有企业改革的指导意见》。从改革的总体要求到分类推进国有企业改革、完善现代企业制度和国有资产管理体制、发展混合所有制经济、强化监督防止国有资产流失、加强和改进党对国有企业的领导、为国有企业改革创造良好环境条件等方面，全面提出了新时期国有企业改革的目标任务和重大举措。

9月23日，国务院决定压减《中央定价目录》，规范国务院有关部门定价权限和范围的清单，主要包括输配电、油气管道运输、基础交通运输、重大水利工程供水、重要邮政服务、重要专业服务、特殊药品及血液等7类16项。

10月2日，国务院发布《关于实行市场准入负面清单制度的意见》，市场准入负面清单以外的行业、领域、业务等，各类市场主体皆可依法平等进入。

10月12日，中共中央、国务院印发《关于推进价格机制改革的若干意见》，提出深化重点领域价格改革、建立健全政府定价制度、加强市场价格监管和反垄断执法、充分发挥价格杠杆作用五项总体要求。

10月26—29日，党的十八届五中全会在北京召开，通过《关于制定国民经济和社会发展第十三个五年规划的建议》，提出全面建成小康社会新的目标要求，强调实现“十三五”时期发展目标，破解发展难题，厚植发展优势，必须牢固树立并切实贯彻创新、协调、绿色、开放、共享的发展理念。

11月2日，中共中央办公厅、国务院办公厅印发《深化农村改革综合性实施方案》，确立农村改革的“四梁八柱”。

11月12日，财政部发布《政府投资基金暂行管理办法》。

11月27日，商务部、中国香港特别行政区财政司、中国澳门特别行政区经济财政司签署《〈内地与香港关于建立更紧密经贸关系的安排〉服务贸易协议》《〈内地与澳门关于建立更紧密经贸关系的安排〉服务贸易协议》，内地与香港、澳门服务贸易自由化基本实现。

12月6日，国务院印发《关于加快实施自由贸易区战略的若干意见》，提出我国加快实施自由贸易区战略的总体要求，提出要进一步优化自由贸易区建设布局和加快建设高水平自由贸易区，并就健全保障体系、完善支持机制以及加强组织实施作出具体部署。

12月18日，中央经济工作会议在北京召开。习近平总书记讲话强调，推进供给侧结构性改革，是适应和引领经济发展新常态的重大创新。把握实行宏观政策要稳、产业政策要准、微观政策要活、改革政策要实、社会政策要托底的总体思路，着力加强结构性改革，在适度扩大总需求的同时，去产能、去库存、去杠杆、降成本、补短板，推动我国社会生产力水平整体改善。

12月25日，亚洲基础设施投资银行正式成立。

2016年

1月5日，习近平总书记在重庆召开的推动长江经济带发展座谈会上讲话指出，推动长江经济带发展是国家一项重大区域发展战略，要坚持生态优先、绿色发展，共抓大保护、不搞大开发。

1月16日，亚洲基础设施投资银行正式开业。亚投行是全球首个由中国倡议设立的多边金融机构，创始成员国57个。

1月21日，国务院办公厅发布《关于推进农业水价综合改革的意见》，对夯实农业水价改革基础、建立健全农业水价形成机制、建立精准补贴和节水奖励机制、保障措施等提出要求。

2月1日，国务院分别印发《关于钢铁行业化解过剩产能实现脱困发展的意见》和《关于煤炭行业化解过剩产能实现脱困发展的意见》。

2月2日，国务院印发《关于深入推进新型城镇化建设的若干意见》，全面部署深入推进新型城镇化建设，提出了九方面36条具体措施。

2月6日，中共中央、国务院印发《关于进一步加强城市规划建设管理工作的若干意见》。这是时隔37年重启的中央城市工作会议的配套文件，确定“十三五”乃至未来一段时间中国城市发展的“时间表”

和“路线图”。

3月16日，十二届全国人大四次会议审议通过《中华人民共和国国民经济和社会发展第十三个五年规划纲要》。

4月25日，中共中央、国务院、中央军委印发《关于经济建设和国防建设融合发展的意见》，着眼国家安全和发展战略全局，明确新形势下军民融合发展的总体思路、重点任务、政策措施，是统筹推进经济建设和国防建设的纲领性文件。

同日，习近平总书记在安徽凤阳县小岗村主持召开农村改革座谈会，指出新形势下深化农村改革，主线仍然是处理好农民和土地的关系；最大的政策就是必须坚持和完善农村基本经营制度，坚持农村土地集体所有，坚持家庭经营基础性地位，坚持稳定土地承包关系。

4月26日，财政部公布《基本建设财务规则》。

5月1日，我国全面实施营业税改征增值税试点，试点范围从交通运输业和部分现代服务业等扩大到建筑业、房地产业、金融业、生活服务业，并将所有企业新增不动产所含增值税纳入抵扣范围，确保所有行业税负只减不增。同步实行中央和地方增值税“五五分享”。

5月18日，中共中央、国务院印发《国家创新驱动发展战略纲要》。

5月19日，国务院发布《清理规范投资项目报建审批事项实施方案》。

5月27日，中共中央政治局会议研究部署规划建设北京城市副中心和进一步推动京津冀协同发展有关工作，审议《关于规划建设北京城市副中心和研究设立河北雄安新区的有关情况的汇报》，原则通过《关于研究设立河北雄安新区的实施方案》，明确提出规划编制的要求，也为规划编制提供了依据。

5月30日，中共中央、国务院印发《长江经济带发展规划纲要》，从规划背景、总体要求、大力保护长江生态环境、加快构建综合立体交通走廊、创新驱动产业转型升级、积极推进新型城镇化、努力构建全方位开放新格局、创新区域协调发展体制机制、保障措施等方面描绘了长江经济带发展的宏伟蓝图，是推动长江经济带发展重大国家战略的纲领性文件。

7 月 5 日，中共中央、国务院印发《关于深化投融资体制改革的意见》。明确投融资体制改革的顶层设计，新一轮投融资体制改革全面展开。

7 月 22 日，首次“1+6”圆桌对话会在北京召开。自此，中国同世界银行、国际货币基金组织、世界贸易组织、国际劳工组织、经济合作与发展组织、金融稳定理事会每年召开一次“1+6”圆桌对话会。

8 月 30 日，中央全面深化改革领导小组召开第二十七次会议，审议通过《关于完善产权保护制度依法保护产权的意见》。

8 月 31 日，党中央、国务院决定，在辽宁省、浙江省、河南省、湖北省、重庆市、四川省、陕西省新设立 7 个自贸试验区。

9 月 3 日，十二届全国人大常委会第二十二次会议通过《关于修改〈中华人民共和国外资企业法〉等 4 部法律的决定》，探索对外商投资实行准入前国民待遇加负面清单的管理模式，对不涉及国家规定准入特别管理措施的外商投资企业设立及变更的事项，由逐案审批制改为备案制管理。外资管理体制实现重大变革。

10 月 1 日，人民币正式加入国际货币基金组织（IMF）特别提款权（SDR）货币篮子，成为国际货币基金组织的官方储备货币之一，人民币国际化迎来重要里程碑，表明继贸易货币、投资货币后，人民币正式成为储备货币。

10 月 22 日，中共中央办公厅、国务院办公厅印发《关于完善农村土地所有权承包权经营权分置办法的意见》，提出“三权分置”，即不断探索农村土地集体所有制的有效实现形式，落实集体所有权，稳定农户承包权，放活土地经营权，充分发挥“三权”的各自功能和整体效用，形成层次分明、结构合理、平等保护的格局。“三权分置”是继家庭联产承包责任制后农村改革的又一重大制度创新。

11月16日，国务院办公厅印发《关于完善集体林权制度的意见》，对集体林权制度改革工作作出进一步部署。

11月27日，国家发改委发布《固定资产投资项目节能审查办法》，明确提出能源消耗总量和强度“双控”管理要求。

11月30日，国务院发布《企业投资项目核准和备案管理条例》，将企业投资项目核准制和备案制全面纳入法治化轨道。

12月5日，国家发展改革委发布《中央预算内投资补助和贴息项目管理办法》。

12月12日，国务院发布《政府核准的投资项目目录（2016年本）》。

12月26日，中共中央、国务院印发《关于稳步推进农村集体产权制度改革的意见》。

12月30日，国家发改委发布《政府出资产业投资基金管理暂行办法》。

12月31日，中共中央、国务院发布《关于深入推进农业供给侧结构性改革加快培育农业农村发展新动能的若干意见》。

2017年

1月12日，国务院发出《关于扩大对外开放积极利用外资若干措施的通知》，要求进一步扩大对外开放、进一步创造公平竞争环境、进一步加强吸引外资工作。

2月8日，国务院常务会议决定进一步清理和规范涉企收费，持续为实体经济减负。

3月8日，国家发改委发布《企业投资项目核准和备案管理办法》。

3月31日，国务院批复成立中国（辽宁）自由贸易试验区、中国（浙江）自由贸易试验区、中国（河南）自由贸易试验区、中国（湖北）自由贸易试验区、中国（重庆）自由贸易试验区、中国（四川）自由贸易试验区、中国（陕西）自由贸易试验区7个自贸区。至此，中国的“自贸实验区”总数达到了11个，形成“1+3+7”的新格局，自贸区的面积也从28.78平方公里扩展到1300多平方公里。7个自贸试验区与此前的上海、天津、福建、广东4个自贸试验区，共同形成了东中西协调、陆海统筹的全方位、高水平对外开放新格局，新一轮全面深化改革和扩大开放拉开了向全国纵深推进的大幕。

5月25日，国家发改委等18个部门联合发布《全国投资项目在线审批监管平台运行管理暂行办法》。

7月8日，国务院印发《新一代人工智能发展规划》。

8月1日，中共中央办公厅、国务院办公厅印发《关于深化教育体制机制改革的意见》。

8月4日，国务院办公厅转发国家发改委、商务部、人民银行、外交部《关于进一步引导和规范境外投资方向指导意见的通知》，规定鼓励开展的境外投资、限制开展的境外投资和禁止类境外投资。

8月8日，国务院印发《关于促进外资增长若干措施的通知》，强调深化供给侧结构性改革，推进简政放权、放管结合、优化服务改革，进一步提升我国外商投资环境法治化、国际化、便利化水平，促进外资增长，提高利用外资质量。

9月1日，国务院办公厅发布《关于进一步激发民间有效投资活力促进经济持续健康发展的指导意见》。

9月4日，中国人民银行、中央网信办、工信部、工商总局、中国银监会、中国证监会、中国保监会发布《关于防范代币发行融资风险的公告》，要求任何组织和个人不得非法从事代币发行融资活动，各类代币发行融资活动应当立即停止。

11月19日，国务院作出《关于废止〈中华人民共和国营业税暂行条例〉和修改〈中华人民共和国增值税暂行条例〉的决定》。营业税改征增值税改革全面完成。

12月18日，中央经济工作会议在北京举行，提出习近平新时代中国特色社会主义经济思想；强调推动高质量发展是确定发展思路、制定经济政策、实施宏观调控的根本要求，必须加快形成推动高质量发展的指标体系、政策体系、标准体系、统计体系、绩效评价、政绩考核，创建和完善制度环境，推动我国经济在实现高质量发展上不断取得新进展。

12月30日，中共中央印发《关于建立国务院向全国人大常委会报告国有资产管理情况制度的意见》。

2018年

1月2日，中共中央、国务院印发《关于实施乡村振兴战略的意见》，这是改革开放以来第20个、新世纪以来第15个指导“三农”工作的中央一号文件，对实施乡村振兴战略进行了全面部署。

2月26—28日，党的十九届三中全会在北京召开，提出深化党和国家机构改革，解决党和国家机构职能体系中存在的障碍和弊端，改革机构设置，优化职能配置，深化转职能、转方式、转作风，提高效率效能。全会审议通过《中共中央关于深化党和国家机构改革的决定》和《深化党和国家机构改革方案》。

4月11日，中共中央、国务院印发《关于支持海南全面深化改革开放的指导意见》，赋予海南经济特区改革开放新使命，建设自由贸易试验区和中国特色自由贸易港。

4月27日，中国人民银行、中国银保监会、中国证监会、国家外汇局联合印发《关于规范金融机构资产管理业务的指导意见》，被称为“资管新规”。

6月30日，中共中央、国务院印发《关于完善国有金融资本管理的指导意见》，明确对国有金融资本实行统一授权管理，建立健全国有金融资本管理的“四梁八柱”。

8月31日，十三届全国人大常委会第五次会议通过《关于修改〈中华人民共和国个人所得税法〉的决定》，《中华人民共和国个人所得税法》作出第七次修正。

9月1日，中共中央、国务院印发《关于全面实施预算绩效管理的意见》。

9月26日，中共中央、国务院印发《乡村振兴战略规划（2018—2022年）》，指出全面建成小康社会和全面建设社会主义现代化强国，最艰巨最繁重的任务在农村，最广泛最深厚的基础在农村，最大的潜力和后劲也在农村。

10月1日，中共中央、国务院印发《关于保持土地承包关系稳定并长久不变的意见》。

10月11日，国务院办公厅发布《关于保持基础设施领域补短板力度的指导意见》。

11月5—10日，首届中国国际进口博览会在上海举行。习近平总书记出席开幕式并发表主旨演讲时指出，中国国际进口博览会是迄今为止世界上第一个以进口为主题的国家级展会，是中国推动建设开放型世界经济、支持经济全球化的实际行动；宣布增设中国（上海）自由贸易试验区的新片区、在上海证券交易所设立科创板并试点注册制、支持长江三角洲区域一体化发展并上升为国家战略。

12 月 21 日，经中共中央、国务院批准，国家发改委、商务部发布《市场准入负面清单（2018 年版）》，全面实施市场准入负面清单制度。

2019 年

1 月 27 日，国务院印发《关于在市场监管领域全面推行部门联合“双随机、一公开”监管的意见》。

2 月 18 日，中共中央、国务院印发《粤港澳大湾区发展规划纲要》，标志着粤港澳大湾区建设进入政策制定和协调推进实施并重的阶段。

3 月 15 日，十三届全国人大二次会议表决通过《中华人民共和国外商投资法》。

4 月 1 日，我国开始实施新的增值税税率，包括期末留抵税额退税制度等深化增值税改革的举措同步试行。

4 月 14 日，国务院公布《政府投资条例》，界定政府投资范围，规范政府投资决策，严格政府投资监管。

5 月 2 日，中共中央、国务院印发《关于新时代推进西部大开发形成新格局的指导意见》，指出强化举措推进西部大开发形成新格局，是党中央、国务院从全局出发，顺应中国特色社会主义进入新时代、区域协调发展进入新阶段的新要求，统筹国内国际两个大局作出的重大决策部署。

5 月 9 日，中共中央、国务院印发《关于建立国土空间规划体系并监督实施的若干意见》。

6 月 10 日，中共中央办公厅、国务院办公厅印发《关于做好地方政府专项债券发行及项目配套融资工作的通知》，允许将专项债券作为符合条件的重大项目资本金。

6月26日，上海市委市政府印发《关于支持浦东新区改革开放再出发实现新时代高质量发展的若干意见》。

7月5日，深化党和国家机构改革总结会议在北京召开。习近平总书记在会议上讲话指出，深化党和国家机构改革是对党和国家组织结构和管理体制的一次系统性、整体性重构，为完善和发展中国特色社会主义制度、推进国家治理体系和治理能力现代化提供了有力组织保障。

8月6日，国务院印发《中国（上海）自由贸易试验区临港新片区总体方案》，明确支持新片区以投资、贸易、资金、运输、人员从业自由五方面为重点，推进投资贸易自由化便利化，建设特殊经济功能区。

8月9日，中共中央、国务院印发《关于支持深圳建设中国特色社会主义先行示范区的意见》，确定深圳的战略定位。

8月15日，国家发改委印发《西部陆海新通道总体规划》，该规划是实施深化陆海双向开放、推进西部大开发形成新格局的重要举措，是加快通道和物流设施建设，提升运输能力和物流发展质量效率，深化国际经济贸易合作，促进交通、物流、商贸、产业深度融合，推动西部地区高质量发展、建设现代化经济体系的有力支撑。

10月22日，国务院公布《优化营商环境条例》，强调市场主体依法享有经营自主权；国家保障各类市场主体依法平等使用资金、技术、人力资源、土地使用权及其他自然资源等各类生产要素和公共服务资源。提出国家持续放宽市场准入，并实行全国统一的市场准入负面清单制度；市场准入负面清单以外的领域，各类市场主体均可以依法平等进入。

10月30日，国家发改委发布《产业结构调整指导目录（2019年本）》。

11月14日，国务院正式批复同意《上海市浦东新区开展“一业一证”改革试点大幅降低行业准入成本总体方案》，大幅压减审批环节和时限，简化审批手续，有效提升行政效能和办事效率，更大激发市场主体发展活力。

11月20日，国务院印发《关于加强固定资产投资项目资本金管理的通知》，进一步完善投资项目资本金制度。

12月1日，中共中央、国务院印发《长江三角洲区域一体化发展规划纲要》，为长三角一体化发展指明方向。

12月4日，中共中央、国务院印发《关于营造更好发展环境支持民营企业改革发展的意见》，对优化公平竞争的市场环境、完善精准有效的政策环境、健全平等保护的法治环境、鼓励引导民营企业改革创新、促进民营企业规范健康发展、构建亲清政商关系等提出要求。

12月26日，国务院公布《中华人民共和国外商投资法实施条例》。

2020年

1月15日，中美双方签署第一阶段经贸协议。

1月31日，中国人民银行发布《关于发放专项再贷款支持防控新型冠状病毒感染的肺炎疫情有关事项的通知》，向主要全国性银行和湖北等10个重点省（市）的部分地方法人银行提供总计3000亿元低成本专项再贷款资金，支持抗疫保供。

3月6日，决战决胜脱贫攻坚座谈会在北京召开。习近平总书记讲话强调，要动员全党全国全社会力量，凝心聚力打赢脱贫攻坚战，确保如期完成脱贫攻坚目标任务，确保全面建成小康社会。11月23日，我国最后9个贫困县实现贫困退出。

3月20日，中共中央、国务院印发《海南自由贸易港建设总体方案》。

同日，中共中央、国务院印发《关于构建更加完善的要素市场化配置体制机制的意见》。

4 月 10 日，习近平总书记在中央财经委员会第七次会议上讲话时提出，要构建以国内大循环为主体、国内国际双循环相互促进的新发展格局。

4 月 24 日，中国证监会、国家发改委发布《关于推进基础设施领域不动产投资信托基金（REITs）试点相关工作的通知》，基础设施公募REITs试点正式启动。6 月 21 日，首批 9 单基础设施公募REITs试点项目在沪深证券交易所挂牌上市。6 月 29 日，国家发改委印发《关于进一步做好基础设施领域不动产投资信托基金（REITs）试点工作的通知》，将保障性租赁住房、清洁能源项目等纳入基础设施REITs试点范围。

5 月 11 日，中共中央、国务院印发《关于新时代加快完善社会主义市场经济体制的意见》。

5 月 14 日，中共中央政治局常委会会议首次提出“深化供给侧结构性改革，充分发挥我国超大规模市场优势和内需潜力，构建国内国际双循环相互促进的新发展格局”。

5 月 18 日，中共中央、国务院发布《关于新时代加快完善社会主义市场经济体制的意见》。

6 月 1 日，中共中央、国务院印发《海南自由贸易港建设总体方案》，大幅放宽海南自由贸易港市场准入，实行以“零关税”为基本特征的自由化便利化制度安排。

8 月 3 日，国务院公布修订后的《预算法实施条例》。

8 月 20 日，国务院印发《关于进一步做好稳外贸稳外资工作的意见》，提出 15 项稳外贸稳外资政策措施。

9 月 8 日，国家发改委会同科技部、工信部、财政部发布《关于扩大战略性新兴产业投资培育壮大新增长点增长极的指导意见》，对聚焦重点产业领域、打造集聚发展高地、增强要素保障能力、优化投资服务环境等提出要求。

9月17日，国家发改委、工信部、安全部等联合印发《固定资产投资项目代码管理规范》。

10月11日，中共中央办公厅、国务院办公厅印发《深圳建设中国特色社会主义先行示范区综合改革试点实施方案（2020—2025年）》。

10月26—29日，党的十九届五中全会在北京召开，通过《关于制定国民经济和社会发展第十四个五年规划和二〇三五年远景目标的建议》。

11月15日，中国与东盟十国及日本、韩国、澳大利亚、新西兰共同签署《区域全面经济伙伴关系协定》。中国和日本首次达成双边关税减让安排，实现历史性突破。

12月16日，中共中央、国务院印发《关于实现巩固拓展脱贫攻坚成果同乡村振兴有效衔接的意见》。

12月16日—18日，中央经济工作会议在北京举行，会议首次提出强化反垄断和防止资本无序扩张。

12月30日，中欧领导人共同宣布如期完成中欧投资协定谈判。

2021年

1月4日，中共中央、国务院印发《关于全面推进乡村振兴加快农业农村现代化的意见》。

1月22日，中国证监会正式批准设立广州期货交易所。

2月2日，国务院印发《关于加快建立健全绿色低碳循环发展经济体系的指导意见》。

3月11日，十三届全国人大四次会议批准《关于2020年国民经济和社会发展计划执行情况与2021年国民经济和社会发展计划草案的报告》，批准2021年国民经济和社会发展计划，表决通过关于国民经济和社会发展第十四个五年规划和2035年远景目标纲要的决议。

3月12日，《中华人民共和国国民经济和社会发展第十四个五年规划和2035年远景目标纲要》发布。"十四五"时期经济社会发展主要目标：经济发展取得新成效；改革开放迈出新步伐；社会文明程度得到新提高；生态文明建设实现新进步；民生福祉达到新水平；国家治理效能得到新提升。

3月15日，习近平总书记在中央财经委员会第九次会议上讲话指出，实现碳达峰、碳中和是一场广泛而深刻的经济社会系统性变革，要把碳达峰、碳中和纳入生态文明建设整体布局，拿出抓铁有痕的劲头，如期实现2030年前碳达峰、2060年前碳中和的目标。

4月7日，国家发改委、商务部正式印发《关于支持海南自由贸易港建设放宽市场准入若干特别措施的意见》，围绕医疗、金融、文化、教育等五大领域，推出22条具体举措支持海南先行先试、率先破局。

4月16日，国务院办公厅印发《关于服务"六稳"、"六保"进一步做好"放管服"改革有关工作的意见》，从进一步推动优化就业环境、进一步推动减轻市场主体负担、进一步推动扩大有效投资等提出了七个方面政策措施。

4月23日，中共中央、国务院印发《关于新时代推动中部地区高质量发展的意见》，提出着力构建以先进制造业为支撑的现代产业体系，着力增强城乡区域发展协调性，着力建设绿色发展的美丽中部，着力推动内陆高水平开放，着力提升基本公共服务保障水平，着力改革完善体制机制，推动中部地区加快崛起，在全面建设社会主义现代化国家新征程中作出更大贡献。

同日，中共中央、国务院印发《关于支持浦东新区高水平改革开放打造社会主义现代化建设引领区的意见》，明确支持浦东新区高水平改革开放、打造社会主义现代化建设引领区的战略定位。

4 月 29 日，十三届全国人大常委会第二十八次会议通过《中华人民共和国乡村振兴促进法》。

5 月 25 日，国家发改委出台《关于“十四五”时期深化价格机制改革行动方案的通知》，明确“十四五”时期我国将持续深化价格机制改革，到 2025 年，竞争性领域和环节价格主要由市场决定，网络型自然垄断环节科学定价机制全面确立，能源资源价格形成机制进一步完善，重要民生商品价格调控机制更加健全，公共服务价格政策基本完善，适应高质量发展要求的价格政策体系基本建立。

6 月 7 日，国家发改委出台《天然气管道运输价格管理办法（暂行）》和《天然气管道运输定价成本监审办法（暂行）》，进一步完善天然气管道运输价格管理体系。

6 月 10 日，中共中央、国务院发布《关于支持浙江高质量发展建设共同富裕示范区的意见》发布，聚焦共同富裕示范区建设亟须突破和创新的重要方向和关键领域，明确浙江示范区建设的四个战略定位和六大方面重大举措，赋予浙江重要示范改革任务，为促进全体人民共同富裕先行先试作出示范。

6 月 12 日，国家发改委制定发布《重要商品和服务价格指数行为管理办法（试行）》，规范重要商品和服务价格指数行为，促进价格指数市场健康有序发展，充分发挥价格指数信号作用，服务市场价格合理形成。

6 月 19 日，国家发改委发布《中央预算内投资资本金注入项目管理办法》。

7月13日，住建部等八部门印发《关于持续整治规范房地产市场秩序的通知》。

7月26日，国家发改委印发《关于进一步完善分时电价机制的通知》，部署各地进一步完善分时电价机制，服务以新能源为主体的新型电力系统建设，促进能源绿色低碳发展。

8月18日，中国人民银行、国家发改委、财政部、中国银保监会、中国证监会和国家外汇局联合发布《关于推动公司信用类债券市场改革开放高质量发展的指导意见》，要求完善债券市场法制，建立完善制度健全、竞争有序、透明开放的多层次债券市场体系。

9月5日，中共中央、国务院印发《横琴粤澳深度合作区建设总体方案》《全面深化前海深港现代服务业合作区改革开放方案》，就支持横琴粤澳深度合作区发展、推动前海合作区全面深化改革开放作出重要部署。

10月11日，国家发改委印发《关于进一步深化燃煤发电上网电价市场化改革的通知》。

10月24日，中共中央、国务院发布《关于完整准确全面贯彻新发展理念做好碳达峰碳中和工作的意见》，明确我国实现碳达峰碳中和的时间表、路线图。

12月27日，经党中央、国务院同意，国家发改委、商务部联合发布《外商投资准入特别管理措施（负面清单）（2021年版）》。

2022年

3月12日，经党中央、国务院批准，国家发改委、商务部印发《市场准入负面清单（2022年版）》。

4月2日，中国银保监会办公厅发出《关于2022年银行业保险业服务全面推进乡村振兴重点工作的通知》，引导金融机构聚焦农业农村重点领域，稳步加大信贷资金投入，提升保险保障水平，强化农村金融环境建设，不断提高金融服务质效。

4 月 10 日，中共中央、国务院印发《关于加快建设全国统一大市场的意见》，明确加快建立全国统一的市场制度规则，打破地方保护和市场分割，打通制约经济循环的关键堵点，促进商品要素资源在更大范围内畅通流动，加快建设高效规范、公平竞争、充分开放的全国统一大市场，全面推动我国市场由大到强转变，为建设高标准市场体系、构建高水平社会主义市场经济体制提供坚强支撑。

4 月 16 日，国家发改委发布《投资咨询评估管理办法》。

5 月 19 日，国务院办公厅发布《关于进一步盘活存量资产扩大有效投资的意见》。

5 月 24 日，国务院印发《扎实稳住经济的一揽子政策措施》，包括财政、货币金融、稳投资促消费、保粮食能源安全、保产业链供应链稳定、保基本民生 6 个方面 33 项措施。

6 月 29 日，国务院常务会议确定政策性开发性金融工具支持重大项目的举措，扩大有效投资、促进就业和消费。

8 月 31 日，全国首批 3 只保障性租赁住房REITs挂牌上市。

10 月 1 日，国务院公布《促进个体工商户发展条例》，鼓励、支持和引导个体经济健康发展，维护个体工商户合法权益，稳定和扩大城乡就业，充分发挥个体工商户在国民经济和社会发展中的重要作用。

10 月 28 日，国家发改委发布《关于进一步完善政策环境加大力度支持民间投资发展的意见》。

同日，国家发改委、商务部发布《鼓励外商投资产业目录（2022 年版）》。

11 月 4 日，人社部、财政部、国家税务总局、中国银保监会、中国证监会联合发布《个人养老金实施办法》。

11 月 23 日，中国人民银行、银保监会公布《关于做好当前金融支持房地产市场平稳健康发展工作的通知》。

11 月 25 日，人社部宣布个人养老金制度启动实施，在北京、上海、广州、西安、成都等 36 个城市或地区先行落地。

12 月 14 日，中共中央、国务院印发《扩大内需战略规划纲要（2022—2035 年）》，指出坚定实施扩大内需战略、培育完整内需体系，是加快构建以国内大循环为主体、国内国际双循环相互促进的新发展格局的必然选择。

12 月 15—16 日，中央经济工作会议在北京举行，要求 2023 年要坚持稳字当头、稳中求进，继续实施积极的财政政策和稳健的货币政策，加大宏观政策调控力度，加强各类政策协调配合，形成共促高质量发展合力。

12 月 23—24 日，中央农村工作会议在北京举行，对全面推进乡村振兴、加快建设农业强国作出战略部署。

图书在版编目（CIP）数据

计划投资体制改革 / 郑新立主编. — 北京：中国工人出版社，2024.1
ISBN 978-7-5008-8025-7
Ⅰ. ①计… Ⅱ. ①郑… Ⅲ. ①中国经济—经济体制改革—研究 Ⅳ. ①F121
中国国家版本馆CIP数据核字（2024）第005874号

计划投资体制改革

出 版 人	董　宽
责任编辑	左　鹏　王晨轩
责任校对	张　彦
责任印制	栾征宇
出版发行	中国工人出版社
地　　址	北京市东城区鼓楼外大街 45 号　邮编：100120
网　　址	http://www.wp-china.com
电　　话	（010）62005043（总编室） （010）62005039（印制管理中心） （010）62382916（工会与劳动关系分社）
发行热线	（010）82029051　62383056
经　　销	各地书店
印　　刷	北京印刷集团有限责任公司
开　　本	710 毫米 × 1000 毫米　1/16
印　　张	38
字　　数	440 千字
版　　次	2024 年 6 月第 1 版　2024 年 6 月第 1 次印刷
定　　价	108.00 元